L'Espagnol

Collection Sans Peine

par Francisco Javier ANTÓN MARTÍNEZ

Illustrations de J.-L. GOUSSÉ

La méthode intuitive

. 25
431 Chennevières-sur-Marne Cedex
ANCE

© ASSIMIL 2004
ISBN 978-2-7005-0349-4

Nos méthodes

sont accompagnées d'enregistrements sur CD audio ou mp3.

Collections Assimil

Sans Peine

L'Allemand - L'Anglais - L'Anglais d'Amérique - L'Arabe - L'Arménien - Le Bulgare - Le Catalan - Le Chinois - L'Écriture chinoise - Le Coréen - Le Danois - L'Égyptien hiéroglyphique - L'Espagnol - L'Espéranto - Le Finnois - Le Nouveau Grec - Le Grec ancien - L'Hébreu - Le Hindi - Le Hongrois - L'Indonésien - L'Italien - Le Japonais (tome 1) - Le Japonais (tome 2) - Le Japonais : l'Écriture kanji - Le Latin - Le Malgache - Le Néerlandais - Le Norvégien - Le Persan - Le Polonais - Le Nouveau Portugais - Le Portugais du Brésil - Le Roumain - Le Russe - Le Suédois - Le Swahili - Le Tamoul - Le Tchèque - Introduction au Thaï - Le Turc - Le Vietnamien - Le Yiddish

Langues régionales

L'Alsacien
Le Basque unifié (initiation)
Le Breton
Le Corse
Le Créole
L'Occitan

Affaires

L'Anglais des Affaires
L'Espagnol des Affaires

Perfectionnement

Allemand - Anglais - Espagnol - Italien

Assimil Plus

L'Anglais par l'humour
Plus Anglais que ça...
Plus Espagnol que ça...

Sommaire

Introduction VI
Prononciation XI

Leçons 1 à 100

1	Un aperitivo	1
2	¡Hola!	5
3	¿Qué tal?	9
4	Una buena idea	13
5	¿Adónde vas?	17
6	Dos pérdidas	21
7	Repaso	25
8	Después del teatro	31
9	No hay que confundir la velocidad con el tocino	33
10	Una cita	37
11	Cuestión de apreciación o... todo es relativo	41
12	Proyectos de futuro	45
13	Hombre precavido vale por dos	47
14	Repaso	51
15	¿Cuál es tu profesión?	57
16	Un buen amigo	61
17	¿Qué hora es?	65
18	A última hora	67
19	¡Taxi, por favor!	71
20	Sentido práctico	75
21	Repaso	79
22	¿Qué edad tienes?	85
23	¡Feliz cumpleaños!	87
24	Delante del espejo	91
25	Familia numerosa	95
26	Una ganga	99
27	De tal palo, tal astilla	103
28	Repaso	107
29	En el médico	111
30	Políticamente correcto	115
31	"Enganchados" a la tele	119
32	En la sección de caballeros	123
33	En el terminal de llegada	129
34	En la aduana	133

35	Repaso.	137
36	Locura de amor.	143
37	En una piscina municipal	147
38	Taxista precavido	151
39	¡De película!	157
40	¡Seguro de sí mismo!	161
41	Con mucha cara	167
42	Repaso.	173
43	A la llegada del tren	177
44	Lógica descarada	181
45	Distraída	185
46	Coto de pesca	189
47	Mal negocio	193
48	Advertencia.	197
49	Repaso.	201
50	En correos.	209
51	Ganas de amargarse la vida	215
52	En la charcutería	217
53	En la consulta del psicoanalista	223
54	Un telefonazo	227
55	Bronca.	231
56	Repaso.	235
57	Sospechas	239
58	Sospechas (continuación)	245
59	Hacer una reserva en un parador	249
60	Excelente consejo.	255
61	En el supermercado	259
62	Ociosas en la playa	265
63	Repaso.	269
64	Una buena acción	275
65	El chico del chiringuito	279
66	Petición de mano	283
67	La víspera del día de Reyes	287
68	Tres cubiertos	293
69	Gusto por la fiesta.	299
70	Repaso.	303
71	Inocentada (traída por los pelos)	309
72	Lenguas de España	313
73	Parecido inverosímil.	319
74	Con la carta de vinos	323
75	Con pelos y señales	327

76	Una compra.	331
77	Repaso.	337
78	Una llamada equivocada.	341
79	Sin respetar ni rey ni roque	347
80	Hacia Santiago	351
81	Concordancia	355
82	En el museo	361
83	Alta tecnología	365
84	Repaso.	369
85	Quien sabe… si… quizás… es posible…	373
86	Del buen comer.	379
87	En todas partes cuecen habas	383
88	A la vuelta.	387
89	¡Que gane el mejor!	393
90	¿Hay que… mirar de otra manera?.	399
91	Repaso.	403
92	El español en el mundo	407
93	España agreste	411
94	A vueltas con el ordenador.	415
95	El flamenco.	419
96	Incomprensión	425
97	Apuntes de geografía	429
98	Repaso.	433
99	¡Enhorabuena!.	437
100	¡Hasta la vista!	441

Appendice grammatical (éléments de conjugaison) 448
Index grammatical 476
Lexiques, mode d'emploi 486
    Lexique espagnol-français 487
    Lexique français-espagnol 533
    Lexique des expressions espagnol-français 584

Introduction

La place primordiale de l'espagnol en tant que langue de communication, de culture et de commerce n'est plus à démontrer. En effet, l'espagnol est la langue maternelle de plus de 400 millions d'hispanophones ; elle est également la première langue étrangère maîtrisée ou étudiée par des centaines de millions de personnes à travers le monde. Et son développement est en pleine expansion.

L'espagnol est une langue latine. Elle est partie intégrante de la branche latine de la grande famille indo-européenne. Elle est, pourrait-on dire, sœur de deux autres langues de l'État espagnol – le galicien et le catalan –, de même que de la langue de son voisin ibérique, le portugais, ainsi que du français et de l'italien. De l'anglais, on pourrait dire qu'elle est la demi-sœur ; et puis, dans le grand clan indo-européen, elle a des liens de parenté, à un degré plus ou moins lointain, avec des langues comme l'allemand, le grec, le russe ou le sanscrit.

Depuis ses premiers balbutiements en tant que langue littéraire, aux alentours des XIe et XIIe siècles, l'espagnol n'a pas cessé de contribuer à l'enrichissement de la culture universelle. Dans ce domaine, on peut souligner deux figures d'exception, Don Quichotte et Don Juan, personnages de toutes les époques qui font désormais partie du patrimoine de l'humanité.

L'espagnol est actuellement la langue officielle de l'Espagne et de la plupart des pays d'Amérique Latine. C'est aussi la langue la plus parlée, après l'anglais, aux États-Unis. Malgré la diversité d'accents et de vocabulaires, il est clair qu'il existe un tronc commun (avec son vocabulaire de base et sa grammaire unifiée) suffisamment solide et vaste pour permettre à l'ensemble des hispanophones répartis dans le monde de se comprendre mutuellement.

Et c'est justement ce qui fait la richesse de la langue espagnole : son unité et sa diversité. À l'intérieur même des frontières de l'Espagne, on peut apprécier différents parlers, avec des accents très marqués selon les régions et avec des expressions qui leur sont propres. Il faut aussi noter que l'espagnol a intégré des influences d'autres langues, en particulier celle de l'arabe. De même, dans les pays d'Amérique Latine, de nombreux mots et expressions proviennent le langues autochtones parlées dans des zones déterminées. Par ailleurs, il faut savoir que bien souvent les façons de parler semblables se recoupent plus par aires géographiques que par pays ; ainsi, l'espagnol parlé dans la Caraïbe colombienne, par exemple, est plus proche de certaines façons de parler au Venezuela que de l'espagnol parlé dans la zone colombienne du Pacifique.

Quoi qu'il en soit, il est aisé de prendre la mesure de l'importance de l'espagnol, ne serait-ce que sur le plan économique et commercial. Au niveau de la planète, l'Amérique Latine est l'une des zones à plus fort potentiel économique.
C'est aussi pour cela que la langue espagnole connaît à l'heure actuelle un essor considérable et qui va grandissant.

L'espagnol est en outre langue officielle de l'Union Européenne et des Nations Unies. Dans l'Union Européenne, même si elle n'est pas la langue habituelle de travail, elle jouit d'un poids spécifique, en particulier par son enracinement culturel et parce qu'elle est un instrument de communication avec un intérêt commercial et économique de premier ordre. L'espagnol est également l'une des langues officielles des Nations Unies (avec l'anglais, l'arabe, le chinois, le français et le russe), ce qui indique clairement sa vocation d'universalité et d'entente entre les peuples, les nations et les communautés.

Pour finir, une remarque sur la terminologie. L'espagnol, en tant que langue, est aussi appelé "castillan". Il s'agit là d'un sujet à fond politique que nous ne chercherons pas à analyser ici. Bien évidemment, du strict point de vue philologique, on parlerait plutôt de castillan, car ses origines se situent dans la zone de l'ancienne Castille et son développement se fit en parallèle avec celui de ce royaume. Mais, au fil du temps, le castillan étant devenu la langue dominante de l'État espagnol naissant, un phénomène d'identification se produisit ; c'est pourquoi de nos jours espagnol et castillan sont considérés comme des synonymes, tout au moins sur le plan linguistique qui est celui qui nous intéresse ici.

Et à présent… ¡**manos a la obra!** *(à l'œuvre !)*

Quelques conseils importants

• Prenez la décision de travailler tous les jours environ une demi-heure. La **régularité** est une des clés majeures de la méthode Assimil. Si un jour vous manquez de temps, ne sautez pas totalement votre étude quotidienne ; prenez ne serait-ce que quelques minutes pour réécouter ou relire le dialogue de la veille, ou pour refaire un exercice. En revanche, n'essayez pas de trop en faire pour aller plus vite ; une seule leçon par jour suffit. Comme pour toute sorte d'engagement, il vaut mieux un tout petit peu chaque jour que beaucoup un jour et rien pendant une semaine.

• Les premières leçons constituent toujours un cap important à franchir. Ne vous découragez pas. Comme dans toute nouvelle aventure, souvent, dans un premier temps, chacun a tendance à croire que la difficulté réside dans la matière que l'on aborde ou dans l'action que l'on entreprend. N'en croyez rien ; la plupart du temps, cette sensation de difficulté résulte des ajustements que nous devons faire en nous-même pour vaincre une sorte de résistance naturelle à la nouveauté. Commencez par apprivoiser sans rigidité et avec détachement vos premiers contacts avec la langue ; très vite, vous prendrez goût à votre incursion quotidienne dans le monde hispanophone.

• Faites-nous confiance. Notre méthode vise l'assimilation progressive de la langue à travers des dialogues et des observations ; elle suit un peu le même processus que l'acquisition d'une langue maternelle. De ce fait, il vous arrivera de rencontrer une tournure ou un élément grammatical plusieurs fois avant d'en comprendre le fonctionnement ou d'en trouver l'explication. Il ne s'agit pas pour nous de vous enseigner la langue au moyen de règles, mais plutôt de vous amener à en comprendre le fonctionnement en contexte et à travers des exemples concrets.

• Travaillez les dialogues à haute voix, en vous servant des enregistrements. Mettez-y le ton et peaufinez votre accent, vous apprendrez ainsi à parler avec plaisir et vous débarrasserez de vos inhibitions. De plus, vous serez mieux préparé pour vos "vraies" conversations à venir.

• Révisez régulièrement. Si vous n'arrivez pas à retenir un mot ou si un élément grammatical vous semble difficile à comprendre, pas de panique ! Donnez-vous un peu de temps et continuez à avancer.

Notez le point qui vous pose un problème et revenez-y de temps en temps. Il y a fort à parier que la difficulté se résoudra tout naturellement au bout de quelque temps.

• Complétez votre étude en profitant de chaque occasion pour entrer en contact avec la langue et la culture espagnoles : allez voir des films en V.O., achetez une revue, écoutez des chansons… votre assimilation n'en sera que plus rapide.

• Amusez-vous ! C'est aussi un élément essentiel de la méthode Assimil : histoires amusantes, dessins et notes – tout est conçu pour joindre l'utile à l'agréable.

Comment la méthode est-elle construite ?

La première vague

Elle constitue la partie dite passive de votre acquisition de la langue, la période durant laquelle vous vous imprégnez des sonorités de la langue et abordez son mode de fonctionnement. Mais bien qu'en phase plus passive, votre cerveau, soyez-en sûr, travaille très activement !

Commencez par écouter le texte de la leçon, généralement un dialogue. Cette écoute est très importante pour acquérir une bonne prononciation. Il est bien sûr possible de suivre la méthode sans les enregistrements, mais cela revient un peu à lire les paroles d'une chanson sans en connaître la musique ; nous vous conseillons donc vivement de les écouter.

Ensuite, **lisez le texte phrase par phrase** en vous reportant à la traduction française. Consultez attentivement les notes. Elles ont pour but d'éclaircir des éléments lexicaux et grammaticaux.

Réécoutez votre leçon, **en répétant** cette fois chaque phrase, une à une. Parlez distinctement, **à voix haute**, en imitant au mieux l'accent et les intonations des locuteurs. Répétez autant de fois que vous en ressentez le besoin.

Durant les premières leçons, les textes sont enregistrés deux fois, à un rythme lent. La vitesse d'élocution augmente progressivement au fil des leçons, jusqu'à atteindre une cadence naturelle vers la fin du manuel. Si vous maintenez votre rythme de travail journalier, vous n'aurez aucun mal à suivre cette progression.

Faites les exercices proposés : ils constituent une application directe de ce que vous venez d'apprendre.

À la fin de certaines leçons, une note à caractère culturel vient enrichir et agrémenter votre apprentissage en vous apportant des informations d'intérêt général sur un sujet en rapport avec l'un des éléments abordés dans la leçon.

Toutes les sept leçons, les **leçons de révision** font le point sur vos acquis en les complétant si nécessaire. Ces leçons font partie intégrante de la méthode. Consacrez-leur autant de temps que pour une leçon nouvelle, car elles complètent les informations données dans les notes quotidiennes.

En fin d'ouvrage, un **appendice grammatical**, un **index grammatical**, un **double lexique** (espagnol-français et français-espagnol) ainsi qu'un **lexique d'expressions** vous permettront de vérifier et/ou retrouver plus aisément des éléments précis abordés dans les leçons.

La deuxième vague

À partir de la 50e leçon, lorsque vous aurez bien assimilé les bases, votre étude deviendra pleinement active. Tout en continuant à avancer comme précédemment dans les nouvelles leçons, vous reprendrez une à une celles que vous avez déjà étudiées, en commençant par la première et en suivant le même rythme d'une par jour. Nous vous demanderons alors de traduire le texte de chaque leçon en espagnol. Cette "deuxième vague", dont nous vous reparlerons le moment venu, vous permettra de constater tous les progrès que vous aurez faits tout en vous aidant à les consolider.

N'oubliez pas d'apprendre les chiffres, ordinaux et cardinaux, qui sont donnés au début de chaque leçon et en bas de chaque page.

En résumé, effort régulier, progression graduelle et agrément de l'étude ; tels sont les fondements de cette méthode qui vous permettra d'acquérir, presque naturellement, une bonne maîtrise de la langue espagnole.

Prononciation

1. Introduction

La prononciation espagnole ne présente pas de grande difficulté.

Dans ce chapitre, nous vous donnons quelques indications simples qui, avec un peu de pratique et sans grand effort, vous permettront d'acquérir rapidement une aisance naturelle.
Parallèlement, nous vous proposons une transcription phonétique, "à la française", pour mieux vous mettre en lien direct avec la musicalité de l'espagnol.

D'une manière générale, retenez que :
- chaque lettre se prononce ;
- chaque lettre garde toujours, sauf exception, la même prononciation.

Nous commentons plus loin les très rares exceptions à ces deux principes généraux.

L'alphabet espagnol est composé de 29 lettres : 5 voyelles, 1 semi-consonne et 23 consonnes.

En espagnol, le nom des lettres est féminin ; on dit : **la a**, *le a* ; **una b**, *un b*.

2. Les voyelles

Il y a cinq voyelles. Elles correspondent à cinq sons :

	équivalent français	notre transcription	
a	*a*	a	**la patata**, *la pomme de terre*
e	*é fermé*	é	**el tomate** *[él tomaté]*, *la tomate*
i	*i*	i	**sí**, *oui*
o	*o*	o	**no**, *non*
u*	*ou*	ou	**una** *[ouna]*, *une*

* Comme en français, le **u** ne se prononce pas dans les combinaisons **gue**, **gui** et **que**, **qui** : **guitarra** *[guitarra]*, *guitare* ; **que** *[qué]*, *que*.
* Le **u** de **gue** et **gui** n'est prononcé que lorsqu'il est surmonté d'un tréma : **argüir** *[argouïr]*, *arguer*.

• Chaque voyelle conserve son son de base en toute circonstance quelle que soit sa position.
• **an, en, in, on, un** et **am, em, im, om, um** se prononcent en détachant la voyelle du **n** ou du **m** (comme en français dans *âne*, par exemple). Dans notre transcription, nous marquerons ce "détachement" en intercalant une apostrophe entre la voyelle et le **n** ou le **m** : *[a'n],[é'n], [i'n], [o'n], [ou'n]* et *[a'm], [é'm], [i'm], [o'm], [ou'm]* : **cantan** *[ca'nta'n]*, *ils chantent* ; **importar** *[i'mportar]*, *importer*.
• Combinée avec une autre voyelle, chaque voyelle conserve également sa sonorité propre. Ainsi **ai, au, eu**… se prononcent *[a-ï]*, *[a-ou]*, *[é-ou]*… respectivement :
aislar *[aïslar]*, *isoler* ; **autor** *[aoutor]*, *auteur* ; **deuda** *[déouda]*, *dette*.

3. Le *y* semi-consonne

Le **y** peut représenter deux sons distincts :
• Soit la valeur de la voyelle **i** : en fin de mot et quand, seul, il est conjonction : **hoy** *[oï]*, *aujourd'hui* ; **y** *[i]*, *et*.
Nous transcrivons *[ï]* dans le premier cas et *[i]* dans le deuxième.
• Soit une valeur consonantique, en début de mot et en début de syllabe : **ya** *[ya]*, *déjà* ; **leyes** *[léyéss]*, *lois*.
Dans ces deux cas, le **y** se prononce comme en français dans *yaourt* ou dans *yeux*.
Nous le transcrivons *[y]*.

4. Les consonnes

B et **V** Se prononcent de la même façon, l'espagnol ne faisant pratiquement pas de différence entre ces deux lettres ; nous les transcrivons *[b]*.
En réalité, il s'agit d'un son qui est très proche du *b* français, mais les lèvres sont légèrement moins fermées : **bien** *[bié'n]*, *bien* ; **deber** *[débér]*, *devoir* ; **lavar** *[labar]*, *laver*.

C • Devant **a, o, u** se prononce comme en français : **café** *[café]*, *café* ; **comer** *[comér]*, *manger* ; **cuerpo** *[couérpo]*, *corps*.
• Devant **e** ou **i**, sa prononciation ressemble à celle d'un *s* fortement zozoté, voisine de celle du *th* anglais de "thing", par exemple. Pour le prononcer, placez le bout de la langue entre les dents : **cenar** *[θénar]*, *dîner, souper* ; **cine** *[θiné]*, *cinéma*.
Dans ce cas, nous le transcrivons *[θ]*.

Ch   Le groupe **ch** constitue une lettre à part entière, indivisible. C'est la quatrième lettre de l'alphabet espagnol. Elle se prononce comme *tch* dans *tchèque* : **chocolate** *[tchocolaté]*, *chocolat*.
Nous transcrivons ce **ch** *[tch]*.

D   • Se prononce comme en français : **dar** *[dar]*, *donner*.
• À la fin d'un mot, il a un son très atténué ; il est parfois prononcé comme un **z** à peine esquissé, et très souvent, il n'est pas prononcé du tout : **Madrid** *[madri^d]*, *Madrid* ; **edad** *[éda^d]*, *âge*.
Nous transcrivons ce *d* final *[^{d}]*, en exposant.

F   À la différence du français, le *f* n'est jamais redoublé en espagnol : **en efecto** *[é'n éfécto]*, *en effet*.
Il remplace le *ph* français : **fotografía** *[fotografia]*, *photographie*.

G   • Devant **a**, **o**, **u** se prononce comme en français dans *gâteau*, *gobelet* et *gourde* : **gato** *[gato]*, *chat* ; **gota** *[gota]*, *goutte* ; **agua** *[agoua]*, *eau*.
• Il en est comme en français aussi dans les combinaisons **gue** et **gui** : **guerra** *[guérra]*, *guerre* ; **guía** *[guia]*, *guide*.
• Devant **ü**, on prononce comme en français dans *pingouin* : **cigüeña** *[θigouégna]*, *cigogne* ; **pingüino** *[pi'ngouino]*, *pingouin*.
• Devant un **n**, il est détaché de celui-ci et conserve sa prononciation propre : **ignorar** *[ig-norar]*, *ignorer*.
Devant **e** ou **i**, il a le son guttural du **j**, **jota** *[χota]*, espagnol (voir ci-dessous).
Dans ce cas, nous le transcrivons comme le **j** : *[χ]*.

H   Est toujours muet : **haber** *[abér]*, *avoir* ; **hoy** *[oï]*, *aujourd'hui*.
Sauf dans le cas de quelques noms propres ou dérivés, les combinaisons *ph*, *rh* et *th* sont inexistantes en espagnol : **farmacia** *[farmaθia]*, *pharmacie* ; **rinitis** *[rrinitiss]*, *rhinite* ; **té** *[té]*, *thé*.

J   Il s'agit d'un son inexistant en français. Se prononce comme le *ch* allemand dans "Bach" ; c'est un son guttural qui ressemble à un raclement de gorge : **jota** *[χota]*, *j* ; **jugar** *[χougar]*, *jouer* ; **reloj** *[rréloχ]*, *montre*.
Nous le transcrivons *[χ]*, de même que le **g** devant **e** ou **i**, car il s'agit du même son.

K   Se prononce comme en français : **kilo** *[kilo]*, *kilo*.

L   Se prononce comme en français : **libro** *[libro]*, *livre*.

Ll   Le groupe **ll** n'est pas un **l** redoublé, mais une lettre particulière, indivisible. Sa prononciation "classique" représente un son très proche du "l" mouillé français dans *alliance* ou *million* : **llamar** *[lyamar]*, *appeler* ; **sello** *[sélyo]*, *timbre*.

Cependant, dans une grande partie de l'Espagne, de même que dans des vastes zones d'Amérique, on prononce **ll** comme **y** (à valeur consonantique) ; ainsi, par exemple, on entend exactement le même son dans **pollo**, *poulet*, et **poyo**, *banc de pierre adossé au mur*, *[poyo]*.

Ce phénomène, connu sous le nom de **yeísmo** *[yéismo]*, constitue une variante de prononciation reconnue comme correcte par la **Academia**.

De notre côté, nous avons choisi de nous rapprocher au plus près non pas du son original, mais de la prononciation que vous entendrez le plus couramment.

Aussi, nous transcrivons ce son par *[y]*.

Toutefois, nous vous invitons à rester ouvert aux différentes variantes auxquelles, tôt ou tard, vous serez confronté.

M et N   Ne sont jamais nasalisés : **mano** *[mano]*, *main* ; **hombre** *[o'mbré]*, *homme* ; **¿quién?** *[quié'n]*, *qui ?*

En fin de syllabe, nous les transcrivons *['m]* et *['n]* respectivement.

Ñ   La lettre **n** surmontée du **tilde** *[tildé]* (~) constitue une lettre spécifique de l'alphabet espagnol : le **ñ**, **eñe** *[égné]* ; il s'agit d'un son équivalent au **gn** français : **España** *[éspagna]*, *Espagne* ; **viña** *[bigna]*, *vigne*.

Bien évidemment, nous le transcrivons *[gn]*.

Souvenez-vous que dans le groupe **gn** de l'espagnol, chacune des lettres conserve sa valeur propre : **signo** *[sig-no]*, *signe*.

P   N'est jamais redoublé en espagnol : **aplaudir** *[aplaoudir]* ; *applaudir* ; **oportuno** *[oportouno]*, *opportun*.

Q   Est toujours suivi d'un *u*, muet, et se prononce comme en français : **que** *[qué]*, *que* ; **queso** *[quésso]*, *fromage* ; **quiosco** *[quiosco]*, *kiosque*.

R — N'est en aucun cas grasseyé. Il se prononce avec le bout de la langue contre le palais, près des incisives supérieures, et vibrant légèrement. C'est un **r** roulé.

• Le **r** simple, quand il est entre deux voyelles ou à la fin d'un mot, a un son doux, assez proche du *l* français : **pero** *[péro]*, *mais* ; **toro** *[toro]*, *taureau* ; **hablar** *[ablar]*, *parler* ; **beber** *[bébér]*, *boire* ; **flor** *[flor]*, *fleur*.

• Le **r**, lorsqu'il est initial ou placé après **l**, **n** ou **s**, et quand il est écrit **rr**, est plus fort, très roulé ; il comporte plusieurs vibrations : **repita** *[rrépita]*, *répète* ; **rito** *[rrito]*, *rite* ; **alrededor** *[alrrédédor]*, *autour* ; **honrado** *[o'nrrado]*, *honnête* ; **Israel** *[isrraél]*, *Israël* ; **perro** *[pérro]*, *chien*.

Dans ce cas, nous le transcrivons *[rr]*.

S — Le **s** n'est jamais redoublé, en espagnol.

Il se prononce toujours, même entre deux voyelles ou en fin de mot, comme le *ss* français : **saber** *[sabér]*, *savoir* ; **cosa** *[cossa]*, *chose* ; **mes** *[méss]*, *mois*.

Dans ces deux derniers cas, nous le transcrivons *[ss]*.

T — Le **t** non plus ne se redouble jamais.

Il se prononce toujours comme en français dans *petite* : **patito** *[patito]*, *caneton*.

V — (voir au **B**)

W — En espagnol, cette lettre est seulement utilisée dans des mots d'origine étrangère, germanique et anglaise principalement.

• Dans des mots d'origine germanique, elle se prononce comme le **v** : **walkiria** *[balkiria]*, *walkyrie*.

Nous la transcrivons alors *[b]*.

• Dans les mots d'origine anglaise, elle se prononce **u** *[ou]* : **whisky** *[ouisky]*, *whisky*.

Dans ce deuxième cas, nous la transcrivons *[ou]*.

X — Se prononce en principe toujours comme le *x* français dans *axe* : **taxi** *[taxi]*, *taxi*. Cependant, devant une consonne ou en début de mot, sa prononciation, dans la conversation courante, se réduit souvent à **s** (mais **x** est également correct) : **exterior** *[éstérior / éxtérior]*, *extérieur* ; **extra** *[éstra / éxtra]*, *extra* ; **xilófono** *[silofono / xilofono]*, *xylophone*.

Dans ce cas, nous le transcrivons *[s]*.

Z   A exactement le même son que **c** devant **e** ou **i** : **caza** *[caθa]*, *chasse* ; **zumo de manzana** *[θoumo dé ma'nθana]*, *jus de pomme*.
Il a ce même son en fin de mot : **feliz** *[féliθ]*, *heureux* ; **paz** *[paθ]*, *paix*.
Nous le transcrivons également *[θ]*.

5. Les lettres particulières

Les lettres **ch**, **ll** et **ñ** sont des lettres spécifiques de l'alphabet espagnol.
Aussi, il est important de savoir que, sauf exception, dans les dictionnaires et autres encyclopédies, elles ont toujours eu leur place après le **c**, le **l** et le **n**, respectivement.
Suite à la demande de différents organismes internationaux, la **Asociación de Academias de la Lengua Española** décida en 1994 d'intégrer les groupes **ch** et **ll**, dans les lettres **C** et **L** comme dans l'alphabet latin universel. Aussi, les mots commençant par **ch** se trouvent désormais à la rubrique **C**, et ceux commençant par **ll** à la rubrique **L**, suivant le même principe que tout dictionnaire français.

La lettre **Ñ**, quant à elle, est toujours placée entre le **N** et le **O**.

6. L'alphabet espagnol

Lettres	Noms	Prononciation*
a	a	*a*
b	be	*bé*
c	ce	*θé*
ch	che	*tché*
d	de	*dé*
e	e	*é*
f	efe	***é**fé*
g	ge	*χé*
h	hache	***a**tché*

i	i	*i*
j	**jota**	*χota*
k	**ka**	*ka*
l	**ele**	*élé*
ll	**elle**	*élyé / éyé*
m	**eme**	*émé*
n	**ene**	*éné*
ñ	**eñe**	*égné*
o	**o**	*o*
p	**pe**	*pé*
q	**cu**	*cou*
r	**erre**	*érré*
s	**ese**	*éssé*
t	**te**	*té*
u	**u**	*ou*
v	**uve**	*oubé*
w	**uve doble**	*oubé doblé*
x	**equis**	*équiss*
y	**i griega**	*i griéga*
z	**zeta / ceta**	*θéta / θéta*

* Nous indiquons en gras la syllabe tonique

Il est bon de savoir que les lettres **b**, **v**, **w**, **y** et **z** ont aussi au moins une autre dénomination. Ainsi, par exemple, en Argentine, pour épeler le *v*, les Argentins ne disent pas **uve** *[oubé]*, mais **ve corta** *[bé corta]*, (*v courte*) ; par opposition a **be larga** *[bé larga]*, (*b longue*), qui est le nom courant attribué au *b*.
Toutefois, les noms indiqués dans notre tableau pour ces cinq lettres sont les plus répandus dans le monde hispanophone.

7. L'accentuation

En espagnol, il y a deux sortes d'accent : l'accent tonique et l'accent écrit.

• L'accent tonique
Tout mot espagnol de plus d'une syllabe a une syllabe accentuée ; une syllabe sur laquelle porte l'intensité de la voix ; c'est ce que l'on appelle l'accent tonique.

Dorénavant, comme nous l'avons fait dans "L'alphabet espagnol", nous vous présenterons systématiquement en gras la syllabe tonique de chaque mot dont nous vous proposons la transcription phonétique : **palabra** *[pa**la**bra], mot, parole* ; **sílaba** *[**si**laba], syllabe* ; **acento** *[aθé'nto], accent*.

• L'accent écrit
Chacune des cinq voyelles de l'alphabet espagnol peut porter un accent écrit (toujours aigu) ; il ne peut y avoir qu'un seul accent écrit par mot.

Il va de soi que lorsqu'un mot porte un accent écrit, celui-ci est placé sur la voyelle de la syllabe tonique : **árbol** *[**ar**bol], arbre* ; **ésta** *[**és**ta], celle-ci* ; **aquí** *[a**qui**], ici* ; **¿cómo?** *[**co**mo], comment ?* ; **útil** *[**ou**til], utile*.

Nous verrons les règles de l'accentuation écrite au fil des leçons.

8. Les diphtongues

Une diphtongue est formée par la réunion de deux voyelles qui se prononcent d'une seule émission de voix.
Il y a diphtongue dans deux cas :
• Chaque fois que se trouvent combinées une voyelle forte, **a**, **e**, **o**, et une voyelle faible, **i**, **u** (ou **y**) : **ai**re *[**aï**re], air* ; **via**je *[bia**χ**é], voyage* ; **nie**ve *[ni**é**bé], neige*.
• Chaque fois que deux voyelles faibles se trouvent combinées : **viu**da *[bi**ou**da], veuve* ; **rui**do *[rr**oui**do], bruit* ; **muy** *[m**ouï**], très*.

Dorénavant, pour mieux vous aider à maîtriser la prononciation des diphtongues, nous soulignerons systématiquement la voyelle dominante dans notre transcription : **fuerte** *[fou**é**rté], fort* ; **hay** *[**aï**], il y a* ; **euro** *[**éou**ro], euro*.

- Notez :
- Deux voyelles fortes ne forment en aucun cas une diphtongue ; chacune forme en elle-même, ou contribue à former, une syllabe différente ; ainsi **teatro** *[téatro]*, *théâtre*, est un mot de trois syllabes : **te-a-tro**.
- Lorsque, combinée avec une voyelle forte, une voyelle faible est accentuée, il n'y a plus de diphtongue mais deux syllabes distinctes : **pa-ís** *[païss]*, *pays* ; **ve-hí-cu-lo** *[béïcoulo]*, *véhicule*.
- Lorsque la diphtongue est tonique, c'est la voyelle forte qui est dominante : **fiesta** *[fiésta]*, *fête*; **puer**ta *[pouérta]*, *porte*.
- Si les deux voyelles sont faibles, c'est la seconde qui domine : **circuito** *[θircouito]*, *circuit* ; **ruina** *[rrouina]*, *ruine*.
- Si la diphtongue n'est pas tonique, c'est-à-dire si l'intensité de la voix porte sur une syllabe autre que celle correspondant à la diphtongue, les deux voyelles se prononcent sur un ton identique : **Europa** *[éouropa]*, *Europe* ; **familia** *[familia]*, *famille*.

- N'oubliez pas :
- Un **h** entre deux voyelles n'empêche pas la formation d'une diphtongue : **ahijado** *[aïχado]*, *filleul* ; **prohibir** *[proïbir]*, *interdire*.
- Dans une diphtongue, chaque voyelle garde toujours sa prononciation propre.

9. Les triphtongues

Une triphtongue est un ensemble de trois voyelles qui se prononcent en une même syllabe, d'une seule émission de voix : **buey** *[bouéi]*, *bœuf* ; **estudiáis** *[éstoudiaïss]*, *vous étudiez*.

Les explications fournies dans ce chapitre ne sont pas exhaustives, elles ne donnent pas la totalité des particularités se rapportant à chacun des points abordés. Elles sont toutefois assez complètes et constituent un socle solide auquel vous pourrez vous reporter à tout moment pour approfondir votre apprentissage ou pour vous remettre en mémoire tel ou tel détail précis.

Rien de tout ceci n'est à apprendre par cœur. Lisez-le attentivement mais de manière détendue.

Pour ce qui est de l'intonation et des règles d'accentuation, n'oubliez pas que nous vous présenterons en gras la syllabe tonique, dans les textes des leçons et dans la prononciation figurée, de manière à vous la faire assimiler naturellement.

1 *Avant d'entamer votre première leçon, veillez à bien lire les pages qui précèdent. Vous y trouverez toutes les explications préliminaires indispensables à un apprentissage efficace.*

1   Lección primera [lécθio'n priméra]

Un aperitivo ①

1 – Buenos **d**ías, **u**na **ta**pa ② de tor**ti**lla, por fa**vor** ③.
2 – Sí. Ahora **mis**mo.
3   ¡**A**quí **tie**ne! ④

Pronunciación [pronou'nθiaθio'n] – **Prononciation**
ou'n apéritibo 1 bouénoss diass, ouna tapa dé tortiya, por fabor. 2 si. aora mismo. 3 ¡aqui tiéné!

Remarques de prononciation
Pour que votre démarrage soit encore plus aisé, nous vous présentons, au cours des premières leçons, quelques explications supplémentaires sur la prononciation. Cependant, en cas de besoin, pensez à vous reporter à l'introduction.

Souvenez-vous :
• Le **c** devant **e** ou **i**, *θ* dans notre prononciation figurée, est un son

Notes

① **un aperitivo**, *un apéritif* ; **una tapa**, *une tapa*.
   un et **una** sont les équivalents espagnols des articles indéfinis français *un* et *une*.

② **tap***a* est un nom féminin ; **aperitiv***o* est un nom masculin.
   C'est assez simple : en général, le **o** est la marque du masculin ; le **a** celle du féminin. Bien évidemment, il y a quelques excep-

1 • uno [**ou**no/na]

Première leçon 1

Pour vous aider à mieux repérer la traduction des mots espagnols, nous vous indiquons, entre parenthèses et en caractères italiques, les traductions littérales qui nous semblent nécessaires.

Un apéritif

1 – Bonjour *(Bons jours)*, une tapa d'omelette, s'il vous plaît *(par faveur)*.
2 – Oui. Tout de suite *(Maintenant même)*.
3 Voici *(Ici avez)* !

qui ressemble à celui du *th* anglais de *thing*, par exemple. Pour bien le prononcer, faites comme si vous zozotiez le *s* de *serpent* !
• Le **s** final se prononce toujours, en espagnol. Nous le transcrivons *ss*.
• Le **b** et le **v**, sauf exception régionale, ne se distinguent pas à l'oreille. Il s'agit d'un son relâché assez proche du *b* français. Nous les transcrivons tous deux *b*.
• Le **r** espagnol a un son doux quand il est entre deux voyelles ou à la fin d'un mot : il ne se prononce pas avec le dos de la langue mais avec le bout de celle-ci contre le palais, en vibrant légèrement. Il a un son très vibrant, très roulé, quand il est initial, lorsqu'il est écrit **rr** ou après **l**, **n** ou **s**. Nous y reviendrons.

▸ tions ; mais elles ne sont pas nombreuses. Vous les découvrirez petit à petit ! Notez dès à présent **un día**, *un jour*.

③ **por favor** se traduit aussi bien par *s'il vous plaît* que par *s'il te plaît*.

④ **¡Aquí tiene!** *(ici avez)*, *Voici !* Notez que **tiene**, *il / elle a*, est la 3ᵉ personne du singulier du présent de l'indicatif du verbe **tener**, *avoir*. Nous y reviendrons dès la première leçon de révision ; oui, à la leçon 7 !

dos [*doss*] • 2

4 – **Grac**ias. **Adi**ós.
5 – ¡Eh! Son dos **eu**ros ⑤.

*4 gra*θ*iass. a**di**o**ss**. 5 ¡é! so'n doss **éou**ross.*

Notes

⑤ **Son dos euros**, *Ça fait (ce-sont) deux euros*. **Son** correspond également à **ils / elles sont**, du verbe **ser**, *être*. Nous verrons qu'à la différence du verbe français, le verbe espagnol n'a pas besoin d'être accompagné du pronom personnel sujet.

* * *

Ejercicio 1: Traduzca [éχér**θ**iθio **ou**no : tra**dou**θca]
– Traduisez

❶ ¡Buenos días! ❷ Una lección. ❸ Por favor.
❹ Gracias. ❺ Adiós.

Ejercicio 2: Complete [éχér**θ**iθio doss: co'm**plé**té]
– Complétez
(Chaque point correspond à une lettre.)

❶ Traduisez, s'il vous plaît.
   Traduzca, ...

❷ Tout de suite.
   . . . .

❸ Merci.
   . . . .

❹ Voici un euro.
   . . . . tiene . . . .

❺ Voici une omelette.
   Aquí . . . . tortilla.

4 – Merci. Au revoir *(Adieu).*
5 – Eh ! Ça fait *(Ce-sont)* deux euros.

UNA LECCIÓN

Corrigé de l'exercice 1 (Traduction)
❶ Bonjour ! ❷ Une leçon. ❸ S'il vous plaît. ❹ Merci. ❺ Au revoir.

Corrigé de l'exercice 2 (Mots manquants)
❶ – por favor ❷ Ahora mismo ❸ Gracias ❹ Aquí – un euro
❺ – tiene una –

La culture de la **tapa** *est, partout en Espagne, une véritable institution. Les tapas sont de petites portions de toutes sortes de plats servis comme amuse-gueules ou hors-d'œuvre, voire même en guise de repas. Traditionnellement, on les prend accompagnées d'une boisson.*
La plupart des bars, cafétérias ou autres débits de boissons présentent leur offre au comptoir. On peut ainsi choisir aisément, même en pointant du doigt, ce que l'on souhaite prendre, car les noms des tapas varient d'un endroit à l'autre ; et ce d'autant que presque chaque bar a sa **especialidad de la casa**, *spécialité de la maison.*
Les noms des tapas sont généralement affichés sur des ardoises ou autres supports, à la vue de tous.
Les Espagnols aiment **ir de tapas** *("aller de tapas") : faire la tournée des bars, cafétérias ou autres pour déguster dans chacun d'entre eux les différentes spécialités proposées. La tradition veut que chaque personne du groupe paie une tournée.*
Bon appétit ! **¡Buen provecho!**

2 Lección segunda [lécθio̲'n ségou'nda]

¡Hola!

1 – ¡Hola! Yo ① soy Pedro.
2 Y tú, ¿cómo te llamas? ②
3 – Me llamo ③ Clara.
4 Soy francesa, ¿y ④ tú?

Pronunciación [pronou'nθiaθio̲'n] – **Prononciation**
¡ola! **1** ¡ola! yo so̲ï **pé**dro. **2** i tou, ¿**co**mo té **ya**mass? **3** mé **ya**mo cla**r**a. **4** so̲ï fra'nθéssa, ¿i tou?

Remarques de prononciation
Souvenez-vous :
• Le **h** est toujours muet, en espagnol.
• Le **y**, entre voyelles ou devant une voyelle, se prononce comme en français dans *yaourt*. Nous le transcrivons *y*.

Notes

① Le verbe espagnol n'a pas besoin d'être accompagné du pronom car, sauf exception, les formes du verbe se distinguent assez facilement les unes des autres. De plus, on est également aidé par le contexte et l'intonation. L'expression du pronom sujet permet d'insister sur le sujet ou de marquer une opposition ; comme lorsqu'en français nous employons deux pronoms : *Je m'appelle...* se dit **Me llamo...**, mais **Yo me llamo...** se traduit plutôt par *Moi, je m'appelle...*
Comparez avec les phrases 2, 3, 4 et 5 de notre dialogue.

② Le point d'interrogation renversé (¿) en début de question ne vous a sûrement pas échappé ! Il nous donne une indication sur l'intonation avec laquelle nous allons commencer la phrase. Aussi, le ▶

5 • cinco [θi'nco]

Deuxième leçon   2

Les crochets [ ] indiquent les mots nécessaires dans la phrase française mais qui n'apparaissent pas dans la phrase espagnole.

Salut !

1 – Salut ! Moi, [je] suis Pedro.
2   Et toi ? Comment t'appelles[-tu] ?
3 – [Je] m'appelle Clara.
4   [Je] suis Française, et toi ?

- Le **y**, en fin de mot et quand, seul, il est conjonction, est transcrit par *ï* et *i*, respectivement.
- Le groupe **ll** constitue une lettre en soi qui se prononce très communément comme le *y* de *yaourt*. Nous le transcrivons *y*.
- La lettre **ñ** (**eñe**, prononcée *égné*) est également une particularité de l'alphabet espagnol. Le son de cette lettre correspond à celui du *gn* français dans *montagne*.

N'oubliez pas de vous reporter régulièrement au chapitre "Prononciation", dans notre introduction. Nos "remarques de prononciation" sont de simples rappels.

▶ pronom sujet qui, en français vient se placer derrière le verbe pour indiquer qu'il s'agit d'une interrogation… est inutile en espagnol ! Le point d'exclamation, comme ici dans la phrase 1 ou dans les phrases 3 et 5 de la première leçon, suit le même principe. Renversant, n'est-ce pas ?

③ **llamo**, *j'appelle*, est la 1ʳᵉ personne du présent de l'indicatif de notre premier verbe régulier : **llamar**, *appeler*. La terminaison en **-ar** est le trait distinctif des verbes de la 1ʳᵉ conjugaison.

④ **y** seul se traduit par *et*. Notez qu'à l'intérieur des mots, l'espagnol met un **i** là où le français mettrait *y* ; ainsi on écrit : **sílaba**, *syllabe* ; **física**, *physique* ; **estilo**, *style*, etc. Prononcez : *sílaba, físsica, ésstilo*.

seis [*séiss*] • 6

2

5 – Soy español ⑤, de **Cór**doba.
6 ¿Cuál es tu ⑥ **nú**mero de te**lé**fono?

*5 s̠oï éspa**gn**ol, dé **cor**doba. 6 ¿cou a̠l éss tou **nou**méro dé té**lé**fono?*

Notes

⑤ Le signe qui surmonte la lettre **ñ** [**é**gné] s'appelle **tilde** [**til**dé].

⑥ **tú**, avec accent, correspond à *toi* ou *tu*, phrases 2 et 4. Sans accent, **tu** est l'adjectif possessif *ton* ou *ta*. Mais… chaque chose en son temps !

* * *

Ejercicio 1: Traduzca [éχérθiθio ouno: tradouθca] – Traduisez

❶ ¡Hola, buenos días! ❷ ¿Cómo te llamas? ❸ ¿Y tú? ❹ Me llamo Pedro. ❺ Yo soy español.

Ejercicio 2: Complete [éχérθiθio doss: co**mpl**été] – Complétez

❶ Salut !
¡ . . . . !

❷ Comment ?
¿ . . . . ?

❸ Je m'appelle Clara.
. . . . Clara.

❹ Moi, je suis Française.
. . . . . francesa.

❺ Quel est ton numéro de téléphone ?
¿ . . . . . . tu número de . . . . ?

5 – [Je] suis Espagnol, de Cordoue.
6 Quel est ton numéro de téléphone ?

Corrigé de l'exercice 1
❶ Salut, bonjour ! ❷ Comment t'appelles-tu ? ❸ Et toi ? ❹ Je m'appelle Pedro. ❺ Moi, je suis Espagnol.

Corrigé de l'exercice 2
❶ Hola ❷ Cómo ❸ Me llamo – ❹ Yo soy – ❺ Cuál es – teléfono

Il n'est pas rare de voir des Espagnols saluer d'un **¡hola!** *ou d'un* **¡buenos días!** *des inconnus rencontrés à un arrêt de bus ou dans un bar, par exemple.*
Généraliser est toujours délicat, mais on peut dire que dans l'ensemble, les Espagnols ont un caractère jovial, ils aiment la vie sociale, ils sont amicaux et ont le contact facile.
Bien évidemment, en plein centre de Madrid ou de Barcelone, à **una hora punta**, *une heure de pointe, les gens vaquent à leurs occupations comme dans toutes les grandes villes. Ceci dit, dans la plupart des cas, si vous demandez un renseignement, même dans des circonstances un peu stressantes, on prendra le temps de vous répondre, et souvent vous serez en outre gratifié d'un sourire.*
De même, ne soyez pas surpris d'être tutoyé d'emblée. Le tutoiement n'implique pas une familiarité déplacée ou un manque de respect ; c'est tout simplement une habitude linguistique courante. Toutefois, nous vous conseillons d'en laisser l'initiative à votre interlocuteur.

ocho [*otcho*] • 8

3 Lección tercera [lécθio̱'n térθéra]

¿Qué tal? ①

1 – ¡**Bue**nos **dí**as! ② ¿Qué tal?
2 – Muy ③ bien, ¿y tú?
3 – Yo he dor**mi**do ④ muy bien.
4 – ¿**Quie**res desayu**nar** ⑤?

Pronunciación [pronou'nθiaθio̱'n]
¿qué tal? **1** ¡**boué**noss **di**ass! ¿qué tal? **2** mouï bié̱'n, ¿i tou?
3 yo é dor**mi**do mouï bié̱'n. **4** ¿**quié**réss dé**ssa**you**nar**?

Remarques de prononciation
Souvenez-vous :
La diphtongue est définie comme la réunion de deux voyelles prononcées d'une seule émission de voix. Par exemple, les combinaisons *ui*, dans *lui*, et *ie*, dans *bien*, sont des diphtongues, en français.

Notes

① **¿Qué tal?**, *Comment ça va ?* ou *Ça va ?* tout court, est l'une des expressions espagnoles les plus courantes. Parfois précédée d'un **hola** ou d'un **buenos días**, elle est une sorte de lien qui permet d'établir de suite le contact : à la maison ou au bureau, avec les membres de la famille ou avec les amis, chez le boulanger ou avec des inconnus avec qui on vient de faire connaissance.

② **días**, *jours*, présente une combinaison d'une voyelle faible, **i**, avec une voyelle forte, **a**. Si l'accent tonique porte sur une voyelle faible, celle-ci prend forcément un accent écrit. Il n'y a alors pas de diphtongue, mais deux syllabes distinctes.

③ Après une voyelle, à la fin d'un mot, **y** a la valeur d'un **i** et, pour ce qui est de l'accentuation, doit être considéré comme une voyelle faible.

Troisième leçon 3

Comment ça va *(Que tel)* ?

1 – Bonjour ! Comment ça va ?
2 – Très bien, et toi ?
3 – Moi, j'ai très bien dormi *(dormi très bien)*.
4 – Veux[-tu] prendre le petit déjeuner ?

En espagnol, une diphtongue est formée par la réunion d'une voyelle forte, **a**, **e** ou **o**, – notez que ces voyelles sont contenues dans le groupe nominal *la force* – et d'une faible, **i** ou **u**, ou encore de deux voyelles faibles.

Et rappelez-vous : même dans une diphtongue chaque voyelle garde sa prononciation ; la voyelle faible ayant simplement un son légèrement plus atténué.

▶ Dans les diphtongues où sont réunies deux voyelles faibles, c'est la deuxième qui domine. Dans **muy**, *très*, [*mouï*] dans notre prononciation figurée, la diphtongue **uy** se prononce comme *oui* dans *Louis*.

④ **he dormido**, *j'ai dormi*, nous invite à faire connaissance avec la 1re personne du singulier du présent de l'indicatif du verbe auxiliaire **haber**, *avoir* : **(yo) he**, *j'ai*. Nous en reparlerons à la leçon 7.

⑤ **desayunar**, *prendre le petit déjeuner*, est un très joli verbe régulier de la 1re conjugaison, en **-ar**.
ayunar signifie *jeûner*. **desayunar** est donc "défaire le jeûne" et correspond littéralement à "*déjeuner*".
Dans la même lignée, nous avons **el desayuno**, *le petit déjeuner*.
Notez que **(yo) desayuno** se traduit par *je prends le petit déjeuner*. Copieux, n'est-ce pas ?

diez [*diéθ*] • 10

3   5 – ¡Claro! ⑥

5 ¡*clar*o!

Notes

⑥ **¡Claro!**, *Bien évidemment !*, *Bien sûr !*, est un mot de tous les jours, d'un usage constant. Il a également le sens de *C'est bien ça* ou *Tu as / Vous avez raison*, etc. Parfois, il est accompagné d'autres mots qui renforcent encore l'expression de l'affirmation ou le sentiment de conviction : **¡Claro que sí!**, *Bien sûr que oui !*, *Bien évidemment !*
Comme adjectif, **claro** signifie *clair*.
C'est clair ?, **¿Está claro?**

* * *

Ejercicio 1: Traduzca

❶ ¿Qué tal? ❷ ¡Muy bien! ❸ He dormido bien. ❹ ¿Quieres una tapa? ❺ ¡Claro!

Ejercicio 2: Complete

❶ Très bien !
   ¡ . . . . !
❷ C'est clair ?
   ¿ . . . . claro?
❸ Bien sûr que oui !
   ¡ . . . . . que sí!
❹ J'ai dormi.
   . . dormido.
❺ Veux-tu ?
   ¿ . . . . ?

11 • once [*o'nθé*]

5 – [Bien] évidemment !   3

Corrigé de l'exercice 1
❶ Comment ça va ? ❷ Très bien ! ❸ J'ai bien dormi. ❹ Veux-tu une tapa ? ❺ Bien sûr !

Corrigé de l'exercice 2
❶ Muy bien ❷ Está – ❸ Claro – ❹ He – ❺ Quieres

Au cours de ces premières leçons nous insistons beaucoup sur la prononciation ; laissez-vous guider. Attachez-vous à répéter chaque phrase autant que vous le pouvez, en veillant à bien détacher chaque syllabe. Vous vous êtes déjà rendu compte que la prononciation espagnole n'est pas bien difficile. Avec la pratique, la fluidité s'installera d'elle-même, naturellement.

4 *En Espagne, le* **desayuno** *traditionnel varie d'une région à l'autre.*
À la maison, il y a en plus les coutumes ou habitudes familiales.
Le fameux **chocolate con churros**, *chocolat avec des "churros"*
– beignets cylindriques et striés saupoudrés de sucre – est toutefois
national, plus particulièrement les dimanches et jours de fête. En
semaine, le **desayuno** *est pris chez soi, en famille ou séparément,*
en fonction de l'heure où chacun vaque à ses occupations.
Néanmoins, vous verrez partout que les Espagnols aiment **desayunar**

4   Lección cuarta [lécθio̱'n cou**a**rta]

Una buena idea

1 –   La ① am**i**ga de **A**na ha ② telefone**a**do ③.
2 –   ¿Qué que**rí**a?
3 –   Invi**t**ar a ④ los **ni**ños ⑤ a meren**d**ar.

Pronunciación
ou**na** bou**é**na id**é**a **1** la am**i**ga dé **a**na a téléfoné**a**do. **2** ¿qué qué**rí**a? **3** i'nbi**t**ar a loss **ni**gnoss a méré'n**dar**.

Remarques de prononciation
Souvenez-vous :

Notes

① **la amiga**, *l'amie* ; **el desayuno**, *le petit déjeuner*.
la et **el** sont les correspondants espagnols des articles définis français *la* et *le*.

② Nous avons déjà vu **he**, *j'ai*. Voici **ha**, *il / elle a*, de l'auxiliaire **haber**, *avoir*.

③ La terminaison en **-ado** est le trait distinctif de tous les participes passés des verbes en **-ar**.
telefone**ar**, telefone**ado**, *téléphoner, téléphoné* ; **llam**ar, **llam**ado, *appeler, appelé*...

dans les cafétérias ou dans les bars, que ce soit avant de commencer la journée de travail ou lors de la pause **desayuno**, *véritable institution.*
Bien évidemment, dans les hôtels, palaces, relais ou auberges, on sert à peu près partout le petit déjeuner continental. Cependant, si vous le pouvez, n'hésitez pas à aller vous restaurer "à l'espagnole". Vous ne le regretterez pas.

Quatrième leçon 4

Une bonne idée

1 – L'amie d'Ana a téléphoné.
2 – Que voulait[-elle] ?
3 – Inviter *(à)* les enfants à goûter.

• Le **n** n'est en aucun cas nasalisé. En fin de syllabe, nous le transcrivons '**n**.
• Le **r** n'est jamais grasseyé. Quand il est entre deux voyelles ou à la fin d'un mot, il a un son doux qui est émis avec le bout de la langue qui vibre contre le palais.

▶ Notez au passage : **telefonear** / **llamar por teléfono**, *téléphoner* / *appeler au téléphone*.

④ **invitar a los niños**, *inviter les enfants*. Lorsque le complément d'objet direct désigne des personnes, il est toujours introduit par la préposition **a** : *J'ai appelé Ana*, **He llamado a Ana**.

⑤ Formation du pluriel : tous les noms et adjectifs finissant par une voyelle non accentuée prennent un **s** au pluriel : **niño**, **niños**, *enfant*, *enfants* ; **amiga**, **amigas**, *amie*, *amies*. On ne peut plus simple !

catorce [*cator*θ*é*] • 14

4 — ¡Estu**pen**do!
5 Po**de**mos **ir**nos ⑥ al **ci**ne.

4 ¡éstoupé'ndo! 5 podémoss irnoss al θiné.

Notes

⑥ **ir**, *aller*. **irse** *(aller-se), s'en aller, partir*. **irnos** *(aller-nous), nous en aller*. À l'infinitif, le pronom complément se place derrière le verbe et se soude à lui : **invitarnos**, *nous inviter* ; **llamarnos**, *nous appeler* ; **telefonearnos**, *nous téléphoner*. N'essayez pas de tout mémoriser ; nous aurons à y revenir !

* * *

Ejercicio 1: Traduzca

❶ Clara ha telefoneado. ❷ ¿Qué quieres? ❸ Ir al cine. ❹ Una buena idea. ❺ ¿Y los niños?

* * *

Ejercicio 2: Complete

❶ Veux-tu appeler les enfants ?
¿ . . . . a los niños?

❷ [Bien] évidemment !
¡ . . . . . !

❸ Nous pouvons prendre le petit déjeuner.
. . . . desayunar.

4 – Formidable !

5 [Nous] pouvons aller *(aller-nous)* au cinéma.

* * *

Corrigé de l'exercice 1

① Clara a téléphoné. ② Que veux-tu ? ③ Aller au cinéma. ④ Une bonne idée. ⑤ Et les enfants ?

* * *

④ Formidable !
   ¡ . . . . !

⑤ Bonne idée !
   ¡ . . . . !

Corrigé de l'exercice 2

① Quieres llamar – ② Claro ③ Podemos – ④ Estupendo ⑤ Buena idea

5 Lección quinta [lécθio'n qui'nta]

¿Adónde ① vas?

1 – Perd**o**ne ②, ¿**sa**be ③ ust**ed** ④ **dón**de está la **ca**lle de la Zarz**ue**la?
2 – Sí. Es ⑤ la pri**me**ra a la de**re**cha.
3 – **Gra**cias.
4 – De **na**da.
5 – ¡Ay!

Pronunciación
¿ado'ndé bass? **1** pérdoné, ¿sabé ousté^d do'ndé ésta la cayé dé la θarθouéla? **2** si. éss la priméra a la dérétcha. **3** graθiass. **4** dé nada. **5** ¡aï!

Remarques de prononciation
Souvenez-vous :
• Le **d** à la fin d'un mot est très atténué ou même pas du tout

Notes

① Si *où* se rapporte à un verbe de mouvement on traduira par **adonde** ou **a donde**.
Sinon on traduira simplement par **donde** (parfois **en donde**), comme à la phrase 1.
Lorsqu'elles sont interrogatives, ces formes doivent être accentuées :
¿Dónde está Luis?, *Où est Luis ?*

② **¡Perdón!**, *Pardon !* ; **¡Perdone!**, *Excusez-moi !*

③ **sabe** est la 3e personne du singulier du présent de l'indicatif du verbe **saber**, *savoir*.
sabe peut se traduire par *il / elle sait* ou *vous savez*.

④ Lorsqu'on s'adresse à une seule personne que l'on vouvoie, on utilise la 3e personne du singulier.

diecisiete [diéθissiété]

Cinquième leçon   5

Où vas-tu ?

1 – Excusez-moi *(Pardonnez)*. Savez-vous où est la rue de la Zarzuela ?
2 – Oui. [C']est la première à *(la)* droite.
3 – Merci.
4 – De rien.
5 – Aïe !

---

prononcé ; il arrive aussi qu'il soit prononcé comme un **z** à peine esquissé.
Nous le transcrivons ^{d}, en exposant.
• Le **z** se prononce toujours comme **c** devant **e** ou **i** ; c'est donc un son qui ressemble à celui du *th* anglais. Nous le transcrivons θ.
• **ch** se prononce comme *tch* dans *Tchéquie*. Dans notre prononciation figurée, nous transcrivons *tch*.
• Le **r** lorsqu'il est initial est très roulé. Nous le transcrivons *rr*.

▶ **usted** est le *vous* de politesse. C'est un pronom à part entière. Lorsqu'on s'adresse à plusieurs personnes que l'on vouvoie on utilise la 3e personne du pluriel ; **usted** (*vous*) devient alors **ustedes**, *vous* au pluriel. Nous y reviendrons.
Dans notre phrase, nous aurions pu nous passer de **usted** car l'emploi du verbe à la 3e personne indique déjà que nous vouvoyons la personne à laquelle nous nous adressons. Ici, l'emploi du pronom **usted** introduit simplement une déférence supplémentaire envers elle.

⑤ **es** (*il / elle est* ou *vous êtes*, lorsqu'on s'adresse à une seule personne que l'on vouvoie) est la 3e personne du singulier du présent de l'indicatif du verbe **ser**, *être*.

dieciocho [diéθiotcho]

6 – ¡Cuidado! El semáforo está ⑥ en rojo. ☐

6 ¡couidado! él sémaforo ésta é'n rroχo.

• Le **j**, χ dans notre prononciation figurée, représente un son guttural qui ressemble à un léger raclement de gorge. C'est le **j** du prénom **Juan**, que vous connaissez certainement.

Notes

⑥ **está** (*il / elle est* ou *vous êtes*, lorsqu'on s'adresse à une seule personne que l'on vouvoie) est la 3ᵉ personne du singulier du présent de l'indicatif du verbe **estar**, *être*.
Eh oui ! **ser** et **estar** correspondent, tous deux, au verbe *être*… Nous examinerons progressivement cette particularité de la langue espagnole. Mais si vous êtes pressé d'en savoir plus, reportez-vous directement à la leçon 7 !

* * *

Ejercicio 1: Traduzca

❶ ¡Perdón! ❷ ¿Sabe usted…? ❸ ¿Dónde? ❹ Es aquí. ❺ La primera calle.

* * *

Ejercicio 2: Complete

❶ Où veux-tu aller ?
¿ . . . . . . quieres . . ?

❷ Excusez-moi.

. . . .

❸ De rien.

. . . .

19 • diecinueve [*diéθinouébé*]

6 – Attention ! Le feu est *(en)* rouge.

Corrigé de l'exercice 1
① Pardon ! ② Savez-vous… ? ③ Où ? ④ C'est ici. ⑤ La première rue.

* * *

④ Il est au téléphone.
 . . . . al . . . .

⑤ Attention !
 ¡ . . . . !

Corrigé de l'exercice 2
① Adónde – ir ② Perdone ③ De nada ④ Está – teléfono ⑤ Cuidado

Un peu d'histoire :
Autrefois, la courtoisie et les bonnes manières voulaient que l'on s'adresse à certaines personnes, considérées comme d'un plus haut rang, en leur conférant le titre de "votre grâce". Il en allait de même en Espagne à l'époque des **hidalgos**, *les gentilshommes. On disait alors* **vuestra merced** *(traduction littérale de "votre grâce"). Si l'on s'adressait à deux personnes ou plus, on les investissait d'un* **vuestras mercedes**, *au pluriel. Dans le premier cas, le verbe employé était à la troisième personne du singulier alors qu'il était à la troisième personne du pluriel dans le second.*
Que nous reste-t-il aujourd'hui de cette construction courtoise ?
Tout d'abord "Mercedes", un joli prénom de femme que les aléas du destin ont par ailleurs rendu célèbre pour constituer une griffe à quatre roues qui se promène sur nos routes. Il nous reste aussi cette particularité linguistique qui consiste à employer le verbe à

6 Lección sexta [lécθio'n sésta]

Dos pérdidas

1 – ¡De**pri**sa, el auto**bús** va a sa**lir** ①!
2 – ¿**Tie**nes **suel**to? ②

Pronunciación
doss **pér**didass **1** ¡**dé**prissa, él **a**outo**bous**s ba a sa**lir**!
2 ¿**tié**néss sou**é**lto?

Remarques de prononciation
Souvenez-vous :
• Devant une consonne, la prononciation du **x** se réduit le plus souvent à **s**. Dans ce cas, nous le transcrivons *s*.
• Le **g**, devant **e** ou **i**, a le même son guttural que le **j** espagnol. Nous le transcrivons également χ.
• Devant **a**, **o** ou **u** le **g** espagnol a le même son qu'en français dans *gâteau*, *gobelet* et *gourde*.
• Dans **tengo** détachez bien les deux syllabes. Prononcez *té'n* – sans nasaliser –, puis *go*, comme dans *gobelet*.

la troisième personne du singulier ou du pluriel, selon le cas, et qui est la "griffe" du traitement de politesse.
Finalement, de l'expression elle-même, il nous reste ce qui à l'usage, par déformation populaire, est devenu une sorte de simplification quelque peu bâtarde qui s'est élevée au rang de pronom : le **usted** *(ou* **ustedes***).*
*Votre grâce (***usted***) comprend-elle mieux ?*

Vous voilà au terme d'une leçon où les points abordés revêtent une importance toute particulière. Nous y reviendrons régulièrement pour vous aider à bien les intégrer. Leur assimilation est une question de temps et de répétition. Contentez-vous de comprendre les phrases et de les répéter. La familiarité vient petit à petit.

Sixième leçon 6

Deux pertes

1 – Vite, le bus va *(à)* partir *(sortir)* !
2 – As-tu de la monnaie ?

Notes

① Gare aux faux amis ! **salir** est un verbe aux nombreuses acceptions ; *partir* et *sortir* sont les deux sens les plus courants.
El tren sale de la estación de Atocha, *Le train part de la gare de Atocha*.
Hoy vamos a salir, *Aujourd'hui nous allons sortir*.
salir se dit **ensuciar** ou **manchar** *(tacher)*.

② **dinero suelto**, *petite monnaie*.
tener dinero suelto (littéralement : *avoir [de l']argent détaché*), *avoir de la monnaie*. Dans l'expression **tener suelto**, *avoir de la monnaie*, le mot **dinero**, *argent*, est sous-entendu.

6

3 – Sí, es**pe**ra.
4 – Yo he olvi**da**do co**ger** ③ el mone**de**ro.
5 – ¡Oh, no! ¡**Ten**go ④ un agu**je**ro en el bol**si**llo!
6 – ¡**Va**ya ⑤, lo **he**mos per**di**do ⑥!

---

3 si, és**pé**ra. *4* yo é olbi**da**do coχ**ér** él moné**dé**ro. *5* ¡o no! ¡**té'n**go ou'n agouχ**é**ro é'n él bol**si**yo! *6* ¡baya, lo **é**moss pér**di**do!

Notes

③ **coger**, *prendre*. Notez que **cojo**, *je prends*, s'écrit avec un **j**. Il ne s'agit pas d'une irrégularité à proprement parler ; c'est simplement une modification orthographique qui permet de maintenir, à toutes les formes du verbe, le même son.
Cojo el metro, *Je prends le métro* ; **Coges el autobús**, *Tu prends l'autobus*.
Attention, dans certains pays d'Amérique Latine, l'emploi du verbe **coger** est à éviter car il a un sens inconvenant. On le remplace alors par **tomar**, *prendre*, ou par **agarrar**, *saisir, attraper*.

④ **tengo**, *j'ai* ; infinitif : **tener**, *avoir*.
Eh oui ! Selon le cas, le verbe *avoir* français doit être traduit par **haber** ou par **tener**.
C'est très simple : **haber** est l'auxiliaire ; **tener** exprime l'idée de possession. **He olvidado…**, *J'ai oublié…* ; **No tengo dinero**, *Je n'ai pas d'argent*.

* * *

Ejercicio 1: Traduzca

❶ ¡Deprisa! ❷ Coger el metro. ❸ ¡Espera! ❹ Sí, tengo dinero. ❺ He perdido el autobús.

3 – Oui, attends.
4 – Moi, j'ai oublié [de] prendre mon *(le)* porte-monnaie.
5 – Oh, non ! J'ai un trou dans ma *(le)* poche !
6 – Zut, nous l'avons raté *(perdu)* !

⑤ **¡Vaya!** s'emploie souvent dans le sens de *Zut !*, *Mince !*, etc. Notez que **vaya** est également la 1re et la 3e personne du singulier du présent du subjonctif du verbe **ir**, *aller* : *que j'aille*, *qu'il / elle aille* ou *que vous alliez*.

⑥ **perder**, *perdre* et *rater*. **perder el monedero**, *perdre le porte-monnaie* ; **perder el autobús**, *rater le bus*.
Et… attention à **no perder la cabeza**, *ne pas perdre la tête !*

* * *

Corrigé de l'exercice 1

❶ Vite ! ❷ Prendre le métro. ❸ Attends ! ❹ Oui, j'ai de l'argent. ❺ J'ai raté le bus.

7 Ejercicio 2: Complete

① Je n'ai pas de monnaie.
   No . . . .

② J'ai oublié le numéro de la rue.
   . . . . el número de la . . . . . .

③ As-tu de l'argent ?
   ¿ . . . . ?

④ Où est le porte-monnaie ?
   ¿ . . . . el monedero?

⑤ Zut !
   ¡ . . . . !

---

7 Lección séptima [lécθio'n séptima]

Repaso [rrépasso] / Révision

Dans cette leçon, nous allons récapituler et approfondir les principaux points de grammaire dont vous avez déjà eu un aperçu au cours des six leçons précédentes.

N'apprenez pas par cœur, lisez de manière attentive mais détendue. Si vous en ressentez le besoin, revenez à la leçon concernée, puis continuez.

Il est tout à fait normal que des questions surgissent ; c'est bon signe. Ne cherchez pas à tout maîtriser d'emblée ; ayez confiance en nous et, surtout, ayez confiance en vous-même. N'oubliez en aucun cas que l'important n'est pas de connaître des règles, mais de pouvoir vous exprimer.

1 Prononciation

Il n'y a pas de grand mystère : toutes les lettres se prononcent et gardent invariablement la même prononciation. Détachez bien chaque syllabe et prononcez distinctement chaque voyelle.

25 • veinticinco [béi'ntiθi'nco]

Corrigé de l'exercice 2

❶ – tengo suelto ❷ He olvidado – calle ❸ Tienes dinero ❹ Dónde está – ❺ Vaya

Les motifs choisis par l'Espagne pour figurer sur la face nationale lors de la première frappe de chacune des huit monnaies furent l'effigie du Roi Juan Carlos, pour les **monedas** *de 1 euro et 2 euros ; le portrait de Miguel de Cervantès, père de la littérature espagnole, pour les* **monedas** *de 10, 20 et 50 cents ; et la cathédrale de Saint-Jacques-de-Compostelle, joyau de l'architecture baroque et l'un des lieux de pèlerinage les plus célèbres au monde, pour les* **monedas** *cuivrées, celles de 1, 2 et 5 cents.*

¿Qué tal? *Vous commencez déjà à avoir une petite base. Pour consolider vos acquis, nous vous proposons à la leçon sept une révision générale des points abordés jusqu'ici.*
À demain !

Septième leçon 7

Pour bien revoir les détails, reportez-vous à présent au chapitre prononciation, en début d'ouvrage, et lisez-le simplement. À titre d'exercice, répétez à haute voix chacun des mots qui vous est donné en exemple après chaque lettre.

2 Accentuation

Il y a deux sortes d'accents, en espagnol : l'accent tonique et l'accent écrit.
• L'accent tonique : dans les dialogues et la transcription phonétique, nous indiquons toujours en gras la syllabe accentuée, celle sur laquelle porte l'intensité de la voix.
• L'accent écrit : chacune des cinq voyelles de l'alphabet espagnol peut porter un accent écrit : **está**, *est* ; **teléfono**, *téléphone* ; **aquí**, *ici* ; **adiós**, *au revoir* ; **tú**, *tu / toi*.
Bien évidemment, lorsqu'un mot porte un accent écrit, celui-ci est placé sur la voyelle de la syllabe accentuée !
Nous y reviendrons.

7 *Lorsque vous êtes amené à faire vos exercices à trous à la fin de chaque leçon, n'oubliez pas, le cas échéant, de bien reporter l'accent écrit.*

3 L'article

• **L'article défini**
Au singulier, les articles définis sont **el**, *le*, pour le masculin et **la**, *la*, pour le féminin : **el día**, *le jour* ; **la tortilla**, *l'omelette*.
Au pluriel, l'article français *les* se dédouble en **los** pour le masculin et **las** pour le féminin : **los niños**, *les enfants* ; **las calles**, *les rues*.

• **L'article indéfini**
Au singulier, l'article indéfini est **un**, *un*, pour le masculin et **una**, *une*, pour le féminin.
un euro, *un euro* ; **una española**, *une Espagnole*.
Au pluriel, les équivalents de *des*, **unos** et **unas**, sont généralement omis.

4 Le genre

Le français et l'espagnol sont des langues d'origine latine, c'est pourquoi, dans l'ensemble, vous pouvez partir du principe qu'il y a correspondance des genres entre les deux langues. Bien évidemment, il y a des exceptions !
Pour l'instant, souvenez-vous que les noms en **-o** sont en général masculins et que les noms en **-a** sont en général féminins : **el desayuno**, *le petit déjeuner* ; **la merienda**, *le goûter*.

5 Formation du pluriel

Règle générale :
• on ajoute **s** aux noms ou adjectifs se terminant par une voyelle : **número** / **números**, *numéro* / *numéros*.
• on ajoute **es** aux noms ou adjectifs se terminant par une consonne : **lección** / **lecciones**, *leçon* / *leçons*.

6 La conjugaison

Il y a trois conjugaisons, en espagnol :
Les verbes en **-ar**, les verbes en **-er** et les verbes en **-ir**.
Les verbes de la 1re conjugaison ont le participe passé en **-ado** : **llamar** / **llamado**, *appeler* / *appelé*. Bonne nouvelle : il n'y a aucune exception !

Les verbes des 2ᵉ et 3ᵉ conjugaisons ont le participe passé en **-ido** : **haber** / **habido**, *avoir* / *eu* ; **dormir** / **dormido**, *dormir* / *dormi*. Nous traiterons les exceptions petit à petit !

7 *Haber* et *tener* (avoir)

• L'auxiliaire **haber** sert à former les temps composés de tous les verbes :
He desayunado, *J'ai pris mon petit déjeuner.*
Me he informado, *Je me suis renseigné.*
Pedro no ha llamado, *Pedro n'a pas appelé.*
Ana ha ido al cine, *Ana est allée au cinéma.*

Notez que le participe passé conjugué avec **haber** reste invariable : *Elle est allée*, **Ha ido**.

Présent de l'indicatif du verbe **haber** :

yo	he	*j'ai*
tú	has	*tu as*
él, ella usted	ha	*il, elle a* *vous avez* (vouvoiement)
nosotros, nosotras	hemos	*nous avons*
vosotros, vosotras	habéis	*vous avez* (tutoiement)
ellos, ellas ustedes	han	*ils, elles ont* *vous avez* (vouvoiement)

• Le verbe **tener** exprime l'idée de possession :
Tengo dinero, *J'ai de l'argent.*
No tengo tu número de teléfono, *Je n'ai pas ton numéro de téléphone.*

Présent de l'indicatif du verbe **tener** :

yo	tengo	*j'ai*
tú	tienes	*tu as*
él, ella usted	tiene	*il, elle a* *vous avez* (vouvoiement)
nosotros, nosotras	tenemos	*nous avons*

| vosotros, vosotras | tenéis | *vous avez* (tutoiement) |
| ellos, ellas
ustedes | tienen | *ils, elles ont*
vous avez (vouvoiement) |

8 *Ser* et *estar* (être)

• **ser** exprime l'idée d'existence, les caractéristiques inhérentes, essentielles, indépendantes des circonstances du sujet.
Soy español, *Je suis Espagnol*.
Es un niño, *C'est un enfant*.

Présent de l'indicatif du verbe **ser** :

yo	soy	*je suis*
tú	eres	*tu es*
él, ella usted	es	*il, elle est* *vous êtes* (vouvoiement sing.)
nosotros, nosotras	somos	*nous sommes*
vosotros, vosotras	sois	*vous êtes*
ellos, ellas ustedes	son	*ils, elles sont* *vous êtes* (vouvoiement plur.)

• **estar** exprime l'état, la manière relative d'être dans le temps et dans l'espace ; ce qui tient aux circonstances – le moment, le lieu, l'état physique ou moral, etc. :
¿Dónde están los niños?, *Où sont les enfants ?*
Están en el cine, *Ils sont au cinéma*.
El dinero está en el monedero, *L'argent est dans le porte-monnaie*.
Estamos en huelga, *Nous sommes en grève*.
Estoy cansado, *Je suis fatigué*.

Un petit "truc" : chaque fois que le verbe *être* peut être remplacé par *se trouver*, vous devez employer **estar**.
Où est le téléphone (où se trouve-t-il) ?, **¿Dónde está el teléfono?**

Présent de l'indicatif du verbe **estar** :

| yo | estoy | *je suis* |
| tú | estás | *tu es* |

él, ella, usted	está	il, elle est vous êtes (vouvoiement sing.)
nosotros, nosotras	estamos	nous sommes
vosotros, vosotras	estáis	vous êtes
ellos, ellas, ustedes	están	ils, elles sont vous êtes (vouvoiement plur.)

9 Diálogo recapitulativo [*dialogo rrécapitoulatibo*] / Dialogue récapitulatif

Pour vous permettre de faire le point, nous vous proposons de reprendre sous forme de dialogue quelques-unes des notions les plus importantes abordées au cours des six leçons précédentes.
Les numéros entre parenthèses renvoient aux leçons où la construction ou tournure concernée a été utilisée.
Limitez-vous à écouter chaque phrase et à la répéter. Vous allez ainsi pouvoir tester votre progression et… vous serez surpris de votre capacité de reconnaissance et d'assimilation !

  1 – ¡Hola! **(2)**
  2 – Buenos días. ¿Qué tal? **(1, 3)**
  3 – Bien, gracias. ¿Y tú? **(1, 2, 3, 5)**
  4 – Muy bien. **(3)**
  5 – ¿Quieres ir al cine? **(3, 4)**
  6 – ¡Estupendo! Es una buena idea. **(4)**
  7 – Podemos invitar a Pedro. **(4)**
  8 – ¡Claro! **(3)**
  9 – Aquí tengo su número de teléfono. **(1, 2, 6)**
 10 – ¿Sabes? ¡He olvidado coger dinero! **(5, 6)**

Traducción [*tradoucθio'n*] / Traduction

1 Salut ! **2** Bonjour. Comment ça va ? **3** Bien, merci. Et toi ? **4** Très bien. **5** Veux-tu aller au cinéma ? **6** Formidable ! C'est une bonne idée. **7** Nous pouvons inviter Pedro. **8** Bien sûr ! **9** J'ai ici son numéro de téléphone. **10** Tu sais ? J'ai oublié de prendre de l'argent !

Vous voilà parvenu au terme du premier cycle de sept leçons. Les mécanismes de base commencent à se mettre en place. Vous êtes sur la bonne voie. Félicitations !

8 Lección octava [lécθio'n octaba]

Después del ① teatro

1 – ¿Qué has **he**cho hoy?
2 – He **i**do ② al te**a**tro.
3 – ¿Y qué tal ③ la **o**bra?
4 – El pri**mer** ④ **ac**to era ma**lí**simo ⑤.
5 – ¿Y el se**gun**do?
6 – Toda**ví**a pe**or**.

Pronunciación
déspou**é**ss dél téatro **1** ¿qué as **é**tcho oï? **2** é **i**do al teátro.
3 ¿i qué tal la **o**bra? **4** él pri**mer** acto **é**ra malissimo. **5** ¿i él ségou'ndo? **6** todabia péor.

Notes

① Lorsqu'il est suivi d'un nom, l'adverbe **después**, *après*, se traduit par **después del**, si le nom est masculin, ou par **después de la**, si le nom est féminin.
después del desayuno, *après le petit déjeuner*.
después de la cena, *après le dîner / le souper* (féminin en espagnol).

② **he ido** (littéralement : *j'ai allé*), *je suis allé(e)*. Le passé composé de <u>tous</u> les verbes se construit avec l'auxiliaire **haber**, *avoir*, et le participe passé reste invariable.
has comido, *tu as mangé*.
has venido, *tu es venu(e)*.
Facile, n'est-ce pas ?

③ Dans le langage familier, lorsque l'expression **¿qué tal?**, *comment ça va ?* ou *ça va ?*, est suivie d'un nom, le verbe reste souvent sous-entendu :

31 • treinta y uno/na [**tré̱i'n**ta i **ou**no/na]

Huitième leçon 8

Après le *(du)* théâtre

1 – Qu'as-tu fait aujourd'hui ?
2 – Je suis allé *(Ai allé)* au théâtre.
3 – Et comment était la pièce ?
4 – Le premier acte était très mauvais.
5 – Et le deuxième ?
6 – Encore pire.

¿Y qué tal (ha estado) la obra?, *Et comment ça a été, la pièce ?*
¿Qué tal (va) tu trabajo?, *Comment ça va, ton travail ?*

(4) **primero**, *premier*, comme **uno**, *un*, perd le **o** final devant un nom masculin singulier.
Es el número uno, *C'est le numéro un.*
un aperitivo, *un apéritif.*
Eres el primero, *Tu es le premier.*
el primer día, *le premier jour.*

(5) **malo**, *mauvais* ; **malísimo**, *très mauvais*.
La terminaison **-ísimo, -ísima** est la marque du superlatif absolu. En français, on traduit généralement cette idée au moyen de l'adverbe *très*, **muy**. Notez que nous aurions aussi pu dire **muy malo**, *très mauvais*.
una salsa muy buena ou **buenísima**, *une très bonne sauce*.
Nous compléterons plus tard ce point de grammaire.

9 **Ejercicio 1: Traduzca**

① ¿Qué has hecho aquí? ② He hecho un agujero. ③ Después del primer acto. ④ Era una idea muy buena. ⑤ Ana no ha llamado todavía.

Ejercicio 2: Complete

① Elle est allée au cinéma.
.. ... al .... .

② Veux-tu prendre le bus ?
¿....... .... autobús?

③ Nous sommes allés goûter.
.... a merendar.

---

9   Lección novena [lécθio̱'n nobéna]

No hay que confundir la velocidad con el tocino ①

1   Un re**cién** ② ca**sa**do **vuel**ve ③ son**rien**te del ④ tra**ba**jo:

Pronunciación
*no a̱ï qué co'nfou'ndir la béloθida̱ᵈ co'n él toθino **1** ou'n rréθie̱'n ca**ss**ado boué̱lbe so'n**rrie̱'n**té dél traba**χ**o:*

Notes

① L'expression **confundir la velocidad con el tocino** (littéralement : *confondre la vitesse avec le lard*), se traduit par *prendre des vessies pour des lanternes* ; elle est à retenir telle quelle.
no hay que → *il ne faut pas* ; nous y reviendrons très prochainement.

② **recientemente**, *récemment*, devient **recién** devant un participe passé ; il se traduit le plus souvent par *nouveau*.

33 • treinta y tres [**tre̱i'n**ta i **tré**ss]

Corrigé de l'exercice 1

① Qu'as-tu fait ici ? ② J'ai fait un trou. ③ Après le premier acte.
④ C'était une très bonne idée. ⑤ Ana n'a pas encore appelé.

④ Après le goûter, nous sommes venus ici.
. . . . merienda . . . . . venido aquí.

⑤ Nous sommes venus en bus.
. . . . autobús.

Corrigé de l'exercice 2

① Ha ido – cine ② Quieres coger el – ③ Hemos ido – ④ Después de la – hemos – ⑤ Hemos venido en –

Neuvième leçon 9

Il ne faut pas prendre des vessies pour des lanternes

1 Un nouveau *(récemment)* marié rentre souriant du travail :

los recién casados, *les nouveaux mariés.*
un recién nacido, *un nouveau-né.*

③ **vuelve**, *il / elle rentre* ou *vous rentrez* (vouvoiement sing.), du verbe **volver**, est traduit ici et dans la phrase suivante par *rentrer*. C'est un verbe que nous rencontrerons souvent !

④ Combiné avec la préposition **de**, l'article masculin singulier **el** se contracte en **del** : **Vengo del cine**, *Je (re)viens du cinéma.*

treinta y cuatro [*tréi'nta i couatro*] • 34

2 – ¡Da **gus**to ⑤ **ver**te vol**ver** con**ten**to del tra**ba**jo!
3 Te **gus**ta ⑥ **mu**cho tu tra**ba**jo, ¿ver**dad**? ⑦
4 – ¡Mi a**mor** ⑧, por fa**vor**!
5 ¡No con**fun**das la **i**da ⑨ con la **vuel**ta!

*2 ¡da **gous**to **bér**té bol**bér** co'n**té'n**to dél traba χo! 3 té **gous**ta **mou**tcho tou traba χo, ¿**bér**daᵈ? 4 mi a**mor**, ¡por fa**bor**! 5 ¡no co'n**fou'n**dass la **i**da co'n la **bou**é**l**ta!*

Notes

⑤ **da gusto** (littéralement : *donne goût*) se traduit par *ça fait plaisir*.
gusto est un nom courant que nous trouverons souvent aussi avec le sens de *goût* : **tener buen gusto**, *avoir bon goût*.

⑥ **te gusta**, *tu aimes* ou *ça te plaît*.
Me gusta tu proyecto, *J'aime ton projet* ou *Ton projet me plaît*.

* * *

Ejercicio 1: Traduzca

❶ Estoy muy contenta. ❷ María vuelve en autobús. ❸ ¿Es verdad? ❹ ¡No confundas! ❺ ¿Te gusta el teatro?

Ejercicio 2: Complete

❶ Tu aimes ton travail, n'est-ce pas ?
 . . . . tu . . . . , ¿ . . . . . . ?

❷ Il est très content !
 ¡Está . . . . !

❸ J'aime beaucoup Séville.
 Sevilla . . . .

35 • treinta y cinco [**tréi'n**ta i **θi'n**co]

2 – Ça fait plaisir *(Donne goût)* [de] te voir rentrer content du travail !
3 – Tu aimes beaucoup ton travail, n'est-ce pas ?
4 – Mon amour, s'il te plaît !
5 – Ne confonds pas *(non confondes)* l'aller avec le retour !

⑦ **la verdad**, *la vérité*. **Es verdad**, *C'est vrai*.
L'expression interrogative **¿verdad?** a le sens de *n'est-ce pas ?*

⑧ **¡mi amor!**, *mon amour !*, peut se traduire aussi par *(mon) chéri / (ma) chérie !*

⑨ **ida** (littéralement : *allée*) traduit l'action d'*aller* :
ida y vuelta, *aller-retour*.
Voyez aussi : **idas y venidas**, *allées et venues*.

* * *

Corrigé de l'exercice 1

❶ Je suis très contente. ❷ María rentre en bus. ❸ C'est vrai ? ❹ Ne confonds pas ! ❺ Tu aimes le théâtre ?

❹ C'est une amie des nouveaux mariés.
Es una ..... de los ....

❺ Ça te plaît ?
¿.. .....?

Corrigé de l'exercice 2

❶ Te gusta – trabajo – verdad ❷ – muy contento – ❸ – me gusta mucho ❹ – amiga – recién casados ❺ – Te gusta – .

treinta y seis [**tréi'n**ta i **sséiss**] • 36

10 Lección décima [lécθio'n déθima]

Una cita ①

1 – ¿Nos **v**emos ② **es**te fin de se**ma**na ③?
2 – Po**de**mos que**dar** ④ **pa**ra el ⑤ **sá**bado por la **no**che ⑥.
3 – ¿A qué **ho**ra que**da**mos?
4 – ¿Te pa**re**ce bien a la **ho**ra de **siem**pre?
5 – ¡**Va**le! ⑦

Pronunciación
o**u**na θita **1** ¿noss **bé**moss **és**té fi'n dé **sé**mana? **2** po**dé**moss que**dar** **pa**ra él **sa**bado por la **no**tché. **3** ¿a qué **o**ra qué**da**moss? **4** ¿té pa**ré**θé bi**é**'n a la **o**ra dé si**é**'m**pré**? **5** ¡**ba**lé!

Notes

① **una cita**, *un rendez-vous* (féminin, en espagnol).
L'emploi du mot **cita**, bien que courant, est souvent empreint d'une connotation formelle ; entre amis **se queda**, *on prend rendez-vous*, (littéralement : *on reste*, voir ci-après la note 4). Avec le médecin, en revanche, **se coge** ou **se toma cita**, *on prend rendez-vous*.
Tengo cita con la maestra de mi hija, *J'ai rendez-vous avec la maîtresse de ma fille*.
He quedado con mis amigos, *J'ai rendez-vous avec mes amis*.

② Le pronom français *on* a différentes traductions en espagnol. Notez dès à présent : quand *on* représente le pronom *nous*, il est traduit par la 1re personne du pluriel.
nos vemos, *on se voit*.
nos llamamos, *on s'appelle* (phrase 6).

③ Sachez que **el fin**, *la fin*, est masculin en espagnol.
el fin de semana, *le week-end*.
al final de la semana, *à la fin de la semaine*.

37 • treinta y siete [**tré**i'nta i si**é**té]

Dixième leçon 10

Un rendez-vous

1 – On se voit *(Nous voyons-nous)* ce week-end *(fin de semaine)* ?
2 – Nous pouvons prendre rendez-vous *(rester)* pour *(le)* samedi soir *(pour la nuit)*.
3 – À quelle heure nous voyons-nous *(restons)* ?
4 – Ça te semble *(Te paraît)* bien à l'heure habituelle *(de toujours)* ?
5 – Ça va *(Vaut)* !

④ **quedar**, principalement, *rester*, est un verbe à sens multiples.
¿Cuánto tiempo nos queda para llegar?, *Combien de temps nous reste-t-il pour arriver ?*
Dans le langage courant, **quedar**, parfois suivi de **para**, *pour*, se traduit par *prendre rendez-vous* ou, dans un sens large, par *avoir rendez-vous,* ou simplement par *se voir* (phrase suivante).
Hemos quedado para el lunes, *Nous avons pris rendez-vous pour lundi*, *Nous avons rendez-vous lundi* ou *Nous nous voyons lundi*.

⑤ En espagnol, on place l'article devant le nom du jour de la semaine, lorsque celui-ci est déterminé. Nous y reviendrons dès la prochaine leçon de révision.
el sábado pasado, *samedi dernier*.

⑥ Parfois, les compléments de temps peuvent prendre une préposition dont le français se passe. Aussi, devant les trois parties classiques qui partagent la journée, **la mañana**, *le matin* ; **la tarde**, *l'après-midi*, et **la noche**, *le soir* ou *la nuit*, on emploie **por**.
Por la mañana voy a trabajar, *Le matin je vais travailler*.
Voy al cine por la tarde o por la noche, *Je vais au cinéma l'après-midi ou le soir*.

⑦ **¡Vale!** (littéralement : *vaut*) est une expression du langage familier qui se traduit par *D'accord !*, *Ça va !*, *Ça marche !*

treinta y ocho [**tréi'n**ta i **o**tcho] • 38

10 6 – De **to**das **for**mas, nos lla**ma**mos.
7 – ¡De a**cuer**do!

*6 dé **to**dass **for**mass, noss ya**ma**moss. 7 ¡dé a**couér**do!*

* * *

Ejercicio 1: Traduzca

❶ Este fin de semana he ido al cine. ❷ He quedado con mi amigo. ❸ Te llamo después del teatro. ❹ ¿Te parece bien? ❺ Nos llamamos por la tarde.

Ejercicio 2: Complete

❶ À quelle heure a-t-elle appelé ?
¿ . . . . ha llamado?

❷ À l'heure habituelle.
. .. ... de ....

❸ De toutes façons, c'est une bonne idée.
.. .., es una buena .... .

* * *

*En espagnol, il n'y a pas de mot spécifique pour dire "soir" et "soirée". Ces deux mots se traduisent la plupart du temps par **tarde / noche** et **noche** respectivement.*
***La tarde**, l'après-midi, commence après le déjeuner qui a lieu à 14 ou 15h, selon que l'on travaille l'après-midi ou que l'on pratique la **jornada continua**, journée continue, et s'étale en principe jusqu'au coucher du soleil. Mais **la tarde** peut aller au-delà et prendre le sens de "soir". En effet, lorsqu'on rencontre une connaissance*

39 • treinta y nueve [**tréi'n**ta i **nou**é**bé**]

6 – De toutes façons, on s'appelle *(nous-nous appelons).*
7 – D'accord !

Corrigé de l'exercice 1

❶ Ce week-end je suis allé/e au cinéma ❷ J'ai rendez-vous avec mon ami. ❸ Je t'appelle après le théâtre. ❹ Tu es d'accord ? ❺ On s'appelle l'après-midi.

❹ Je suis d'accord.
   Estoy .. ..

❺ As-tu de la monnaie ?
   ¿Tienes .... ?

Corrigé de l'exercice 2

❶ A qué hora – ❷ A la hora – siempre ❸ De todas formas – idea ❹ – de acuerdo ❺ – dinero suelto

* * *

on se salue tout à fait couramment avec un **¡Buenas tardes!**, *même s'il est déjà 19 ou 20 heures.*
¡Buenas tardes! *peut donc se traduire par* Bon après-midi !, Bonsoir ! *ou* Bonne soirée !, *selon la circonstance.*
La noche, *tout en commençant strictement parlant à la tombée du jour, peut se traduire par* le soir, la soirée *ou* la nuit.

¡Buenas noches!, Bonne nuit !, **¡Hasta mañana!**, À demain !

11 Lección once [lécθio'n o'nθé]

Cuestión ① de apreciación o... todo es relativo

1 – ¡He perdido el ② tren!
2 – ¡Qué mala pata! ③
3 – Lo he perdido por poco ④.
4   ¡Por un minuto ⑤!
5 – ¡Ah, bueno...! ¡No es tan ⑥ grave!
6   Con la cara ⑦ que has puesto...
7   ¡creía que lo habías ⑧ perdido por una hora!

Pronunciación
couéstio'n dé apréθiaθio'n o... todo éss rrélatibo 1 ¡é pérdido él tré'n! 2 ¡qué mala pata! 3 lo é pérdido por poco. 4 ¡por u'n minouto! 5 ¡a, bouéno...! ¡no éss ta'n grabé! 6 co'n la cara qué ass pouésto... 7 ¡créia qué lo abiass pérdido por ouna ora!

Notes

① *question* dans le sens d'*interrogation* se traduit par **pregunta**.
hacer una pregunta, *poser une question*.
question dans le sens *d'affaire*, *matière*, *point* ou *problème* se traduit par **cuestión, asunto, tema** ou **problema** :
Es cuestión de vida o muerte, *C'est une question de vie ou de mort*.

② En espagnol, on emploie l'adjectif possessif bien moins qu'en français ; en effet, il est remplacé par l'article dès lors que le contexte permet d'identifier clairement le possesseur.
He olvidado la cartera, *J'ai oublié mon portefeuille*.

③ **pata**, généralement *patte* et *pied* (d'animal et de meuble) est un mot qui apparaît dans nombre d'expressions familières. Elles sont à retenir telles quelles.
Tener mala pata, *Ne pas avoir de chance* ou *de veine* / *Avoir la poisse*.
¡Mala pata!, *Pas de chance !*

Leçon onze 11

Question d'appréciation ou… tout est relatif

1 – J'ai raté *(perdu)* mon *(le)* train !
2 – Quelle poisse ! *(Quelle mauvaise patte !)*
3 – Je l'ai raté de *(perdu par)* peu.
4   D'une minute *(Par une minute)* !
5 – Ah, bon… ! [Ce] n'est pas si *(tant)* grave !
6   Avec la tête que tu as fait *(le visage que tu as mis)*…
7   je croyais que tu l'avais raté d'une *(perdu par une)* heure !

④ **por poco**, *de peu*.
  Placé devant le verbe, **por poco** a souvent le sens de *pour un peu, un peu plus, il s'en est fallu de peu, faillir, etc.*
  Por poco pierdo el tren, *Pour un peu je ratais le train, J'ai failli rater mon train.*

⑤ **un minuto**, *une minute*, et **un segundo**, *une seconde*, sont des noms masculins, en espagnol !

⑥ L'adverbe **tanto**, *si, aussi, tellement, autant, tant*, devient **tan** devant un adjectif ou un adverbe.
  Estoy tan contento…, *Je suis si content…*

⑦ **la cara**, *le visage, la figure, la face*.
  Tienes buena cara, *Tu as bonne mine*.
  L'expression **poner cara de** se traduit par *faire une tête de*.
  Et aussi : **poner buena** ou **mala cara**, *faire bonne* ou *mauvaise figure*.

⑧ Sans vous y attarder, notez : **creía…**, *je croyais…* ; **lo habías…**, *tu l'avais…* Ces formes vous présentent des terminaisons caractéristiques de l'imparfait des verbes en **-er**.

11

Ejercicio 1: Traduzca

① He perdido la cartera. ② ¡Mala pata! ③ Todo es relativo. ④ Tienes muy buena cara. ⑤ ¿Quieres hacer una pregunta?

Ejercicio 2: Complete

① Quel est le problème ?
¿ . . . . es . . . . ?

② Bonne question !
¡ . . . . !

③ As-tu une minute ?
¿Tienes . . . . ?

④ Nous avons perdu une heure.
. . . . una . . . . .

⑤ Ce n'est pas si grave !
¡No es . . . . !

La lecture attentive de cette leçon vous a permis de remarquer que nous sommes passés de la numération ordinale à la numération cardinale pour indiquer le numéro de la leçon étudiée. Nous expliquerons le pourquoi de ce changement dès que nous aborderons l'étude des adjectifs numéraux (à la leçon 21). Pour l'instant, continuez votre marche sans oublier de lire et répéter, à chaque nouvelle page, les noms des nombres ; ainsi, lorsque nous étudierons en détail les adjectifs numéraux, une bonne partie du chemin aura déjà été parcourue !

Corrigé de l'exercice 1

① J'ai perdu mon portefeuille. ② La poisse ! / Pas de chance ! ③ Tout est relatif. ④ Tu as très bonne mine. ⑤ Veux-tu poser une question ?

Corrigé de l'exercice 2

① Cuál – el problema ② buena pregunta ③ – un minuto ④ Hemos perdido – hora ⑤ – tan grave

12 Lección doce [lécθio̱'n doθé]

Proyectos de futuro

1 – **Para** ① ca**sar**me ② yo nece**si**to ③ encon**trar** un **hom**bre
2 **bue**no, **gua**po, **ri**co y **ton**to.
3 – ¿Y por qué **tie**ne que ④ ser **ton**to?
4 – **Por**que ⑤ si no es **bue**no, **gua**po y **ri**co,
5 yo no me casa**ré** con él;
6 y si no es **ton**to,
7 es él quien no se casa**rá** con**mi**go ⑥. □

Pronunciación
proyéctoss dé foutouro **1** para cassarmé, yo néθéssito é'nco'ntrar ou'n o'mbré **2** boué̱no, goua̱po, rrico i to'nto. **3** ¿i por qué tié̱né qué sér to'nto? **4** porqué si no éss boué̱no, goua̱po i rrico, **5** yo no mé cassaré co'n él **6** i si no éss to'nto, **7** éss él qui̱é'n no sé cassara co'nmigo.

Notes

① L'emploi des prépositions n'est pas régi par les mêmes critères en espagnol et en français. On ne parvient à bien les maîtriser qu'à force de pratique. Nous procéderons par petites touches.
pour = **para** quand on exprime une idée de but.
pour = **por** quand on exprime une idée de cause.
Para coger el autobús necesito dinero, *Pour prendre le bus* (dans le but de prendre un bus) *j'ai besoin d'argent*.
Lo he hecho por ella, *Je l'ai fait pour elle* (à cause d'elle).

② **casarme**, *me marier*. Voilà un nouveau pronom complément (**me**, *me*) placé après le verbe et soudé à lui. Il en est toujours ainsi dès lors que le verbe est à l'infinitif !
casarse, *se marier* ; **casarnos**, *nous marier*.

③ **necesitar** est un verbe régulier qui veut aussi dire *avoir besoin de*.
Necesito tiempo, *J'ai besoin de temps*.

45 • cuarenta y cinco [couaré'nta i θi'nco]

Leçon douze   12

Projets d'avenir *(de futur)*

1 – Pour me marier, il faut que je trouve *(moi je nécessite trouver)* un homme
2   bon, beau, riche et bête.
3 – Et pourquoi doit-il être bête ?
4 – Parce que s'il n'est pas bon, beau et riche
5   je ne me marierai pas avec lui ;
6   et s'il n'est pas bête,
7   c'est lui qui ne se mariera pas avec moi.

¿Necesitas ayuda?, *As-tu besoin d'aide ?*

④ **tengo que**, *je dois* ; **tienes que**, *tu dois* ; **tiene que**, *il doit*, etc.
L'obligation personnelle exprimée en français par *devoir*, se traduit généralement en espagnol par **tener que** conjugué à la personne qui convient et suivi d'un infinitif.
tiene que llamar : *il / elle doit appeler* ou *vous devez appeler*.

⑤ **¿por qué?**, en deux mots, *pourquoi ?* (phrase 3).
porque, en un mot et sans accent, *parce que*.
- **¿Por qué no sales al jardín?**, *Pourquoi ne sors-tu pas dans le jardin ?*
- **Porque hace frío**, *Parce qu'il fait froid.*

⑥ **conmigo**, *avec moi* ; **contigo**, *avec toi*.
Ha desayunado conmigo, *Il / Elle a pris son petit déjeuner avec moi.*

13 Ejercicio 1: Traduzca

❶ ¿Cuál es tu proyecto? ❷ Vamos a casarnos. ❸ Necesito verte. ❹ ¿Pedro ha ido contigo? ❺ De todas formas, te llamo.

Ejercicio 2: Complete

❶ Ton ami est très beau.
 . . amigo . . . .
❷ Elle n'est pas bête.
 . . . .
❸ Il a [de l'] avenir.
 . . . .

---

13 Lección trece [léc**θio**'n tré**θ**é]

Hombre precavido vale por dos

1 – Una ra**ción** de **s**etas ①, por fa**vor**.
2 – ¿Una ra**ción** de **s**etas?

Pronunciación
o'mbré précabido balé por doss **1** *ouna rraθio'n dé sétass, por fabor.* **2** *¿ouna rraθio'n dé sétass?*

Notes

① **seta** (fém.), *champignon*, est surtout utilisé pour les champignons à chapeau ; **champiñón** est un gallicisme très employé, particulièrement dans le domaine culinaire.
una seta venenosa, *un champignon vénéneux*.

Corrigé de l'exercice 1

① Quel est ton projet ? ② Nous allons nous marier. ③ J'ai besoin de te voir. ④ Pedro est-il allé avec toi ? ⑤ De toutes façons, je t'appelle.

④ Pourquoi l'as-tu fait aujourd'hui ?.
¿ ... ... lo has ....?
⑤ Parce que je voulais aller au cinéma.
...... quería .. al ..... .

Corrigé de l'exercice 2

① Tu – es muy guapo ② No es tonta ③ Tiene futuro ④ Por qué – hecho hoy ⑤ Porque – ir – cine

---

Leçon treize 13

Un homme averti en vaut *(pour)* deux

1 – Une portion de champignons, s'il vous plaît.
2 – Une portion de champignons ?

3 ¡Está bien ②, **pe**ro ensegui**d**a ③ le **trai**go ④ la **cuen**ta ⑤!

4 – ¿**Có**mo? ¿**Ten**go que pa**gar an**tes de que me **sir**va?

5 – ¡**Mi**re! ⑥ ¡Con las **se**tas **nun**ca ⑦ se **sa**be **có**mo ⑧ aca**b**an las **co**sas! □

---

*3 ésta biḙ'n, **pé**ro é'nsé**gui**da lé **traï**go la coué'nta! 4 ¿**co**mo? ¿**té**'ngo qué pa**gar a'n**téss dé qué mé **sir**ba? 5 ¡**mi**ré! ¡co'n lass **sé**tass **nou'n**ca sé **sa**bé **co**mo aca**ba**'n lass **co**ssass!*

Notes

② **¡Está bien!** (littéralement : *C'est bien !*) est souvent synonyme de *D'accord !* ou de *C'est entendu !*

③ **enseguida** ou **en seguida**, *tout de suite*, peut être remplacé par **ahora mismo** *(maintenant même)* que nous vous avons présenté dès la 1re leçon.

④ **le traigo (a usted)**, *je vous apporte (à vous)*.
le, *vous*, est un pronom complément de la 3e personne sur lequel nous reviendrons plus tard. Pour l'instant limitez-vous à retenir l'expression telle quelle :
¿Le traigo la cuenta?, *Je vous apporte l'addition ?*
¿Le traigo un té?, *Je vous apporte un thé ?*

⑤ **la cuenta**, *l'addition, la note*.
La cuenta, por favor, *L'addition, s'il vous plaît*.
pedir la cuenta, *demander l'addition*.
Toujours au féminin, **cuenta** traduit également *compte*.
una cuenta corriente, *un compte courant*.

* * *

Ejercicio 1: Traduzca

❶ ¿Qué quieres comer? ❷ Voy a pedir un café con leche. ❸ Tengo que pagar. ❹ ¿Vas a pedir la cuenta? ❺ ¡Ahora mismo!

3 D'accord, mais je vous apporte tout de suite l'addition *(le compte)* !
4 – Comment ? Je dois payer avant d'être servi *(de que vous me serviez)* ?
5 – Écoutez *(regardez)* ! Avec les champignons, on ne sait jamais *(jamais on sait)* comment ça se termine *(finissent les choses)* !

⑥ **¡Mire!**, *Regardez !*, est aussi, dans le langage courant, une sorte d'exclamation de remplissage qui se traduira de différentes façons selon la situation. Ici, il convient de traduire par *Écoutez !*

⑦ Les mots négatifs comme, par exemple, **nunca** / **jamás**, *jamais*, entraînent la suppression de la négation **no** s'ils sont placés devant le verbe. Comparez :
No cojo nunca el autobús, *Je ne prends jamais le bus*.
Nunca cojo el autobús, *Je ne prends jamais le bus (jamais je [ne] prends le bus)*.
Notez : **nunca jamás**, *plus jamais*.

⑧ **cómo**, *comment*, interrogatif (phrase 4) ou exclamatif, porte toujours un accent. Cet accent est également de rigueur lorsque l'interrogation est indirecte.
como, sans accent, est la 1re personne du présent de **comer**, *manger*, et correspond à *je mange*.
Par ailleurs, **como** est généralement traduit par *comme*. Nous y reviendrons.

* * *

Corrigé de l'exercice 1

❶ Que veux-tu manger ? ❷ Je vais demander un crème / café au lait. ❸ Je dois payer. ❹ Tu vas demander l'addition ? ❺ Tout de suite !

14 Ejercicio 2: Complete

① J'aime les champignons.
. . . . las . . . .

② Je vais en demander une portion.
. . . a . . . . . una . . . .

③ C'est entendu !
¡ . . . . bien!

Ración *est un mot qui, au-delà de son sens premier, portion, est indissolublement lié dans l'imaginaire espagnol à celui de* **tapa**, *dont nous vous entretenions déjà à la première leçon. Tous deux, avec* **pincho** *(tapa dont les ingrédients se présentent embrochés sur un cure-dents ou que l'on prend à l'aide de celui-ci), appartiennent à la même culture.*
Una ración *est une plus grosse portion, qui peut constituer à elle seule un repas, mais qui la plupart du temps est partagée entre deux ou trois personnes en accompagnement d'une boisson.*
On trouve l'origine des tapas en Andalousie, où l'on servait traditionnellement l'alcool, très souvent du xérès, accompagné ou bien

---

14 Lección catorce [*lécθio'n catorθé*]

Repaso

1 *Al* et *del* : l'article contracté

Combiné avec les prépositions **a** et **de**, l'article **el** donne lieu aux formes contractées **al** et **del** respectivement.
ir al cine, *aller au cinéma.*
hablar al autor, *parler à l'auteur.*
el primer día del mes, *le premier jour du mois.*
la hora del aperitivo, *l'heure de l'apéritif.*

Il n'y a pas d'autres contractions.

④ Je dois finir la leçon.
. . . . la lección.

⑤ Tout de suite.
. . . .

Corrigé de l'exercice 2
① Me gustan – setas ② Voy – pedir – ración ③ Está – ④ Tengo que acabar – ⑤ Enseguida

d'une tranche de jambon, de saucisson ou autre charcuterie, qui couvrait le verre, ou bien d'une soucoupe avec quelques olives en guise de **tapa**, *couvercle, pour protéger la boisson des mouches.*
Petit à petit, cette habitude se généralisa et s'enrichit de nouveaux mets.
Autrefois gratuites, les tapas sont de nos jours presque toujours payantes. Mais elles demeurent une coutume qui renforce le lien social et permet à chacun de vivre un moment agréable dans une atmosphère conviviale.

¡Que aproveche!, Bon appétit !

Leçon quatorze 14

2 L'apocope

L'apocope est la chute de la terminaison (dernière voyelle ou dernière syllabe) de certains adjectifs et adverbes. Cette perte caractérise une quinzaine de mots espagnols (courants) qui, pour la plupart, perdent leur terminaison devant un nom masculin singulier.
Vous en connaissez déjà certains :

• **uno**, *un* ; **primero**, *premier* ; **bueno**, *bon*, et **malo**, *mauvais*, adjectifs, perdent le **o** final devant un nom masculin singulier :
un día, *un jour*.
primer mes, *premier mois*.
un buen café, *un bon café*.

cincuenta y dos [θi'n**coué'n**ta i doss] • 52

14 un mal día, *un mauvais jour*.
Notez qu'il y a apocope même lorsqu'un autre adjectif se trouve interposé (voir **un** dans les deux derniers exemples).
Maintenant, comparez :
Tengo un sello, *J'ai un timbre* ; **Tengo uno**, *J'en ai un*.
Es un buen amigo, *C'est un bon ami* ; **Es bueno**, *Il est bon*.
Et au féminin : **una buena amiga**, *une bonne amie*.

- **tanto**, *aussi* ou *si*, adverbe, devient **tan** devant un adjectif ou un adverbe :
No es tan grave, *Ce n'est pas aussi (si) grave*.

- **recientemente**, *récemment*, devient **recién** devant un participe passé :
un recién nacido, *un nouveau-né*.

Nous complétons cette première approche en vous proposant d'ajouter à cette liste l'adjectif **grande**, *grand*, qui devient généralement **gran** devant un nom singulier, masculin ou féminin :
un gran hombre, *un grand homme*.
una gran mujer, *une grande femme*.

3 Le superlatif absolu

Le suffixe **-ísimo, -ísima**, se substituant à la voyelle finale de l'adjectif, ou s'ajoutant à celui-ci lorsqu'il se termine par une consonne, marque le superlatif absolu. En français, cette idée est exprimée avec des adverbes tels que *très, fort, énormément, extrêmement*.
una idea buenísima, *une très bonne / excellente idée*.
Notez qu'il subsiste en français quelques " parents proches " de cette construction, ainsi pour :
rarísimo (de **raro**), *très (fort, extrêmement…) rare,* nous avons aussi… *rarissime !*
riquísimo (de **rico**), *très (fort, énormément…) riche,* nous avons également…*richissime !*

En espagnol, cette idée peut également être exprimée au moyen de l'adverbe **muy**, *très*, (que nous vous conseillons d'employer en cas de doute, car certains superlatifs sont irréguliers).

53 • cincuenta y tres [θi'n**coué'n**ta i **tré**ss]

Sachez toutefois que la construction avec **-ísimo**, **-ísima** donne à l'idée davantage de force.

4 L'article et les jours de la semaine

En espagnol, dès lors que le jour de la semaine est déterminé, on le fait précéder de l'article défini **el**, *le* :
el lunes pasado, *lundi dernier*.
el próximo miércoles, *mercredi prochain*.
el jueves catorce, *jeudi quatorze*.

Les mots **pasado** ou **último**, *dernier*, **próximo** ou **que viene**, *prochain* ou *qui vient* peuvent être exprimés ou rester sous-entendus :
el viernes, *vendredi* ; le contexte détermine s'il s'agit de **el viernes pasado**, *vendredi dernier*, ou de **el viernes que viene**, *vendredi qui vient* ou *prochain*.
Comí con mi amiga el sábado, *J'ai mangé (je mangeai) avec mon amie samedi.*
Iré a verte el domingo, *J'irai te voir dimanche.*
Et mardi ? Eh bien… nous vous en dirons plus à la fin de leçon !

L'article **los**, allié au jour de la semaine, exprime une idée de régularité :
Los domingos desayunamos en familia, *Le dimanche nous prenons le petit déjeuner en famille.*
Voy a verle los jueves, *Je vais le voir le jeudi.*
On peut dire aussi **todos los domingos…**, *tous les dimanches…* (1er exemple) et **…todos los jueves**, *…tous les jeudis* (2e exemple).

5 Participes passés irréguliers

Précédé de l'auxiliaire **haber**, le participe passé permet de former les temps composés de tous les verbes.
Aucun verbe en **-ar** n'a de participe passé irrégulier, tous sont en **-ado** : **hablar**, *parler*, → **hablado**, *parlé*.

Il en va autrement pour les verbes en **-er** et en **-ir** ; certains d'entre eux ont un participe passé irrégulier. Il est important de les retenir au fur et à mesure qu'ils apparaissent dans les leçons.

cincuenta y cuatro [θi'n**coué'n**ta i **coua**tro]

14 Pour vous aider à mieux les repérer, sachez dès à présent qu'ils se terminent bien souvent en **-to**, **-so** ou **-cho**. Vous en avez d'ailleurs déjà fait connaissance avec **puesto** (de **poner**, *mettre*), **mis**, et **hecho** (de **hacer**, *faire*), *fait*. Notez aussi : **visto** (de **ver**, *voir*) *vu*, et **dicho** (de **decir**, *dire*) *dit*.
He puesto la mesa, *J'ai mis la table*.
¿Qué has hecho hoy?, *Qu'as-tu fait aujourd'hui ?*
Ha visto que el semáforo estaba en rojo, *Il / Elle a vu que le feu était au rouge*.

* * *

6 Diálogo recapitulativo

1 –¿Qué has hecho hoy? **(8)**
2 –He ido a trabajar; y después… **(8, 10, 14)**
3   he ido de tapas. (Note culturelle de la leçon **1**)
4   ¡Necesito ver a los amigos! **(12)**
5   Y tú, ¿qué has hecho? **(2, 9)**
6 –Quería ir al teatro porque me gusta mucho; **(4, 8, 12)**
7   pero he perdido el autobús. **(6, 11)**
8 –¡Qué mala pata! **(11)**
9 –¿Te parece si quedamos para ir al teatro el domingo? **(8, 10, 14)**
10 –¡Está bien! **(13)**

¿Qué han dicho?, *Qu'est-ce qu'ils / elles ont dit ?*   **14**

Pour finir, notez que certains verbes réguliers ont un participe passé irrégulier :
escrito (de **escribir**, *écrire*), *écrit*, et **abierto** (de **abrir**, *ouvrir*), *ouvert*, par exemple.

Nous complèterons ce point plus loin.

* * *

Traducción

1 Qu'as-tu fait aujourd'hui ? **2** Je suis allé travailler, et après… **3** je suis allé faire la tournée des bars. **4** J'ai besoin de voir les amis ! **5** Et toi, qu'est-ce que tu as fait ? **6** Je voulais aller au théâtre parce que ça me plaît beaucoup ; **7** mais j'ai raté le bus. **8** Quelle poisse ! **9** Ça te va si nous prenons rendez-vous pour aller au théâtre dimanche ? **10** C'est entendu !

Le jour de Mars, **el martes**, *mardi, se construit de la même manière que les autres jours de la semaine. Toutefois, à titre de curiosité, nous lui faisons une place à part, car le mardi est considéré dans l'imaginaire espagnol comme le jour funeste, celui de "pas de chance", cachet dont est empreint chez nous le vendredi.*
Cette qualité de jour de "mauvais augure" est accrue pour le superstitieux si **el martes** *coïncide avec le* treize, **trece**, *du mois ; à l'instar de ce que peut susciter l'évocation du vendredi treize.*
Aussi, certains adages populaires ou dictons varient d'une langue à l'autre :
En martes, ni te cases ni te embarques *(littéralement :* Mardi, ni te maries ni t'embarques*).*

cincuenta y seis [θi'n**coué'n**ta i s<u>é</u>iss] • 56

15 Lección quince

¿Cuál es tu profesión ①?

1 – ¿En qué tra**ba**jas ②?
2 – Soy profe**so**ra ③ de espa**ñol pa**ra extran**je**ros.
3 Y tú ④, ¿a qué te de**di**cas ⑤?

Pronunciación
¿cou*al* éss tou profé*ssio'n*? **1** ¿é'n qué traba χass? **2** so*ï* profé**sso**ra dé éspa**gn**ol **pa**ra éstra'nχéross. **3** i tou ¿a qué té dé**di**cass?

Notes

① **la profesión**, *la profession, le métier* (**el oficio**). Lorsqu'il s'agit de faire référence à l'activité professionnelle, l'espagnol emploie plus volontiers le mot **profesión**.
oficio, *métier*, est plutôt réservé aux occupations de type manuel ou mécanique.

② Comme **llamar**, *appeler*, ou **desayunar**, *prendre le petit déjeuner* ; **trabajar**, *travailler*, est un verbe régulier de la 1ʳᵉ conjugaison (verbes en **-ar**). Lisez à haute voix les trois personnes du singulier du présent de l'indicatif :
yo trabajo, *je travaille* ; **tú trabajas**, *tu travailles* ; **él / ella / usted trabaja**, *il / elle travaille* ou *vous travaillez*.

③ La plupart des titres ou des professions ont une forme masculine et une forme féminine : *professeur(e)* – **el profesor**, **la profesora** ; *écrivain(e)* – **el escritor**, **la escritora** ; *premier ministre* – **el primer ministro**, **la primera ministra**.

④ **tu** (sans accent) : *ton, ta* (adjectif possessif) ; **tu profesor**, *ton professeur* ; **tu profesión**, *ta profession* ou *ton métier*.
tú (avec accent) : *tu, toi* (pronom) ; **(tú) trabajas**, *tu travailles* ; **¿y tú?**, *et toi ?*
Seuls quelque dix monosyllabes portent l'accent écrit, en espagnol. Cet accent sert à distinguer le sens ou la fonction gram-

57 • cincuenta y siete [θi'n**coué**'nta i **si**été]

Leçon quinze   15

Quel est ton métier *(ta profession)* ?

1 – Que fais-tu comme travail ? *(Dans quoi travailles-tu ?)*
2 – Je suis professeur d'espagnol pour étrangers.
3 Et toi, que fais-tu *(à quoi te dédies-tu)* ?

Remarques de prononciation
Souvenez-vous :
• Devant une consonne, la prononciation du **x** se réduit le plus souvent à **s**. Dans ce cas, nous le transcrivons *s*.

maticale de deux homonymes. Outre les deux qui apparaissent dans cette leçon, vous connaissez aussi **el**, *le* (article), et **él**, *il, lui* (pronom) : **el trabajo**, *le travail* ; **él trabaja**, *il travaille* ; **¿y él?**, *et lui ?*

⑤ **dedicar**, *dédier* et *dédicacer*.
dedicarse a aussi le sens de *se vouer, se consacrer, s'adonner*.
¿A qué te dedicas? est une expression très courante qui peut se rendre par *Que fais-tu ?*, *Quelle est ton occupation ?*, *À quoi passes-tu ton temps ?* ou, comme dans notre dialogue, par *Que fais-tu comme travail ?* ou *Dans quoi travailles-tu ?*

cincuenta y ocho [θi'n**coué'n**ta i **o**tcho] • 58

15
4 – Soy ⑥ escri**tor**,
5 **pe**ro en mis **ra**tos **li**bres tra**ba**jo en un **ban**co.

> *4 s*o*ï éscritor, 5 péro é'n miss rratoss libréss trabaχo é'n ou'n ba'nco.*

* * *

Ejercicio 1: Traduzca

❶ Soy francés. ❷ Es extranjero. ❸ ¿En qué trabajas? ❹ ¿Cuál es tu número de teléfono? ❺ ¿Es tu amiga?

Ejercicio 2: Complete

❶ Quel est ton métier ?
¿ . . . . es . . . . ?

❷ Je suis professeur.
. . . profesor.

❸ As-tu du travail ?.
¿Tienes . . . . ?

❹ Je travaille dans une banque.
. . . . un . . . .

❺ J'ai un moment libre.
. . . . rato . . . . . .

59 • cincuenta y nueve [θi'n**coué'n**ta i **noué**bé]

4 – Je suis écrivain,
5 mais dans mes moments libres je travaille dans une banque.

Notes

(6) Souvenez-vous : avec **ser** on définit, on exprime ce qui caractérise. Aussi, même si le métier, la profession ou l'emploi sont désormais très aléatoires, ils s'expriment toujours avec le verbe **ser** : **Soy profesora**, *Je suis professeur* (une femme) ; **Eres escritor**, *Tu es écrivain* ; **Es panadera**, *Elle est boulangère*.

* * *

Corrigé de l'exercice 1

❶ Je suis français. ❷ Il est étranger. ❸ Dans quoi travailles-tu ?
❹ Quel est ton numéro de téléphone ? ❺ C'est ton amie ?

Corrigé de l'exercice 2

❶ Cuál – tu profesión ❷ Soy – ❸ – trabajo ❹ Trabajo en – banco
❺ Tengo un – libre

16 Lección dieciséis

Un buen amigo

1 – ¡**Hom**bre…! ① ¿**Có**mo es**tás**? ② ¡**Cuán**to **tiem**po!
2 – Sí, es ver**dad**. **Ha**ce ③ **a**ños…
3 – ¿Qué te pa**re**ce ④ si ce**na**mos **jun**tos **es**ta ⑤ **no**che y…
4   **lue**go **va**mos de **co**pas ⑥?

> **Pronunciación**
> ou'n bou**é**'n a**mi**go **1** ¡**o'm**bré! ¿**co**mo és**tass**? ¡**coua**'nto **tié**'mpo! **2** si, éss bér**da**ᵈ. a**θé** a**gnoss**… **3** ¿qué té pa**ré**θé si θé**na**moss χ**ou'n**toss **és**ta **no**tché i… **4** lou**é**go **ba**moss dé **co**pass?

Notes

① **¡Hombre!** (littéralement : *Homme !*) est une exclamation très employée dans la conversation courante. Elle introduit des nuances très diverses : *Tiens !* (surprise), *Allons donc !* (incrédulité), *Bah !* (doute), *Eh bien !* (admiration), etc. Elle s'emploie aussi à l'adresse des femmes, concurremment avec **¡Mujer!** (littéralement : *Femme !*).

② **¿Cómo estás?**, *Comment vas-tu ?,* construction plus élaborée que **¿Qué tal estás?**, bien qu'équivalente à celle-ci, dénote une attention plus marquée envers son interlocuteur.
Nous aurions pu dire également **¿Qué tal?**, *Ça va ?*, expression plus familière et passe-partout.

③ **hace**, *il / elle / ça fait* ou *vous faites* (vouvoiement sing.) ; infinitif : **hacer**, *faire*.

④ **¿Qué te parece?** (littéralement : *Que te semble-t-il ?*) est une expression usuelle dont le sens le plus courant est *Qu'en penses-tu ? / Qu'en dis-tu ?* mais qui se traduit par *Que dirais-tu (de)… ?* ou *Ça te dirait (de)… ?* lorsque l'avis demandé se rapporte à un fait pouvant se dérouler dans l'avenir.

Leçon seize 16

Un bon ami

1 – Tiens *(Homme)* ! Comment vas-tu *(Comment es-tu)* ? Ça fait longtemps *(Combien temps)* !
2 – Oui, [c']est vrai *(est vérité)*. [Ça] fait [des] années…
3 – Que dirais-tu d'aller dîner *(Que te semble si nous dînons)* ensemble ce soir et …
4 d'aller prendre un verre après *(après allons de coupes)* ?

¿Has leído esta novela? ¿Qué te parece?, *As-tu lu ce roman ? Qu'en penses-tu ?*
¿Qué te parece si vamos a la playa?, *Ça te dirait d'aller à la plage ?*

⑤ Attention à l'accent (écrit et tonique) : <u>es</u>ta, *cette* ; est<u>á</u>, *il / elle est* ou *vous êtes* (vouvoiement sing.).

⑥ **copa**, *coupe* et *verre à pied*.
À l'instar de l'expression **ir de tapas** (leçon 1), la tournure **ir de copas** ou encore **ir de vinos**, relève du même rituel : on sort entre amis, on fait la tournée des bars, cafétérias, pubs, etc. et on prend quelques verres, chacun payant généralement à tour de rôle.
La différence entre **ir de copas** et **ir de vinos** ? On peut dire que pour **las copas** ce sera plutôt tard, en soirée, voire la nuit, après le dîner ; et que les "verres" contiendront bien de l'alcool. Pour ce qui est de **los vinos**, généralement ce sera plutôt avant le déjeuner ou en fin d'après-midi, avant le dîner. Quant aux "verres" ils contiendront plutôt du vin, de la bière ou des boissons du type apéritif.

5 – ¿Por qué ⑦ no?
6 – ¡Estu**pen**do, in**ví**tame ⑧!

*5 ¿por qué no? 6 ¡éstou**pé'n**do, i'n**bi**tamé!*

Notes

⑦ **¿por qué?**, *pourquoi ?* Tous les mots interrogatifs et exclamatifs, qu'ils soient pronoms ou adverbes, portent l'accent écrit. Dans cette leçon, nous avons **¿cómo…?**, *comment… ?* ; **¡cuánto…!**, *combien… !*, et **¿qué…?**, *que… ?* ; et vous connaissez déjà **¿cuál…?**, *quel… ?*, **¿dónde…?**, *où… ?* et **¿adónde?**, (avec mouvement vers) *où… ?*

⑧ **invítame**, *invite-moi*. Comme en français, à l'impératif, le pronom complément se place après le verbe : **llámame**, *appelle-moi*. Souvenez-vous qu'en espagnol il en va de même à l'infinitif et que le pronom se soude au verbe : **invitarnos**, *nous inviter*.

* * *

Ejercicio 1: Traduzca

❶ ¿Qué tal estás? ❷ Bien, ¿y tú? ❸ Tengo una amiga. ❹ ¿Qué te parece? ❺ ¿Por qué no?

Ejercicio 2: Complete

❶ C'est un bon ami.
.. un .... amigo.

❷ Oui, c'est vrai.
Sí, ...

❸ Nous avons dîné ensemble.
..... cenado ....

❹ Appelle-moi ce soir.
Llámame ....

❺ Combien de temps ça fait ?
¿Cuánto .... ?

63 • sesenta y tres [sé**ssé'n**ta i tréss]

5 – Pourquoi pas ?
6 – Excellent, invite-moi !

* * *

Corrigé de l'exercice 1
❶ Comment vas-tu ? ❷ Bien, et toi ? ❸ J'ai une amie. ❹ Qu'en penses-tu ? ❺ Pourquoi pas ?

Corrigé de l'exercice 2
❶ Es – buen – ❷ – es verdad ❸ Hemos – juntos ❹ – esta noche ❺ – tiempo hace

Chacun connaît le penchant des Espagnols pour la fête ainsi que leur légendaire **afición**, *passion, goût, pour les sorties entre amis. Dans ce même registre, on peut dire que* **trasnochar**, *se coucher tard, passer une nuit blanche, passer la nuit dehors, est pour ainsi dire devenu un sport national, surtout parmi les jeunes. La tradition ancrée d'une vie nocturne en Espagne (certains disent que Madrid est la ville où l'on dort le moins au monde car il n'y est pas rare de trouver des embouteillages au milieu de la nuit) est l'un des particularismes du pays.*

17 Lección diecisiete

¿Qué hora es?

1 – ¿Tienes hora, por favor?
2 – Sí. Es la ① una y ② diez.
3 – En mi reloj son ③ las cuatro menos cuarto.
4 – ¡Qué raro!
5 Espera un momento; voy a ④ preguntar.
6 Por favor, señora, ¿qué ⑤ hora es?
7 – Las cinco y media.
8 – ¡Estamos apañados!

Pronunciación
¿qué ora éss? **1** ¿tiénéss ora, por fabor? **2** si. éss la ouna i diéθ. **3** é'n mi rrélox so'n lass couatro ménoss couarto. **4** ¡qué rraro! **5** éspéra ou'n momé'nto; boï a prégou'ntar. **6** por fabor, ségnora, ¿qué ora éss? **7** lass θi'nco i média. **8** ¡éstamoss apagnadoss!

Notes

① L'heure s'exprime en plaçant l'article défini **la** ou **las** devant le nom du nombre ; le mot **hora** ou **horas** est sous-entendu.
Es la una, *Il est une heure.*
Son las dos, *Il est deux heures.*

② L'expression des **minutos**, *minutes*, (jusqu'à la demie) est toujours précédée de la conjonction **y**, *et*.
Es la una y cinco, *Il est une heure cinq.*
Son las ocho y veinte, *Il est huit heures vingt.*

③ Sauf pour **la una**, *une heure*, l'espagnol exprime les heures en mettant le verbe au pluriel. *Il est* se rend alors par **son**, *(elles) sont*. Logique, somme toute !
Son las once y veinticinco, *Il est onze heures vingt-cinq.*

④ Un verbe qui indique un "mouvement vers" est toujours suivi de la préposition **a** lorsqu'il précède un infinitif ou un nom.

65 • sesenta y cinco [séssé'nta i θi'nco]

Leçon dix-sept 17

Quelle heure est-il ?

1 – As-tu [l']heure, s'il te plaît ?
2 – Oui. Il est une heure dix *(Est la une et dix)*.
3 – À ma montre il est *(sont les)* quatre [heures] moins [le] quart.
4 – Que [c'est] bizarre *(rare)* !
5 Attends un instant *(moment)* ; je vais *(à)* demander.
6 – S'il vous plaît, madame, quelle heure est-il ?
7 – *(Les)* Cinq [heures] et demie.
8 – Nous voilà bien avancés *(Nous sommes arrangés)* !

Voy a preguntar, *Je vais demander.*
El autobús va a salir, *Le bus va partir.*
Vamos a la panadería, *Nous allons à la boulangerie.*

⑤ Les adjectifs interrogatifs *quel, quelle, quels, quelles ?* ont une seule et même forme invariable, en espagnol : **¿qué?**.
Quel temps fait-il ?, **¿Qué tiempo hace?**
Quelle heure est-il ?, **¿Qué hora es?**
Quels moments libres as-tu ?, **¿Qué ratos libres tienes?**
Quelles amies a-t-elle ?, **¿Qué amigas tiene?**
Pratique, n'est-ce pas ?

sesenta y seis [sé**ssé'n**ta i s**é**iss] • 66

Ejercicio 1: Traduzca

❶ ¿Qué hora es? ❷ No tengo hora. ❸ Espera un momento. ❹ Voy a preguntar. ❺ Son las diez.

Ejercicio 2: Complete

❶ J'ai oublié ma montre.
.. olvidado el ....

❷ À quelle heure part le bus ?
¿. ... ... sale .. autobús?

❸ À seize heures vingt-cinq.
. ... dieciséis . veinticinco.

❹ Je n'ai pas de montre.
.. .. reloj.

❺ Que c'est bizarre!
¡... ....!

---

18   Lección dieciocho

A última hora ①

1 – El a**vión sa**le a las **doce** ② en **pun**to ③.

Pronunciación
*a **oul**tima **o**ra 1 él a**bio'n sa**lé a lass **do**θé é'n **pou'n**to.*

Notes

① **a última hora** (littéralement : *à dernière heure*) se traduit par *au dernier moment, à la dernière heure* ou par *à la fin*, en fonction du contexte.

67 • sesenta y siete [*sésse'nta i siété*]

Corrigé de l'exercice 1

❶ Quelle heure est-il ? ❷ Je n'ai pas l'heure. ❸ Attends un instant. ❹ Je vais demander. ❺ Il est dix heures.

Corrigé de l'exercice 2

❶ He – reloj ❷ A qué hora – el – ❸ A las – y – ❹ No tengo – ❺ Qué raro

La hora, *l'heure, légale en Espagne est la même qu'en France ; les deux pays se trouvant sur le même fuseau horaire. Il y a toutefois une exception : les îles Canaries, où il est une heure plus tôt.* **La hora insular**, *l'heure des îles Canaries, est toujours précisée lorsqu'on annonce* **la hora** *à la télévision ou à la radio. Comme partout, les bulletins d'information de la radio sont généralement précédés par l'annonce de* **la hora** *; aussi, celui de neuf heures,* **las nueve**, *par exemple, débutera comme suit :* **Son las nueve, las ocho en Canarias**, *Il est neuf heures, huit heures aux îles Canaries.*
¿Y aHORA?, *Et maintenant ?*
Pratiquer, pratiquer et… pratiquer !

Leçon dix-huit 18

Au dernier moment

1 – L'avion part *(sort)* à midi *(les douze)* pile *(en point).*

② **las doce,** *midi* ou *minuit.*
Il est midi, **Son las doce** ou **Son las doce de la mañana.**
Il est minuit, **Son las doce** ou **Son las doce de la noche.**
Dans l'ensemble, le bon sens élimine le doute.

③ Lorsqu'on parle de l'heure, **en punto** a le sens de *juste, pile.*
Notez : **ser puntual,** *être ponctuel, être à l'heure.*

2 Hay que ④ e**star** en el aero**puer**to dos **ho**ras **an**tes.
3 Te**ne**mos que ⑤ co**ger** un **ta**xi.
4 – Sí, si no llega**re**mos con re**tra**so ⑥.
5 ¡Es**pe**ro que no **ha**ya ⑦ a**tas**cos!
6 – Son ya las **nue**ve y **cuar**to. ¿Es**táis lis**tos?
7 – Las ma**le**tas, los pasa**por**tes…sí, ¡**va**mos!
8 ¡**An**da! Mi pasa**por**te está cadu**ca**do.

*2 a̱ï qué és**tar** é'n él aéro**pou**é̱rto doss **o**rass **a'n**téss.
3 ténémoss qué co**χ**er ou'n **ta**xi. 4 si, si no yégarémoss co'n rré**tra**sso. 5 ¡éspéro qué no aya a**tas**coss! 6 so'n ya lass nou**é**bé i **coua̱r**to. ¿és**ta̱ïss lis**toss? 7 lass ma**lé**tass, loss passa**por**téss…si, ¡**ba**moss! 8 ¡a'**n**da! mi passa**por**té és**ta** cadou**ca**do.*

Notes

④ L'expression **hay que** est toujours suivie d'un infinitif. Cette construction sert à exprimer l'obligation impersonnelle et se traduit par *il faut* + infinitif.
Hay que ir, *Il faut [y] aller* ; **Hay que comer**, *Il faut manger* ; **Hay que esperar**, *Il faut attendre*, etc.
Nous y reviendrons dès la prochaine leçon de révision.

⑤ **tenemos que**, *nous devons*.
Souvenez-vous : **tener que** + infinitif = *devoir* + infinitif.
Tengo que llamar, *Je dois appeler* ; **Tienes que trabajar**, *Tu dois travailler* ; **No tenéis que ir**, *Vous ne devez pas [y] aller* ; etc.

⑥ **llegar con retraso**, *arriver en retard*.
con retraso, *avec du retard*.

* * *

Ejercicio 1: Traduzca

❶ Son las cinco y diez. ❷ Hay que coger la maleta. ❸ El avión tiene retraso. ❹ ¿Estás listo? ❺ ¡Vamos!

2 Il faut être à l'aéroport deux heures avant.
3 Nous devons prendre un taxi.
4 – Oui, autrement *(sinon)* nous arriverons en *(avec)* retard.
5 J'espère qu'il n'y aura *(ait)* pas de bouchons !
6 – Il est *(Sont)* déjà *(les)* neuf heures et quart. Êtes-vous prêts ?
7 – Les valises, les passeports… oui, allons[-y] !
8 Oh, là, là *(Marche)* ! Mon passeport est périmé.

Remarques de prononciation
Souvenez-vous :
Lorsqu'il est en début de mot ou lorsqu'il suit **l**, **n**, ou **s**, le **r** espagnol a un son très vibrant. Nous le transcrivons *rr*.

tener ou **llevar retraso**, *avoir du retard*.
Et… **retrasarse**, *se mettre en retard*.

⑦ Sans vous y attarder, notez simplement que **que no haya**, traduit ici par *qu'il n'y aura pas*, est en fait le présent du subjonctif de **haber**, *avoir*. Nous verrons cet emploi plus tard.

Corrigé de l'exercice 1
❶ Il est cinq heures dix. ❷ Il faut prendre la valise. ❸ L'avion a du retard. ❹ Es-tu prêt ? ❺ Allons-y !

Ejercicio 2: Complete

1. Il est huit heures juste.
   ... ... ocho .. ..
2. Il faut arriver à temps.
   ... ... llegar a ... .
3. Tu dois prendre l'avion.
   ... ... coger el avión.
4. Au dernier moment !
   ¡ . ... !
5. As-tu le passeport dans ta poche ?
   ¿Tienes el ... ... en el ... ... ?

---

19 Lección diecinueve

¡Taxi, por favor!

1 – Perdone, ¿dónde hay ① una parada de…?
2 – Usted no es de aquí, ¿verdad?
3 – No, acabo de ② llegar y…
4 – ¿De dónde es?

Pronunciación
¡taxi, por fabor! **1** pérdoné, ¿do'ndé aï ouna parada dé…? **2** ousté^d no éss dé aqui, ¿bérda^d? **3** no, acabo dé yégar i… **4** ¿dé do'ndé éss?

Notes

① Le verbe **haber**, *avoir*, peut être employé aussi comme impersonnel ; il a alors le sens de *y avoir*. La forme **hay**, *il y a*, est celle du présent.

Corrigé de l'exercice 2

① Son las – en punto ② Hay que – tiempo ③ Tienes que – ④ A última hora ⑤ – pasaporte – bolsillo

Votre acquis prend de l'envergure et les textes des leçons se font plus denses. L'arbre s'étoffe petit à petit !
Au cours des deux dernières leçons, nous avons surtout mis l'accent sur l'apprentissage de **la hora**. *La base dont vous disposez grâce à la lecture quotidienne des noms de nombres indiqués au bas de chaque page et au début des leçons vous a permis d'intégrer ce point avec une plus grande aisance. Désormais, le terrain est prêt pour aborder sans trop d'encombre l'étude des adjectifs numéraux. Nous y plongerons dès la prochaine leçon de révision !*

Leçon dix-neuf

Taxi, s'il vous plaît !

1 – Excusez-moi *(Pardonnez)*, où y a-t-il *(où a)* une station *(arrêt)* de… ?
2 – Vous n'êtes pas d'ici, n'est-ce pas *(vérité)* ?
3 – Non, je viens d'arriver et…
4 – D'où venez-vous *(D'où êtes-vous)* ?

Hay un avión a las cuatro de la tarde, *Il y a un avion à seize heures*.
Hay un atasco, *Il y a un bouchon*.

② L'action récente exprimée en français par *venir de* + infinitif se traduit en espagnol par **acabar de** (littéralement : *finir de*) + infinitif.
Je viens d'appeler, **Acabo de llamar**.
Nous venons d'arriver, **Acabamos de llegar**.

setenta y dos [*sété'nta i doss*] • 72

19
5 – Soy italiano, de Florencia, pero…
6 – ¡Ah! ¡Italia! ¡Qué ③ maravilla!
7 – Sí, pero… quisiera ④ encontrar un taxi.
8 – ¡Habérmelo dicho ⑤! ¡Yo soy taxista!

5 soï italiano, dé floré'nθia, péro… 6 ¡a! ¡italia! ¡qué marabiya! 7 si, péro… quissiéra e'ncontrar ou'n taxi. 8 ¡abérmélo ditcho! ¡yo soï taxista!

Notes

③ Dans les phrases exclamatives, *quel/quelle…, que…, comme…, qu'est que…* se traduisent régulièrement par **¡qué…!**
Dès lors qu'il y a un verbe, l'adjectif se place immédiatement après **que**.
¡Qué bueno es!, *Comme il est bon !, Qu'est-ce qu'il est bon !*

④ L'expression d'un souhait ou d'un désir, introduite en français par la formule *je voudrais…*, se fait en espagnol avec **quisiera**.

* * *

Ejercicio 1: Traduzca

❶ Aquí hay una parada de taxis. ❷ Es verdad. ❸ ¿De dónde es usted? ❹ Soy español, de La Coruña. ❺ ¡Es una maravilla!

* * *

Ejercicio 2: Complete

❶ Taxi, s'il vous plaît !
¡Taxi, … ……!

❷ Je viens de le dire.
…… .. decirlo.

❸ N'est-ce pas ?
¿ …….?

5 – Je suis Italien, de Florence, mais…
6 – Ah ! [l']Italie ! Quelle merveille !
7 – Oui, mais… je voudrais trouver un taxi.
8 – Il fallait me le dire *(Avoir-me-le dit)* ! Moi, je suis chauffeur de taxi !

Nous verrons plus tard qu'il s'agit là de l'imparfait du subjonctif du verbe **querer**, *vouloir*; mais… chaque chose en son temps !

⑤ **¡Habérmelo dicho!**, *Il fallait me le dire !* Notez simplement que cette exclamation contient le verbe **haber**, *avoir*, les pronoms **me**, *me*, et **lo**, *le*, plus le participe passé du verbe **decir**, *dire* : **dicho**. **¡Habérmelo dicho antes!**, *Il fallait me le dire avant !*

* * *

Corrigé de l'exercice 1

① Ici il y a une station de taxis. ② C'est vrai. ③ D'où êtes-vous ? ④ Je suis Espagnol, de La Corogne. ⑤ C'est une merveille !

* * *

④ Je voudrais une tapa.
 . . . . una tapa.

⑤ Il fallait le dire avant !
 ¡ . . . . antes!

Corrigé de l'exercice 2

① – por favor ② Acabo de – ③ Verdad ④ Quisiera – ⑤ Haberlo dicho –

20 Lección veinte

Sentido práctico

1 – **Tie**nes **ma**la **ca**ra. ¿Qué te **pa**sa? ①
2 – A**ca**bo de rom**per** con **Car**los.
3 – ¡No me **di**gas! ② ¿Por qué? ③
4 – ¡No es el **hom**bre de mi **vi**da!
5 – ¿Cuál es su **nú**mero de **mó**vil ④?

Pronunciación
sé'ntido practico 1 tiénéss mala cara. ¿qué té passa?
2 acabo dé rro'mpér co'n carloss. 3 ¡no mé diguass! ¿por qué? 4 ¡no éss él o'mbré dé mi bida! 5 ¿coual éss sou nouméro dé mobil?

Notes

① **¿Qué te pasa?**, *Qu'est-ce qui t'arrive ?* ou *Qu'est-ce que tu as ?* **pasar**, *passer*, est un verbe régulier en **-ar** qui a de nombreux sens. Comme impersonnel, il se traduit par *arriver*, *se passer*, ou même par *y avoir* : **¿Qué ha pasado?**, *Que s'est-il passé ?*

75 • setenta y cinco [sété'nta i θi'nco]

Tutoiement, débit rapide, volubilité, chaleur et gestuelle abondante... sont quelques-unes des caractéristiques du "caractère espagnol" de plus en plus marquées à mesure qu'on descend vers le sud. Méditerranéens, bien des Espagnols parlent souvent avec les **manos**, *mains. De fait, ils n'éprouvent pas de gêne à entrer en* **contacto físico**, *contact physique, avec leur interlocuteur. Ainsi, ils manifestent leur cordialité en vous tapotant sur le dos, en vous prenant par le bras, au moyen d'une accolade affectueuse ou en vous passant le bras par-dessus l'épaule alors que vous marchez. Se serrer la main, en revanche, est tout au plus réservé aux présentations, lors d'une première rencontre et dans d'autres situations formelles bien précises (condoléances, par exemple). De même, sachez que les séances de* **besos**, *bisous, sont généralement brèves et pas du tout systématiques. Souvent, on se salue très simplement, sans bise ni poignée de mains !*

Leçon vingt   20

Sens pratique

1 – Tu as mauvaise mine *(visage)*. Qu'est-ce qui t'arrive *(que te passe)* ?
2 – Je viens de *(Finis de)* rompre avec Carlos.
3 – Ça par exemple *(Ne me dis pas)* ! Pourquoi ?
4 – [Ce] n'est pas l'homme de ma vie !
5 – Quel est son numéro de portable ?

Très usitée, l'expression **¿Qué pasa?**, *Que se passe-t-il ?*, a très souvent le sens familier de *Qu'y a-t-il ?* ou *Quoi de neuf ?*

② **¡No me diga(s)!**, *Ça par exemple !*, *Sans blague !*, *Allons donc !*, *Pas possible !*

③ Rappel : **¿por qué?**, en deux mots, *pourquoi ?*
porque, en un mot et sans accent, *parce que*.

④ **teléfono móvil** ou **móvil**, *téléphone portable* ou *portable*.
Autrement, **móvil** se traduit par *mobile*.
Notez : **automóvil**, *automobile*.

setenta y seis [sété'nta i séiss] • 76

20

6 – ¿**Pa**ra qué? ⑤
7 – A mí, **Car**los **siem**pre ⑥ me ha gus**ta**do;
8   y…¡**nun**ca ⑦ se **sa**be!

6 ¿para qué? 7 a mi, carloss sié'mpre mé a goustado; 8 i… ¡nou'nca sé sabé!

Notes

⑤ L'espagnol distingue **¿por qué?**, lorsqu'il s'enquiert de la raison ou la cause (voir phrase 3), et **¿para qué?**, lorsqu'il s'informe sur l'intention ou le but.

⑥ Aucun adverbe ou locution adverbiale ne peut être intercalé entre l'auxiliaire **haber** et son participe passé ; ils sont inséparables.
Ha trabajado siempre, *Il / Elle a toujours travaillé*.
He comido muy bien, *J'ai très bien mangé*.

* * *

Ejercicio 1: Traduzca

❶ Acabo de llamar. ❷ ¿Por qué? ❸ Porque es el hombre de mi vida. ❹ ¿Qué ha pasado? ❺ ¡No me digas!

* * *

Ejercicio 2: Complete

❶ Carlos a bonne mine.
   Carlos ..... buena ..... .

❷ Où est ton portable ?
   ¿..... .... tu ..... ?

❸ Qu'y a-t-il ?
   ¿... .... ?

6 — Pour quoi [faire] ?
7 — À moi, Carlos m'a toujours plu *(toujours m'a plu)* ;
8   et… on ne sait jamais *(jamais se sait)* !

⑦ Placés devant le verbe, les mots négatifs exigent la suppression de la négation **no**.
Comparez avec la phrase 8 : **No se sabe nunca lo que puede pasar**, O*n ne sait jamais ce qui peut arriver*.
Placé devant le verbe, **nunca**, *jamais*, comme tout autre mot négatif, rend la construction plus emphatique.

* * *

Corrigé de l'exercice 1

❶ Je viens d'appeler. ❷ Pourquoi ? ❸ Parce que c'est l'homme de ma vie. ❹ Que s'est-il passé ? ❺ Ça par exemple !

* * *

❹ Pour quoi faire ?
¿ . . . . ?

❺ Ça t'a plu ?
¿Te . . . . ?

Corrigé de l'exercice 2

❶ – tiene – cara ❷ Dónde está – móvil ❸ Qué pasa ❹ Para qué ❺ – ha gustado

setenta y ocho [*sété'nta i otcho*] • 78

21 Lección veintiuna

Repaso

1 La numération

- **Adjectifs numéraux cardinaux**

0 cero	10 diez	20 veinte	30 treinta
1 uno	11 once	21 veintiuno	40 cuarenta
2 dos	12 doce	22 veintidós	50 cincuenta
3 tres	13 trece	23 veintitrés	60 sesenta
4 cuatro	14 catorce	24 veinticuatro	70 setenta
5 cinco	15 quince	25 veinticinco	80 ochenta
6 seis	16 dieciséis	26 veintiséis	90 noventa
7 siete	17 diecisiete	27 veintisiete	100 ciento, cien
8 ocho	18 dieciocho	28 veintiocho	
9 nueve	19 diecinueve	29 veintinueve	

- **Emploi de la conjonction *y***

Elle s'intercale obligatoirement entre les dizaines et les unités. Cette règle s'applique strictement et sans exception à partir de **treinta**, *trente*.

De 16 à 29, au lieu de **diez y seis**, **diez y siete**…, **veinte y uno**, etc., on préfère écrire **dieciséis**, **diecisiete**…, **veintiuno**, etc.; tel que nous vous le présentons ci-dessus.

- ***uno*, *un***

L'adjectif numéral **uno** perd le **o** final devant un nom.

79 • setenta y nueve [sé**té'n**ta i **nou**é̠bé]

> *Vous voilà presque parvenu à la fin de votre troisième semaine d'apprentissage !*
> *Afin de bien asseoir les connaissances acquises, nous vous proposons dès la prochaine leçon le récapitulatif des principaux points grammaticaux abordés au cours des six leçons précédentes. À l'exception de deux ou trois précisions, vous n'y trouverez que la révision d'éléments déjà connus ; profitez-en pour vous tester !*
>
> **¡Ánimo!** Bon courage !

Leçon vingt et une   21

veintiún euros, *vingt et un euros*.
treinta y un niños, *trente et un enfants*.
Devant un nom féminin, on emploiera **una** : **El avión sale a las veintiuna horas**, *L'avion part à vingt et une heures*.

• **Accord**
De deux cents à mille, les noms des centaines, toujours au pluriel, s'accordent en genre avec le nom qu'ils accompagnent :
seiscientas páginas, *six cents pages*.
mil quinientas veinte personas, *mille cinq cent vingt personnes*.

• **Adjectifs numéraux ordinaux**
Sont aussi employés :

1er	primero	7^e	séptimo	20^e	vigésimo
2^e	segundo	8^e	octavo	...	
3^e	tercero	9^e	noveno	100^e	centésimo
4^e	cuarto	10^e	décimo	...	
5^e	quinto	11^e	undécimo	1000^e	milésimo
6^e	sexto	12^e	duodécimo		

• **Accord et emploi**
Les adjectifs numéraux ordinaux s'accordent toujours en genre et en nombre.
la tercera lección, *la troisième leçon*.
los primeros días, *les premiers jours*.

21 La numération ordinale n'est guère employée. Dans la pratique, l'espagnol ne se sert que des dix ou douze premiers adjectifs ordinaux ; au-delà, on emploie presque systématiquement l'adjectif cardinal.
Estamos en la tercera lección de repaso, *Nous sommes à la 3ᵉ leçon de révision.*
Vivo en el cuarto piso, *J'habite au 4ᵉ étage.*
Mais…
Estamos en el siglo XXI (veintiuno), *Nous sommes au XXIᵉ siècle.*
Vivimos en el piso veinticuatro, *Nous habitons au 24ᵉ étage.*
Notez que lorsqu'on emploie le cardinal à la place de l'ordinal, l'adjectif cardinal se place après le nom.

2 L'heure

• L'heure s'exprime en plaçant l'article défini **la** ou **las** devant le nom du nombre ; le mot **hora** ou **horas** reste sous-entendu.
Es la una, *Il est une heure.*
A las dos, *À deux heures.*

• Sauf pour **la una**, *une heure*, l'espagnol exprime les heures en mettant le verbe au pluriel ; *il est* se rend alors par **son**, (*elles*) *sont*.
Es la una, *Il est une heure.*
Son las dos, las tres, las cuatro… : *Il est deux, trois, quatre… heures.*

• L'expression des **minutos**, *minutes*, (jusqu'à la demie) est toujours précédée de la conjonction **y**, *et*.
Es la una y cinco, *Il est une heure cinq.*
Son las ocho y veinticinco, *Il est huit heures vingt-cinq.*
N'oubliez pas qu'en espagnol, **minuto**, *minute*, et **segundo**, *seconde*, sont des noms masculins :
en un minuto, *en une minute.*
¡Espera un segundo!, *Attends une seconde !*

• *et quart* se dit **y cuarto** ; *moins le quart* se dit **menos cuarto** ; *et demie* se dit **y media.**
Son las siete y cuarto, *Il est sept heures et quart.*
a las ocho menos cuarto, *à huit heures moins le quart.*
de las nueve y media a las diez y media, *de neuf heures et demie à dix heures et demie.*

• Pour les heures allant de 13 à 24, l'espagnol emploie plus volontiers les nombres allant de 1 à 12 ; éventuellement, si on estime

81 • ochenta y uno/na [*otché'nta i ouno/na*]

qu'il pourrait y avoir ambiguïté, on ajoute **de la mañana**, *du matin*, **de la tarde**, *de l'après-midi,* ou **de la noche**, *du soir*.
à six heures, **a las seis** ou **a las seis de la mañana**.
à dix-huit heures, **a las seis** ou **a las seis de la tarde**.
à vingt-trois heures, **a las once** ou **a las once de la noche**.
Bien évidemment, dans les gares, aéroports et autres lieux où une précision extrême est de rigueur, l'affichage et les annonces se présentent comme partout ailleurs ; ainsi, on vous informera qu'un train donné partira à las **dieciséis treinta**, *seize heures trente*, et arrivera à destination à **las veintiuna cuarenta y cinco**, *vingt et une heures quarante-cinq*, par exemple.

- *Midi* et *minuit* :
Il est midi, **Son las doce** ou **Son las doce de la mañana**.
Il est minuit, **Son las doce** ou **Son las doce de la noche**.

3 *Haber* impersonnel : "y avoir"

À la précédente leçon de révision, nous vous avons présenté **haber** dans son rôle principal : celui d'auxiliaire. Mais **haber** peut aussi être employé dans un sens impersonnel. Il se traduit alors par *y avoir*.
La forme **hay** correspond à *il y a*.
Hay un taxi libre, *Il y a un taxi libre*.

À l'imparfait : **había**, *il y avait*.
Au passé simple : **hubo**, *il y eut*.
Au futur : **habrá**, *il y aura*.

4 L'obligation impersonnelle

Hay que + infinitif = *Il faut* + infinitif

La formule **hay que** est toujours suivie d'un infinitif. Cette construction, rendue en français par *il faut* ou *on doit* suivi d'un infinitif, sert à exprimer l'obligation impersonnelle d'ordre général.
Hay que preguntar, *Il faut demander*.

À l'imparfait : **había que** + infinitif, *il fallait* + infinitif.
Au passé simple : **hubo que** + infinitif, *il fallut* + infinitif.
Au futur : **habrá que** + infinitif, *il faudra* + infinitif.

5 L'obligation personnelle avec *tener que*

tengo que + infinitif $\begin{cases} \textit{je dois} + \text{infinitif} \\ \textit{il faut que je} + \text{subjonctif} \end{cases}$

La formule **tener que**, conjuguée à la personne qui convient, est toujours suivie d'un infinitif. Cette construction, rendue en français par *devoir* conjugué à la personne qui convient + infinitif, ou par *il faut que* + subjonctif, sert à exprimer l'obligation personnelle.
Tengo que saber, *Je dois savoir* ou *Il faut que je sache*.
Tienes que esperar, *Tu dois attendre* ou *Il faut que tu attendes*.

6 La conjugaison

*Au cours des vingt leçons déjà étudiées, vous avez fait la connaissance de nombreux verbes. Nous vous invitons maintenant à aborder le présent de l'indicatif des verbes réguliers en **-ar** dans sa totalité. Limitez-vous à lire à voix haute, sans essayer d'apprendre par cœur.*

Présent de l'indicatif du verbe **cantar**, *chanter*:

yo	cant	→ **o**	*je chante*
tú	cant	→ **as**	*tu chantes*
él, ella, usted	cant	→ **a**	*il, elle chante / vous chantez*
nosotros/as	cant	→ **amos**	*nous chantons*
vosotros/as	cant	→ **áis**	*vous chantez*
ellos/as, ustedes	cant	→ **an**	*ils, elles chantent / vous chantez*

7 Diálogo recapitulativo

1 – ¿Qué hora es, por favor? **(17)**
2 – Son las ocho menos diez y… **(17, 18)**
3   ya llevamos retraso. **(18)**
4 – ¡Oh, no! **(6)**
5 – ¿Qué pasa? **(20)**
6 – He olvidado el móvil en el banco. **(6, 18, 20)**
7 – Hay que telefonear. **(18)**
8 – Llegaremos con retraso al teatro. **(8, 18)**
9 – Tenemos que coger un taxi. **(18)**

10 ¿Qué te parece? **(16)**
11 – ¡Vamos! **(18)**

Traducción

1 Quelle heure est-il, s'il te plaît ? **2** Il est huit heures moins dix et… **3** nous avons déjà du retard. **4** Oh, non ! **5** Qu'y a-t-il ? **6** J'ai oublié mon portable à la banque. **7** Il faut téléphoner. **8** Nous arriverons en retard au théâtre. **9** Nous devons prendre un taxi. **10** Qu'en penses-tu ? **11** Allons-y !

---

*En Espagne, dans les grandes villes, les **taxis** – moyen de transport très usité – sont reconnaissables à l'enseigne classique disposée sur le toit et à une petite plaque portant les lettres **SP** –* **servicio público**, *service public.*
La couleur des voitures (parfois avec une bande horizontale, diagonale ou verticale sur les côtés) est aussi un signe distinctif des taxis d'une même ville.
*Une petite lumière verte la nuit et, souvent, une pancarte **libre** posée devant le pare-brise le jour, annoncent que la voiture est à disposition d'éventuels clients.*
*Des panneaux de signalisation avec un **T** ou le mot **Taxis** en toutes lettres indiquent les emplacements des stations.* **La bajada de bandera**, *la prise en charge, n'est pas très onéreuse et le prix de la course est en principe abordable ; toutefois, il faut savoir qu'il peut y avoir* **un suplemento**, *un supplément, à divers titres : bagages, course nocturne (23 h-6 h), sortie de la ville, y compris à l'aéroport, jour férié, départ d'une gare… Les différents tarifs sont affichés à l'intérieur et les compteurs mis en évidence pour que le voyageur puisse être informé. Chacun peut demander* **un recibo**, *un reçu. Cela se fait très souvent au départ des aéroports et des gares.*
La propina, *le pourboire, n'est pas obligatoire ; mais très fréquemment, on arrondit le prix de la course.*
El taxista, *le chauffeur de taxi, espagnol est un personnage haut en couleur. Généralement affable, il lui arrive cependant de se mettre en rogne – lorsqu'il est pris dans un* **atasco**, *bouchon, par exemple. Mais dans ce cas, il a la délicatesse de s'en prendre aux gens de l'extérieur… N'hésitez pas à lui poser des questions : il vous renseignera bien volontiers et vous apportera souvent des informations précieuses. Sur le plan linguistique, il est également attachant. Dressez l'oreille, il vous fera connaître bien des expressions cocasses.*

22 Lección veintidós

¿Qué edad tienes?

1 – ¿Por qué has mentido, Pablito ①?
2 – Yo no quería ②…
3 – ¿Cuántos ③ años tienes?
4 – Cinco años y medio.
5 – Yo a tu edad ④ no decía mentiras.
6 – ¿Y a qué edad empezaste ⑤, mamá?

Pronunciación

¿qué éda^d tié'néss? 1 ¿por qué ass mé'ntido, pablito? 2 yo no quéria… 3 ¿coua'ntoss agnoss tié'néss? 4 θi'nco agnoss i médio. 5 yo a tou éda^d no déθia mé'ntirass. 6 ¿i a qué éda^d é'mpéθasté, mama?

Notes

① **Pablo**, *Paul*. Le suffixe diminutif **-ito**, **-ita** au féminin, exprime généralement une idée de petitesse.
un rato, *un moment* ; **un ratito**, *un petit moment*.
una hora, *une heure* ; **una horita**, *une petite heure*.
Dans la langue familière, les diminutifs des prénoms avec **-ito**, **-ita** introduisent également une idée d'affection, de gentillesse.
Juan, Juanito (*Jean, Jeannot*).

② **Yo no quería**, *Moi, je ne voulais pas* ; **Yo… no decía** (phrase 5), *Moi… je ne disais pas*. Notez que l'imparfait des verbes en **-er** et en **-ir** se construit de la même manière : dans les deux cas, on ajoute au radical **-ía, -ías, -ía**… Nous ne trouverons que trois verbes irréguliers à ce temps !

③ **¿cuánto?**, *combien ?*, se rapportant à un nom, est adjectif. Dans ce cas, il s'accorde en genre et en nombre.
¿Cuántas lecciones has estudiado?, *Combien de leçons as-tu étudiées ?*
cuánto est invariable devant un verbe.
¿Cuánto cuesta?, *Combien ça coûte ?*

Leçon vingt-deux 22

Quel âge as-tu ?

1 – Pourquoi as-tu menti, Pablito ?
2 – Moi, je ne voulais pas…
3 – Quel âge *(Combien d'années)* as-tu ?
4 – Cinq ans et demi.
5 – Moi, à ton âge je ne disais pas [de] mensonges.
6 – Et à quel âge as-tu commencé *(commenças-tu)*, maman ?

④ **la edad**, *l'âge*, est féminin, en espagnol.
la edad adulta, *l'âge adulte* ; **la tercera edad**, *le troisième âge*.

⑤ **tú empezaste** (littéralement : *tu commenças*) est la 2ᵉ personne du singulier du passé simple du verbe **empezar**, *commencer*.
Le français remplace presque systématiquement le passé simple espagnol par le passé composé.
L'espagnol emploie le passé simple lorsque l'action est située dans une période de temps tout à fait écoulée au moment où on parle.

Ejercicio 1: Traduzca

❶ ¿Por qué llegas tarde? ❷ ¿Qué edad tiene? ❸ Tengo treinta y tres años. ❹ ¿Cuántos euros cuesta? ❺ Pablo quería venir.

Ejercicio 2: Complete

❶ J'ai un petit moment libre.
. . . . libre.
❷ Quel âge as-tu ?
¿ . . . . tienes?
❸ À quel âge as-tu commencé à travailler ?
¿A . . . . a trabajar?
❹ Combien de valises avez-vous ?
¿ . . . . maletas tiene?
❺ As-tu commencé ?
¿ . . . . ?

---

23   Lección veintitrés

¡Feliz cumpleaños! ①

1 – ¿S**a**bes? Hoy es mi cumple**a**ños.
2 – ¡Felici**da**des! ②

Pronunciación
¡fé**li**θ cou'mplé**a**gnoss! **1** ¿s**a**béss? o͡ï éss mi cou'mplé**a**gnoss. **2** ¡féliθi**da**déss!

Notes

① **Feliz cumpleaños**, *Joyeux* ou *Bon anniversaire*.
feliz, littéralement *heureux, -euse*, est un adjectif employé, avec des acceptions diverses, dans nombre d'expressions courantes : **¡Feliz Navidad!**, *Joyeux Noël !*, et **¡Feliz** (ou encore **buen**) **viaje!**, *Bon voyage !*, **¡Feliz año!**, *Bonne année !*

Corrigé de l'exercice 1

❶ Pourquoi arrives-tu en retard ? ❷ Quel âge a-t-il / avez-vous ? ❸ J'ai trente-trois ans. ❹ Combien d'euros ça coûte ? ❺ Pablo voulait venir.

Corrigé de l'exercice 2

❶ Tengo un ratito – ❷ Cuántos años – ❸ – qué edad empezaste – ❹ Cuántas – ❺ Has empezado

Communicatifs et accueillants, la plupart des Espagnols vous mettent généralement tout de suite à l'aise et n'hésitent pas à vous poser d'emblée toutes sortes de questions (origines, famille, âge, profession, etc.) qui peuvent parfois vous sembler plutôt indiscrètes. En réalité, cette apparente **curiosidad**, *curiosité, est une façon de briser la glace et de vous faciliter l'"entrée dans la danse". Ensuite, les choses reprennent leur cours normalement et, chacun sachant alors qui est qui, le voile de la* **reserva**, *réserve, retombe naturellement. La curiosité initiale tient donc souvent plus du rite de passage que de la vraie familiarité. Malgré les apparences, la grande majorité des Espagnols sont, dans l'ensemble, assez* **reservados**, *réservés.*

Leçon vingt-trois 23

Bon *(heureux)* anniversaire !

1 – Tu sais ? Aujourd'hui c'est mon anniversaire.
2 – Bon anniversaire *(Félicitations)* !

Au pluriel, **feliz** devient **felices** : **¡Felices fiestas!**, *Joyeuses* ou *Bonnes fêtes !*, **¡Felices Pascuas!**, *Joyeuses Pâques !*

② **la felicidad**, *le bonheur, la félicité.* Au pluriel, **¡Felicidades!** (ou **¡Muchas felicidades!**) sert à exprimer toutes sortes de vœux et peut se traduire par *Mes meilleurs vœux* ou, comme dans le cas présent, par *Bon anniversaire.*
En concurrence avec **enhorabuena**, **felicidades** sert à complimenter ou féliciter, à manifester la congratulation ou l'éloge ; dans ce cas on doit traduire par *Mes compliments, Tous mes compliments, Mes félicitations.*

ochenta y ocho [*otché'n*ta i *o*tcho]

3 – **Mu**chas **gra**cias ③.
4 – ¿Y cu**á**ntos **a**ños **cum**ples ④?
5 – Cua**ren**ta.
6 – Se me ha olvi**da**do ⑤ el re**ga**lo.
7 Te lo trae**ré** ma**ña**na.
8 – Más **va**le **tar**de que **nun**ca.

> 3 mou*tchass* graθ*iass*. 4 ¿i coua̲*n*toss agnoss cou'm*pléss*? 5 couaré*'n*ta. 6 sé mé a olbi*da*do él rré*ga*lo. 7 té lo traé*ré* mag*na*na. 8 mass ba*lé* tar*dé* qué **nou**'*n*ca.

Notes

③ **mucho**, *beaucoup*, est invariable lorsqu'il est adverbe. Mais lorsqu'il est adjectif (sens de *beaucoup de*), il s'accorde en genre et en nombre avec le nom qu'il accompagne, et le *de* français n'est pas traduit : **muchos años**, *beaucoup d'années* ; **muchas personas**, *beaucoup de personnes*.

④ En rapport avec **años**, **cumplir** (littéralement : *accomplir*) se traduit par *"prendre" des années* et, plus souvent encore, par *avoir* : **He cumplido treinta años**, *J'ai eu trente ans* ; **Hoy cumple diez años**, *Il / Elle a dix ans aujourd'hui*.
celebrar el cumpleaños de…, *fêter l'anniversaire* (de naissance) *de…*

⑤ **He olvidado el regalo** (*J'ai oublié le / ton cadeau*) serait tout aussi correct car **olvidar** peut se construire comme en français.

* * *

Ejercicio 1: Traduzca

❶ Mañana es mi cumpleaños. ❷ Muchas felicidades. ❸ ¿Cuántos años tienes? ❹ Te lo traeré más tarde. ❺ ¿Qué te parece?

3 – Merci beaucoup *(Beaucoup merci)*. **23**
4 – Et quel âge *(Combien d'années)* as-tu *(accomplis-tu)* ?
5 – Quarante.
6 – J'ai oublié ton *(le)* cadeau.
7 – Je te l'apporterai demain.
8 – Mieux vaut *(Plus vaut)* tard que jamais.

Toutefois, l'emploi de la forme réfléchie **olvidarse** est assez courant. Avec cette construction, le sujet est pour ainsi dire "innocenté" ; il est en quelque sorte présenté comme subissant quelque chose qui lui arrive malgré lui.
Cette même idée peut s'exprimer en français avec la tournure "*sortir de l'esprit*".
Se me ha olvidado : *J'ai oublié / Ça m'est sorti de l'esprit.*

* * *

Corrigé de l'exercice 1
❶ Demain c'est mon anniversaire. ❷ Bon anniversaire. ❸ Quel âge as-tu ? ❹ Je te l'apporterai plus tard. ❺ Qu'en penses-tu ?

Ejercicio 2: Complete

1. Il n'y a pas beaucoup de taxis.
   No ... . taxis.

2. Il a plus de trente ans.
   Tiene ... .. treinta ..... .

3. Je l'apporterai ce soir.
   .. traeré ....

El cumpleaños, l'anniversaire de naissance, *constitue aussi souvent en Espagne une occasion pour se rencontrer en famille et ou avec des amis. Un pot entre collègues ; un goûter, autour d'ur gâteau paré de bougies, avec de petits camarades d'école ; ur repas ou un dîner en famille ou au restaurant avec quelques amis une sortie un peu plus festive entre adolescents... sont autant de manières courantes de* **celebrar**, *fêter, l'événement.*

---

24 Lección veinticuatro

Delante del ① espejo ②

1 – ¿Por qué te has pin**ta**do ③ los **la**bios, a**bue**la?

Pronunciación
dé**la'n**té dél és**pé**χo **1** ¿por qué té ass pi'n**ta**do loss **la**bioss, a**boué**la?

Notes

① **delante**, *devant* ; **detrás**, *derrière*.
Alberto va delante, *Alberto va devant*.
Inés está sentada detrás, *Inés est assise derrière*.
Mais lorsqu'il s'agit d'indiquer une position matérielle bien

❹ J'ai eu vingt-deux ans.
He .... veintidós ..... .

❺ Mieux vaut tard que jamais.
... vale ..... que ....

Corrigé de l'exercice 2

❶ – hay muchos – ❷ – más de – años ❸ lo – esta noche ❹ – cumplido – años ❺ Más – tarde – nunca

---

La tradition du **regalo**, cadeau, *reste très forte, même s'il s'agit seulement d'un* **regalito**, *car c'est le geste qui compte.*
Pour ce qui est des **aniversarios**, anniversaires, *comme partout ailleurs, il y en a de toutes sortes, depuis le* **primer aniversario de boda**, *premier anniversaire de mariage, jusqu'au* **setenta aniversario de la puesta en órbita de un satélite equis**, *soixante-dixième anniversaire de la mise en orbite d'un satellite "x".*

Leçon vingt-quatre 24

Devant la glace

1 – Pourquoi as-tu mis du rouge à lèvres *(t'es-tu peint les lèvres)*, grand-mère ?

---

précise, en rapport avec une chose ou une personne bien déterminée, on dira **delante de** et **detrás de** :
delante de la casa, *devant la maison*.
detrás del niño, *derrière l'enfant*.

② **espejo**, *miroir, glace*.
mirarse en el espejo, *se regarder dans la glace*.
Los ojos son el espejo del alma, *Les yeux sont le miroir de l'âme*.

③ **pintarse** (littéralement : *se peindre*) signifie *se farder, se maquiller*.
pintarse los labios, *se mettre du rouge à lèvres*.
pintarse los ojos, *se farder, se maquiller les yeux*.

24
2 – Me **gus**ta ④ maqui**llar**me.
3 – **P**e**ro**…¿**pa**ra qué?
4 – **Pa**ra es**tar** más **gua**pa ⑤.
5 – Y eso… ¿**cuán**to **tiem**po tarda**rá** ⑥ en ha**cer** e**fec**to?

*2 mé **gous**ta maquiyarmé. 3 **pé**ro… ¿**pa**ra qué? 4 **pa**ra **és**tar mass **goua**pa. 5 i **és**so… ¿**coua'n**to **tié'm**po tarda**ra é'n** aθér **é**fécto?*

Notes

④ Souvenez-vous : **me gusta…**, *j'aime…* ou *ça me plaît…*

⑤ Rappel : Avec **ser** on exprime les caractéristiques inhérentes, essentielles, du sujet ; celles qui ne varient pas avec les circonstances : **Ser guapo / guapa**, *être beau / belle* (parce qu'on l'est par nature). Avec **estar** en revanche, on exprime un état (durable ou non), ce qui tient aux circonstances : **estar guapo / guapa**, *être beau / belle* (ponctuellement, du fait de la situation, du maquillage, d'un manteau qui vous sied particulièrement bien ou d'une coupe de cheveux qui vous va à merveille, par exemple).

* * *

Ejercicio 1: Traduzca

❶ Hemos quedado delante del banco. ❷ No tengo tiempo de ir. ❸ Ella se pinta los labios. ❹ Me gusta la música. ❺ Acabo de llegar.

Ejercicio 2: Complete

❶ Je t'attends devant le cinéma.
 Te . . . . cine.

❷ Je n'aime pas me maquiller.
 . . . . maquillarme.

❸ Tu es très belle aujourd'hui (ponctuellement).
 Estás . . . . hoy.

2 – J'aime me maquiller.
3 – Mais…pour quoi [faire] ?
4 – Pour être plus belle.
5 – Et *(cela)*… combien [de] temps ça mettra *(tardera)* à faire [de l']effet ?

⑥ **tardar**, *tarder* et *mettre du temps*, est un verbe d'usage courant.
¿Cuánto tiempo tardarás?, *Combien de temps mettras-tu ?*
yo tardaré, tú tardarás, él / ella tardará…
Voyez que le futur se forme en ajoutant à l'infinitif les terminaisons du présent de l'indicatif du verbe **haber**.

* * *

Corrigé de l'exercice 1
❶ Nous avons rendez-vous devant la banque. ❷ Je n'ai pas le temps d'y aller. ❸ Elle se met du rouge à lèvres. ❹ J'aime la musique. ❺ Je viens d'arriver.

❹ Tu es beau (par nature).
 . . . .

❺ Combien de temps vas-tu mettre ?
 ¿ . . . . vas a . . . . . . ?

Corrigé de l'exercice 2
❶ – espero delante del – ❷ No me gusta – ❸ – muy guapa – ❹ Eres guapo ❺ Cuánto tiempo – tardar

25 Lección veinticinco

Familia numerosa

1 – ¿Le ① **gus**ta el **pi**so?
2 – Me **gus**ta mu**chí**simo. Es muy tran**qui**lo.
3 – En**ton**ces, le ② pro**pon**go que va**ya**mos ③ a la a**gen**cia **pa**ra fir**mar**.
4 – **Ten**go que ④ ha**blar an**tes con mi ma**ri**do.
5 – Per**do**ne, **pe**ro… ¿es**tá** ca**sa**da?
6 ¿Y… tam**bién tie**ne **hi**jos ⑤?
7 – ¡**Cla**ro! **Seis ni**ños pe**que**ños.
8 – ¡Ah!

Pronunciación
fami̱lia noumérossa **1** ¿lé **gous**ta él **pi**sso? **2** mé **gous**ta moutchi̱ssimo. ess mouï̈ tra'n**qui**lo. **3** é'nto'nθéss, lé propo'ngo qué ba**ya**moss a la aχé'nθia para fir**mar**. **4** té'ngo qué ablar a'ntéss co'n mi ma**ri**do. **5** pérdoné, péro… ¿ésta cassada? **6** ¿i ta'm**bié'n tié**né iχoss? **7** ¡claro! sé̱iss **ni**gnoss pé**qué**gnoss. **8** ¡a!

Notes

① **¿El piso le gusta (a usted)?**, *L'appartement vous plaît-il (à vous) ?*
usted (*vous*) étant un pronom de la 3ᵉ personne, il doit être remplacé par le pronom complément de la 3ᵉ personne : **le** en l'occurrence. Nous reverrons ce point plus en détail ultérieurement.

② **le** (*vous*, comme dans la phrase 1), est un pronom complément de la 3ᵉ personne. C'est la forme du complément indirect des deux genres. Pour l'instant, voyez l'expression dans sa globalité : **le propongo que…**, *je vous propose de…* ou *que…*

③ **que vayamos**, *que nous allions* → 1ʳᵉ personne du pluriel du présent du subjonctif de **ir**, *aller* ; souvenez-vous en bien !
L'infinitif placé en français après un verbe exprimant un ordre, une prière, une recommandation… suivi de la préposition *de* se

Leçon vingt-cinq

Famille nombreuse

1 – L'appartement vous plaît ?
2 – Il me plaît énormément. Il [c']est très calme *(tranquille)*.
3 – Alors, je vous propose d'aller *(que nous allions)* à l'agence pour signer.
4 – Je dois d'abord parler *(parler avant)* avec mon mari.
5 – Excusez-moi *(Pardonnez)*, mais…vous êtes mariée ?
6 Et… vous avez aussi [des] enfants *(fils)* ?
7 – Bien sûr ! Six jeunes enfants *(enfants petits)*.
8 – Ah !

rend en espagnol par le subjonctif.
Il m'a dit de lui téléphoner, **Me ha dicho que le telefonee**.

④ La construction de l'obligation personnelle vous est déjà bien familière ; rappelez-vous : **tengo que** + infinitif = *je dois* + infinitif ou *il faut que je* + subjonctif.

⑤ **hijo** / **hija**, *fils* / *fille*. **niño** / **niña**, *enfant* et *petit garçon* / *petite fille*. **mi hijo**, *mon fils* ou *mon enfant* :
Mi hijo es todavía un niño, *Mon fils est encore un enfant*.
niño(s) / **niña(s)** ne s'emploie que pour faire référence à de jeunes enfants et peut aussi se traduire par *petit(s)* / *petite(s)* :
Los niños están en el colegio, *Les enfants sont à l'école*.
Voy a comprar golosinas para los niños, *Je vais acheter des friandises pour les petits*.

25

Ejercicio 1: Traduzca

① Tengo un piso en Córdoba. ② ¿Te gusta? ③ Voy a firmar. ④ Vamos a la agencia. ⑤ Estoy casado.

* * *

Ejercicio 2: Complete

① Énormément !
   ¡ . . . . !

② Le café vous plaît-il ? (ou Aimez-vous le café ?)
   ¿ . . . . el café?

③ Je dois parler avec mon mari.
   . . . . hablar con mi . . . .

④ Je suis mariée et j'ai deux enfants.
   Estoy . . . . tengo dos . . . . . .

⑤ Quel âge a la petite fille ?
   ¿ . . . . tiene la . . . . ?

Corrigé de l'exercice 1
① J'ai un appartement à Cordoue. ② Tu aimes ? ③ Je vais signer.
④ Nous allons à l'agence. ⑤ Je suis marié.

* * *

Corrigé de l'exercice 2
① Muchísimo ② Le gusta – ③ Tengo que – marido ④ – casada y – hijos ⑤ Qué edad – niña

Malgré l'individualisme qui envahit les sociétés occidentales, on peut dire que la solidarité **familiar**, *familiale, demeure une caractéristique de la société espagnole. Les liens familiaux sont encore, dans l'ensemble, très étroits. Il n'est pas rare, dès lors que vous avez fait la connaissance d'une personne, que celle-ci tienne à vous présenter l'un ou l'autre des membres de sa famille. De nos jours, du fait, notamment, de l'instabilité du marché du travail et du prix très élevé des loyers, nombre de jeunes restent chez leurs parents jusqu'à un âge bien avancé. Par ailleurs, signe des temps, les* **familias numerosas**, *familles nombreuses, le sont bien moins que par le passé. En effet, qui aurait pu imaginer qu'à la fin du XXe siècle l'Espagne soit restée pendant plusieurs années en tête des pays au plus faible taux de* **natalidad**, *natalité ?*

26 Lección veintiséis

Una ganga

1 – Me he comprado ① un coche. ¿Te gusta?
2 – ¿Es nuevo?
3 – No, es de segunda mano ②.
4 – ¡He hecho un buen negocio ③!
5 – Parece que ④ está bien…
6 – Con un arreglillo ⑤…
7 – ¿Qué hay que ⑥ arreglar?

Pronunciación
ouna ga'nga 1 mé é co'mprado ou'n cotché. ¿té gousta? 2 ¿éss nouébo? 3 no, éss dé ségou'nda mano. 4 ¡é étcho ou'n bou̲é'n négoθio! 5 paréθé qué ésta bié'n… 6 co'n ou'n arrégliyo… 7 ¿qué a̲ï qué arréglar?

Notes

① **Me he comprado un coche** ou encore **He comprado un coche**, *Je me suis acheté une voiture / J'ai acheté une voiture.*
Ici, **me** est un pronom explétif (qui sert à remplir la phrase sans être nécessaire au sens). Comme en français, il peut introduire une notion de possession et donner à la phrase un ton plus familier.
L'emploi de la forme réfléchie avec certains verbes introduisant une notion de possession ou d'acquisition est assez courant en espagnol.
¿Cómo te ganas la vida?, *Comment gagnes-tu ta vie ?*
Se aprovechó de las circunstancias, *Il profita des circonstances.*
Nos llevaremos todos los muebles, *Nous emporterons (avec nous) tous les meubles.*

② **de segunda mano** et aussi **de ocasión**, *d'occasion.*

③ **un buen negocio**, *une bonne affaire.*
negocio est ici synonyme de **ganga** ou **chollo**, *aubaine.*

④ **parecer**, impersonnel, a le sens de *avoir l'air, paraître, sembler.*
Suivi de **que**, il ne doit pas se rendre par *il paraît que* (**dicen que**).
Et n'oubliez pas : **¿Qué le parece?**, *Qu'en pensez-vous ?*

Leçon vingt-six 26

Une aubaine

1 – Je me suis acheté une *(un)* voiture. Elle te plaît ?
2 – Est-ce qu'elle est neuve *(Il est neuf)* ?
3 – Non, elle est d'occasion *(de seconde main)*.
4 – J'ai fait une bonne affaire !
5 – Elle a l'air *(semble)* bien…
6 – Avec une petite réparation…
7 – Que faut-il réparer ?

⑤ **arreglo**, *réparation, retouche.*
Nous avons déjà vu le suffixe diminutif **-ito**, **-ita**, qui est de loin le plus utilisé.
L'idée de petitesse peut aussi être introduite par **-illo**, **-illa** ; mais attention, ces suffixes ne s'adaptent pas à toutes les situations. Ainsi, *Une petite réparation* peut se dire **un arreglillo** ou, bien évidemment, **un arreglito** alors que **un intelectualillo** est un *"petit intellectuel de rien du tout, de petite envergure"*. Cet "innocent" petit diminutif peut donc donner au mot un sens très péjoratif et être tout à fait désobligeant.

⑥ *Rappel* : **Hay que + infinitivo** = *Il faut* + infinitif.
Hay que repetir cada frase, *Il faut répéter chaque phrase.*

8 – **Na**da impor**tan**te. **Só**lo ⑦ le voy a cam**biar** el mo**tor**.

8 nada i'mporta'nté. solo lé boï a ca'mbiar él motor.

Notes

⑦ **Sólo le voy a cambiar el motor**, *Je ne vais changer que le moteur*. *ne... que* n'a pas de traduction littérale, en espagnol. Nous verrons ultérieurement que cette construction peut se rendre de trois façons différentes.
Notez dès à présent qu'en traduisant par **sólo** (placé en début la phrase ou après le verbe) on se rapproche de la construction

* * *

Ejercicio 1: Traduzca

❶ ¿Tienes coche? ❷ He hecho un buen negocio. ❸ Es un coche de segunda mano. ❹ Ha sido una ganga. ❺ Me gustan los coches.

* * *

Ejercicio 2: Complete

❶ Elle s'est acheté une voiture neuve.
Se . . comprado . . coche . . . . . .

❷ Qu'en penses-tu ?
¿Qué . . . . ?

❸ Sa voiture ne me plaît pas.
Su coche . . . .

❹ Que faut-il faire ?
¿Qué . . . . . . hacer?

❺ Rien d'important.
. . . .

101 • ciento uno/na

8 – Rien [d']important. Je [ne] vais *(seulement lui)* changer [que] le moteur.

française avec *seulement* : *Je ne vais changer que le moteur* ou *Je vais seulement changer le moteur*.
Encore un exemple : **Sólo tengo veinte euros** ou **Tengo sólo veinte euros**, *Je n'ai que vingt euros* ou *J'ai seulement vingt euros*.

* * *

Corrigé de l'exercice 1
❶ As-tu une voiture ? ❷ J'ai fait une bonne affaire. ❸ C'est une voiture d'occasion. ❹ Ça a été une aubaine. ❺ J'aime les voitures.

* * *

Corrigé de l'exercice 2
❶ – ha – un – nuevo ❷ – te parece ❸ – no me gusta ❹ – hay que – ❺ Nada importante

El automóvil, l'automobile, *demeure le moyen de locomotion préféré des Espagnols. Même si se déplacer dans les transports en commun est facile et aisé, ceux-ci estiment que circuler avec son propre* **vehículo**, véhicule, *donne davantage de liberté.*
Toutefois, **el alquiler de vehículos**, la location de véhicules, *expérimente un développement croissant*. **Alquilar un coche**, louer une voiture, *est moins cher que dans la plupart des pays de l'Union Européenne, et on trouve des sociétés de location dans toutes les grandes villes.*

27 Lección veintisiete

De tal palo, tal astilla ①

1 – ¡No aguanto ② más!
2 – ¿Qué pasa?
3 – ¡No te soporto!
4 – Me voy ③ a ④ casa de mi madre.
5 – Me temo que no la vas a encontrar.
6 – ¿Qué dices?
7 – Sí, acaba de llamar para decirme que ha discutido ⑤ con tu padre…
8 …y que se ha ido a casa ⑥ de tu ⑦ abuela. □

Pronunciación
dé tal palo, tal astiya **1** ¡no agoua'nto mass! **2** ¿qué passa? **3** ¡no té soporto! **4** mé boï a cassa dé mi madré. **5** mé témo qué no la bass a é'nco'ntrar. **6** ¿qué diθéss? **7** si, acaba dé yamar para déθirmé qué a discoutido co'n tou padré… **8** …i qué sé a ido a cassa dé tou abouéla.

Notes

① L'expression **De tal palo, tal astilla** (littéralement : *De tel bois, tel éclat*) rend en espagnol la même idée que l'expression *Tel père, tel fils*, que nous avons extrapolée en "*Telle mère, telle fille*" étant donné le contexte.
palo, *bâton, bout de bois, bois*. **astilla**, *éclat, fragment de bois*.

② **aguantar**, *endurer, supporter, tenir* (au sens figuré comme au sens propre). Retenez cette construction telle quelle. Au passage, sans vous y attarder, mettez-la en rapport avec la phrase numéro 3 ; en effet, **No te aguanto** est synonyme de **No te soporto**, *Je ne te supporte pas*.

③ **ir**, *aller*; **irse**, *s'en aller* ou *partir*. Les Espagnols se servent plus volontiers du verbe **irse** que du verbe **partir** qui, occasionnellement, peut avoir ce même sens.
Me voy, *Je pars, Je m'en vais* ; **¿Te vas?**, *Tu pars ?, Tu t'en vas ?*

Leçon vingt-sept

Telle mère, telle fille

1 – Je n'en peux *(Je ne tiens)* plus !
2 – Qu'y a-t-il *(Que passe-t-il)* ?
3 – Je ne te supporte pas !
4 – Je m'en vais chez *(à maison de)* ma mère.
5 – Je *(Me)* crains que tu ne la trouves pas.
6 – Que dis-tu ?
7 – Oui, elle vient d'appeler pour me dire qu'elle s'est disputée *(a discuté)* avec ton père…
8   … et qu'elle est partie *(s'en est allée)* chez *(à maison de)* ta grand-mère.

④ Souvenez-vous qu'après un verbe indiquant un mouvement vers un but précis on emploie la préposition **a** :
Voy a la piscina, *Je vais à la piscine*.
Cristina se ha ido al Tíbet, *Cristina est partie au Tibet*.
Los niños han bajado a la calle, *Les enfants sont descendus dans la rue*.
Vamos a aterrizar, *Nous allons atterrir*.
Notez que l'idée d'entrer à l'intérieur d'un lieu s'exprime avec **en** : **entrar en el banco**, *rentrer dans la banque*.

⑤ **discutir**, dans sa première acception, a le même sens qu'en français *discuter* ; le sens de *débattre*. Dans le langage courant, lorsque ce verbe est suivi de la préposition **con**, il prend souvent le sens de *se disputer*, de *discuter* âprement.

⑥ La préposition *chez* se traduit généralement par **a casa (de)**, s'il y a idée de mouvement vers, ou par **en casa (de)**, s'il n'y en a pas. **Voy a casa de mi abuelo**, *Je vais chez mon grand-père* ; **Estoy en casa de mi amiga**, *Je suis chez mon amie*.

⑦ Oui, l'adjectif possessif est invariable au singulier. Ce point sera abordé dès la prochaine leçon.
tu abuelo, *ton grand-père* ; **tu abuela**, *ta grand-mère*.

27 Ejercicio 1: Traduzca

❶ ¿Qué dices? ❷ ¡No aguanto más! ❸ Me voy.
❹ ¿Adónde vas? ❺ Voy a casa de mi padre.

* * *

Ejercicio 2: Complete

❶ Qu'y a-t-il ?
¿ . . . . ?

❷ Elle n'en peut plus.
No . . . .

❸ Elle vient de partir.
. . . . . de . . . . .

Corrigé de l'exercice 2

① Que dis-tu ? ② J'en ai assez ! ③ Je pars / Je m'en vais. ④ Où vas-tu ? ⑤ Je vais chez mon père.

* * *

④ Elle s'est disputée et elle est partie.
. . . . se ha ido.

⑤ Elle est partie chez son fils.
Se ha ido . . . . su . . . . .

Corrigé de l'exercice 2

① – Qué pasa – ② – aguanta más ③ Acaba – irse ④ Ha discutido y – ⑤ – a casa de – hijo

Dès la prochaine leçon, nous vous proposerons d'approfondir les points les plus importants abordés au cours des six dernières leçons ; un nouveau cycle sera ainsi clos. Vous vous apercevez sans doute de l'efficacité de votre progression. Aussi, compte tenu du niveau atteint, vous n'avez plus besoin de certaines béquilles. Oui, vous franchissez un nouveau cap !

28 Lección veintiocho

Repaso

1 Les suffixes

La formation de nouveaux mots par l'adjonction d'un suffixe est assez courante en espagnol ; surtout dans le langage familier. Mais le sens de ces mots peut varier en fonction du contexte et surtout du ton employé car, en général, les suffixes n'ont pas une valeur objective invariable. Ils peuvent imprégner le mot, le nom ou l'adjectif, d'une touche d'affection, de mépris, d'ironie, etc., selon le cas.

• **Le suffixe diminutif *-ito*, *-ita***

Le suffixe diminutif **-ito**, **-ita** est de loin le plus employé et il est aussi le seul dont l'emploi ne permet pas d'ambiguïté quant au sens ; il permet d'exprimer une idée de petitesse.
un rato, *un moment* ; **un ratito**, *un petit moment*.
Très souvent, il y associe une idée d'affection, d'attachement, de tendresse, etc. Le cas échéant, cette nuance supplémentaire pourra être traduite au moyen d'un second adjectif.
un piso, *un appartement* ; **un pisito**, *un joli petit appartement*.

• **Formation**

• Pour les polysyllabes qui finissent en **-o** ou en **-a** (les plus nombreux), il suffit de remplacer ces terminaisons par **-ito** ou **-ita**, respectivement.
un trabajo, *un travail* ; **un trabajito**, *un petit travail*.
una hora, *une heure* ; **una horita**, *une petite heure*.

• Pour les polysyllabes terminés par une consonne autre que **-n** ou **-r**, on ajoutera tout simplement **-ito**, **-ita** à la fin du mot.
un español, *un Espagnol* ; **un españolito**, *un petit Espagnol*.

• Pour les polysyllabes qui finissent en **-e**, **-n** ou **-r**, on ajoutera **-cito**, **-cita** à la fin du mot.
un café, *un café* ; **un cafecito**; *un petit café*.
una lección, *une leçon* ; **una leccioncita**, *une petite leçon*.

Leçon vingt-huit   28

• Pour les monosyllabes ainsi que pour les polysyllabes dont l'accent tonique tombe sur une diphtongue, on ajoutera **-ecito, -ecita**.
una flor, *une fleur* ; **una florecita**, *une petite fleur*.
una siesta, *une sieste* ; **una siestecita**, *une petite sieste*.

• **Le suffixe diminutif** *-illo, -illa*

Les règles de formation des mots dérivés avec le suffixe **-illo, -illa** sont les mêmes que celles que nous venons de voir pour le suffixe diminutif **-ito, -ita**.
Ce suffixe est également très usité. Il fait d'abord ressortir l'idée de petitesse :
un pan, *un pain* ; **un panecillo**, *un petit pain*.
Toutefois, comme nous l'avons déjà indiqué, il convient de s'en servir avec prudence : d'une part, il introduit souvent l'idée de "petit de rien du tout", et d'autre part il apparaît dans certains mots qui ont acquis un sens spécifique. Ainsi par exemple, **ventanilla** (dérivation de **ventana**, *fenêtre*) n'a pas le sens de "petite fenêtre" mais veut dire *guichet* (d'une banque, bureau de poste, gare ou autres lieux publics), ou encore *glace* (dans les voitures).
Apprenez à les reconnaître et, dans un premier temps, employez plutôt le suffixe **-ito, -ita**.

2 Les pronoms personnels compléments

Les pronoms compléments se divisent en pronoms compléments sans préposition et pronoms compléments précédés d'une préposition.

À présent, nous vous proposons une sorte de test, une révision des pronoms compléments sans préposition que vous avez déjà rencontrés, dans leur contexte. Souvenez-vous qu'il ne s'agit pas d'apprendre par cœur mais de lire, à haute voix et de manière détendue, chacune des phrases ou bouts de phrase cités.
Le numéro entre parenthèses indique la leçon à laquelle vous pouvez éventuellement vous rapporter si vous souhaitez obtenir une quelconque précision (au sujet des détails du contexte, du sens exact lorsqu'il s'agit d'une expression, etc.)

28 ¡**Adelante!**, *Allez-y !*

¿Cómo **te** llamas?	(leçon 2)
Me llamo…	(" 2)
Podemos ir**nos** al cine	(" 4)
¿a qué **te** dedicas?	(" 15)
¿Qué **te** parece…?	(" 16)
¡…, invíta**me**!	(" 16)
¡Habér**melo** dicho!	(" 19)
¡No **me** digas!	(" 20)
Se me ha olvidado…	(" 23)
Te lo traeré mañana	(" 23)
¿Por qué **te** has pintado…?	(" 24)
Me gusta maquillar**me**	(" 24)
¿**Le** gusta el piso?	(" 25)
Me gusta…	(" 25)
…**le** propongo…	(" 25)
Me he comprado…	(" 26)
¿**Te** gusta?	(" 26)
¡No **te** soporto!	(" 27)
Me voy a casa…	(" 27)
…para decir**me** que…	(" 27)
…**se** ha ido a…	(" 27)

¿Qué tal?
Bien évidemment il n'y a pas à se faire de souci si vous avez hésité un peu de-ci, de-là ; l'exercice est destiné à réviser les pronoms et non à se rappeler chacune des phrases.
Nous y reviendrons d'une manière plus structurée et détaillée.

3 *mi, tu, su…* formes de l'adjectif possessif

En espagnol, il y a deux sortes d'adjectifs possessifs. Pour l'instant nous n'aborderons que les formes qui se placent devant le nom.

mi hermano	*mon frère*
mi hermana	*ma sœur*
tu hijo	*ton fils*
tu hija	*ta fille*

		28
su abuelo	*son grand-père*	
su abuela	*sa grand-mère*	

mi, tu, su s'emploient aussi bien avec un masculin qu'avec un féminin. Pratique n'est-ce pas ?

Au pluriel, il suffit d'ajouter un **s** à l'adjectif et au nom :

mis hermanos	*mes frères*
mis hermanas	*mes sœurs*
tus hijos	*tes fils*
tus hijas	*tes filles*
sus...	*ses*...

mis, tus, sus, comme leurs équivalents français *mes, tes, ses*, sont des adjectifs possessifs de deux genres.

Et… pour plusieurs possesseurs :

nuestro coche	*notre voiture* (masc. en espagnol)
nuestra calle	*notre rue*
vuestro piso	*votre appartement*
vuestra maleta	*votre valise*
su pasaporte	*leur passeport*

Il suffit encore d'ajouter un **s**, et… nous obtenons le pluriel des objets possédés :

nuestros coches	*nos voitures*
nuestras calles	*nos rues*
vuestros pisos	*vos appartements*
vuestras maletas	*vos valises*
sus pasaportes	*leurs passeports*

Notez bien que **su** peut se traduire par *son* (*sa*, au féminin)*, leur* et *votre* :
<u>su</u> hermano : <u>*son*</u> frère (à lui / elle).
<u>su</u> hermano : <u>*leur*</u> frère (à eux / elles).
<u>su</u> hermano : <u>*votre*</u> frère (à vous) – cas du traitement de politesse.

4 Diálogo recapitulativo

1 – Para su cumpleaños **(23, 28)**
2 mi abuela se ha comprado un coche. **(26)**
3 – ¿A su edad? **(22)**
4 ¿Y para qué? **(24)**
5 – Para ir al cine. **(4)**
6 – ¿Y el coche te gusta? **(26)**
7 – Me gusta mucho. **(24, 25)**
8 Te propongo **(25)**
9 que vayamos a su casa. **(25, 27)**
10 – ¡Estupendo! ¡Puede invitarnos al cine!

---

29 Lección veintinueve

En el médico ①

1 – Me **due**le ② **to**do el **cuer**po.
2 **Cre**o que es muy **gra**ve.
3 – **Dí**game lo que ③ le **pa**sa.

> **Pronunciación**
> *Dorénavant nous ne vous proposerons plus sous cette rubrique que les mots paraissant pour la première fois ou ceux qui méritent d'être rappelés à votre attention.*
>
> … *médico* **1** … *dou**é**lé* … *cou**ér**po.* **2** … *gra*bé. **3** *digamé* …

Notes

① *Chez le médecin se traduit par* **en el médico**.
Voy al médico, *Je vais chez le médecin*.
En espagnol, on utilise plus volontiers le mot **médico**, *médecin*, que le mot **doctor**, *docteur*.
Notez : **en la consulta**, *à la consultation*.

Traducción

1 Pour son anniversaire **2** ma grand-mère s'est acheté une voiture. **3** À son âge ? **4** Et pour quoi faire ? **5** Pour aller au cinéma. **6** Et la voiture te plaît-elle ? **7** Elle me plaît beaucoup. **8** Je te propose **9** d'aller chez elle. **10** Formidable ! Elle peut nous inviter au cinéma !

Leçon vingt-neuf 29

Chez le médecin

1 – J'ai mal partout *(Me fait-mal tout le corps)*.
2 – Je crois que c'est très grave.
3 – Dites-moi ce qui vous arrive.

② **doler**, *avoir mal, avoir mal à* ou *faire mal*. **me duele**, *j'ai mal*. **Me duele la cabeza**, *J'ai mal à la tête / la tête me fait mal*. **Me duelen los pies**, *J'ai mal aux pieds* ou *les pieds me font mal*. Oui, au présent, à la 3ᵉ personne du singulier et à la 3ᵉ personne du pluriel **o** devient **ue**. Nous verrons que ces changements sont caractéristiques du 2ᵉ groupe des verbes irréguliers classés. Si vous tenez à en savoir plus dès à présent, reportez-vous directement à l'appendice grammatical.

③ L'article **lo** suivi du relatif **que** correspond à *ce que* ou *ce qui*.
¿Es verdad lo que dices?, *C'est vrai ce que tu dis ?*
¡Eso es lo que cuenta!, *C'est ça qui compte !*

29
4 — **Cuan**do me **to**co la ca**be**za, me **due**le.
5 — ¿**O**tros do**lo**res ④?
6 — Si me a**prie**to un **po**co el cora**zón**, me **due**le mu**chí**simo.
7 — Cu**rio**so.
8 — **Cuan**do me **to**co el **vien**tre, me **due**le.
9 — ¡Qué ex**tra**ño!
10 — Me **to**co la **pier**na, y tam**bién** me **due**le.
11 — Voy a exami**nar**la.
12 — Res**pi**re **hon**do… Muy bien… **De**se ⑤ la **vuel**ta…
13 — ¡Se**ño**ra! Us**ted** no **tie**ne **na**da en nin**gún si**tio ⑥.
14 — ¡**Só**lo **tie**ne la **ma**no **ro**ta!

---

*4 … ca**bé**θa … 5 … do**lo**réss? 6 … a**prié**to … cora**θo**'n … moutchissimo. 7 cou**rio**sso. 8 … **bié**'ntré … 9 …estragno! 10 … **pié**rna … 11 … **é**xami**nar**la. 12 rréspiré **o**'ndo … **dé**ssé … bou**él**ta... 13 … ni'n**gou**'n sitio. 14 … **rro**ta!*

Notes

④ **el dolor**, *la douleur*, est masculin, en espagnol.
Avoir mal à peut aussi se traduire par **tener dolor de**.
Ainsi **Me duele el vientre** ou **Tengo dolor de vientre** se traduisent indistinctement par *J'ai mal au ventre*.

⑤ **Dese la vuelta** (littéralement : *Donnez-vous le tour*), *Tournez-vous*.
Le verbe **dar**, *donner*, apparaît dans nombre d'expressions cou- ▶

* * *

Ejercicio 1: Traduzca

❶ ¿Dónde te duele? ❷ No me parece muy grave. ❸ Tienes que ir a ver al médico. ❹ El niño dice que tiene dolor de vientre. ❺ Es muy curioso.

4 — Quand je me touche la tête, j'ai mal.
5 — [D']autres douleurs ?
6 — Si j'appuie un peu sur mon cœur *(me serre un peu le cœur)*, ça me fait très très mal.
7 — Curieux.
8 — Quand je me touche le ventre, j'ai mal.
9 — Que [c'est] étrange !
10 — Je me touche la jambe, et j'ai mal aussi.
11 — Je vais vous examiner.
12 — Respirez profondément… Très bien… Tournez-vous… *(Donnez-vous le tour…)*
13 — Madame ! Vous n'avez rien nulle part *(en aucun endroit)*.
14 — Vous avez seulement la main cassée !

rantes ; elles sont à retenir telles quelles. Notez, par exemple :
darse la vuelta, *se retourner*. À ne pas confondre avec **darse una vuelta**, *faire un tour*.
darse la mano, *se donner* (ou *se serrer*) *la main*.

⑥ Comparez :
nulle part, **en ningún sitio** ou **en ninguna parte** (littéralement : *en aucun endroit* ou *en aucune partie*).
partout, **en todos los sitios** ou **en todas las partes** (littéralement : *dans tous les endroits* ou *dans toutes les parties*).

* * *

Corrigé de l'exercice 1

❶ Où as-tu mal ? ❷ Cela ne me semble pas très grave. ❸ Tu dois aller voir le médecin. ❹ L'enfant dit qu'il a mal au ventre. ❺ C'est très curieux.

Ejercicio 2: Complete

① As-tu mal à la tête ?
¿ . . . . la . . . . . . ?

② Je ne sais pas ce qui se passe.
No . . . . pasa.

③ Dites-moi ce que vous en pensez.
. . . . piensa.

Ir al médico, aller chez le médecin, *est en Espagne une démarche courante de la vie ordinaire.*
Malgré quelques lacunes endémiques, le système de santé espagnol est assez performant ; grosso modo, il est comparable à celui de la plupart des pays de l'Union Européenne. Les ressortissants de celle-ci sont pris en charge gratuitement dans les **hospitales de la**

---

30 Lección treinta

Políticamente correcto

1 Dos cre**ti**nos di**ná**micos, emple**a**dos de **u**na em**pre**sa multinacio**nal**,
2 **char**lan por la ma**ña**na ① **jun**to a la **má**quina de ② ca**fé**:

Pronunciación
politicamé'nte corrécto **1** ... *crétinoss dinamicoss, é'mpléadoss ... é'mpréssa moultinaθional,* **2** *tcharla'n ... magnana χou'nto ... maquina ...*

Notes

① **por la mañana**, *le matin* (sens de *au cours de la matinée*) : **Iré al banco por la mañana**, *J'irai à la banque le matin.*
mañana (nom) se traduit par *matin* : **esta mañana**, *ce matin.*

115 • ciento quince

④ Quelle est l'adresse du médecin ?
   ¿ . . . . dirección del . . . . . . ?
⑤ Elle / Il me plaît énormément.
   .. gusta . . . .

Corrigé de l'exercice 2
① Te duele – cabeza ② – sé lo que – ③ Dígame lo que – ④ Cuál es la – médico ⑤ Me – muchísimo

Seguridad Social, hôpitaux de la Sécurité Sociale (publics), *dès lors qu'ils sont munis de la* **Tarjeta Sanitaria Europea***, la Carte européenne d'Assurance Maladie.*
Un mot à connaître : **farmacia**, *pharmacie (repérable par la fameuse croix verte). Un numéro de téléphone à retenir :* **061** *(numéro du service des* **urgencias**, *urgences, valable dans toute l'Espagne).*

Leçon trente 30

Politiquement correct

1 Deux crétins dynamiques, employés d'une entreprise multinationale,
2 bavardent *(par)* le matin près de *(à)* la machine à café :

mañana (adverbe) se traduit par *demain* :
Te veré mañana, *Je te verrai demain.*
mañana peut aussi se traduire par *matinée* :
¡Hermosa mañana!, *Belle matinée !*
Et… **Mañana por la mañana**, *Demain matin.*

② **la máquina de café**, *la machine à café.*
Devant les compléments du nom qui expriment une particularité caractérisant une personne ou un objet, l'espagnol emploie la préposition **de** : **la máquina de coser**, *la machine à coudre.*

ciento dieciséis • 116

30

3 — Y tú, ¿cuántos hijos tienes?
4 — Cinco.
5 — ¿Y cómo se llaman?
6 — María, Alejandro, Sandra, Lisa y Cheng Hui Kang.
7 — ¡Caramba! ¡Y el último nombre… ③ cómo así?
8 — ¿Qué pasa? ④
9   ¿Todavía no sabes que uno de cada ⑤ cinco niños que nacen en el mundo es chino? □

4 θi'nco 5 … yama'n? 6 … aléχa'ndro, sa'ndra, lissa i tché'n ui ka'n. 7 ¡caramba! … oultimo no'mbré … 9 … naθé'n … mou'ndo … tchino?

Notes

③ **nombre**, *prénom* ; **apellido**, *nom*.
En Espagne, pour s'enquérir de l'identité d'une personne, on se sert plutôt du mot **nombre** (*prénom*) ; ainsi on demandera très souvent : **¿Cuál es su nombre?**, *Quel est votre nom ?* Généralement, on déclinera, dans l'ordre, son prénom puis son nom.
N'oubliez pas : **¿Cómo se llama?**, *Comment vous appelez-vous ?* et, plus informel, **¿Cómo te llamas?**, *Comment tu t'appelles ?*

④ Nous avons déjà vu que l'expression **¿Qué pasa?** se traduit par *Qu'est-ce qui se passe ?*, *Qu'y a-t-il ?* ou *Quoi de neuf ?*, selon le cas.

* * *

Ejercicio 1: Traduzca

❶ ¿Dónde trabajas? ❷ Soy empleado en un banco. ❸ Me voy mañana por la mañana. ❹ ¿Cómo se llama tu hija? ❺ ¿Dónde has nacido?

3 – Et toi, combien d'enfants as-tu ?
4 – Cinq.
5 – Et comment s'appellent-ils ?
6 – María, Alejandro, Sandra, Lisa et Cheng Hui Kang.
7 – Nom d'une pipe ! Et le dernier prénom… comment cela ?
8 – Et alors ? *(Que passe-t-il ?)*
9   Tu ne sais pas encore qu'un enfant sur cinq qui naît dans le monde [aujourd'hui] est chinois ?

¿Qué pasa? peut aussi se traduire par *Et alors ?*
Selon le ton et le contexte, **¿Qué pasa?** peut donc aussi introduire une nuance de défi.

⑤ (Littéralement : *Encore ne sais-tu pas qu'un de chaque cinq enfants qui naissent dans le monde est chinois ?*)
Notez : **uno de cada** *(un de chaque)* suivi d'un nombre se traduit par *un… sur* suivi du nombre correspondant.
una de cada diez personas…, *une personne sur dix…*

* * *

Corrigé de l'exercice 1

❶ Où travailles-tu ? ❷ Je suis employé dans une banque. ❸ Je pars / je m'en vais demain matin. ❹ Comment s'appelle ta fille ? ❺ Où es-tu né(e) ?

31 **Ejercicio 2: Complete**

① Je n'ai pas d'argent pour la machine à café.
No tengo ...... para la ....

② Nous avons bavardé un petit moment.
Hemos .... ratito.

③ Veux-tu passer demain ?
¿ .... pasar ...... ?

31 Lección treinta y una

"Enganchados" ① a la tele

1 **Sue**na el te**lé**fono:
2 – Emer**gen**cias. ¡**Di**ga! ②
3 – ¿Ser**vi**cio de ur**gen**cias, **cien**to **do**ce?
4 – Sí, **dí**game.
5 – Por fa**vor**, **ven**gan ③ de**pri**sa, mi **hi**jo se ha tragado ④ la **pi**la del **man**do de la televi**sión**.

Pronunciación
1 sou**é**na ... **2** émérχ**e'n**θiass. ¡diga! **3** ¿sér**bi**θio dé ourχ**e'n**θiass, θ**ie'n**to ... **5** ... **bé'n**ga'n ... tra**ga**do ... **pi**la ... **ma'n**do ... télébi**ssio'n**.

Notes

① **enganchar**, *accrocher* ; **enganchado**, *accroché,* s'emploie aussi dans le sens argotique de *"accroc"* et peut être, selon le contexte, synonyme de **fanático** *(fanatique)*, *"fana"*.
estar enganchado a la droga, al alcohol, *être accroc à la drogue, à l'alcool.*

② **¡Diga!** *(Dites)* et **¡Dígame!** *(Dites-moi)* sont les formules le plus usuelles pour engager la conversation lorsqu'on décroche le téléphone. Elles se traduisent toutes deux par *Allô !*

④ Quel est son nom ?
   ¿ . . . . es su . . . . . . ?
⑤ Il n'est pas encore arrivé.
   . . . . no ha . . . .

Corrigé de l'exercice 2
① – dinero – máquina de café ② – charlado un – ③ Quieres – mañana ④ Cuál – nombre ⑤ Todavía – llegado

Leçon trente et une   31

"Accrocs" à la télé

1   Le téléphone sonne :
2 – Les urgences *(émergences)* allô *(dites)* !
3 – [C'est le] service des urgences, 112 ?
4 – Oui, allô *(dites-moi)*.
5 – S'il vous plaît, venez vite, mon fils a avalé *(s'est avalé)* la pile de la télécommande de la télévision.

③ 1re personne du présent de l'indicatif de **venir** → **vengo**, *je viens*.
3e pers. du sing. du présent du subjonctif de **venir** → **venga**, *qu'il / elle vienne* ou *que vous veniez*, lorsqu'on vouvoie une seule personne.
Impératif : vouvoiement d'une seule personne → **venga**.
Impératif : vouvoiement de plusieurs personnes → **vengan**.

④ **tragar**, dont le premier sens est *avaler*, est souvent employé comme verbe pronominal.

31

6 – ¡Tranquil**í**cese! ⑤ ¡No se preo**cu**pe! ⑥
7 **A**hora **mis**mo ⑦ le en**vi**amos un **mé**dico y **u**na ambu**lan**cia.

8 **Cuan**do la ambu**lan**cia se dispo**ní**a ⑧ a sa**lir** ⑨…
9 **vuel**ve ⑩ a so**nar** el te**lé**fono y la **mis**ma voz **suel**ta:
10 – ¡**Dé**jelo, seño**ri**ta, ya **he**mos encon**tra**do **o**tra!

---

*6 ¡tra'nquili**θ**éssé! … préo**cou**pé! 7 … é'n**bia**moss … a'mbou**la'n**θia. 8 … dispo**ní**a … 9 bou**él**bé … so**nar** … boθ sou**él**ta: 10 ¡**dé**χelo, ségno**ri**ta … é'nco'**ntra**do **o**tra!*

Notes

⑤ **tranquilizar**, *tranquilliser*, employé à l'impératif et le plus souvent avec un pronom enclitique, marque une invitation à *rester calme, à ne pas s'en faire, à demeurer sans inquiétude*. Dans ce contexte, n'oubliez pas : **un tranquilizante**, *un tranquillisant*.

⑥ **preocuparse**, *se préoccuper*. L'expression courante **no se preocupe** se traduit par *ne vous en faites pas*.
No te preocupes, *Ne t'en fais pas*.

⑦ **ahora mismo** (littéralement : *maintenant même*) se rend généralement par *tout de suite* ou *immédiatement* (**inmediatamente**).
Hay que encontrar una farmacia ahora mismo, *Il faut trouver une pharmacie tout de suite*.
Hay que llevarle ahora mismo a urgencias, *Il faut l'emmener tout de suite aux urgences*.

⑧ **se disponía a**, *il / elle se disposait à, s'apprêtait à*.
Souvenez-vous que l'imparfait des verbes en **-er** et en **-ir** se construit de la même manière : dans les deux cas, on ajoute au radical **ía, ías, ía, íamos, íais, ían**.
disponer : (yo) disponía, (tú) disponías, etc., *disposer : je disposais, tu disposais,* etc.

6 – Restez calme *(Tranquillisez-vous)* ! Ne vous en faites pas *(Ne vous préoccupez pas)* !
7 Nous vous envoyons de suite *(Maintenant même nous vous envoyons)* un médecin et une ambulance.

8 Alors que *(Quand)* l'ambulance s'apprêtait *(se disposait)* à partir *(sortir)*…
9 le téléphone sonne à nouveau et la même voix lâche :
10 – Laissez tomber *(Laissez-le)*, mademoiselle, *(déjà)* nous [en] avons trouvé [une] autre !

ENGANCHADOS A LA TELE

decir : (yo) decía, (tú) decías, etc., *dire : je disais, tu disais*, etc. Nous verrons qu'en espagnol il n'y a que trois imparfaits irréguliers !

⑨ Rappel : **salir** se traduit par *partir* et *sortir*.
El tren sale a las ocho de la mañana, *Le train part à huit heures du matin*.
Juan ha salido a dar una vuelta, *Juan est sorti faire un tour*.

⑩ L'idée de répétition est souvent exprimée par **volver** (*tourner, retourner, revenir…*) **a** suivi de l'infinitif.
volver a hacer, *refaire*.
volver a sonar, *sonner à nouveau*.
vuelva a leer, *relisez*.
Nous reviendrons (**volveremos**) *sur l'idée de répétition et sur le verbe* **volver** *lui-même*.

Ejercicio 1: Traduzca

❶ ¿Ha sonado el teléfono? ❷ Voy a telefonear al ciento doce. ❸ ¡No te preocupes! ❹ ¿A qué hora sale el tren? ❺ ¡Diga! / ¡Dígame!

Ejercicio 2: Complete

❶ Le médecin s'apprête à partir.
El . . . . salir.

❷ Veux-tu quelque chose d'autre ?
¿ . . . . algo más?

❸ Je vais refaire l'exercice.
Voy a . . . . el ejercicio.

❹ Nous [y] allons tout de suite.
Vamos . . . .

❺ Laissez tomber, ce n'est pas une bonne idée !
¡ . . . . . . , no es una . . . . !

---

32 Lección treinta y dos

En la sección de caballeros

1 – ¡Hola, buenas! ① ¿Le atienden? ②

Pronunciación
... séc**θio'**n caba**yé**ross **1** ... a**tié'n**dé'n?

Notes

① **¡Hola, buenas!**, **¡Muy buenas!** ou **¡Buenas!** tout court sont des formules courantes de salutation aux accents moins formels que le classique **¡Buenos días!**, par exemple.

② **atender**, *s'occuper de*. **¿Le atienden?**, *On s'occupe de vous ?* Cette expression courante est à retenir telle quelle.

Corrigé de l'exercice 1   32

❶ Est-ce que le téléphone a sonné ? ❷ Je vais téléphoner au 112.
❸ Ne t'en fais pas ! ❹ À quelle heure part le train ? ❺ Allô !

Corrigé de l'exercice 2

❶ – médico se dispone a – ❷ Quieres – ❸ – volver a hacer –
❹ – ahora mismo ❺ Déjelo, – buena idea

Au cours des dernières années du XXe siècle, l'Union Européenne mit en fonction un **número de urgencia**, *numéro d'urgence, unique pour l'ensemble des pays de l'Union.*
Ce numéro d'appel, **el ciento doce**, *le 112, est géré en Espagne par le* **Servicio de Emergencias** *("service des émergences ou urgences"), sorte de standard qui selon les indications qui lui sont fournies centralise les appels et dispatche vers un hôpital, la police, la garde civile, les pompiers, etc., qui par ailleurs ont leur propre numéro.*

Leçon trente-deux   32

Au rayon hommes

1 – Bonjour *(Salut, bonnes)* ! On s'occupe de vous ?

32 2 – ¡Muy **bue**nas! Me gusta**rí**a pro**bar**me **e**sos ③ za**pa**tos ④.
3 – ¿**És**tos? ¿Los a**zu**les?
4   En **es**te ⑤ mo**de**lo los te**ne**mos tam**bién** a **ra**yas **ver**des y ama**ri**llas…
5 – No, **é**sos ⑥ no; los a**zu**les no.
6   **Quie**ro los que es**tán jus**to al **la**do. Los de ⑦ co**lor li**la.
7 – **Pe**ro… caballero, ¡**é**sos no son de co**lor li**la! ¡Son **blan**cos!
8 – ¿Y… us**ted nun**ca ⑧ ha **vis**to lilas **blan**cas? □

---

*2 … goustaria probarmé **é**ssoss θa**pa**toss. **4** … **és**té mo**dé**lo … **rra**yass **bér**déss … amari**yas**s… **6** … **quié**ro … χ**ous**to … al **la**do. … co**lor li**la. **7** … **bla**'n**c**oss! **8** … ous**té**ᵈ **nou**'nca … **bis**to li**las**s **bla**'n**c**ass?*

Notes

③ **esos zapatos**, *ces souliers-là*.
Notez : **estos zapatos**, *ces souliers-ci*. **estos** et **esos** sont des adjectifs démonstratifs (masculin, pluriel).

④ **zapatos**, *souliers, chaussures*.
un par de zapatos, *une paire de chaussures*.
chausser se dit **calzar** : **Calzo el cuarenta**, *Je chausse du 40*.
Faites le rapprochement avec **la calzada**, *la chaussée*.

⑤ **este modelo**, *ce modèle-ci*. **ese modelo**, *ce modèle-là*.
este et **ese** sont des adjectifs démonstratifs (masculin, singulier).

⑥ **éstos** (phrase 3), avec accent, *ceux-ci*. **ésos**, avec accent, *ceux-là*.
éstos et **ésos** sont des pronoms démonstratifs (masculin, pluriel).
Notez, en parallèle avec l'adjectif démonstratif, que **éste** et **ése**, avec accent, sont des pronoms démonstratifs, (masculin, singulier), *celui-ci* et *celui-là*.

2 – Bonjour *(Très bonnes)* ! J'aimerais *(me)* essayer ces souliers-là.
3 – Ceux-ci ? Les bleus ?
4 Dans ce modèle-ci nous en avons aussi à rayures vertes et jaunes…
5 – Non, pas ceux-là ; pas les bleus.
6 Je veux ceux qui sont juste à côté. Ceux de couleur lilas.
7 – Mais… monsieur, ceux-là ne sont pas *(de couleur)* lilas ! Ils sont blancs !
8 – Et… vous n'avez jamais vu de lilas blanc *(lilas blanches)* ?

⑦ **los que están…**, *ceux qui sont…*
los de color…, *ceux de couleur…*
Les pronoms *celui, celle, ceux*, etc. suivis de *qui, que* ou *de* ne se traduisent pas par le démonstratif espagnol mais par l'article correspondant suivi de **que** ou de **de**.
celui que tu veux, **el que quieres**.
ceux qui sont à gauche, **los que están a la izquierda**.
celle de ma mère, **la de mi madre**.

⑧ **…usted <u>nunca</u> ha visto…** ou **…usted no ha visto <u>nunca</u>…**,
…*vous n'avez <u>jamais</u> vu…*; les deux constructions sont correctes.
Souvenez-vous : à la différence du français, aucun mot ne peut s'intercaler entre l'auxiliaire **haber** et le participe passé.
Je n'ai pas <u>encore</u> mangé : **<u>Todavía</u> no he comido** ou **No he comido <u>todavía</u>**. Devant ou derrière, jamais au milieu !

32 **Ejercicio 1: Traduzca**

❶ ¿De qué color es tu coche? ❷ Me gustaría ver otro modelo. ❸ Ese piso no me gusta. ❹ ¿Le atienden, caballero? ❺ Los taxis de Barcelona son negros y amarillos.

* * *

Ejercicio 2: Complete

❶ Ce modèle-ci ne me plaît pas.
 . . . . modelo no . . . .

❷ Je veux ces souliers-là.
 . . . . zapatos.

❸ J'habite à côté de la pharmacie.
 Vivo . . . . . . de la . . . .

Caballero, chevalier, *dérivé de* **caballo**, cheval, *est l'un de ces mots qui ont réussi à traverser les âges et arriver jusqu'à nous en s'intégrant au vocabulaire de tous les jours.*
Parmi les autres sens les plus anciens de ce mot, nous avons celui de gentilhomme. *Et Cervantès, dans son* Don Quichotte, *immortalisa la figure du* **caballero andante**, chevalier errant, *par excellence.*
Tout en gardant son sens premier, **caballero** *est un mot qui a évolué au fil des siècles ; de nos jours, ses applications restent nombreuses. Petit à petit,* **caballero** *s'est imposé comme le titre donné à l'homme qui se conduit avec loyauté, distinction et courtoisie.*
Dans cette lignée, **caballero** *s'emploie aujourd'hui comme synonyme de* **señor**, monsieur.
La fréquence de cet emploi varie d'une région à l'autre ; son usage est bien plus répandu en Castille qu'au Pays Basque, par exemple. De même, il est en rapport avec le milieu où l'on évolue ; **caballero** *présume d'emblée une certaine distinction.*

Corrigé de l'exercice 1

❶ De quelle couleur est ta voiture ? ❷ J'aimerais voir un autre modèle. ❸ Cet appartement-là ne me plaît pas. ❹ On s'occupe de vous, monsieur ? ❺ Les taxis de Barcelone sont noirs et jaunes.

* * *

❹ Cette valise est celle de ma mère.
Esta maleta .. ..

❺ As-tu vu mon portable ?
¿Has ..... mi .....?

Corrigé de l'exercice 2

❶ Este – me gusta ❷ quiero esos – ❸ – al lado – farmacia ❹ – es la de mi madre ❺ – visto – móvil

*Au restaurant, dans un magasin, lorsqu'on vous cède le passage pour monter dans un bus, au guichet d'une gare ou dans tout autre lieu public, on vous nommera aussi **caballero**, pour marquer l'attention qu'on vous porte.*
*On trouve très souvent aussi la mention **caballeros**, au pluriel, en concurrence avec **hombres**, hommes ; **señores**, messieurs, ou différentes sortes de fantaisies, sur des portes qui se trouvent la plupart du temps à côté ou en face d'autres portes qui, elles, donnent accès à des lieux strictement réservés aux dames.*

Deux expressions :
Ser un caballero : *Être un homme comme il faut.*
Comportarse como un caballero : *Agir* ou *se conduire en homme du monde.*

33 Lección treinta y tres

En el terminal de llegada

1 – **Va**mos, la **cin**ta ① ya se ha **pues**to ② en **mar**cha.
2 – ¡**Mi**ra**d**, ahí **vie**ne **par**te de **nues**tro equi**pa**je ③!
3 – Co**ged** ④ **ca**da **u**no **u**na **co**sa.
4 – **Es**ta ma**le**ta **pe**sa **mu**cho.
5 – **Bue**no, **dá**mela ⑤ y **to**ma ⑥ **es**ta **o**tra que es más pe**que**ña.
6 – **És**ta ⑦ tam**bién pe**sa dema**sia**do **pa**ra mí.

Pronunciación
... términal ... yégada 1 ... θi'nta ... pouésto ... martcha. 2 ¡mira^d, ... nouéstro équipaχé! 3 coχé^d ... cossa. 4 ... péssa ... 5 ... daméla ... 6 ... démassiado ...

Notes

① **la cinta** (**transportadora** reste sous-entendu) – littéralement : *le ruban (transporteur) –*, *le tapis roulant*. Le mot **cinta** est employé couramment dans le sens de *ruban* (parfois *bande*) : **cinta adhesiva**, *ruban adhésif*.
Notez aussi : **una cinta de vídeo**, *une vidéocassette*.

② **...ya se ha puesto...** ou **...se ha puesto ya...** : *...s'est <u>déjà</u> mis...*; les deux constructions sont correctes.
Souvenez-vous : Devant ou derrière, jamais au milieu !

③ **el equipaje** (au sing.), *les bagages*.
L'équipage se dit **la tripulación**.
Los miembros de la tripulación llevaban su propio equipaje, *Les membres de l'équipage portaient leurs propres bagages*.

④ En remplaçant par un **d** le **r** final de l'infinitif des verbes en **-er** et en **-ar**, on obtient la 2ᵉ personne du pluriel de l'impératif du verbe correspondant. Il n'y a aucune exception.

Leçon trente-trois 33

À l'aérogare *(Dans le terminal)* d'arrivée

1 – Allons-y, le tapis roulant s'est déjà mis en marche.
2 – Regardez, voilà *(là vient)* [une] partie de nos bagages !
3 – Prenez chacun une chose.
4 – Cette valise est très lourde *(pèse beaucoup)*.
5 – Bon, donne-la-moi *(donne-moi-la)* et prends celle-ci *(cette autre-ci)* qui est plus petite.
6 – Celle-ci est aussi trop lourde pour moi *(aussi pèse trop)*.

Prendre : **coger** → **coged** *(prenez)*.
Regarder : **mirar** → **mirad** *(regardez)*, phrase 2.
Souvenez-vous que la 2ᵉ personne du pluriel sert à tutoyer plusieurs personnes.

⑤ **dámela**, *donne-la-moi*. Nous avons déjà vu dès la leçon 16 qu'à l'impératif le pronom complément se place après le verbe et se soude à lui. Dans le cas où le verbe est accompagné de deux pronoms, ils seront tous deux soudés au verbe.
Notez que le pronom complément indirect se place toujours en premier.
dime, *dis-moi*. **dilo**, *dis-le*. **dímelo**, *(dis-moi-le)* dis-le-moi.
Nous y reviendrons !

⑥ **toma** (de **tomar**, *prendre*) se traduit souvent par *tiens* à cette forme de l'impératif. Le sens de *saisir*, de *s'emparer de* est davantage exprimé par **coger** (phrases 3, 7 et 8).
coger el pasaporte, *prendre le passeport*.
tomar un té, *prendre un thé*.

⑦ **ésta** (avec accent), *celle-ci*. **ésa**, *celle-là*.
ésta et **ésa** sont des pronoms démonstratifs (féminin, singulier).
Ce point sera traité dès la prochaine leçon de révision.

33

7 – **Co**ge ⑧ lo que ⑨ **quie**ras.
8 – ¡**Va**le! Co**ge**ré **e**sa mo**chi**la o **e**sa **bol**sa de **via**je.
9 – **Pe**ro, Isabel, ¡**e**so ⑩ no es **nues**tro!

7 coχé ... quiérass. 8 ¡balé! coχéré ... motchila ... bolsa ... biaχé. 9 ... issabél ...

Notes

⑧ **coge**, *prends*. En retirant le **r** final de l'infinitif on obtient la deuxième personne du singulier de l'impératif du verbe correspondant.
Prendre : **coger** → **coge** *(prends)*.
Regarder : **mirar** → **mira** *(regarde)*.
Nous verrons ultérieurement les quelques exceptions qui dérogent à cette règle.
De même, nous vous indiquerons comment procéder pour exprimer un impératif précédé d'une négation (idée de défense).

* * *

Ejercicio 1: Traduzca

❶ Mirad, ahí hay una parada de taxis. ❷ Coge la maleta. ❸ Esta bolsa pesa demasiado. ❹ Ésta es más pequeña. ❺ ¡Vale!

* * *

Ejercicio 2: Complete

❶ Où as-tu mis les passeports ?
¿Dónde . . . . los . . . . ?

❷ Nos bagages ne sont pas encore sortis.
. . . . todavía no ha salido.

❸ Cela ne me plaît pas.
. . . no . . . .

7 – Prends ce que tu voudras.
8 – D'accord *(Vaut)* ! Je prendrai ce sac à dos-là ou ce sac de voyage-là.
9 – Mais, Isabel, ils ne sont pas à nous *(cela non est notre)* !

⑨ **lo que…**, *ce que…* ou *ce qui…*
Coge lo que quieras, *Prends ce que tu voudras.*
Hace lo que le gusta, *Il / Elle fait ce qui lui plaît.*
Notez aussi : *quoi que* + présent du subjonctif se traduit en espagnol par le présent du subjonctif répété (à la personne qui convient) encadrant **lo que**.
haga lo que haga…, *quoi que je fasse…*
digas lo que digas…, *quoi que tu dises…*
comamos lo que comamos…, *quoi que nous mangions…*
Remarquez la similitude de cette construction avec *coûte que coûte*, **cueste lo que cueste**.

⑩ **eso**, *cela, ça.* **¡Eso es!**, *C'est ça !*
esto, *ceci.* **¡Mira esto!**, *Regarde ceci !*
esto et **eso** sont des formes neutres du pronom démonstratif.

* * *

Corrigé de l'exercice 1
❶ Regardez, là il y a un arrêt de taxis. ❷ Prends la valise. ❸ Ce sac-ci est trop lourd. ❹ Celle-ci est plus petite. ❺ D'accord !

* * *

❹ Donne-moi la main !
¡ . . . . la . . . . !

❺ À qui est ce sac à dos-là ?
¿De . . . . . es . . . . ?

Corrigé de l'exercice 2
❶ – has puesto – pasaportes ❷ Nuestro equipaje – ❸ Eso – me gusta
❹ Dame – mano ❺ – quién – esa mochila –

34 Lección treinta y cuatro

En ① la aduana

1 – ¿**A**lgo que decla**rar**?
2 – **Na**da.
3 – ¿Qué **lle**va en **e**sas ma**le**tas?
4 – Co**mi**da ② **pa**ra mi **pe**rro y mi **ga**to.
5 – **Á**bralas ③, por fa**vor**.

> **Pronunciación**
> ... a**dou**a̱na **1** ¿**a**lgo ... décla**rar**? **3** ... **yé**ba ... **4** co**mi**da ... **pé**rro ... **ga**to. **5** **a**bralass ...

Notes

① Indépendamment de la préposition utilisée en français, l'espagnol emploie généralement le préposition **en** pour situer une action ou indiquer la permanence dans un endroit précis.
Mi amiga trabaja en un banco, *Mon amie travaille dans une banque*.
Estoy en la aduana, *Je suis à la douane*.
Vivimos en Asturias, *Nous habitons dans les Asturies*.
Vicente está en Uruguay [pron. *ourou**gouaï***], *Vicente est en Uruguay*.

Continuez à prendre votre temps ; les choses se mettent en place. En ce qui concerne la construction et l'emploi de l'impératif et l'étude des adjectifs et des pronoms démonstratifs... nous les aborderons dès la prochaine leçon de révision !

Leçon trente-quatre 34

À la douane

1 – Quelque chose à déclarer ?
2 – Rien.
3 – Qu'y a-t-il *(Que portez-vous)* dans ces valises-là ?
4 – [De la] nourriture pour mon chien et mon chat.
5 – Ouvrez-les, s'il vous plaît.

② **comida**, traduit ici par *nourriture*, a très souvent le sens de *repas*.
comprar comida, *acheter de la nourriture*.
la hora de la comida, *l'heure du repas*.
hacer tres comidas al día, *faire trois repas par jour*.

③ **abrir**, *ouvrir*. **abra**, *ouvrez*. **ábralas**, *ouvrez-les*. Nous y reviendrons bientôt très en détail, mais vous pouvez noter dès à présent que seules les 2es personnes du singulier (**abre**, *ouvre*) et du pluriel (**abrid**, *ouvrez*, tutoiement) appartiennent réellement à l'impératif. Pour les autres personnes on s'en remet au présent du subjonctif.

ciento treinta y cuatro • 134

6 **Aquí**… yo **v**eo re**l**o**j**es, pa**ñ**ue**l**os ④ de imita**ción** fraudu**len**ta, anfeta**mi**nas…
7 **Con**que… co**mi**da **p**a**ra** sus anima**l**illos do**més**ticos, ¿eh?
8 – Sí, se**ñor**. Yo se lo ⑤ **e**cho ⑥, y si no lo **c**o**m**en, **lue**go lo **v**en**d**o. ☐

6 … béo rréloχéss, pagnouéloss … imitaθio'n fraoudoulé'nta, a'nfétaminass… 7 co'nqué … souss animaliyoss domésticoss … 8 … ségnor … étcho … comé'n, louégo … bé'ndo.

Notes

④ **pañuelo**, *foulard, fichu* et… *mouchoir*.
¿Tienes un pañuelo de papel?, *As-tu un mouchoir en papier ?*

⑤ **yo se lo…**, *je le leur…* Oui, c'est particulier ! Et cela mérite une explication, mais… chaque chose en son temps ! Pour l'instant, sur ce point, nous en sommes aux présentations. La familiarité viendra plus tard. Toutefois, si vous êtes pressé(e) de faire plus ample connaissance… reportez-vous à la leçon 49 !

* * *

Ejercicio 1: Traduzca

❶ ¿Tienes algo que decir? ❷ No, nada. ❸ ¿Qué hay en la mochila? ❹ Vivo en Valencia. ❺ ¡Abre el coche!

* * *

Ejercicio 2: Complete

❶ As-tu un mouchoir en papier ?
   ¿Tienes . . . . ?

❷ Les enfants veulent un chien ou un chat.
   . . . . quieren . . . .

❸ Elle ne sait pas où elle a laissé sa montre.
   . . . . ha dejado el . . . . . .

6 Ici… je vois des montres, des foulards de contrefaçon *(d'imitation frauduleuse)*, des amphétamines…

7 Ainsi donc… de la nourriture pour vos petites bêtes domestiques, hein ?

8 – Oui, monsieur. Moi, je le leur donne, et s'ils ne le mangent pas, après je le vends.

⑥ Le verbe **echar**, dont le premier sens est *jeter*, a de nombreuses applications et s'emploie dans des locutions très diverses.
echar de comer al gato (al caballo, a los pájaros, etc.), *donner à manger au chat (au cheval, aux oiseaux,* etc.*).*
Mais : **dar de comer al niño**, *donner à manger à l'enfant.*
Notez : **echar un hueso al perro**, *jeter un os au chien.*
Très courant (sens de *verser*) : **echar agua en un vaso**, *verser de l'eau dans un verre.*

* * *

Corrigé de l'exercice 1
❶ As-tu quelque chose à dire ? ❷ Non, rien. ❸ Qu'y a-t-il dans le sac à dos ? ❹ J'habite à Valence. ❺ Ouvre la voiture !

* * *

❹ C'est l'heure du repas.

. . . .

❺ Peux-tu me verser de l'eau ?
¿Puedes . . . . ?

Corrigé de l'exercice 2
❶ – un pañuelo de papel ❷ Los niños – un perro o un gato ❸ No sabe dónde – reloj ❹ Es la hora de la comida ❺ – echarme agua

> *Vous en êtes déjà au tiers de votre parcours et vous êtes en mesure d'apprécier par vous-même l'étendue de vos progrès.*
> *Votre vocabulaire ne cesse de s'élargir. Vous reconnaissez de plus en plus facilement des mots que vous croyiez "oubliés" lorsque vous les réécoutez ou que vous les rencontrez à nouveau dans un texte. Vous savez vous présenter, demander un petit renseignement, déchiffrer une information générale affichée dans un lieu public par exemple, etc.*
> **¡Continúe así!** Continuez comme ça !
> *Vous êtes sur la bonne voie !*

35 Lección treinta y cinco

Repaso

1 L'impératif

À proprement parler, l'impératif ne comporte que deux personnes : la 2ᵉ personne du singulier et la 2ᵉ personne du pluriel.

• 2ᵉ personne du singulier, formation :

Verbes en **-ar**		a	llamar → llama	*appeler, appelle.*
Verbes en **-er**	radical + e	**comer → come**	*manger, mange.*
Verbes en **-ir**		e	abrir → abre	*ouvrir, ouvre.*

Sur l'ensemble des verbes espagnols, une dizaine seulement sont irréguliers à cette personne. Nous les examinerons à mesure que nous les rencontrerons. Toutefois, si vous souhaitez en savoir plus dès à présent, vous pouvez vous reporter directement à l'appendice consacré à la conjugaison.

• 2ᵉ personne du pluriel, formation :

Cette 2ᵉ personne s'obtient en remplaçant par un **d** le **r** final de l'infinitif.

Leçon trente-cinq 35

Verbes en -ar	cambiar	→	cambiad	*changer, changez.*
Verbes en -er	beber	→	bebed	*boire, buvez.*
Verbes en -ir	salir	→	salid	*sortir, sortez.*

N'oubliez pas que cette 2ᵉ personne du pluriel sert uniquement à tutoyer plusieurs personnes.

Aucun verbe n'est irrégulier à cette personne.

• *Souvenez-vous* :

• À l'impératif, le pronom complément se place après le verbe et se soude à lui.
Dame el pañuelo, *Donne-moi le mouchoir.*
Dejadme pasar, por favor, *Laissez-moi passer, s'il vous plaît* (tutoiement pluriel).

• Dans le cas où le verbe est accompagné de deux pronoms, ceux-ci seront tous deux soudés au verbe ; le pronom complément indirect se plaçant toujours en premier.
dámelo, *(donne-moi-le) donne-le-moi.*
dejádmelo, *(laissez-moi-le) laissez-le-moi* (tutoiement pluriel).
Notez dès à présent : lorsque la 2ᵉ personne du pluriel doit être

suivie du pronom correspondant – **os**, *vous* – elle perd le **d** final : **daos la mano**, *donnez-vous* ou *serrez-vous la main*.

Pour les autres personnes, notamment pour le vouvoiement, et pour exprimer l'idée de défense, l'impératif emprunte ses formes au présent du subjonctif.
Ces différents cas seront abordés prochainement ; toutefois, avant de continuer, relisez les notes 2 et 3 de la leçon 31.

2 Les couleurs

color, *couleur*, est un nom masculin.
En espagnol, comme en latin, les noms en **-or** sont masculins :
el calor, *la chaleur* ; **el humor**, *l'humeur* ; **el sabor**, *la saveur* ; **el valor**, *la valeur*, etc.
Il y quelques rares exceptions, dont la plus notable est **la flor**, *la fleur*.

Quant aux couleurs elles-mêmes il est à retenir qu'à la différence du français **azul**, *bleu* ; **gris**, *gris* ; et **verde**, *vert*, parmi d'autres, sont invariables en genre :
una casa azul, *une maison bleue* ; **una gata gris**, *une chatte grise* ; **una pradera verde**, *une prairie verte*.
blanco, *blanc* ; **negro**, *noir* ; **amarillo**, *jaune* ; et **rojo**, *rouge*, s'accordent en genre et en nombre :
la camisa blanca y los zapatos negros, *la chemise blanche et les chaussures noires*.
la falda de rayas rojas y amarillas, *la jupe à rayures rouges et jaunes*.

3 Le démonstratif

• **L'adjectif démonstratif**

En espagnol, il y a trois démonstratifs : **este**, **ese** et **aquel**.
Este se rapporte à ce qui concerne la personne qui parle ou aux objets qui se trouvent près d'elle.
Ese se rapporte à ce qui concerne la personne à qui on parle ou aux objets qui se trouvent près d'elle.
Aquel est utilisé pour désigner ce qui est éloigné d'une manière générale.

Lorsqu'on parle, avec **este**, **ese** et **aquel** on établit, donc, une graduation d'éloignement par rapport à soi, dans l'espace ou dans le temps.

	Masculin	Féminin
sing. plur.	**este**, *ce, cet…(ci)* **estos**, *ces…(ci)*	**esta**, *cette…(ci)* **estas**, *ces…(ci)*
sing. plur.	**ese**, *ce, cet…(là)* **esos**, *ces…(là)*	**esa**, *cette…(là)* **esas**, *ces…(là)*
sing. plur.	**aquel**, *ce, cet…(là-bas)* **aquellos**, *ces…(là-bas)*	**aquella**, *cette…(là-bas)* **aquellas**, *ces…(là-bas)*

• **Le pronom démonstratif**

Le pronom démonstratif ne se distingue de l'adjectif démonstratif que par l'accent qu'il porte sur la syllabe tonique. Toutefois, cet accent n'est pas simplement un signe permettant de les distinguer, il marque aussi une insistance dans la prononciation.
Esto, *ceci* ; **eso**, *cela* ; et **aquello**, *cela*, sont invariables et ne portent pas d'accent écrit.

	Masculin	Féminin	Neutre
sing. plur.	**éste**, *celui-ci* **éstos**, *ceux-ci*	**ésta**, *celle-ci* **éstas**, *celles-ci*	**esto**, *ceci*
sing. plur.	**ése**, *celui-là* **ésos**, *ceux-là*	**ésa**, *celle-là* **ésas**, *celles-là*	**eso**, *cela*
sing. plur.	**aquél**, *celui-là* **aquéllos**, *ceux-là*	**aquélla**, *celle-là* **aquéllas**, *celles-là*	**aquello**, *cela*

Exercice
Mettez les adjectifs et les pronoms démonstratifs correspondants en vous servant du vocabulaire appris au cours des sept dernières leçons. Lorsque le genre du mot n'est pas le même en espagnol, nous vous le donnons entre parenthèses.

Exemple :
1 *ce modèle-ci* : ***este modelo*** celui-ci : ***éste***

à vous :

2 *cette jambe-ci :* celle-ci
3 *ces souliers-ci :* ceux-ci
4 *ces sacs à dos-ci (fém.) :* celles-ci
5 *cet employé-là* celui-là
6 *cette pharmacie-là :* celle-là
7 *ces mouchoirs-là :* ceux-là

* * *

4 Diálogo recapitulativo

1 – Vamos a ver al médico. **(29)**
2 – ¿Cómo así? **(30)**
3 – El niño no está bien. **(25)**
4 – ¿Qué le pasa? **(30)**
5 – No sé, pero le duele el vientre. **(29)**
6 – ¡Tranquilízate! **(31, 35)**
7 – Llama al médico. **(33, 35)**
8 … ¡Diga! … **(31)**
9 – Dice que podemos ir ahora mismo. **(1, 4, 13)**
10 – ¡Vamos! ¡Deprisa! ¡Ese taxi está libre! **(18, 31, 32, 35)**

11 En la consulta: **(29)**

8 *ces entreprises-là :*	*celles-là :*
9 *ce chien là-bas :*	*celui-là là-bas :*
10 *cette fleur là-bas :*	*celle-là là-bas :*
11 *ces couleurs (masc.) là-bas :*	*ceux-là là-bas :*
12 *ces valises là-bas :*	*celles-là là-bas :*

Corrigé de l'exercice
2 esta pierna / ésta 3 estos zapatos / éstos 4 estas mochilas / éstas
5 ese empleado / ése 6 esa farmacia / ésa 7 esos pañuelos / ésos
8 esas empresas / ésas 9 aquel perro / aquél 10 aquella flor / aquélla
11 aquellos colores / aquéllos 12 aquellas maletas / aquéllas

* * *

12 – ¡Hola, buenas! **(32)**
13 Voy a examinarle. **(29)**
14 No tiene nada. **(29)**
15 Le duele el vientre porque ha comido demasiado chocolate. **(29, 33)**
16 Cincuenta euros y… ¡menos chocolate, por favor!

Traducción
1 Nous allons voir le médecin. 2 Comment cela ? 3 Le petit n'est pas bien. 4 Qu'est-ce qu'il a ? 5 Je ne sais pas, mais il a mal au ventre. 6 Calme-toi ! 7 Appelle le médecin. 8 … Allô ! … 9 Il dit que nous pouvons y aller tout de suite. 10 Allons-y ! Vite ! Ce taxi-là est libre ! 11 Au cabinet de consultation. 12 Bonjour ! 13 Je vais l'examiner. 14 Il n'a rien. 15 Il a mal au ventre parce qu'il a mangé trop de chocolat. 16 Cinquante euros et… moins de chocolat, s'il vous plaît !

36 Lección treinta y seis

Locura de amor

1 – **Qui**que ①, ¿ver**dad** que soy un en**can**to ②?
2 – Sí.
3 – ¿A que ③ ha**rí**as cual**quier** ④ **co**sa por mí?
4 – Sí.
5 – ¿Ver**dad** que mis **o**jos te **vuel**ven ⑤ **lo**co?
6 – Sí.
7 – ¿A que es **cier**to que no sa**brí**as vi**vir** sin mí?
8 – Sí.
9 – ¿Ver**dad** que me **quie**res con lo**cu**ra?
10 – Sí.

> **Pronunciación**
> lo**cou**ra ... **1** ... é'n**ca'n**to? **3** ... coual**quiér** ... **5** ... o𝜒oss ...
> bou**él**bé'n ... **7** ... θi**ér**to ...

Notes

① Les diminutifs des prénoms sont assez courants en espagnol. Dans le langage familier, ces formes diminutives sont souvent très éloignées du nom d'origine. Ainsi, par exemple, **Enrique** *(Henri)* se transforme en **Quique** ; **José** *(Joseph)* en **Pepe** ; **Concepción** *(Conception)* en *Concha* ou *Conchita*, etc.

② **Ser un encanto**, *être un amour, être adorable* ; **el encanto**, *l'enchantement* et *le charme* ; **tener encanto**, *avoir du charme*.
Es una persona con mucho encanto ou **encantadora**, *C'est une personne avec beaucoup de charme* ou *charmante*.
encantar, *enchanter, ravir*. **Encantado de conocerle**, *Enchanté / Ravi de faire votre connaissance*.

③ L'interrogation commençant par **¿A que…?** peut prendre deux sens :
- *Pas vrai que… ?, N'est-ce pas vrai que… ?* Dans ce cas, on suppose que la réponse attendue ne saurait être qu'une confir-

Leçon trente-six   36

Folie d'amour

1 – Quique, pas vrai que je suis un amour ?
2 – Oui.
3 – Pas vrai que tu ferais n'importe quoi pour moi ?
4 – Oui.
5 – N'est-ce pas vrai que mes yeux te rendent fou ?
6 – Oui.
7 – Pas vrai *(certain)* que tu ne saurais vivre sans moi ?
8 – Oui.
9 – N'est-ce pas vrai que tu m'aimes à la *(avec)* folie ?
10 – Oui.

mation de ce qui est énoncé dans la question. Il s'agit là d'une construction alternative à la formule **¿Verdad que…?** (phrases 1, 5 et 9).
- *Je parie que…* Dans ce cas, on introduit une notion de défi, de gageure, et **apuesto**, *je parie*, reste sous-entendu. **¿A que llego antes que él?**, *Je parie que j'arrive avant lui.*

④ L'indéfini **cualquiera** devient **cualquier** devant un nom masculin ; devant un nom féminin l'apocope est facultative.
cualquier día, *n'importe quel jour.*
Pour l'instant, limitez-vous à retenir l'expression courante **cualquier cosa**, *n'importe quoi*, car nous y reviendrons.

⑤ Le verbe **volver**, que nous avons déjà vu à la leçon 31 a de très nombreux sens. Vous les découvrirez petit à petit.
volver loco, *rendre fou.*
Me vuelve loca, *Il / Elle me rend folle* ou *Vous me rendez folle.*

11 – ¿A que no hay **o**tra mu**jer** tan maravi**ll**osa **co**mo ⑥ yo?
12 – No.
13 – ¡Dios de mi **vi**da! ⑦ ¡**Qui**que, a**mor mí**o ⑧!
14 **Pa**sa el **tiem**po y **ca**da **dí**a te **qui**ero más ⑨…
15 ¡por las **co**sas tan ⑩ bo**ni**tas que me **di**ces! □

11 … mouχér … marabiyossa … 13 dioss …

Notes

⑥ Le comparatif d'égalité exprimé en français avec *aussi… que* se construit en espagnol avec **tan… como**.
Clara es tan encantadora como su madre, *Clara est aussi charmante que sa mère.*

⑦ **¡Dios de mi vida!** ou **¡Dios mío!** (plus courant), *Mon Dieu !*

⑧ **¡Mi amor!** ou **¡Amor mío!**, *Mon amour !*

* * *

Ejercicio 1: Traduzca

❶ ¿Verdad que es maravillosa? ❷ Tiene unas manos muy bonitas. ❸ Su casa me parece cada vez más bonita. ❹ ¿Sabrías decirlo? ❺ ¡Tienen unos hijos tan encantadores!

* * *

Ejercicio 2: Complete

❶ Je parie qu'il arrive en retard.
¿ . . . . llega con . . . . ?

❷ N'achète pas n'importe quoi !
¡No compres . . . . !

❸ Ce médecin est aussi bon que le mien.
Ese . . . . bueno . . . . el mío.

11 – Pas vrai qu'il n'y a pas [d']autre femme aussi merveilleuse que moi ?
12 – Non.
13 – Mon Dieu ! *(Dieu de ma vie)* Quique, mon amour *(amour à moi/mien)* !
14 Le temps passe et je t'aime de plus en plus *(chaque jour plus)*…
15 pour les si jolies choses que tu me dis !

⑨ *de plus en plus* se traduit par **cada vez más** *(chaque fois plus)* ou par **cada día más** *(chaque jour plus)*.

⑩ Lorsque **tan** vient introduire non pas une comparaison mais une proposition explicative ou une conséquence il se traduit par *si* ou *tellement*.
¡por las cosas tan bonitas que me dices!, *pour les choses si jolies que tu me dis !*

* * *

Corrigé de l'exercice 1
❶ N'est-il pas vrai qu'elle est merveilleuse ? ❷ Elle a des mains très jolies. ❸ Sa maison me semble de plus en plus jolie. ❹ Tu saurais le dire ? ❺ Ils ont des enfants tellement charmants !

* * *

❹ Enchantée de faire votre connaissance.
. . . . de . . . .

❺ Je t'aime.
. . . .

Corrigé de l'exercice 2
❶ A que – retraso ❷ – cualquier cosa ❸ – médico es tan – como – ❹ Encantada – conocerle ❺ Te quiero

37 Lección treinta y siete

En una piscina municipal

1 El socorrista, empleado del Ayuntamiento ①,
2 se acerca a ② un bañista y le dice:
3 – Caballero, le ruego salga ③ del agua,
4 se vista y abandone ④ el recinto.

Pronunciación
1 ... ayou'ntamié'nto, 3 cabayéro ... rrouégo ... 4 ... rréθi'nto.

Notes

① De nos jours, le mot **ayuntamiento** désigne tout autant la *mairie* en tant qu'administration que le bâtiment, *l'hôtel de ville*. Moins courants : **alcaldía** (de **alcalde**, *maire*) et **casa consistorial**, *mairie, hôtel de ville*.

② **acercarse a**, *s'approcher de*.
Acércate a la mesa, *Approche-toi de la table*.

③ **Le ruego salga** ou **le ruego que salga**, (*Je vous prie que vous sortiez*) *Je vous prie de sortir*.
Après les verbes qui expriment un ordre, une prière ou un conseil, l'espagnol emploie le subjonctif.

Nous allons commencer à étudier le subjonctif. Comme d'habitude, nous procèderons par petites touches. Aussi, nous vous demandons de bien prêter attention aux constructions qui vous seront proposées au fil des prochaines leçons.
Dès la prochaine leçon de révision, nous vous proposerons une vue plus élargie, qui à son tour sera complétée ultérieurement. Si vous vous laissez guider et si vous faites les exercices proposés à la fin de chaque leçon, vous constaterez que le gros du travail se sera fait tout en douceur.

Leçon trente-sept   37

Dans une piscine municipale

1   Le maître nageur *(secouriste)*, employé de la mairie,
2   s'approche d'un baigneur et lui dit :
3 – Monsieur, je vous prie de sortir de l'eau,
4   de vous habiller et de quitter les lieux *(l'enceinte)*.

Le **que** qui, comme en français, précède le subjonctif, est souvent omis. Cette construction est cependant très formelle et employée surtout dans la langue écrite. Ici, elle souligne, devant l'incongruité de la situation, l'aspect humoristique de l'ensemble. Un **Oiga, haga el favor de salir del agua**, *Vous, sortez de l'eau, s'il vous plaît*, bien moins distant et avec un ton ferme serait sûrement plus courant dans l'hypothèse d'une telle situation.

④ **(Que) salga**, *que vous sortiez*, **(que) se vista** *que vous vous habilliez* et **(que) abandone**, *que vous abandonniez*, sont les 3es personnes du singulier (vouvoiement) du présent du subjonctif des verbes **salir**, *sortir* ; **vestirse**, *s'habiller*, et **abandonar**, *abandonner*, respectivement.

37

5 – ¿Qué **pa**sa? ¿Qué ⑤ he **he**cho?
6 – ¿No **sa**be que es**tá** prohi**bi**do me**ar** ⑥ en la pis**ci**na ⑦?
7 – ¿No me va a de**cir** a**ho**ra que soy el **ú**nico que **ha**ce pis en la pis**ci**na?
8 – Sí se**ñor**, **des**de el trampo**lín**, us**ted** es el **ú**nico.

6 ... proï**bi**do ... 8 ... tra'mpo**li'n** ...

Notes

⑤ L'expression *qu'est-ce que... ?* se traduit par **¿qué... ?**
¿Qué haces?, *Qu'est-ce que tu fais ?*
¿Qué dices?, *Qu'est-ce que tu dis ?*
¿Qué miras?, *Qu'est-ce que tu regardes ?*

* * *

Ejercicio 1: Traduzca

❶ Le ruego que salga del coche. ❷ ¿Qué pasa? ❸ Tienes que vestirte enseguida. ❹ El niño quiere hacer pis. ❺ Aquí, está prohibido.

* * *

Ejercicio 2: Complete

❶ Nous avons parlé avec une employée de la Mairie.
..... hablado ... una ....
....

❷ Il est là-bas, sur le plongeoir.
.... allí, en .. ..

❸ À cette table, je suis le seul qui boit de l'eau.
En esta ...., soy .. .... que bebe ..... .

5 – Qu'y a-t-il ? *(que passe-t-il ?)* Qu'est-ce que j'ai fait ?
6 – Ne savez-vous pas qu'il est interdit de pisser dans le bassin ?
7 – Vous n'allez pas me dire maintenant que je suis le seul *(l'unique)* qui fasse pipi dans le bassin ?
8 – Si monsieur, du haut du *(depuis le)* plongeoir, vous êtes le seul *(l'unique)*.

⑥ Quand un infinitif a une fonction de sujet, d'attribut ou de complément d'objet direct, le *de* français n'est pas traduit.
Está prohibido entrar, *Il est interdit d'entrer*.

⑦ **la piscina**, *la piscine* et *le bassin*.

* * *

Corrigé de l'exercice 1
❶ Je vous prie de sortir de la voiture. ❷ Qu'y a-t-il ? ❸ Tu dois t'habiller tout de suite. ❹ L'enfant veut faire pipi. ❺ Ici, c'est interdit.

* * *

❹ Approche-toi.
. . . .

❺ Qu'est-ce qui est interdit ?
¿ . . . . ?

Corrigé de l'exercice 2
❶ Hemos – con – empleada del Ayuntamiento ❷ Está – el trampolín ❸ mesa – el único – agua ❹ Acércate ❺ – Qué está prohibido

38 | *Dans le cadre de l'organisation administrative de l'Espagne,* **el municipio**, la commune, *constitue la plus petite division territoriale. À chaque* **municipio**, commune, *correspond un* **ayuntamiento**, mairie. **El concejo**, le conseil municipal, *est élu lors des* **elecciones municipales**, élections municipales, *qui en Espagne ont lieu tous les quatre ans. Il est présidé par* **el alcalde**, le maire, *et s'occupe de l'administration municipale.*

Il est curieux de noter que **la yunta** *est* le joug *qui sert à l'attelage des bœufs, et que le verbe* **ayuntar**, *dans sa première acception, pratiquement tombée en désuétude de nos jours, signifie* unir, rassembler.

---

38 Lección treinta y ocho

Taxista precavido

1 – ¡**Pón**gase el cintu**rón** ① de seguri**dad**, se**ño**ra!
2 – ¡**Cla**ro que sí! Y us**ted**, ¡**ten**ga cui**da**do! ②
3 Soy muy ma**yor** ③ **pe**ro…
4 ¡**quie**ro ver cre**cer** ④ a mis **nie**tos!

Pronunciación
*3 … ma**yor** … 4 … cré**θ**ér …*

Notes

① **Póngase** ou **Abróchese el cinturón**, *Mettez* ou *Attachez votre ceinture*. On entend aussi **Átese el cinturón**.
abrocharse a le sens courant de *boutonner*.
Abróchate la chaqueta, *Boutonne ta veste*.

② **tener cuidado** (littéralement : *avoir soin*), *faire attention*.
¡**Tenga cuidado!**, *Faites attention !*, **Ten cuidado!**, *Fais attention !*
¡**Cuidado!**, *Attention !*
Et aussi : ¡**Atención! ¡Peligro!**, *Attention ! Danger!*

Leçon trente-huit 38

Chauffeur de taxi prévoyant

1 – Attachez *(mettez)* [votre] *(le)* ceinture de sécurité, madame !
2 – Bien évidemment *(Clair que oui)* ! Et vous, faites attention *(ayez soin)* !
3 Je suis très âgée *(majeur)* mais…
4 je veux voir grandir mes petits-enfants !

③ **una persona mayor**, *une personne âgée*.
Mis padres son ya mayores, *Mes parents sont déjà âgés*.
Nous verrons plus tard que **mayor**, *plus grand*, comparatif irrégulier, peut se traduire de différentes manières.

④ **crecer**, *grandir*, dont la première acception est *croître*, a bien d'autres sens courants :
Los pelos y las plantas crecen, *Les cheveux et les plantes poussent*.
Las ciudades crecen, *Les villes s'agrandissent*.
La luna y los ríos crecen, *La lune et les rivières grossissent*.

5   ¡No **co**rra ⑤, no **ten**go **pri**sa ⑥!
6   Res**pe**te ⑦ las se**ñ**ales de **trá**fico ⑧.
7   Si **o**tro **co**che **quie**re adelan**tar**le,
8   **pé**guese a la de**re**cha.
9   Re**duz**ca la veloci**dad** en los **cru**ces.
10 No se **sal**te ⑨ nin**gún** se**má**foro.
11 **Cir**cule des**pa**cio, la cal**za**da es**tá** mo**ja**da…
12 – Sí, señora. **Pe**ro si a pe**sar** de **to**do ⑩
    te**ne**mos un acci**den**te…
13 ¿**tie**ne us**ted** prefe**ren**cia por un hospi**tal** en
    particu**lar**?

*8 … **pé**gué**sé** … 9 rré**douθ**ca … bélo**θ**i**da**dᵈ … 12 …
acθi**dé'n**té …*

Notes

⑤ **correr**, *courir*.
¡No corras, tenemos tiempo!, *Ne cours pas, nous avons le temps !*
Dans le contexte de la voiture, **no corra** doit se traduire par *ne roulez pas* ou *n'allez pas vite*.

⑥ **la prisa**, *la hâte*. **tener prisa**, *avoir hâte, être pressé*.
Tengo prisa, *Je suis pressé(e)*.
Notez aussi : **¡Deprisa!** ou **¡De prisa!**, *Vite !, Pressons !*

⑦ **respete** (vouvoiement d'une seule personne), *respectez*, est la 3ᵉ personne du singulier du présent du subjonctif de **respetar**, *respecter*.
Nous avons déjà dit à la leçon 35 que l'impératif ne comporte que deux personnes : la 2ᵉ personne du singulier et la 2ᵉ per-

* * *

Ejercicio 1: Traduzca

❶ Hay que ponerse el cinturón de seguridad. ❷ ¡Ten mucho cuidado! ❸ ¿Tus padres son muy mayores? ❹ ¿Tienes prisa? ❺ ¡Cuidado, hay un cruce!

5 Ne roulez pas vite *(Non courez)*, je ne suis pas pressée *(non ai hâte)* !
6 Respectez les panneaux *(signaux)* de circulation.
7 Si [une] autre voiture veut vous dépasser,
8 serrez *(collez-vous)* à *(la)* droite.
9 Réduisez la vitesse aux *(dans les)* carrefours *(croisements)*.
10 Ne brûlez *(non se sautez)* aucun feu rouge *(sémaphore)*.
11 Roulez *(circulez)* lentement, la chaussée est mouillée…
12 – Oui, madame. Mais si malgré tout nous avons un accident…
13 avez-vous [une] préférence pour un hôpital en particulier ?

sonne du pluriel. Pour les autres personnes, il est **impératif** de se reporter au **présent du subjonctif**. Ce point sera abordé en détail dès la prochaine leçon de révision.

⑧ **tráfico**, *circulation* et *trafic*.
accidente de tráfico, *accident de circulation*. **policía de tráfico**, *police de la route*. **tráfico de influencias**, *trafic d'influences*. **tráfico de drogas**, *trafic de drogues*.

⑨ **saltar**, *sauter*.
saltarse (pronominal) **un semáforo**, *brûler un feu rouge*.

⑩ Notez bien : **a pesar de**, *malgré*. **a pesar de todo**, *malgré tout*.

* * *

Corrigé de l'exercice 1

❶ Il faut attacher sa ceinture de sécurité. ❷ Fais très attention ! ❸ Est-ce que tes parents sont très âgés ? ❹ Est-ce que tu es pressé(e) ? ❺ Attention, il y a un carrefour !

38 Ejercicio 2: Complete

❶ Aujourd'hui il y a trop de circulation.
   ... ... demasiado ....

❷ Il y a une voiture qui veut dépasser.
   ... . que quiere ....

❸ Le panneau de circulation est à ta gauche.
   .. .. está a tu ....

La red de carreteras españolas, le réseau routier espagnol, *est assez dense. Les villes les plus importantes sont reliées, pour la plupart, par des* **autopistas de peaje**, autoroutes à péage, *ou par des* **autovías**, voies rapides. *La vitesse est limitée à 120 km/h sur les autoroutes et les voies rapides ; à 90 km/h sur les routes nationales ; et à 50 km/h en ville et dans les agglomérations.* **Las multas**, les amendes, *sont assez fréquentes en cas de* **exceso de velocidad**, excès de vitesse – *un paiement immédiat peut être demandé, notamment lorsque le véhicule est immatriculé à l'étranger. Mais aussi dans les cas de stationnement gênant, surtout lorsqu'on a négligé de s'acquitter du* **"precio de la consumición"**, "prix de la consommation", *auprès des nombreux* **parquímetros**, parcmètres, *qui parsèment les villes. Dans la plupart d'entre elles il y a des* **zonas azules** *("zones bleues"),* zones de stationnement payant à durée limitée – *entre quelques minutes et deux heures, généralement –, espaces privilégiés de chasse des* **grúas municipales** (grues municipales), camions de la fourrière.

④ Vite, c'est l'heure !
   ¡ . . . . , . . la . . . . !
⑤ Roulez à droite.
   . . . . por la . . . .

Corrigé de l'exercice 2
① Hoy hay – tráfico ② Hay un coche – adelantar ③ La señal de tráfico – izquierda ④ Deprisa – es – hora ⑤ Circule – derecha

39 Lección treinta y nueve

¡De película! ①

1 – Ayer fuimos ② a ver "¡Que te den morcilla!" ③
2 – ¿Había mucha gente ④ en el cine?
3 – ¡No me hables ⑤, había una cola enorme!
4 – Yo fui a verla la semana pasada.
5 – ¿Y qué te pareció?
6 – ¡Menudo rollo! ⑥
7 – Hubo ⑦ muchos que no aguantaron hasta el final.

Pronunciación
1 ayér ... morθiya! 2 ... χé'nté 6 ... rroyo!

Notes

① **una película, un filme** (moins courant), *un film*.
L'expression **¡De película!**, présentée ici en clin d'œil, comme un jeu de mots, est souvent employée pour qualifier une situation qui sort de l'ordinaire, dans le sens de "comme dans un film". **¡De película!**, en concurrence avec **¡De cine!** *(De cinéma !)*, se traduit par *Du tonnerre !*, *Formidable !* ou encore, lorsque le contexte s'y prête, par *Incroyable !*

② **fuimos** (littéralement : *nous allâmes*), *nous sommes allés*.
En espagnol, dès lors que l'action se situe dans une période de temps tout à fait écoulé au moment où l'on parle, on emploie le passé simple ou prétérit.

③ **¡Que te den morcilla!** (littéralement : *Qu'on te donne du boudin !*), *Va te faire pendre (ailleurs)*.

④ **la gente**, nom féminin singulier, *les gens*.
gente se traduit parfois par *monde*.
Hay mucha gente, *Il y a beaucoup de monde*.

Leçon trente-neuf 39

Du tonnerre ! *(De film !)*

1 – Hier nous sommes allés *(allâmes à)* voir "Va te faire pendre !"
2 – Il y avait beaucoup de monde *(gens)* dans la salle *(le cinéma)* ?
3 – Ne m'en parle pas, il y avait une queue énorme !
4 – Moi, je suis allé le voir *(allai à voir-la)* la semaine dernière *(passée)*.
5 – Et qu'est-ce que tu en as pensé *(que te sembla)* ?
6 – Barbant !
7 Il y en a eu beaucoup qui n'ont pas tenu *(tinrent)* jusqu'à la fin.

⑤ **¡Habla!**, *Parle !* ; **¡No hables!**, *Ne parle pas !* En effet, l'idée de défense s'exprime toujours par le subjonctif en espagnol. **¡Ven!**, *Viens !* ; **¡No vengas !**, *Ne viens pas !*

⑥ En référence à un film, l'expression **¡Menudo rollo!** se traduit par *C'est un film barbant, rasoir, assommant...* Notez que l'une des acceptions de **rollo** *(rouleau)* est aussi *bobine*.
En concurrence avec **¡Menudo rollo!**, on dit aussi **¡Menudo tostón!** ou **¡Qué tostón!**, *Quel navet !*
Devant un substantif, **menudo** *(menu, petit)* se traduit de différentes façons : **¡Menudo jaleo!**, *Sacré tapage !*, *Quel chahut !* ; **¡Menudo lío!**, *Fichue pagaille !*, *Quelle histoire !*

⑦ **hubo** est la 3e personne du singulier du passé simple de **haber**, *il y eut*, que nous traduirons normalement par *il y a eu*.
Ayer hubo una buena película en la televisión, *Hier il y a eu un bon film à la télévision.*

ciento cincuenta y ocho • 158

39 8   Y a ti, ¿te gustó ⑧?
9 – ¡**Na**da! ¡**Na**da de **na**da! ⑨
10 Y el desen**lac**e… ¡ni ⑩ te **cuen**to! ¡Un de**sas**tre!
11 El protago**nis**ta no ten**drí**a que ⑪ mo**rir** le**yen**do el pe**rió**dico.
12 Ten**drí**a que pe**gar**se un **ti**ro.
13 – ¿Por qué?
14 – ¡**Por**que a**sí** los especta**do**res se desperta**rí**an!

*10 … déssé'n**la**θé … 11 … lé**yé'n**do …*

Notes

⑧ **gustó**, 3ᵉ personne du singulier du passé simple de **gustar**, *plaire*. Notez la similitude avec **pareció** (phrase 5).

⑨ **nada**, *rien*, lorsqu'il est adverbe a le sens de *(pas) du tout, nullement*.
¡**Nada de nada!** marque une insistance sur la négation et se traduit par *Rien du tout !* ou par *Absolument pas !*.

⑩ **¡Ni te cuento!**, *Je ne te raconte même pas !*
En espagnol, **ni** *(ni)* rend parfois l'idée de *ne… pas même* (**ni / no… siquiera** ou **ni siquiera…**).

* * *

Ejercicio 1: Traduzca

❶ Ayer fui al cine. ❷ Vamos a hacer la cola. ❸ En esta calle, la semana pasada hubo un accidente. ❹ ¿Qué te parece? ❺ Quiero ver esa película.

8 Et *(à)* toi, tu as aimé *(aimas)* ?
9 – Du tout ! Pas du tout ! *(Rien de rien !)*
10 Et le dénouement… je ne te raconte même pas ! Un désastre !
11 Le personnage principal *(protagoniste)* ne devrait pas mourir en lisant le journal.
12 Il devrait se tirer une balle *(se coller un tir)* !
13 – Pourquoi ?
14 – Parce que ça réveillerait *(ainsi se réveilleraient)* les spectateurs !

Ni ha telefoneado a le même sens que **Ni siquiera ha telefoneado**, *Il / Elle n'a (ou encore : vous n'avez) même pas téléphoné.*

⑪ **tener que**, *devoir.*
tendría que, *je devrais, il /elle devrait,* ou encore *vous devriez* (vouvoiement d'une seule personne).
Nous voilà devant le conditionnel ! Pour l'instant, limitez-vous à constater qu'il s'agit là d'un temps qui reprend, sans exception (et ça fait plaisir !), le modèle des terminaisons de l'imparfait de l'indicatif des verbes en **-er** et en **-ir** : **-ía, -ías, -ía, -íamos, -íais, -ían**. Pour le reste… nous verrons plus tard !

* * *

Corrigé de l'exercice 1

❶ Hier je suis allé au cinéma. ❷ Nous allons faire la queue. ❸ Dans cette rue, la semaine dernière il y a eu un accident. ❹ Qu'en penses-tu ? ❺ Je veux voir ce film.

Ejercicio 2: Complete

1. Beaucoup de gens roulent trop vite.
   .... circula demasiado ....
2. Sacré bouchon !
   ¡ .... !
3. Je voudrais lire le journal.
   .... leer el ....
4. Il n'est même pas venu.
   .. .. ha venido.
5. Y avait-t-il beaucoup de spectateurs ?
   ¿ ..... muchos .... ?

---

40 Lección cuarenta

¡Seguro de sí mismo!

1 – ¿Me ha lla**ma**do?
2 – Sí, **pa**se. **Sién**tese. **Pón**gase **có**modo ①.
3 – Sí, **gra**cias.
4 – Bien. **Pron**to negocia**re**mos ② un impor**tan**te con**tra**to

Notes

① **Póngase cómodo**, *Mettez-vous à l'aise.*
Quítese el abrigo, estará más cómodo, *Ôtez votre manteau, vous serez plus à l'aise.*
En tant qu'adjectif, **cómodo** prend aussi couramment le sens de *confortable*.
Este sofá es muy cómodo, *Ce canapé est très confortable.*

Corrigé de l'exercice 2

① Mucha gente – deprisa ② Menudo atasco ③ Quisiera – el periódico ④ Ni siquiera – ⑤ Había – espectadores

Leçon quarante 40

Sûr de soi *(même)* !

1 – Vous m'avez appelé ?
2 – Oui, entrez *(passez)*. Asseyez-vous. Mettez-vous à l'aise *(commode)*.
3 – Oui, merci.
4 – Bien. Bientôt nous allons négocier *(négocierons)* un important contrat

② **negociaremos**, *nous négocierons*.
Vous savez déjà que les terminaisons du futur viennent s'ajouter à l'infinitif. Peut-être avez vous remarqué également que le futur a les mêmes terminaisons aux trois conjugaisons (en **-ar**, en **-er** et en **-ir**). Notez aussi que, comme en français, ces terminaisons correspondent à celles du présent de **haber**, *avoir*.

40

5   con **u**na **fir**ma ③ **e**stadouni**den**se ④ y…
6   he pen**sa**do en us**ted pa**ra diri**gir** las nego**cia**ciones.
7 – Es un ho**nor pa**ra mí. Se lo agra**dez**co ⑤ **mu**cho, **pe**ro…
8   mi in**glés** es bas**tan**te defi**cien**te.
9   A de**cir** ver**dad**… ¡in**clu**so di**rí**a que es **fran**camente **ma**lo!
10 – No se preo**cu**pe ⑥. Ha**rá** un **cur**so inten**si**vo de in**glés**.
11   Le he bus**ca**do ⑦ un profe**sor** particu**lar**.

> **Pronunciación**
> **5** … éstado-ouni**dé'n**sé … **6** … diri*χ***ir** … **7** … agra**déθ**co …
> **8** … défi**θié'n**té.

Notes

③ **firma**, *firme, société* (on peut aussi dire **sociedad**), *compagnie* (**compañía**), *entreprise* (**empresa**).
Le sens le plus usuel de **firma** est *signature* :
Todo está listo para la firma, *Tout est prêt pour la signature*.
Et… **firmar** veut dire *signer* :
Tiene que firmar aquí, *Vous devez signer ici*.

④ **norteamericanos** et **americanos** tout court (phrase 18) sont également des adjectifs employés en référence aux ressortissants des États-Unis. Cet emploi est cependant abusif car **los canadienses**, *les Canadiens*, par exemple, habitent aussi en **América del Norte**, *Amérique du Nord* ; et **los brasileños**, *les Brésiliens*, ou **los chilenos**, *les Chiliens*, par exemple, sont aussi des **americanos**, *Américains* ; communément connus comme **latinoamericanos**, *Latino-américains*, ou **sudamericanos**, *Sud-américains*. Le mot **americanos**, par trop générique, est donc à éviter.

⑤ L'expression **se lo agradezco**, *je vous en remercie* ou *je vous en suis reconnaissant*, est d'un usage très courant dans la vie quotidienne ; si l'adverbe **mucho** est ajouté en espagnol, on

5 avec une société *(firme)* états-unienne et…
6 j'ai pensé à *(en)* vous pour diriger les négociations.
7 – C'est un honneur pour moi. Je vous en suis très reconnaissant, mais…
8 mon anglais est très insuffisant *(assez déficient)*.
9 À vrai dire *(À dire vérité)*… je dirais même *(inclus dirais)* qu'il est franchement mauvais !
10 – Ne vous en faites pas. Vous suivrez *(ferez)* un cours intensif d'anglais.
11 Je vous ai trouvé *(cherché)* un professeur particulier.

ajoutera *infiniment, vivement* ou *très* en français.
Notez que **agradecer**, *remercier, être reconnaissant*, comme **conocer**, *connaître*, prend un **z** devant le **c** à la première personne du présent de l'indicatif. Les autres personnes de ce temps ainsi que tous les autres temps de l'indicatif sont réguliers.
Te agradece el regalo, *Il / Elle te remercie du cadeau.*
Te conoce bien, *Il / Elle te connaît bien.*
Mais : **Le agradezco su llamada**, *Je vous remercie de votre appel.*
Conozco esa ciudad, *Je connais cette ville.*

(6) Nous avons déjà vu que pour donner un ordre lorsqu'on vouvoie une ou plusieurs personnes (leçon 38), ainsi que pour exprimer une idée de défense (leçon 39), le subjonctif se substitue à l'impératif.

Notez à présent que dès lors que l'ordre est précédé d'une négation, cas de l'idée de défense, les pronoms compléments ne se placent pas après le verbe en formant un seul mot avec lui :
Siéntese, *Asseyez-vous.* **No se siente**, *Ne vous asseyez pas.*
Póngase ahí, *Mettez-vous là.* **No se ponga ahí**, *Ne vous mettez pas là.*

(7) **buscar** se traduit normalement par *chercher* ; et *trouver* par **encontrar** ; mais voici une curiosité de la langue : dans la phrase **le he buscado un profesor**, il est sous-entendu que le professeur a été trouvé, et la traduction doit être donc *je vous ai trouvé un professeur.*

40

12 – Pero…
13 – ¡No hay pero que valga!
14   ¡Confíe en sí ⑧ mismo!

15   De regreso a España, el subordinado es convocado por el director :

16 – ¿Y qué? ¿Ha tenido dificultades con el inglés?
17 – ¿Yo? ¡En absoluto! ⑨ ¡Ninguna!
18   Quienes ⑩ han tenido dificultades han sido los "americanos". □

15 … rrégrésso …

Notes

⑧ Mettez en parallèle avec le titre de la leçon, où **sí** traduit *soi* : **seguro de sí / de sí mismo**, *sûr de soi / de soi-même*.
hablar de sí, *parler de soi*.
Notez aussi qu'en espagnol l'on emploie uniformément le réfléchi **sí** chaque fois que, précédés d'une préposition simple, les pronoms compléments de la 3ᵉ personne (*il / elle, eux / elles*, ou *vous* – vouvoiement – désignent la même personne que le sujet.
Los egoístas sólo piensan en sí, *Les égoïstes pensent seulement à eux-mêmes* ou *ne pensent qu'à eux-mêmes*.

⑨ **En absoluto** (littéralement : *en absolu*), *pas du tout, nullement*.

* * *

Ejercicio 1: Traduzca

❶ ¡Siéntese, por favor! ❷ Llegaremos pronto. ❸ Tienes que firmar aquí. ❹ Pablo ha ido a buscar a su hijo a casa de sus amigos. ❺ Tu español es francamente bueno.

12 – Mais…
13 – Il n'y a pas [de] mais qui tienne *(vaille)* !
14 – Ayez confiance en vous *(Confiez en vous-même)* !

15 De retour en Espagne, le subordonné est convoqué par son *(le)* directeur :

16 – Eh bien ? Avez-vous eu des difficultés avec votre *(le)* anglais ?
17 – Moi ? Pas du tout *(En absolu)* ! Aucune !
18 Ceux qui ont eu des difficultés, ce sont *(ont été)* les "Américains" !

⑩ Vous souvenez-vous ? *Ceux qui sont juste à côté,* **Los que están justo al lado**. Lorsque **el que**, *celui qui* ; **la que**, *celle qui* ; **los que**, *ceux qui*, etc., désignent des personnes, ils peuvent être remplacés par **quien** ou **quienes** :
Ceux qui ont eu des difficultés…, **Los que han tenido dificultades…** ou **Quienes han tenido dificultades…**

* * *

Corrigé de l'exercice 1

❶ Asseyez-vous, s'il vous plaît ! ❷ Nous arriverons bientôt. ❸ Tu dois signer ici. ❹ Pablo est allé chercher son fils chez ses amis. ❺ Ton espagnol est franchement bon.

41   Ejercicio 2: Complete

① Je t'en remercie beaucoup.
   Te .. ..

② Mettez-vous à côté, vous serez plus à l'aise.
   .... al ...., ... más ....

③ Voulez-vous suivre un cours intensif ?
   ¿...... .... un .... ?

Mis à part les séjours linguistiques organisés depuis son pays d'origine, les très officiels programmes d'échanges universitaires et **los cursos de verano**, *les cours d'été, organisés par différentes universités espagnoles, pour lesquels on peut se renseigner auprès des offices de tourisme, consulats et ambassades d'Espagne dans son propre pays, il existe, dans la plupart des grandes villes, des* **escuelas de idiomas**, *écoles de langues, qui proposent des cours, plus ou moins intensifs, de tous niveaux, tout au long de l'année.*

---

41   Lección cuarenta y una

Con mucha cara ①

1 – ¿Qué est**á**s ha**cien**do ② ?

Notes

① **cara**, *visage, figure, face, mine.*
   tener cara de niño, *avoir un visage d'enfant.* **lavarse la cara**, *se laver la figure.* **echar a cara o cruz** (*jeter à face ou croix*), *jouer à pile ou face.* **tener buena cara**, *avoir bonne mine.*
   Dans le langage familier, **tener mucha cara** ou **ser un cara**

④ As-tu eu des difficultés pour trouver un professeur ?
¿ ... . para ....
un profesor?

⑤ Non, aucune !
¡..., ...!

Corrigé de l'exercice 2

① – lo agradezco mucho ② Póngase – lado – estará – cómodo
③ Quiere hacer – curso intensivo ④ Has tenido dificultades –
encontrar ⑤ No – ninguna

Et puis il y a aussi **los cursos particulares**, *les cours particuliers,
que l'on peut trouver facilement, par petites annonces, au détour
des rencontres que l'on peut faire, en échange de menus services ou
moyennant un paiement à la carte.*
*Quel que soit votre choix, ayez présent à l'esprit que la meilleure
école est la pratique au quotidien : écoutez, lisez, prenez des notes,
parlez et...* **¡Confíe en sí mismo/ma!**, *Ayez confiance en vous !*

Leçon quarante et une   41

Avec beaucoup de toupet

1 – Qu'est-ce que tu es en train de faire ?

dura se traduisent par *être gonflé*, ou par *ne pas manquer de
culot, de toupet*.
¡Qué cara dura!, *Quel culot !, Quel toupet !*

② **estar** suivi du gérondif (ici **haciendo**, *faisant*) sert à exprimer une
action qui dure ; cette construction correspond à *être en train de*.
¿Qué estás leyendo?, *Qu'est-ce que tu es en train de lire ?*
Estamos jugando, *Nous sommes en train de jouer.*

41
2 – **Sigo** ③ en **paro** y… es**toy** le**yen**do los a**nun**cios.
3   **Ten**go que encon**trar** tra**ba**jo.
4 – ¡**Mira**, a**quí** hay **u**no intere**san**te!
5   "Se ④ ne**ce**sita leña**dor**. **Trein**ta años de expe**rien**cia."
6 – **Pero**… ¡Yo **nun**ca he cor**ta**do un **ár**bol!
7 – ¿Qué más da? ⑤ ¡A lo me**jor** ⑥ fun**cio**na!
8   Tú, pre**sén**tate. **Lue**go… ¡ya ve**rás**!

9   En la ofi**ci**na del Insti**tu**to Nacio**nal** de Em**ple**o (INEM):

10 – Bien, se**ñor**; ¿y **cuán**tos **a**ños me **di**ce que ha es**ta**do cor**tan**do **ár**boles?
11 – Pues… **ca**si cua**ren**ta **a**ños.
12 – Muy bien; ¿y **dón**de princi**pal**mente?

Pronunciación
*5 … légna**dor** … éspé**rié'n**θia." 12 … pri'nθi**pal**mé'nté?*

Notes

③ Avec **seguir** *(suivre, continuer)* on peut aussi exprimer la continuité ou persistance d'un état. Dans ce cas, il se traduit par *être* accompagné de *toujours* ou *encore*.
Sigo en el paro, *Je suis toujours* (ou *encore*) *au chômage*.
El cielo sigue cubierto, *Le ciel est toujours* (ou *encore*) *couvert*.

④ Le pronom *on* n'a pas vraiment d'équivalent en espagnol ; sa traduction varie selon le sens et en fonction du verbe dont il est sujet. *On* est toutefois souvent traduit par **se** :
Se necesita camarero, *On demande (On a besoin d') un serveur*.

2 – Je suis toujours *(Je continue en)* [au] chômage et… je suis en train de lire les [petites] annonces.
3 Il faut que je trouve du travail.
4 – Regarde, ici il y [en] a une intéressante !
5 "On demande *(a besoin de)* [un] bûcheron. Trente ans d'expérience."
6 – Mais… Moi, je n'ai jamais coupé un [seul] arbre !
7 – Peu importe ! Il se peut que ça marche *(À le meilleur fonctionne)* !
8 *(Toi)* présente-toi [donc]. Ensuite… tu *(déjà)* verras [bien] !

9 À l'ANPE *(au bureau de l'institut national d'emploi) :*

10 – Bien, monsieur ; et combien d'années *(me)* dites-vous avoir passé à couper *(a été coupant)* [des] arbres ?
11 – Eh bien… presque quarante ans.
12 – Très bien ; et où principalement ?

⑤ L'expression courante **¿Qué más da?** *(Que plus donne ?)* est à retenir telle quelle ; elle se traduit par *Peu importe !* ou *Qu'est-ce que ça peut faire ?*

⑥ Introduisant une éventualité, **a lo mejor** (littéralement : *à le mieux*) + verbe, se traduit par *peut-être que* + verbe ou *si ça se trouve* + verbe :
A lo mejor viene, *Peut-être qu'il viendra* ou *Si ça se trouve il viendra.*

41
13 Sorpren**di**do, tras un ins**tan**te de indeci**sión**,
14 el candi**da**to al **pues**to **suel**ta lo pri**me**ro ⑦
 que le **vie**ne a la ca**be**za:
15 – En el **Sá**hara.
16 – ¿En el **Sá**hara? ¡**P**ero si ⑧ a**llí** no hay **ár**boles!
17 – ¡A**ho**ra! ¡A**ho**ra!

13 ... i'ndéθissio'n,

Notes

⑦ **lo primero...**, *la première chose...*
Lo primero que haremos será..., *La première chose que nous ferons, ce sera...*
À ne pas confondre avec **el primero**, *le premier*.

⑧ Nous aurions pu dire **¿En el Sáhara? ¡Pero... allí no hay árboles!**, *Au Sahara ? Mais... là-bas il n'y a pas d'arbres*.
Le **si**, idiotisme assez courant dans la langue familière, peut se traduire par *mais puisque je vous dis que là-bas il n'y a pas d'arbres !* ou par *quand je vous dis que là-bas il n'y a pas d'arbres !*

* * *

Ejercicio 1: Traduzca

❶ ¡Acércate! ❷ ¿Estás estudiando? ❸ Leo los anuncios del periódico. ❹ Estoy buscando trabajo. ❺ ¡Mira, éste parece interesante!

* * *

Ejercicio 2: Complete

❶ As-tu trouvé un emploi ?
 ¿ . . . . un empleo?
❷ Toi, tu as beaucoup d'expérience.
 Tú . . . .
❸ "On parle espagnol."
 " . . . . "

13 Surpris, après un instant d'hésitation *(d'indécision)*,
14 le candidat au poste lâche la première chose qui lui passe par *(vient à)* la tête :
15 – Au Sahara !
16 – Au Sahara ? Mais, *(si)* là-bas il n'y a pas d'arbres !
17 – Maintenant ! Maintenant !

* * *

Corrigé de l'exercice 1
❶ Approche-toi ! ❷ Es-tu en train d'étudier ? ❸ Je lis les petites annonces du journal. ❹ Je suis en train de chercher du travail. ❺ Regarde, celui-ci paraît intéressant !

* * *

❹ Je suis toujours sans travail.
. . . . trabajo.

❺ C'est la première chose qu'il faut faire.
Es . . . . hay . . . hacer.

Corrigé de l'exercice 2
❶ Has encontrado – ❷ – tienes mucha experiencia ❸ Se habla español ❹ Sigo sin – ❺ – lo primero que – que –

42 Lección cuarenta y dos

Repaso

1 Impératif / Présent du subjonctif

• **Rappel :**
Nous avons vu à la leçon 35 que l'impératif espagnol, à proprement parler, n'a que deux formes : la 2ᵉ personne du singulier et la 2ᵉ personne du pluriel.
Ces personnes servent, respectivement, au tutoiement singulier et pluriel :
¡Pasa!, *Entre ! (Passe !)*
¡Corre!, *Cours !*
¡Abrid !, *Ouvrez !*

Si ces personnes doivent être accompagnées d'un pronom complément, celui-ci se place après le verbe et se soude à lui :
¡Invítame!, *Invite-moi !*
¡Escribidnos!, *Écrivez-nous !*
¡Decidlo!, *Dites-le !*

Lorsque les formes correspondant à ces personnes sont accompagnées de deux pronoms compléments, ces pronoms sont tous deux soudés au verbe et le pronom complément indirect se place toujours en premier :
¡Déjamelo!, *Laisse-le-moi !*
¡Léemelo!, *Lis-le-moi !*
¡Abrídmelo!, *Ouvrez-le-moi !*

Lorsque la 2ᵉ personne du pluriel doit être suivie du pronom **os**, *vous*, elle perd le **d** final :
¡Daos la mano!, *Donnez-vous la main !*
¡Escribíos!, *Écrivez-vous !*

• **Les autres personnes de l'impératif :**
Elles sont toutes empruntées au présent du subjonctif.

• Pour la 1ʳᵉ personne du pluriel :
¡Hablemos!, *Parlons !*
¡Comamos!, *Mangeons !*
¡Abramos!, *Ouvrons !*

Leçon quarante-deux 42

• Pour le vouvoiement :
¡Circule por la derecha!, *Roulez à droite !* (à une seule personne).
¡Circulen… !, *Roulez… !* (à plusieurs personnes).
¡Póngase cómodo!, *Mettez-vous à l'aise !* (à une seule personne).
¡Pónganse cómodos!, *Mettez-vous à l'aise !* (à plusieurs personnes).

• **Impératif négatif / Idée de défense :**

Dès lors que l'impératif est accompagné d'une négation, quand il exprime une défense, il doit être rendu, <u>à toutes les personnes</u>, par le présent du subjonctif.
Comparez :
¡Llama!, *Appelle !*
¡No llames!, *N'appelle pas !*
¡Corre!, *Cours !*
¡No corras!, *Ne cours pas !*
Aux autres personnes, il n'y a pas de changement, car elles sont, *impérativement*, celles du présent du subjonctif.

Dès lors que l'ordre est précédé d'une négation, il n'y a pas d'enclise – phénomène qui consiste à placer le pronom après le verbe et le souder à lui – des pronoms compléments :
¡Cómpralo!, *Achète-le !*
¡No lo compres!, *Ne l'achète pas !*
¡Siéntate!, *Assieds-toi !*
¡No te sientes!, *Ne t'assieds pas !*
¡Póngase ahí!, *Mettez-vous là !*
¡No se ponga ahí!, *Ne vous mettez pas là !*

Nous ne vous avons présenté ici que des verbes que vous connaissez déjà.

2 Le comparatif

• **Le comparatif d'égalité**

Le comparatif d'égalité exprimé en français avec *aussi… que* se construit en espagnol avec **tan… como** :

Mi maleta es <u>tan</u> grande <u>como</u> la tuya, *Ma valise est <u>aussi</u> grande <u>que</u> la tienne.*

• **Les comparatifs de supériorité et d'infériorité**

Ces comparatifs s'établissent comme en français, avec **más** *(plus)* et **menos** *(moins)* placés devant l'adjectif, et **que** *(que)* placé devant le deuxième terme de la comparaison :
Mi coche es <u>más</u> pequeño <u>que</u> el tuyo, *Ma voiture est <u>plus</u> petite <u>que</u> la tienne.*
Pablo es <u>menos</u> fuerte <u>que</u> Juan, *Pablo est <u>moins</u> fort <u>que</u> Juan.*

En résumé :

más… que	→	*plus… que*
menos… que	→	*moins… que*
tan… como	→	*aussi… que*

3 Le futur

Le futur ne présente pas de difficulté. Comme en français, on y reconnaît aisément l'infinitif du verbe ; les terminaisons sont celles du présent de **haber**, *avoir*.
Toutes les formes, exception faite de la première personne du pluriel, portent un accent écrit sur la dernière syllabe.

hablar → **é**		*je parlerai*
comer → **ás**		*tu mangeras*
buscar → **á**		*il cherchera*
dejar → **emos**		*nous laisserons*
llamar → **éis**		*vous appellerez*
acabar → **án**		*ils finiront*

Seulement une douzaine de verbes sont irréguliers à ce temps.

4 Le passé simple

En espagnol, dès lors que l'action se situe dans une période de temps tout à fait écoulée au moment où l'on parle, on emploie le passé simple.
Aussi, le passé composé français est-il normalement traduit par le passé simple espagnol. Celui-ci n'est donc pas réservé au style littéraire :

Ayer fuimos al cine, *Hier, nous sommes allés (allâmes) au cinéma.*
El martes comí con ella, *Mardi, j'ai mangé (mangeai) avec elle.*
Trabajé para ellos el año pasado, *J'ai travaillé (travaillai) pour eux l'année dernière.*

Ce temps, qui compte de nombreux verbes irréguliers et qui est en même temps très usité au quotidien, demande à être pratiqué avec assiduité. Vous le rencontrerez donc fréquemment au fil des leçons à venir et nous vous invitons à vous entraîner à repérer ses formes caractéristiques, comme dans un jeu de piste. Ultérieurement, nous ferons un point détaillé.

* * *

5 Diálogo recapitulativo

1 – ¡Deprisa! ¡Ponte el cinturón de seguridad! **(38)**
2 – ¡Ten cuidado! ¡No corras! **(38, 40)**
3 – ¡A que llegamos tarde! **(36)**
4 – No es tan tarde como crees. **(36)**
5   La película comienza a las ocho y media y… **(39, 21)**
6   ni siquiera son las siete. **(39, 21)**
7 – ¡Cada vez hay más tráfico! **(36, 38)**
8 – ¡Bueno, tranquilízate! **(31, 35)**
9   Pronto estaremos bien sentados y cómodos. **(40)**
10 Y luego… ¿quién sabe? ¡A lo mejor es un rollo! **(39, 42)**

Traducción

1 Vite ! Mets ta ceinture de sécurité ! **2** Fais attention ! Ne cours pas ! **3** Je parie que nous arriverons en retard. **4** Il n'est pas aussi tard que tu crois. **5** Le film commence à huit heures trente et… **6** il n'est même pas sept heures. **7** Il y a de plus en plus de circulation ! **8** Bon, reste calme ! **9** Bientôt nous serons bien assis et à l'aise. **10** Et puis… qui sait ? C'est peut-être un navet !

43   Lección cuarenta y tres

A la llegada ① del tren

1 – Pero… ¿qué te pasa?
2   Estás pálido.
3   ¿Te ha sentado mal ② el viaje?
4 – Me he mareado ③.
5   Me pongo malísimo ④
6   cuando viajo de espaldas ⑤ al sentido de la marcha.
7 – ¿Y por qué no has pedido a la persona que iba sentada enfrente

Notes

① **la llegada**, *l'arrivée*, et **la salida**, *le départ*, sont deux mots d'usage courant qu'il est bien utile de connaître, notamment lorsqu'on est amené à fréquenter les aéroports ou autres gares. Notez que **salida** signifie aussi *sortie* :
Te espero a la salida del cine, *Je t'attends à la sortie du cinéma*.
Salida de socorro, *Sortie de secours*.

② **sentarse**, *s'asseoir*.
Siéntese, por favor, *Asseyez-vous, s'il vous plaît*.
sentar bien ou **mal** se traduit différemment selon le contexte : *réussir / ne pas réussir ; convenir / ne pas convenir ; faire / ne pas faire du bien*.
El café me ha sentado mal, *Le café ne m'a pas réussi*.
Una infusión te sentará bien, *Une infusion te fera du bien*.
Notez aussi : **Esa camisa te sienta muy bien**, *Cette chemise te sied / te va très bien*.

③ **marearse**, *avoir mal au cœur*.
Me mareo, *J'ai mal au cœur*.
Vous aurez sûrement remarqué que dans **marearse** il y a le

Leçon quarante-trois

À l'arrivée du train

1 – Mais… qu'est-ce que tu as *(que te passe)* ?
2 Tu es [tout] pâle.
3 Le voyage ne t'a pas réussi ?
4 – J'ai eu mal au cœur.
5 Je me sens très mal
6 quand je voyage le dos [tourné] au sens de la marche *(Je deviens très malade lorsque je voyage de dos au sens de la marche)*.
7 – Et pourquoi n'as-tu pas demandé à la personne d'en face *(qui allait assise en face)*

mot **mar**, *mer*. Profitez-en pour retenir que, dans un bateau, **marearse** se traduit par *avoir le mal de mer*.

(4) **ponerse enfermo** (ou **malo**) : *tomber malade, devenir malade*. En effet, **ponerse** suivi d'un adjectif sert très souvent à exprimer un changement passager ou un moment du devenir.
¡Cuidado, el semáforo se ha puesto rojo!, *Attention, le feu est devenu rouge* (ou *est passé au rouge*) !
L'expression **poner enfermo** (ou **malo**), *rendre malade*, est couramment employée au sens figuré : **El ruido y los gritos me ponen malo**, *Le bruit et les cris me rendent malade*.

(5) **la espalda** et **las espaldas**, *le dos*. **la espalda** est strictement employé au singulier pour nommer la partie postérieure du corps humain qui va des épaules jusqu'à la ceinture.
Me duele la espalda, *J'ai mal au dos*.
Dar la espalda, *Tourner le dos*.
Derrière la préposition **de**, on l'emploie généralement au pluriel : **de espaldas**, *de dos* ; **de espaldas a…**, *le dos tourné à…*
À ne pas confondre avec *l'épaule*, **el hombro**.

ciento setenta y ocho • 178

43
8   que te cam**bia**se ⑥ el **si**tio?
9   La **gen**te com**pren**de **es**te **ti**po de situa**cio**nes,
10 y **sue**le ⑦ ser a**ma**ble.
11 – Ya lo he pen**sa**do, **pe**ro no he po**di**do;
12 no ha**bí**a **na**die, es que el a**sien**to **i**ba va**cí**o.

Pronunciación
9 ... sitoua**θio**néss, 10 ... sou**é**lé ...

Notes

⑥ **Has pedido...que te cambiase de sitio?**, *As-tu demandé... de changer de place avec toi ?*
Souvenez-vous (note 3 de la leçon 37) : après un verbe d'ordre ou de prière, l'infinitif français se traduit généralement par un subjonctif, en espagnol.
Ne vous étonnez pas de la forme **cambiase**, il s'agit de l'imparfait du subjonctif. Eh oui ! Nous y viendrons le moment venu.

* * *

Ejercicio 1: Traduzca

❶ El tren ha llegado con retraso. ❷ Estás muy pálida, ¿qué te pasa? ❸ Los viajes en barco no me sientan bien. ❹ Siempre me mareo. ❺ Tomaremos una infusión.

* * *

Ejercicio 2: Complete

❶ Sais-tu qu'elle est l'heure de départ du train ?
¿ . . . . . cuál . . . . de . . . . ?

❷ Je vous prie de sortir de ce côté-là.
Le . . . . por . . . lado.

❸ J'ai mal au dos.
. . . . la . . . .

8 de changer de place avec toi *(qu'elle te changeât la place)* ?
9 Les gens comprennent *("la gens" comprend)* ce type de situations,
10 et ils sont généralement *(elle a l'habitude d'être)* aimables.
11 – J'y ai pensé *(Déjà l'ai pensé)*, mais je n'ai pas pu ;
12 il n'y avait personne, la place était *(le siège allait)* vide.

▸ **Me pide que le cambie** (présent du subjonctif) **el sitio**, *Il / Elle me demande de changer de place avec lui / elle.*

⑦ **soler**, *avoir coutume de* ou *avoir l'habitude de*. Contrairement à son ancien équivalent français *souloir*, **soler** reste un verbe d'usage courant en espagnol.
Il se conjugue comme **volver : suelo, sueles, suele, solemos, soléis, suelen** ; *j'ai l'habitude de, tu as l'habitude de,* etc.

* * *

Corrigé de l'exercice 1
❶ Le train est arrivé en retard. ❷ Tu es très pâle, que t'arrive-t-il ? ❸ Les voyages en bateau ne me réussissent pas. ❹ J'ai toujours le mal de mer. ❺ Nous prendrons une infusion.

* * *

❹ J'ai l'habitude de lui téléphoner toutes les semaines.
. . . . todas las . . . .

❺ J'y avais déjà pensé.
Ya . . . .

Corrigé de l'exercice 2
❶ Sabes – es la hora – salida del tren ❷ – ruego que salga – ese – ❸ Me duele – espalda ❹ Suelo telefonearle – semanas ❺ – lo había pensado

44 Lección cuarenta y cuatro

Lógica descarada

1 Un señor entra en un restaurante con un cigarro encendido en la mano.
2 Nada más ① sentarse, el camarero se dirige a él y le dice:
3 – Caballero, aquí está prohibido fumar ②.

Pronunciación
1 ... θigarro é'nθé'ndido ...

Notes

① **nada más** *(rien de plus, rien d'autre)* suivi d'un infinitif se traduit communément par *à peine*.
Nada más llegar, telefoneó, *À peine arrivé(e), il / elle téléphona*.
Se ha ido nada más comer, *Il / Elle est parti(e) à peine avait-il / elle mangé* ou *à peine le repas terminé*.
Vous connaissez déjà **más**, *plus*. N'oubliez pas **además**, *en plus* ; tout en notant que lorsque dans la langue familière *en plus* a le sens de *par-dessus le marché*, on doit traduire par **encima** *(dessus)*.

Pour les voyageurs qui veulent se rendre dans la péninsule ibérique par voie ferroviaire, le changement de **tren**, *train, à la "frontière" française est encore de rigueur, sauf à voyager en* ***Talgo****, train qui fut le fleuron des* **Ferrocarriles españoles***, Chemins de Fer espagnols, jusqu'à la mise en circulation, en début des années 1990, sur le trajet Madrid-Séville, du* **AVE** *(***Alta Velocidad Española***, Haute Vitesse Espagnole), le TGV espagnol.*

En effet, la différence d'écartement des rails (1,44 m dans la plupart des Pays de l'Union pour 1,68 dans la péninsule ibérique) ne permet pas le passage sur le territoire espagnol des trains mis en circulation par la SNCF.

Le Talgo, train rapide et confortable que l'on prendra moyennant un supplément, est le seul train qui contourne la difficulté. Comment ? Eh bien... au moyen d'essieux réglables ! Voilà l'astuce trouvée par les ingénieurs espagnols pour faire varier l'écartement entre les roues.

Leçon quarante-quatre   44

Logique effrontée

1   Un monsieur entre dans un restaurant *(avec)* une cigarette allumée à la main.
2   À peine assis, le serveur s'adresse à lui et lui dit :
3 – Monsieur, ici il est interdit [de] fumer.

Fuma mucho y... ¡encima escupe!, *Il / Elle fume beaucoup et... par-dessus le marché il / elle crache !*

② **Está prohibido fumar**, *Il est interdit de fumer.*
Aquí, está prohibido aparcar, *Ici, il est interdit de stationner (se garer).*
Faites correspondre : **Prohibido fumar**, *Défense de fumer.*
Prohibido aparcar, *Défense de stationner.*
Rappelez-vous : lorsque l'infinitif fait office de nom (quand il est sujet, attribut ou complément d'objet direct) le *de* français n'est pas traduit.

4 ¿No ha **vis**to el le**tre**ro?
5 **Es**ta **zo**na es**tá** reser**va**da a los no fuma**do**res.
6 – Ya ③ lo sé – con**tes**ta el re**cién** lle**ga**do.
7 – Dis**cul**pe ④, **pe**ro **tie**ne us**ted** un ci**ga**rro en la **ma**no, – in**sis**te el cama**re**ro.
8 – ¡Y **da**le... ⑤!
9 ¡Tam**bién lle**vo ⑥ za**pa**tos en los pies y no **an**do!

6 ... rré**θ**i**é**'n ...

Notes

③ **ya** *(déjà)*, en début de phrase et précédant un verbe ou des pronoms compléments qui accompagnent celui-ci, vient renforcer une affirmation en lui donnant un caractère d'<u>évidence</u> ; il se traduit alors par *bien*.
Ya te lo había dicho yo, *Je te l'avais bien dit.*

④ **disculpar**, *disculper*, est très couramment employé dans des phrases de prière dans le sens d'*excuser*.
Disculpe ou **Discúlpeme**, *Excusez-moi.*
pedir disculpas a, *présenter des excuses à.*
Le ruego que me disculpe, *Je vous prie de m'excuser.*

⑤ **¡Y dale!** (littéralement : *Et donne-lui*), sur un ton de lassitude, peut traduire l'ennui devant l'insistance obstinée de quelqu'un.

* * *

Ejercicio 1: Traduzca

❶ ¿Cómo se llama el restaurante? ❷ Se ha dirigido a mí para pedirme un cigarro. ❸ ¿Esta mesa está reservada? ❹ Preguntaré al camarero. ❺ Disculpe, esta sala es para no fumadores.

4 Vous n'avez pas vu l'écriteau ?
5 Cette zone est réservée aux non-fumeurs.
6 – Je sais bien *(Déjà le sais)* – répond le nouvel arrivant *(arrivé)*.
7 – Excusez-moi, mais vous avez une cigarette à la main, – insiste le serveur.
8 – Et quoi encore… !
9 J'ai *(porte)* aussi des chaussures aux pieds et je ne marche pas !

Sur un ton vif, **¡dale!** est employé comme exclamation familière d'encouragement, et se traduit généralement par *vas-y !* ou *encore !* **¡Y dale que dale!** ou **¡Y dale…!**, tout court, est une locution avec laquelle on exprime une insistance réitérée et même pesante ; elle se rend par *Et vas-y encore !,* ou *Et vas-y… !,* ou *Encore !* ou *Toujours la même chanson !*

(6) L'emploi de **llevar**, *porter*, pour **tener**, *avoir*, en référence aux vêtements, à l'équipement ou la parure que l'on porte est très courant en espagnol.
Mira, Lidia lleva / tiene unos pendientes muy finos, *Regarde, Lidia porte / a des boucles d'oreille très fines*.

* * *

Corrigé de l'exercice 1

❶ Comment s'appelle le restaurant ? **❷** Il / elle s'est adressé(e) à moi pour me demander une cigarette. **❸** Cette table est-elle réservée ? **❹** Je demanderai au serveur. **❺** Excusez-moi, cette salle est pour des non-fumeurs.

Ejercicio 2: Complete

① À peine le petit déjeuner terminé, il est parti travailler.

.... desayunar, ... a trabajar.

② Je le savais bien.

.. . .

③ C'est une fleur fraîchement ouverte.

.. .. abierta.

④ Défense d'entrer.

....

⑤ Elle portait des chaussures noires.

....

---

45 Lección cuarenta y cinco

Distraída

1 – ¿Comisaría de policía?
2 – Sí, dígame.
3 – Vengan rápido, por favor. ¡Me han robado ①!
4 – ¡Tranquila ②, señora!

> **Pronunciación**
> 1 ¿comissaria ...

Notes

① Comme nous vous l'indiquions à la leçon 41, la traduction de *on* varie ; en attendant les explications qui vous seront fournies à la prochaine leçon de révision, sachez que l'aspect impersonnel de la phrase est souvent rendu en espagnol par l'emploi de la 3ᵉ personne du pluriel. On présente ainsi des événements ou faits isolés attribués "aux gens", à quelqu'un d'indéterminé :

Corrigé de l'exercice 2   45

① Nada más – se ha ido – ② Ya lo sabía ③ Es una flor recién – ④ Prohibido entrar ⑤ Llevaba zapatos negros.

Leçon quarante-cinq   45

Distraite

1 –   Commissariat de police ?
2 –   Oui, allô *(dites-moi)*.
3 –   Venez vite, s'il vous plaît. On m'a volé !
4 –   Du calme, madame !

Me han robado el dinero, *On m'a volé mon argent*.
Me lo han quitado todo, *On m'a tout pris*.
Llaman (a la puerta), *On frappe / sonne (à la porte)*.

② **tranquila,** *tranquille*. Sous la forme exclamative, **¡Tranquilo/la!** se traduisent par *Ne t'en fais pas ! / Ne vous en faites pas !*, *Ne t'inquiète pas ! / Ne vous inquiétez pas !*, *Reste / Restez calme !* ou par *Du calme !* tout court.

5 ¿Qué ha pasado?
6 ¡Explíquese ③!
7 – Estoy en mi coche… Me lo han quitado todo:
8 el volante, el acelerador, los pedales del freno y del embrague,
9 la radio ④, la palanca de cambio, el salpicadero…
10 ¡Imposible arrancar!
11 – ¿Y dónde está usted ahora?
12 – Pues… bueno… ahora estoy aquí… en el coche… sentada…
13 ¡Cuernos…! ¡Perdone…!
14 ¡No se moleste… ⑤! ¡Lo he encontrado todo!
15 ¡Es que me había sentado en el asiento ⑥ trasero!

*8 … aθéléra**dor** … é'm**bra**gué,*

Notes

③ N'oubliez pas :
   - le vouvoiement se fait avec la 3ᵉ personne (du singulier ou du pluriel).
   - **se** est le pronom réfléchi de la 3ᵉ personne.
   - lorsqu'on vouvoie une ou plusieurs personnes et que l'on donne un ordre, le présent de subjonctif fait office d'impératif.
   - s'il s'agit d'un ordre affirmatif, le pronom se place derrière le verbe et se soude à lui.
   explíquese, *expliquez-vous* ; **siéntese**, *asseyez-vous* ; **diríjase a…**, *adressez-vous à…* ; **discúlpese**, *présentez vos excuses*, etc.

④ **el aparato de radio**, *le poste de radio* ; **encender la radio**, *allumer la radio* ; **autorradio / auto-radio**, *autoradio*.

⑤ **molestar** ne doit pas être confondu avec *molester*. Il a le sens de *déranger* ou *gêner*, et c'est un verbe régulier d'un usage très courant :

5 Que s'est-il passé ? 45
6 Expliquez-vous !
7 – Je suis dans ma voiture… On m'a tout pris *(ôté)* :
8 le volant, l'accélérateur, les pédales du frein et de l'embrayage,
9 la radio, le levier de vitesse, le tableau de bord…
10 Impossible [de] démarrer !
11 – Et où êtes-vous maintenant ?
12 – Eh bien… bon… maintenant je suis là *(ici)*… dans la voiture… assise…
13 Fichtre… *(Cornes)* ! Excusez-moi *(Pardonnez)*… !
14 Ne vous dérangez pas… ! J'ai tout trouvé *(Je l'ai trouvé tout)* !
15 C'est que je m'étais assise sur la banquette arrière !

¿Le molesta si fumo?, *Ça vous dérange si je fume ?*
No molesten, *Ne pas déranger* (dans un hôtel, par exemple).
Molestarse, pronominal, est aussi très employé :
No se moleste, *Ne vous dérangez pas*.

⑥ **asiento**, *siège*, *place* et *banquette* (dans une voiture).
Estos asientos son muy cómodos, *Ces sièges sont très confortables*.
¿Cuál es su asiento?, *Quelle est votre place ?* (dans un bus ou dans un train, par exemple).
He dejado el jersey en el asiento trasero de tu coche, *J'ai laissé mon pull sur la banquette arrière de ta voiture*.

Ejercicio 1: Traduzca

❶ Le pediré una explicación. ❷ Explícate, ¿qué ha pasado? ❸ Ha sido un verdadero desastre. ❹ Le han robado el coche. ❺ Ha ido a la comisaría.

* * *

Ejercicio 2: Complete

❶ C'est une personne très distraite.
. . . .

❷ On t'a téléphoné du travail.
. . . . . telefoneado del . . . .

❸ Non, vous ne me dérangez pas.
. ., usted . . . .

46 Lección cuarenta y seis

Coto de pesca

1 – ¡Eh, **chi**co ①! ¿No has **vis**to el le**tre**ro?
2 ¡A**quí** es**tá** prohi**bi**do pes**car**!
3 **Ten**go que po**ner**te **u**na **mul**ta.
4 – **Pe**ro, **oi**ga… ②; ¡yo no es**toy** pes**can**do!

Notes

① **chico/ca**, est souvent employé, dans le langage familier, en référence à (ou pour s'adresser à) des enfants ou des jeunes.
Llevar a los chicos al cine, *Emmener les enfants au cinéma*.
Los chicos y las chicas, *Les garçons et les filles*.
Es un chico muy serio ou **una chica muy seria**, *C'est un garçon très sérieux* ou *une fille très sérieuse*.
Comme adjectif, **chico** peut avoir le sens de *petit*.
Estos guantes son chicos para mí, *Ces gants sont (trop) petits pour moi*.

Corrigé de l'exercice 1

① Je lui demanderai une explication. ② Explique-toi, que s'est-il passé ? ③ Ça a été un vrai désastre. ④ On lui a volé la voiture. ⑤ Il / Elle est allé/e au commissariat.

* * *

④ J'étais en train d'écouter la radio.
. . . . la radio.

⑤ Elle était assise devant.
Estaba . . . .

Corrigé de l'exercice 2

① Es una persona muy distraída ② Te han – trabajo ③ No – no me molesta ④ Estaba escuchando – ⑤ – sentada delante

Leçon quarante-six 46

Réserve de pêche

1 – Eh, jeune homme ! Tu n'as pas vu l'écriteau ?
2   Ici, il est interdit [de] pêcher !
3   Je dois te mettre une amende.
4 – Mais, écoutez… ; moi, je ne suis pas en train de pêcher !

② **oiga** est la 3ᵉ personne du présent du subjonctif de **oír**, *entendre*, *écouter*, et comme **¡oye!** *(écoute !)* est employé dans le langage familier pour attirer l'attention de quelqu'un :
¡Oye, Pedro, di a Carmen que voy enseguida!, *Eh, Pedro, dis à Carmen que j'y vais tout de suite !*
¡Oiga, (señora,) se olvida el paraguas!, *Écoutez* ou *Vous, (madame,) vous oubliez votre parapluie !*
Ces expressions sont extrêmement courantes, mais il vaut mieux les éviter lorsqu'on s'adresse à des personnes qui ne nous sont pas familières.

5 – ¿Y la **ca**ña, y el **ca**rre**te** ③, y el an**zue**lo, y **e**sa lom**briz**?

6 – ¡Ah, sí, es ver**dad**! Es que es**toy** ense**ñan**do ④ a na**dar** al gu**sa**no.

7 – **Pe**ro… ⑤ ¡vas a pa**gar u**na **mul**ta de **to**das for**mas**!

8 – **Pe**ro… no hay mo**ti**vo… ¿Por qué?

9 – **Por**que tu gu**sa**no se es**tá** ba**ñan**do ⑥ des**nu**do ⑦. ☐

Pronunciación
5 … a'n**θ**ou**é**lo … lo'm**briθ**?

Notes

③ **el carrete**, *le moulinet* ; mais en dehors du contexte de la pêche, le sens le plus courant de **carrete** *(bobine)*, est *pellicule* (photo) :
Deme dos carretes de 24 fotos de 400 asa, *Donnez-moi deux pellicules de 24 photos à 400 asa.*

④ **enseñar**, *apprendre*, *enseigner* et *montrer*.
Me enseñó a nadar, *Il / Elle m'a appris à nager.*
Enseña en la universidad, *Il / Elle enseigne à l'université.*
Ven, voy a enseñarte algo, *Viens, je vais te montrer quelque chose.*
¡Cuidado! *(Attention !)* : en espagnol, **aprender** n'a que le sens d'*apprendre* pour soi-même ; *apprendre* quelque chose à quelqu'un se traduit par **enseñar**.

⑤ **pues…** peut se traduire différemment ; en début de phrase, il renforce l'idée qui suit et se traduit souvent par *eh bien*.
Pues haremos como estaba previsto, *Eh bien, nous ferons comme prévu.*

* * *

Ejercicio 1: Traduzca

❶ ¿Has visto que está prohibido aparcar aquí? ❷ Hay un letrero en su puerta. ❸ Había más chicas que chicos. ❹ Sí, soy yo quien pagará el carrete. ❺ Vamos a bañarnos en la piscina.

5 – ¿Et la canne [à pêche], et le moulinet, et l'hameçon, et ce ver de terre ?
6 – Ah, oui, c'est vrai ! C'est que je suis en train d'apprendre *(d'enseigner)* à nager à mon *(au)* ver.
7 – Eh bien… tu vas payer une amende de toute façon !
8 – Mais…, il n'y a pas de raison *(motif)*… Pourquoi ?
9 – Parce que ton ver se baigne tout nu.

⑥ **Se está bañando**, *Il / Elle est en train de se baigner*.
¡Yo no estoy pescando ! (phrase 4), *Moi, je ne suis pas en train de pêcher !*
N'oubliez pas que, comme nous l'avons vu à la leçon 41, **estar** + gérondif = *être en train de*.
Voir aussi à la phrase 6 **estoy enseñando**.

⑦ **desnudo/da**, *nu(e)* et *tout(e) nu(e)*.
desnudarse, *se déshabiller* et *se dévêtir* (**desvestirse**).

* * *

Corrigé de l'exercice 1

❶ Tu as vu qu'il est interdit de se garer ici ? ❷ Il y a un écriteau sur sa porte. ❸ Il y avait plus de filles que de garçons. ❹ Oui, c'est moi qui paierai la pellicule. ❺ Nous allons nous baigner dans la piscine.

Ejercicio 2: Complétez

① J'aime aller pêcher.

. . . .

② On va te mettre une amende.

Te . . . .

③ Je te l'avais bien dit.

. . te lo . . . .

La pesca, la pêche, *a toujours constitué l'une des grandes richesses de l'Espagne. La flotte de pêche espagnole demeure l'une des plus importantes au monde.*
Les eaux espagnoles restent très poissonneuses, et la prise de conscience des dégâts irrémédiables qu'entraînerait leur surexploitation va grandissant.
Avec les Portugais, les Espagnols sont les plus gros mangeurs de **pescado**, poisson, *et de* **mariscos**, fruits de mer, *de toute l'Europe.*
Où que vous vous laissiez aller au plaisir des **tapas**, *les bonnes choses de la mer seront de la partie ; surtout si vous vous rendez en Galice.*
La afición, le goût, *pour la pêche à la ligne, que ce soit en eau*

47 Lección cuarenta y siete

Mal negocio

1 — Me han **di**cho ① que has a**bier**to **u**na **tien**da de **dis**cos y **ví**deos.
2   ¿**Có**mo van los ne**go**cios ②?

Notes

① **me han dicho que...**, *on m'a dit que...* Rappelez-vous : *on*, en référence "aux gens", à quelqu'un d'indéterminé, se traduit souvent par la 3ᵉ personne du pluriel.

② Le mot *affaire* a en français de nombreuses acceptions. Trouver un équivalent en espagnol n'est pas toujours facile ; sa traduction varie d'un domaine à l'autre. Dans le contexte du commerce, de

④ Tu viens te baigner ?
¿ . . . . ?
⑤ Ses parents lui ont appris à nager.
. . . . le han . . . .

Corrigé de l'exercice 2
① Me gusta ir a pescar ② – van a poner una multa ③ Ya – había dicho ④ Vienes a bañarte ⑤ Sus padres – enseñado a nadar

douce ou en mer, est lui aussi très répandu en Espagne.
Si à l'occasion d'un séjour vous souhaitez participer à une partie de pêche avec des amis ou lancer une ligne dans l'une des nombreuses rivières où abondent les poissons, vous devrez vous procurer **una licencia de pesca**, *un permis de pêche, qui vous sera délivré pour des périodes très variables par chaque* **Comunidad Autónoma**.
Sachez qu'en vous y prenant à l'avance, certains hôtels et agences de voyages peuvent s'occuper des formalités à votre place.
Bien évidemment, vous pouvez aussi vous renseigner auprès de la **Federación Española de Pesca** *qui vous informera en détail quant aux lieux et dates où la pêche est ouverte.*

Leçon quarante-sept 47

Mauvaise affaire

1 – On m'a dit que tu avais *(as)* ouvert un magasin de disques et [de] vidéos.
2   Comment vont les affaires ?

transactions, ventes, achats, etc. *affaire* se traduira très souvent par **negocio**.
Un hombre de negocios, *Un homme d'affaires*.
Un buen o un mal negocio, *Une bonne ou une mauvaise affaire*.
Mais : **El Ministerio de Asuntos Exteriores**, *Le Ministère des Affaires Étrangères*.
un asunto importante, *une affaire importante*.

3 – ¡No me **h**ables! ¡Ma**lí**simamente ③!
4 ¡**Ca**da vez pe**or** ④!
5 **Pa**ra que te **h**agas **u**na i**de**a: el **o**tro día ven**dí sól**o un CD ⑤,
6 a**ye**r **na**da y hoy… ¡toda**ví**a ha **si**do pe**or** ⑥!
7 – ¡No es po**si**ble!
8 ¿**Có**mo te **pue**de ha**be**r **i**do ⑦ pe**or** que a**ye**r?
9 – Hoy ha ve**ni**do el **clien**te del **o**tro **dí**a a devol**ver**me ⑧ el CD y…
10 yo he te**ni**do que devol**ver**le el di**ne**ro. ☐

Pronunciación
5 … θé**dé**, **9** … débol**bér**mé …

Notes

③ **malísimo**, *très mauvais* (**muy malo**), superlatif absolu de **malo**, se dit très fréquemment. **Este café está malísimo**, *Ce café est très mauvais / a un très mauvais goût*.
Son contraire, **buenísimo**, *très bon* (**muy bueno**), est tout aussi courant.
Malísimamente, *très mal* (**muy mal**), est également fréquent ; notez que son contraire est **óptimamente**, *très bien* (**muy bien**), et que son usage est plutôt rare, car on préfère se servir de **estupendamente**, *très bien, merveilleusement*.

④ **cada vez**, *chaque fois*. Et **cada día**, *chaque jour* ; **cada año**, *chaque année* ; **cada uno**, *chacun*, etc.
Mais **cada vez peor**, *de pire en pire* ; **cada vez mejor**, *de mieux en mieux* ; **cada vez más**, *de plus en plus* ; **cada vez menos**, *de moins en moins*.

⑤ **un CD** [θé**dé**], *un CD*, est un barbarisme couramment employé pour parler de **un disco compacto**, *un compact-disc*. On parle aussi de **compact**, *compact*, et de plus en plus de **disco**, *disque*, tout court.
Notez aussi : **un cederrón (CD-ROM)**, *cédérom (CD-ROM)*.

3 – Ne m'en parle pas ! Très, très mal !
4   De pire en pire !
5   Pour que tu te fasses une idée : l'autre jour, j'ai vendu seulement un CD,
6   hier rien et aujourd'hui… ça a été encore pire !
7 – Ce n'est pas possible !
8   Comment cela a pu être pire *(te peut avoir allé pire)* qu'hier ?
9 – Aujourd'hui le client de l'autre jour est venu *(est venu le client)* pour me retourner le CD et…
10 moi j'ai dû lui rendre l'argent.

⑥ **peor**, *pire*, est le comparatif irrégulier de **malo**, *mauvais*. Comme en français, il y a aussi trois autres comparatifs irréguliers : **mayor**, *plus grand (majeur)* ; **menor**, *plus petit (mineur, moindre)* et **mejor**, *meilleur*.

⑦ **Irle bien o mal a alguien** (littéralement : *Aller lui bien ou mal à quelqu'un*) est une construction extrêmement courante.
En concurrence avec **¿Qué tal?**, *Ça va ?* ; **¿Cómo estás?**, *Comment vas-tu ?*, on dit souvent **¿Cómo te va?** (c'est-à-dire *Comment cela va-t-il pour toi ?*).
La construction avec le verbe **haber** renvoie au passé. **¿Cómo te ha ido?**, au passé, se traduit donc par *Comment ça a été (pour toi) ?*

⑧ **devolver** est un verbe qui se conjugue comme **volver** et qui, à l'instar de ce dernier, a de nombreux sens courants. Nous y reviendrons plus en détail dès la prochaine leçon de révision. Pour l'instant, notez : **devolver**, *retourner*. **devolver un artículo (en una tienda)**, *retourner un article (dans un magasin)*. **devolver**, *rendre*. **devolver un libro prestado**, *rendre un livre emprunté*. **devolver**, *rembourser* (phrase suivante).
He anulado el viaje y me han devuelto el importe del billete, *J'ai annulé le voyage et on m'a remboursé le prix du billet.*

Ejercicio 1: Traduzca

① Es un buen negocio. ② Ni ha telefoneado. ③ Es una película buenísima. ④ Ese disco me gusta muchísimo. ⑤ ¿Cómo te va?

* * *

Ejercicio 2: Complete

① On a ouvert un nouveau restaurant.

. . . . un . . . . . restaurante.

② Il y a de plus en plus de voitures.

. . . . hay . . . coches.

③ Je te rendrai ton livre cette semaine.

. . . . el libro esta . . . .

④ Je ne sais pas si vous serez remboursé.

. . . . . le . . . . el . . . .

⑤ C'est un bon client.

. . . .

---

48 Lección cuarenta y ocho

Advertencia ①

1 En un ho**tel** de **cua**tro estre**ll**as,

Pronunciación
adbérté'nθia 1 … éstréyass,

Notes

① **una advertencia**, *un avertissement, une remarque, une mise en garde*. Le verbe **advertir** (phrase 7) est d'un usage très courant et ses sens sont nombreux : *avertir, remarquer, faire remarquer, prévenir, signaler*, etc.

Corrigé de l'exercice 1   48

① C'est une bonne affaire. ② Il / Elle n'a même pas téléphoné.
③ C'est un très bon film. ④ J'aime énormément ce disque.
⑤ Comment ça va (pour toi) ?

* * *

Corrigé de l'exercice 2

① Han abierto – nuevo – ② Cada vez – más – ③ Te devolveré
– semana ④ No sé si – devolverán – dinero ⑤ Es un buen cliente

Leçon quarante-huit   48

Avertissement

1   Dans un hôtel *(de)* quatre étoiles,

Te advierto que eso no se puede hacer, *Je t'avertis que cela ne peut pas se faire.*
Te advertiré (ou **te avisaré**) **antes de irme**, *Je te préviendrai avant mon départ.*
Dans un contexte sportif, celui du football, par exemple, *un avertissement* se traduit par **una amonestación** (*une admonestation*).

48 2   el direc**tor** se di**ri**ge a un **clien**te que atra**vie**sa el ves**tí**bulo ② en pi**ja**ma:
3 – ¡**Oi**ga, señor! ¿**Pe**ro... **dón**de se **cre**e que es**tá**?
4   ¡**Pe**ro… **va**mos! ¿En qué ③ es**tá** pen**san**do?
5 – ¡Oh, lo **sien**to ④ mu**chí**simo! Es que soy so**nám**bulo.
6 – Pues **se**pa ⑤ que no es**tá** permi**ti**do pase**ar**se en pi**ja**ma por ⑥ el ho**tel**.
7   Y… se lo ⑦ ad**vier**to:
8   ¡eso cual**quie**ra ⑧ que **se**a su religi**ón**!

2 … béstiboulo … piχama: 8 … rréliχio'n!

Notes

② Dans les lieux publics, le mot **hall**, prononcé [χol], est aussi d'un usage courant en espagnol, particulièrement lorsqu'il s'agit d'un hôtel.
Tenemos cita en el hall de su hotel, *Nous avons rendez-vous dans le hall de son hôtel.*

③ Attention : *Penser à...* = **Pensar en…**
¿En qué piensas?, *À quoi penses-tu ?*
Pienso en mis hijos, *Je pense à mes enfants.*

④ **lo siento**, *je regrette, je suis désolé.*
Attention, pour "sentir une odeur" on emploie le verbe **oler** (**bien** ou **mal**), *sentir (bon* ou *mauvais)*, jamais **sentir** ! Nous y reviendrons.
Pour l'instant, limitez-vous à retenir les expressions courantes **lo siento** et **lo siento mucho**, *je regrette* et *je regrette beaucoup.*
Dans certaines situations, **lo siento** peut avoir le sens de *pardon, excusez-moi.*

⑤ **sepa** est la 1re et la 3e personne du présent du subjonctif de **saber**, *savoir*. Ici, le contexte nous indique que l'on s'adresse à une personne que l'on vouvoie ; et la phrase ayant une valeur impérative… on emploie le présent du subjonctif !

2 le directeur s'adresse à un client qui traverse le hall *(vestibule)* en pyjama :
3 – Hé *(Écoutez)*, monsieur ! Mais… où vous croyez-vous *(où croyez-vous que vous êtes)* ?
4 Mais… voyons *(allons)* ! À quoi pensez-vous *(en quoi êtes-vous en train de penser)* ?
5 – Oh, je suis vraiment désolé *(le regrette énormément)* ! C'est que je suis somnambule.
6 Eh bien sachez qu'il n'est pas permis de se promener en pyjama dans *(par)* l'hôtel.
7 Et… je vous le signale *(avertis)* :
8 cela, quelle que soit votre religion !

---

⑥ Dès lors que le verbe indique un mouvement à l'intérieur d'un lieu, l'espagnol emploie **por**, généralement *par* ou *pour*, à la place de **en**, généralement *dans*.
Los niños corrían por el bosque, *Les enfants couraient dans la forêt.*

⑦ Lorsque deux pronoms compléments de la 3ᵉ personne se suivent, **le** ou **les** – le complément indirect – devient **se** (à ne pas confondre avec le pronom réfléchi).
Se lo daré, *Je le lui donnerai* (à lui ou à elle).
Se lo daré, *Je le leur donnerai* (à eux ou à elles).
Se lo daré, *Je vous le donnerai* (à vous, singulier ou pluriel).
Nous reverrons tout cela dès la prochaine leçon de révision.

⑧ À la leçon 36, nous avons présenté l'adjectif indéfini **cualquiera**, *n'importe lequel*. Mais **cualquiera** peut être aussi pronom. Pour l'instant, limitez-vous à compléter votre acquis en vous enrichissant d'un nouvel élément : **cualquiera** suivi de **que** se traduit par *quel que* ou *quelle que*.
Cualquiera que sea su decisión…, *Quelle que soit sa / votre décision…*

49 Ejercicio 1: Traduzca

❶ Quisiera hablar con el director. ❷ ¿Hay piscina en el hotel? ❸ Pienso en la cita de esta tarde. ❹ ¿Tienes cita? ❺ A las seis, en la entrada del cine.

* * *

Ejercicio 2: Complete

❶ C'est un hôtel trois étoiles.
   Es .. ..

❷ Je regrette, le train est arrivé en retard.
   .. .. , ... ha llegado ... .

❸ Sachez qu'ici il est interdit de fumer.
   .. .. .. aquí .. ..

❹ C'est pour vous, je vous le donne.
   .. para usted, ...

❺ À n'importe quelle heure !
   ¡ . .. . hora!

---

49 Lección cuarenta y nueve

Repaso

1 Traduction de "on"

Le pronom *on* n'a pas d'équivalent en espagnol ; aussi sa traduction varie-t-elle selon le contexte et en fonction du verbe.
Voici les traductions les plus courantes.

• *on* traduit par la 3ᵉ personne du pluriel :

Cette construction, employée lorsque le sujet est indéfini, permet de présenter des événements isolés en les attribuant "aux gens", à quelqu'un d'indéterminé :
Le han llamado del trabajo, *On l'a appelé de son travail.*

201 • doscientos uno

Corrigé de l'exercice 1

❶ Je voudrais parler au directeur. ❷ Y a-t-il une piscine à l'hôtel ? ❸ Je pense au rendez-vous de cet après-midi. ❹ Tu as rendez-vous ? ❺ À six heures, à l'entrée du cinéma.

* * *

Corrigé de l'exercice 2

❶ – un hotel de tres estrellas ❷ Lo siento – el tren – con retraso ❸ Sepa que – está prohibido fumar ❹ Es – se lo doy ❺ A cualquier –

Leçon quarante-neuf 49

Dicen que…, *On dit que…*
Llaman (a la puerta), *On sonne / frappe (à la porte).*

- *on* traduit par **se** :

→ <u>et le verbe s'accorde avec le complément</u>
- quand le complément est un nom de chose et que *on* est sujet d'un verbe transitif :
Se alquilan habitaciones, *On loue des chambres (Chambres à louer).*
En Valencia se cultiva arroz, *À Valence, on cultive du riz.*
- quand le complément d'objet direct est un nom de personne indéterminée :
Se busca técnico en informática, *On cherche / On demande un technicien en informatique.*

doscientos dos • 202

49 **Se necesitan voluntarios**, *On a besoin de / On demande des volontaires.*

→ et le verbe reste au singulier (le complément d'objet direct doit alors être précédé de la préposition **a**)
• quand le complément est un nom de personne déterminée et que *on* est sujet d'un verbe transitif :
Se llamó al portero, *On appela le concierge.*
• quand le complément d'objet direct est un pronom personnel :
Se les convocará, *On vous convoquera.*

→ quand le verbe est intransitif ou est employé intransitivement :
Se vive bien en España, *On vit bien en Espagne.*
En ese restaurante se come de maravilla, *Dans ce restaurant, on mange à merveille.*

• *on* traduit par la 1re personne du pluriel quand il représente le pronom *nous* :

Hemos ido al cine, *On est allés (nous sommes allés) au cinéma.*
Volveremos mañana, *On reviendra (nous reviendrons) demain.*
Ya veremos, *On verra (nous verrons) bien.*

2 *Volver*

• **… et la conjugaison**

Aux présents de l'indicatif et du subjonctif, le **o** de **volver** (*retourner, revenir, tourner,* etc.) devient **ue** aux trois personnes du singulier et à la 3e du pluriel. Cette alternance apparaît à la 2e personne de l'impératif (aux autres temps, **volver** se conjugue comme tout verbe régulier de la 2e conjugaison).
Aussi, nous avons :

Indicatif présent	Subjonctif présent	Impératif présent
vuelvo *(je retourne)*	**vue**lva *(que je retourne)*	
vuelves	**vue**lvas	
vuelve	**vue**lva	**vue**lve *(retourne)*
volvemos	volvamos	
volvéis	volváis	
vuelven	**vue**lvan	volved

L'objet principal de ce tableau est de vous permettre de revoir de façon plus structurée et complète ce qu'en réalité vous avez déjà eu l'occasion d'étudier au cours des leçons précédentes.
Lisez sans vous y attarder. N'apprenez pas par cœur. Revenez-y, pour consulter ou vérifier en cas de doute.
Toutefois, il est important que vous gardiez à l'esprit la présentation générale que nous en faisons car elle vous sera utile lorsque nous aurons à aborder certains aspects ayant trait aux verbes irréguliers.

- **… et l'idée de répétition**

L'idée de répétition, souvent exprimée en français au moyen de verbes portant le préfixe *re*, est généralement rendue en espagnol par **volver a** suivi de l'infinitif :
¡Vuelve a empezar!, *Recommence !*
Volveremos a vernos, *Nous nous reverrons.*
Vuelva a leer los ejemplos, *Relisez les exemples.*

Notez que cette idée peut s'exprimer également au moyen des adverbes **otra vez**, *une autre (encore une) fois*, et **de nuevo**, *à nouveau* :
Me lo pidió de nuevo / otra vez, *Il / Elle me le demanda à nouveau / encore une fois.*
Parfois, on peut trouver associées les deux formes :
Me lo ha vuelto a pedir otra vez, *Il / Elle me l'a redemandé encore une fois.*

- **… et son participe passé**

Il est important de retenir que le participe passé de **volver** est **vuelto** :
¿Cuándo has vuelto (regresado)?, *Quand es-tu rentré(e) / revenu(e) ?*
Alicia no ha vuelto todavía, *Alicia n'est pas encore rentrée / revenue.*

- **… et quelques-uns de ses sens courants**

Retourner : **Volveremos (regresaremos) el verano próximo**, *Nous retournerons (reviendrons) l'été prochain.*
Revenir : **Volvamos a nuestros asuntos**, *Revenons à nos affaires.*
Tourner : **Volver la cabeza**, *Tourner la tête.*
Rentrer : **He vuelto (regresado) muy tarde**, *Je suis rentré(e) très tard.*

• ... ou "volverse"

Rentrer, retourner : **Me vuelvo a casa**, *Je rentre à la maison.*
Tourner, se tourner : **El tiempo se vuelve lluvioso**, *Le temps tourne à la pluie.*
Devenir (souvent pour exprimer un changement qu'on estime relativement définitif) : **Volverse loco**, *Devenir fou.*

Vous aurez sans doute remarqué qu'en fonction du contexte, certains de ces sens peuvent se recouper.

3 Pronoms personnels compléments sans préposition

Les formes des pronoms personnels sont différentes selon qu'ils sont sujets, pronoms compléments sans préposition ou pronoms compléments précédés d'une préposition.
Depuis le début de votre apprentissage, vous avez eu l'occasion de faire connaissance avec la plupart de ces formes (**yo**, *je, moi* ; **tú**, *tu, toi* ; **nosotros**, *nous* ; **mí**, *moi*, etc.). Avant de vous les présenter dans leur totalité, voyez en détail le cas particulier des pronoms compléments non accompagnés d'une préposition :

	Directs		Indirects	
1ʳᵉ pers. du sing.	**me**	*me*	**me**	*me*
2ᵉ pers. du sing.	**te**	*te*	**te**	*te*
3ᵉ pers. du sing. {	**lo (le)***	*le*	**le**	*lui*
	la	*la*		
1ʳᵉ pers. du plur.	**nos**	*nous*	**nos**	*nous*
2ᵉ pers. du plur.	**os**	*vous*	**os**	*vous*
3ᵉ pers. du plur. {	**los (les)***		**les**	*leur*
	las	*les*		
réfléchi	**se**	*se*	**se**	*se*

• **Deux constats** :

• seuls les pronoms de la 3ᵉ personne ont des formes différentes, selon qu'ils sont compléments directs ou indirects ;
• seuls les pronoms de la 3ᵉ personne ont une forme pour le masculin et une autre pour le féminin, et cela uniquement dans le cas du complément d'objet direct.

• **Trois rappels** :

• à l'infinitif, à l'impératif et au gérondif, ces pronoms se placent derrière le verbe et se soudent à lui :
Te compro un helado, *Je t'achète une glace*.
Mais :
Voy a comprarte un helado, *Je vais t'acheter une glace*.

• en toute circonstance, lorsque le verbe est accompagné de deux de ces pronoms, le pronom complément indirect doit être énoncé en premier :
Voy a regalártelo, *Je vais te l'offrir*.
Cómpramelo, *Achète-le moi*.

• lorsque deux pronoms compléments de la 3ᵉ personne se suivent, le pronom complément indirect, **le** ou **les**, devient systématiquement **se** :
Se lo digo, *Je le lui dis*.
Decírselo, *Le lui dire*.

• **Une remarque… aux accents de rappel**

• **usted** et **ustedes** étant des pronoms de la 3ᵉ personne, ils devront être remplacés, le cas échéant, par les pronoms compléments de la 3ᵉ personne correspondants :
Vengo a pedirle un favor, *Je viens <u>vous</u> demander un service*.
Le ruego… , *Je <u>vous</u> prie…*

* L'utilisation du pronom **le**, à la place du pronom **lo**, en tant que complément direct (entre parenthèses dans le tableau ci-dessus) est assez répandue ; une certaine confusion existe à ce sujet.
Sans entrer dans le débat ni nous attarder sur l'explication d'autres régionalismes, nous dirons que la **Real Academia Española** autorise à se servir du pronom **le**, à la place du pronom **lo**, en tant que complément direct, lorsqu'on fait référence à des personnes ; ainsi on peut dire **No lo conozco** ou **No le conozco**, *Je ne le connais pas* (au féminin, l'emploi de **la** est obligatoire : **No la conozco**, *Je ne la connais pas*).

4 Le retour de *volver*

Il peut vous être utile d'associer l'idée *de retour*, **de vuelta** ou **de regreso** à ce que vous savez déjà sur **volver**.
La notion de **vuelta**, *tour*, en fait également partie :

49 **La Vuelta (a España)**, *Le Tour (d'Espagne)*. Sachez que lorsqu'on parle du *Tour* (de France) on dit tout aussi bien **La vuelta a Francia** que **el Tour** (en français).
ir a dar una vuelta, *aller faire un tour*.
estar de vuelta (regreso), *être de retour*.
a la vuelta del trabajo, *au retour du travail*.
un billete de ida y vuelta, *un billet aller-retour*.

Et si toutes ces allées et venues *vous font tourner la tête* (**hacen que la cabeza le dé vueltas**), alors… *allez faire un tour*, **vaya a dar una vuelta** puis *revenez*, **vuelva**, pour continuer et conclure cette leçon en faisant les exercices proposés ci-après.

5 Diálogo recapitulativo

1 – Esa señora está fumando y... **(41)**
2 lo hace bien;
3 se ve que tiene experiencia. **(41, 45, 49)**
4 Pero yo me estoy poniendo malo. **(43)**
5 Y además, en este tren no está permitido fumar. **(44, 48)**
6 Voy a decírselo. **(48, 49)**
7 Disculpe, señora, aquí está prohibido fumar. **(44, 46)**
8 – Lo siento mucho; le ruego que me disculpe. **(44, 48)**
9 – ¿No ha visto el letrero? **(46)**
10 – Sí, pero…
11 – Soy de la policía; **(45)**
12 le voy a poner una multa. **(46, 49)**
13 – ¡Cada vez peor! **(47)**
14 ¡No sólo no se puede fumar, **(26, 41, 49)**
15 encima te ponen una multa! **(44, 45, 47, 49)**

Traducción

1 Cette dame est en train de fumer et... **2** elle le fait bien ; **3** on voit qu'elle a de l'expérience. **4** Mais moi ça me rend malade. **5** Et en plus, dans ce train il n'est pas permis de fumer. **6** Je vais le lui dire. **7** Excusez-moi, madame, ici il est interdit de fumer. **8** Je regrette beaucoup ; je vous prie de m'excuser. **9** Vous n'avez pas vu l'écriteau ? **10** Si, mais… **11** Je suis de la police ; **12** je vais vous mettre une amende. **13** De pire en pire ! **14** Non seulement on ne peut pas fumer, **15** par dessus le marché on te met une amende !

* * *

Notez qu'à partir de cette leçon, qui commence à la **página doscientas una**, *page 201, les nombres, en bas de page, ne vous sont plus indiqués qu'au masculin.*

La segunda ola / *La deuxième vague*

Vous voici au seuil de ce que nous appelons la "deuxième vague", c'est-à-dire la phase plus active de votre apprentissage.

À ce stade, vos progrès sont déjà considérables : vous disposez d'une assez consistante assise grammaticale, votre vocabulaire s'est bien étoffé, vous maîtrisez un grand nombre d'expressions courantes, vous avez atteint un certain niveau de compréhension et vous êtes même en mesure de construire vous-même des phrases relativement simples. Vous êtes donc prêt pour entamer cette **segunda ola** *qui vous permettra de vous rendre compte par vous-même des progrès que vous avez faits, tout en vous aidant à les consolider et à les élargir.*

Nous vous en rappellerons le mode d'emploi à la cinquantième leçon.

¡Enhorabuena! *(pour le travail accompli).*
¡Ánimo! *(pour le travail à venir).*

50 Lección cincuenta

En correos

1 – Por favor, ¿para enviar una carta certificada y comprar sellos ①?
2 – Coja un número y espere su turno;
3   mientras ②, rellene este impreso y…
4   preséntelo en ventanilla ③ cuando le toque ④.

5   Un poco más tarde:

6 – ¡Hola, buenas! ¿Qué desea?
7 – Enviar esta carta, por correo ⑤ urgente.

Notes

① L'usage de l'article indéfini est bien moins courant en espagnol qu'en français. Il en va de même en ce qui concerne le pluriel indéfini *(des)* qui, en espagnol, s'exprime sans article :
comprar sellos, *acheter des timbres* ; **vender libros**, *vendre des livres* ; **comer cerezas**, *manger des cerises*.

② **mientras, mientras tanto** ou **entretanto**, *pendant ce temps* ou *entre-temps*, expriment une idée de simultanéité entre deux actions :
Voy a hacer la cola; mientras, puedes ir a comprar el periódico, *Je vais faire la queue ; entre-temps, tu peux aller acheter le journal.*
Mientras a aussi d'autres sens courants, notamment celui de *pendant que* :
Por favor, niños, no hagáis ruido mientras estoy al teléfono, *S'il vous plaît, les enfants, ne faites pas de bruit pendant que je suis au téléphone.*

③ **tocar**, dont la première acception est *toucher*, a également le sens de *être le tour de* ou *à moi, à toi, à lui*, etc., *de*.

Leçon cinquante 50

À la poste

1 – S'il vous plaît, pour envoyer une lettre recommandée et acheter [des] timbres ?
2 – Prenez un numéro et attendez votre tour ;
3 entre-temps, remplissez cet imprimé et…
4 présentez-le au guichet quand ce sera votre tour *(quand vous touche)*.

5 Un peu plus tard :

6 – Bonjour *(Salut, bonnes)* ! Vous désirez *(Que désirez-vous)* ?
7 – Envoyer cette lettre, en express *(par courrier urgent)*.

Me toca a mí (littéralement : *Me touche à moi*), *C'est mon tour* ou *C'est à moi*.
Te toca a ti (littéralement : *Te touche à toi*), *C'est ton tour*, ou *C'est à toi*.

④ **cuando le toque (a usted)**, *quand ce sera votre tour (à vous)*. Notez : **toque** → présent du subjonctif. En effet, dans une proposition subordonnée commençant par **cuando**, le futur, envisagé comme possible et exprimé en français par le futur de l'indicatif, est rendu en espagnol par le présent du subjonctif.
Te llamaré cuando lo <u>sepa</u>, *Je t'appellerai quand je le <u>saurai</u>* (littéralement : *quand je le sache*).

⑤ **correo** se traduit principalement par *courrier* et par *poste*.
correo electrónico, *courrier électronique, courriel* (e-mail).
echar una carta al correo, *mettre une lettre à la poste*.
On emploie aussi **correos** au pluriel : **ir a correos**, *aller à la poste*. **oficina de correos**, *bureau de poste*.
Notez aussi : **apartado de correos**, *boîte postale*. **lista de correos**, *poste restante*.

50   8 – Ha olvidado usted ⑥ indicar el código postal.
     9   ¡Tome, aquí tiene un bolígrafo!
  10 – ¡Ah, sí! ¡Perdone!
  11 – ¿Algo ⑦ más?
  12 – No, nada más ⑧. Gracias.
  13   ¡Ay, sí! ¡ Se me olvidaban ⑨ los sellos!
  14   ¡Qué memoria que tengo!
  15 – ¡Ah, la edad, señora, la edad!

À vue d'œil, ce texte peut vous paraître plus long et comporter une série de petites difficultés "inexpliquées". En réalité, il constitue un condensé de points que nous avons déjà étudiés – notamment un certain nombre de tournures idiomatiques d'usage courant. Au moment où vous abordez la deuxième vague, il vous invite à puiser dans votre mémoire et à faire appel à ce que vous savez déjà. Si tout ne vous revient pas d'un coup, pas de souci : nous y reviendrons encore ; votre apprentissage se fait par cercles concentriques.

Notes

⑥ L'emploi du pronom **usted**, qui n'est pas nécessaire à la clarté de la phrase, vient marquer ici une certaine déférence envers le client. Notez que, dans ce cas, le pronom est fréquemment placé après le verbe.

⑦ **nada**, *rien*, que vous connaissez déjà, est le contraire de **algo**, *quelque chose*. Tous deux sont des pronoms invariables.
¿Quieres tomar algo?, *Veux-tu prendre quelque chose ?*
No, gracias; no quiero nada, *Non, merci ; je ne veux rien.*

⑧ Comparez : **¿Algo más?**, *Quelque chose d'autre ?* (ou *Autre chose ?*) ≠ **Nada más**, *Rien d'autre*.
Dans les deux cas, **más**, *plus*, est traduit par *autre*.
Notez qu'en général, le *de* qui suit les deux pronoms français n'est pas traduit en espagnol.

8 – Vous avez oublié [d'] indiquer le code postal.
9 Tenez, voici un stylo-bille !
10 – Ah, oui ! Excusez[-moi] !
11 – Quelque chose d'autre *(plus)* ?
12 – Non, ce sera tout *(rien d'autre)*. Merci.
13 Aïe, oui ! J'oubliais les timbres !
14 Quelle mémoire [de moineau] *(que j'ai)* !
15 – Ah, [c'est] l'âge, madame, l'âge !

⑨ Attention ! **olvidar**, *oublier*, a trois constructions :
- **olvidar**, sans pronom, se construit comme en français.
He olvidado que tenía una cita, *J'ai oublié que j'avais un rendez-vous*.
- **olvidar**, pronominal, est toujours suivi de **de**.
Me he olvidado de que tenía una cita, *J'ai oublié que j'avais un rendez-vous*.
- **olvidar**, doublement pronominal, n'est jamais suivi de **de**.
Se me ha olvidado que tenía una cita, *J'ai oublié que j'avais un rendez-vous*.
¡No lo olvide!, *Ne l'oubliez pas !*

50   Ejercicio 1: Traduzca

① ¿Cuándo me toca a mí? ② Ahora mismo, en la ventanilla dos. ③ Tengo que comprar sellos. ④ ¿Desea algo más? ⑤ No, no quiero nada más.

Ejercicio 2: Complete

① Ce sera tout.
 . . . es . . . . .

② Je lui ai envoyé une lettre recommandée.
 Le . . . . una . . . .

③ Pendant que je t'attends, je lirai le journal.
 . . . . espero, leeré . . . .

Les bureaux de poste, **las oficinas de correos**, *ou la poste centrale sont signalées en Espagne par l'enseigne* **"Correos"**.
Un buzón de correos, *une boîte à lettres de la poste, est facilement identifiable par sa grande taille, ses formes arrondies et par sa couleur jaune. Dans les villages, les boîtes aux lettres sont en général plus petites et fixées au mur.*
Los sellos, *les timbres, sont également vendus dans les* **estancos** *ou* **tabacos**, *bureaux de tabac, que l'on reconnaît à leur logo jaune sur fond marron.*
Tout voyageur peut se faire adresser du courrier en Espagne en le faisant parvenir à la poste restante, **lista de correos**, *de la ville où il séjourne. Il doit être adressé comme suit :*
    Mlle Sophie BIENVENUE
    Lista de correos
    Nom de la ville
    Espagne
Pour retirer le courrier, il suffit de présenter une pièce d'identité. Le service est gratuit.
Et… en toute circonstance vous pouvez vous dire :
¡Sin noticias, buenas noticias!, Pas de nouvelles, bonnes nouvelles !

Corrigé de l'exercice 1

① Quand est-ce mon tour ? ② Tout de suite, au guichet deux. ③ Je dois acheter des timbres. ④ Désirez-vous quelque chose d'autre ? ⑤ Non, je ne veux rien d'autre.

④ À qui le tour ?
  ¿A . . . . ?

⑤ Il me semble que c'est à vous, monsieur.
  Me . . . . le toca . . . . . . , señor.

Corrigé de l'exercice 2

① Eso – todo ② – he enviado – carta certificada ③ Mientras te – el periódico ④ – quién le toca – ⑤ – parece que – a usted –

*Vous entamez aujourd'hui la **segunda ola**, deuxième vague, phase éminemment active de votre apprentissage.*

Comment procéder ? C'est très simple : après avoir étudié la leçon du jour comme d'habitude, vous reprendrez une leçon en commençant depuis le début (nous vous indiquerons laquelle). Mais cette fois-ci, après l'avoir revue brièvement, vous traduirez à haute voix le texte français en espagnol. Ne soyez pas timide, parlez bien fort et en articulant. Revenez plusieurs fois sur la prononciation si nécessaire. Ce travail de "deuxième vague", loin d'être fastidieux, vous permettra de vérifier ce que vous avez déjà appris et d'asseoir solidement vos connaissances sans presque vous en apercevoir.

¡Adelante!, En avant !
¡Ánimo!, Courage !

Deuxième vague : Lección primera

51 Lección cincuenta y una

Ganas ① de amargarse ② la vida

1 – ¿Por qué lloras?
2 – ¡Es muy ③ duro!
3 – Pienso en mi marido.
4 – ¿Qué pasa?
5 – ¡No sé qué va a ser de ④ mí!
6 – ¡Qué me dices? ⑤⑥
7 – ¿Tienes problemas con Andrés?
8 – ¡No, no es eso!
9 – Nos queremos ⑦ muchísimo.
10 – ¿Le pasa algo? ¿Está enfermo?
11 – ¡No, en absoluto!
12 – Tiene una salud de hierro.
13 – Y entonces… ¿qué es?
14 – ¡No sé lo que voy a hacer cuando se muera ⑧!

Notes

① **gana**, *envie*, est très souvent employé au pluriel : **ganas**.
Tengo ganas de ir a la playa, *J'ai envie d'aller à la plage.*
Notez aussi l'accord :
tengo muchas ganas, *j'ai très envie* (ou *j'en ai très envie*).

② **amargar**, *être amer* et *rendre amer*.
este café amarga, *ce café est amer.*
amargarle la vida a alguien, *empoisonner la vie de quelqu'un.*

③ **muy**, *très*. **demasiado**, *trop*. Dans le langage de tous les jours, **muy** prend souvent le sens de *trop*.

④ **¿Qué va a ser de mí?** (littéralement : *Que va-t-il être de moi ?*), *Que va-t-il advenir de moi ?* ou *Qu'est-ce que je vais devenir ?*
À retenir : **¿Qué es de ti?**, *Que deviens-tu ?*

Leçon cinquante et une 51

Envie de se gâcher *(se rendre amère)* la vie

1 – Pourquoi est-ce que tu pleures ?
2 – C'est trop *(très)* dur !
3 Je pense à *(en)* mon mari.
4 – Qu'est-ce qui se passe ?
5 – Je ne sais pas ce que je vais devenir !
6 – Qu'est-ce que tu me dis [-là] ?
7 As-tu des problèmes avec Andrés ?
8 – Non, ce n'est pas ça !
9 Nous nous aimons beaucoup !
10 – Il lui arrive *(lui passe)* quelque chose ? Est-il malade ?
11 – Non, pas du tout *(en absolu)* !
12 Il a une santé de fer.
13 – Et alors… qu'est-ce que c'est ?
14 Je ne sais pas ce que je ferai *(vais faire)* quand il ne sera plus là *(quand il se meure)* !

⑤ L'expression courante **¡qué me dices?**, à mi-chemin entre l'exclamation et l'interrogation, manifestant l'incrédulité en même temps que l'intérêt, peut se traduire par *Que me dis-tu là ?*, *Qu'est-ce que tu me racontes ?*

⑥ Notez que lorsque la phrase est à la fois exclamative et interrogative elle commence par un point d'exclamation et se ferme par un point d'interrogation, ou vice-versa.

⑦ **querer**, que vous connaissez bien dans le sens de *vouloir*, traduit aussi *aimer* (**amar**) ; mais… ce sens vous est sûrement déjà familier avec **Te quiero**, *Je t'aime* !

⑧ Rappel : *Quand* + futur = **cuando** + **presente de subjuntivo**. **Venid cuando queráis**, *Venez quand vous voudrez*.

52 Ejercicio 1: Traduzca

❶ Es un niño que no llora mucho. ❷ ¿De qué tienes ganas? ❸ Pienso en lo que haremos mañana. ❹ ¿Estás enfermo? ❺ No, me siento bien.

Ejercicio 2: Complete

❶ Que deviens-tu ?
  ¿ . . . . ti?

❷ As-tu des problèmes au travail ?
  ¿ . . . . el trabajo?

❸ Non, pas du tout.
  . . , ...

❹ Que se passe-t-il avec Andrés ?
  ¿ . . . . Andrés?

❺ Nous nous aimons beaucoup.
  Nos . . . .

---

52 Lección cincuenta y dos

En la charcutería

1 – **Pón**game **cua**tro **lon**chas ① de ja**món** york.
2 – ¿**Al**go más?

Notes

① **unas lonchas** (ou **lonjas** ; parfois, **rajas**) **de jamón**, *quelques tranches [fines] de jambon*.
loncha et **lonja** s'emploient surtout en référence à un morceau fin, particulièrement du jambon ou une charcuterie.
Comparez et… "recoupez" : **raja** a un sens plus large : **una raja de melón, de sandía**, *une tranche de melon, de pastèque ;* mais

Corrigé de l'exercice 1

① C'est un enfant qui ne pleure pas beaucoup. ② De quoi as-tu envie ? ③ Je pense à ce que nous ferons demain. ④ Es-tu malade ? ⑤ Non, je me sens bien.

Corrigé de l'exercice 2

① Qué es de – ② Tienes problemas en – ③ No – en absoluto ④ Qué pasa con – ⑤ – queremos mucho

Deuxième vague : Lección segunda

Leçon cinquante-deux   52

À la charcuterie

1 –   Mettez-moi quatre tranches de jambon blanc
      (jambon york).
2 –   Autre chose ?

on entend aussi **una raja de chorizo, de salchichón** et même **de pan**, *une tranche de chorizo, de saucisson, de pain*. **rodaja de limón, de chorizo…,** *tranche ou rondelle de citron , tranche de chorizo*. **rebanada de pan**, *tranche de pain*. Mais : **una rebanada de pan con mantequilla**, *une tartine au beurre*.

doscientos dieciocho • 218

3 – Sí, trescientos gramos de jamón serrano ②.
4 – Hay un poco más, ¿se lo retiro?
5 – No, déjelo; ¡no importa ③!
6   Deme también una sarta ④ de chorizo, y…
7   dígame, ¿a cómo están los huevos?
8 – Aquí los tiene. ¡Son biológicos! ¡A veinte euros la docena!
9 – ¡Ni biológicos, ni nada! ¡Están carísimos ⑤!
10   ¡Pronto no se podrá comer ni tortilla! ¡Qué barbaridad! ⑥
11 – ¡Tampoco es para tanto ⑦, señora!

Notes

② **sierra** (littéralement : *scie*), *chaîne de montagnes*, est aussi synonyme de *cordillère* (série de pics montagneux). **pasar las vacaciones en la sierra**, *passer ses vacances à la montagne*. L'appellation **jamón serrano**, *jambon de montagne*, correspond à l'origine au jambon **de la sierra**, *de la montagne* ; de nos jours, on appelle **jamón serrano** le *jambon de pays*.

③ Dans le langage courant, l'expression **¡No importa!** correspond à *Ce n'est pas grave !*, *Ça ne fait rien !*, *Ça n'a pas d'importance !* On dit aussi, avec ce même sens, **¡No pasa nada!**

④ **sarta**, *chapelet, kyrielle, ribambelle*, définit une succession de choses identiques ou analogues. Le **chorizo** [prononcé *tchoriθo*] se présente souvent en chapelets ; mais on emploie dans bien des régions **sarta** même quand il est fait d'un seul morceau. **una sarta de mentiras**, *un chapelet de mensonges*.
À retenir aussi : **ristra** (synonyme de **sarta**) ; **una ristra de cebollas**, *un chapelet d'oignons*.
Dans le même registre : **el ajo**, *l'ail* ; **una cabeza de ajo**, *une tête d'ail* ; et **un diente de ajo**, *une gousse ("un dent") d'ail*.

⑤ **caro**, *cher* ; **carísimo** (superlatif absolu, leçon 14), *très cher*. **barato**, *bon marché* ; **baratísimo**, *très bon marché*.

⑥ **barbaridad** (littéralement : *barbarie, cruauté, atrocité*), de **bárbaro**, *barbare*, souvent précédé de **que**, est employé comme

3 – Oui, 300 grammes de jambon de pays.
4 – Il y [en] a un peu plus, je l'enlève *(je vous le retire)* ?
5 – Non, laissez*(-le)* ; ce n'est pas grave *(ça n'a pas d'importance)*.
6 Donnez-moi aussi un *(chapelet de)* chorizo, et…
7 dites-moi, à combien sont les œufs ?
8 – Les voici *(Ici les avez)*. Ils sont bio *(biologiques)* ! À 20 euros la douzaine !
9 – Ni biologiques, ni rien ! Ils sont très chers !
10 Bientôt on ne pourra même pas manger *(ni)* [de] l'omelette ! C'est incroyable !
11 – Il ne faut pas non plus exagérer, madame !

exclamation pour exprimer l'effarement, la stupéfaction. **¡Qué barbaridad !** peut aussi se traduire par *Quelle horreur !*, *Mon Dieu !* ou *C'est incroyable !*
Dans le langage familier, **barbaridad** peut aussi se traduire par *énormité, énormément, beaucoup* : **decir barbaridades**, *dire des énormités*. **comer una barbaridad**, *manger énormément* ou *beaucoup*.

⑦ **¡Tampoco es para tanto!**, **¡Tampoco hay que exagerar!**, *Il ne faut pas non plus exagérer !*, *Il n'y a pas non plus de quoi en faire un plat !*

52 12   Tenga en cuenta ⑧ que un huevo supone para una gallina
13   ¡alrededor de un día de trabajo!

Notes

⑧ **tenga en cuenta que…**, *n'oubliez pas que…, pensez que…*
Tenga en cuenta que mañana es domingo y cerramos, *N'oubliez pas que (ou ayez à l'esprit que…, etc.) demain c'est dimanche et nous sommes fermés.*

* * *

Ejercicio 1: Traduzca

❶ El jamón es más caro que el salchichón. ❷ Póngame cinco o seis lonchas de jamón serrano. ❸ Tomaré una tortilla de chorizo. ❹ ¿Quiere algo más? ❺ No, nada más. Gracias.

* * *

Ejercicio 2: Complete

❶ Il est à combien, le melon ?
 ¿ . .... está .. .. ?
❷ Ça me semble très cher.
 Me .... caro.
❸ Ça ne fait rien !
 ¡No ....!
❹ Il ne faut pas exagérer !
 ¡No ... ...!

12 N'oubliez pas *(tenez compte)* qu'un œuf suppose pour une poule
13 autour d'une journée de travail !

tener en cuenta, sans **que**, se traduit généralement par *tenir compte* :
Lo tendré en cuenta, *J'en tiendrai compte*.
He tenido en cuenta tus observaciones, *J'ai tenu compte de tes remarques*.

* * *

Corrigé de l'exercice 1

❶ Le jambon est plus cher que le saucisson. ❷ Mettez-moi cinq ou six tranches de jambon "serrano". ❸ Je prendrai une omelette au chorizo. ❹ Voulez-vous autre chose ? ❺ Non, ce sera tout. Merci.

* * *

❺ Ce pantalon coûte autour de cent euros.
Estos .... cuestan .... cien euros.

Corrigé de l'exercice 2

❶ A cómo – el melón ❷ – parece muy – ❸ – importa ❹ – hay que exagerar ❺ – pantalones – alrededor de –

En Espagne, les produits de **charcutería** *sont vendus au rayon charcuterie des* **supermercados**, *supermarchés, dans des nombreuses* **carnicerías**, *boucheries, dans la plupart de* **tiendas de comestibles** *ou* **de ultramarinos**, *épiceries, et bien évidemment dans les* **charcuterías**, *charcuteries, que l'on trouve principalement regroupées dans les marchés. En ville, les charcuteries sont plutôt rares et, sauf exception, on n'y propose pas de plats préparés.*

Les spécialités espagnoles sont très variées et, en bon gourmet, on aura raison de se renseigner sur la spécialité de la région où l'on séjourne, et de goûter ainsi à des mets qu'on risque de ne pas trouver ailleurs.

Les charcuteries espagnoles se déclinent dans toutes sortes de goûts et fabrications ; aussi, nous ne mentionnerons ici que les

53 Lección cincuenta y tres

En la consulta ① del psicoanalista

1 – Doc**tor**, **ven**go **pa**ra que me a**yu**de ②.
2 – Me **sien**to **fran**camente mal.
3 – ¡**Cuén**teme! ③
4 – **Ten**go **u**na i**dea fi**ja que me obse**sio**na.
5 – Sí.
6 – Me **veo co**mo **u**na mu**jer** muy acompleja**da**.

Notes

① **la consulta** peut se traduire aussi bien par *la consultation* que par *le cabinet* (*de consultation*). Parfois, il a aussi le sens de *rendez-vous*. **horas de consulta**, *heures de consultation*. **consulta previa petición de hora**, *consultation sur rendez-vous*. **tener consulta con un especialista**, *avoir rendez-vous avec* ou *consulter un spécialiste*. **consulta a domicilio**, *visite (médicale) à domicile*.
Notez aussi : **consultar el diccionario**, *consulter le dictionnaire*.
Et… n'oubliez pas que bien souvent **hay que consultar con la almohada** (*l'oreiller*), *la nuit porte conseil*.

jamones ibéricos *(jambons ibériques), la variété la plus réputée de* **jamón serrano**, *jambon de pays. Ils proviennent d'un porc dit* **de pata negra**, *de patte noire, qui est élevé en liberté et s'alimente de glands de chêne.*
Produits dans la région de **Salamanca** *(dans la Communauté Autonome de* **Castilla y León**), *dans celle de* **Trevélez** *(dans la province de* **Granada**) *ou dans la région de* **Jabugo** *(dans la province de* **Huelva**, *en Andalousie),* **los jamones ibéricos** *se distinguent aujourd'hui parmi les meilleurs jambons du monde.*

Deuxième vague : Lección tercera

Leçon cinquante-trois 53

Au cabinet du psychanalyste

1 – Docteur, je viens pour que vous m'aidiez.
2 Je me sens franchement mal.
3 – Racontez-moi !
4 – J'ai une idée fixe qui m'obsède.
5 – Oui.
6 – Je me vois comme une femme très complexée.

② *pour que vous m'aidiez*, **para que me ayude**. Le subjonctif français est régulièrement traduit par le subjonctif espagnol. Il existe seulement deux exceptions à cette règle. Nous ne tarderons pas à les aborder. Notez : **ayudar**, *aider* ; **la ayuda**, *l'aide*.

③ **cuénteme**, *racontez-moi*. Notez le changement du **o** de **contar** en **ue**. Oui ! Le verbe **contar**, *compter, raconter*, appartient au 2ᵉ groupe des verbes irréguliers classés et se conjugue donc comme **volver** que nous vous avons présenté en détail à la leçon 49.

53
7 – ¿Y qué le **ha**ce pen**sar e**so?
8 – **Cuan**do me com**par**o con **o**tras mu**j**eres,
9 **siem**pre **cre**o que soy más **fe**a que **e**llas.
10 – ¡Ah, no, se**ñor**a! ¡Al con**tra**rio !
11 El **ú**nico pro**ble**ma que us**ted tie**ne ④ es su extraordi**na**ria luci**dez**.

Notes

④ *le seul problème que vous ayez*, **el único problema que usted tiene**.
Voici la première des exceptions dont nous parlions à la note 2 : après certains mots, dont *le seul* ou *l'unique*, **el único**, le subjonctif français se traduit par l'indicatif espagnol.

* * *

Ejercicio 1: Traduzca

❶ ¿Qué te pasa? ❷ No me siento muy bien. ❸ Me duele mucho el vientre. ❹ Tengo consulta con el médico. ❺ ¿Dónde tiene la consulta?

* * *

Ejercicio 2: Complete

❶ Au contraire, cela n'a pas d'importance !
¡ .. .., eso no ....!

❷ J'ai besoin d'aide.
....

❸ Veux-tu m'aider ?
¿Quieres .... ?

❹ Veux-tu que je raconte une histoire aux enfants ?
¿Quieres ... . un ...... a los ..... ?

7 – Et qu'est-ce qui vous fait croire *(penser)* ça ?
8 – Lorsque je me compare avec [d']autres femmes,
9 je pense *(crois)* toujours que je suis plus laide qu'elles.
10 – Ah, non, madame ! Au contraire !
11 Le seul problème que vous ayez, c'est votre extrême *(extraordinaire)* lucidité.

Corrigé de l'exercice 1

❶ Qu'est-ce qui t'arrive ? ❷ Je ne me sens pas très bien. ❸ J'ai très mal au ventre. ❹ J'ai rendez-vous avec le médecin. ❺ Où a-t-il son cabinet ?

* * *

❺ Le seul spécialiste que je connaisse ne travaille pas les lundis.
.. .. especialista ... . no trabaja
... .

Corrigé de l'exercice 2

❶ Al contrario – tiene importancia ❷ Necesito ayuda ❸ – ayudarme ❹ – que cuente – cuento – niños ❺ El único – que conozco – los lunes

Deuxième vague : Lección cuarta

54 Lección cincuenta y cuatro

Un telefonazo ①

1 – ¡Ahí va! ¡Tenía ② que haber llamado a Conchita ③!
2 – Yo también me he dejado ④ el móvil en casa.
3 – ¡No te preocupes; encontraremos una cabina por aquí cerca ⑤!
4 – Pero… no tengo ni tarjeta ni dinero suelto.
5 – No pasa nada; podemos entrar en un bar.
6 – Mira, en la acera de enfrente hay un locutorio ⑥.
7 – ¡Estupendo, vamos allá!
8 – ¡Hola, buenas! Quisiéramos hacer una llamada. Local.
9 – Sí. Allí, la cabina tres está libre.

Notes

① Le suffixe **-azo**, marque de l'augmentatif, ainsi que le suffixe **-ada** traduisent souvent *un coup de*.
 de martillo → **un martillazo** → *un coup de marteau* ;
 de pata *(d'animal)* → **una patada** → *un coup de pied*.
 Nous y reviendrons. N'oubliez pas : **dar un telefonazo**, *passer / donner un coup de fil*.

② **Tenía que haber llamado** (littéralement : *J'avais à avoir appelé*), *J'aurais dû appeler*. Dans le langage parlé, l'imparfait de l'indicatif de **tener**, **deber**, **poder** et **querer** remplace parfois le conditionnel.

③ **Concha** et **Conchita** sont des diminutifs familiers de **Concepción** *(Conception)*.

Leçon cinquante-quatre 54

Un coup de fil

1 – Zut ! J'aurais dû appeler Conchita !
2 – Moi aussi j'ai laissé mon portable à la maison.
3 Ne t'en fais pas ; nous trouverons [bien] une cabine [téléphonique] près d'ici *(par ici près)* !
4 – Mais… je n'ai ni carte ni petite monnaie *(argent détaché)*.
5 – Ça ne fait rien *(Il ne passe rien)* ; nous pouvons entrer dans un bar.
6 Regarde. Sur *(Dans)* le trottoir d'en face il y a un "locutorio".
7 – Super, allons-y !
8 Bonjour ! Nous voudrions faire un appel. Local.
9 – Oui. Là-bas, la cabine [numéro] trois est libre.

④ L'emploi de **dejar**, *laisser*, à la forme réfléchie **(dejarse)** rend souvent l'idée de *laisser par mégarde, oublier*.
He dejado el reloj sobre la mesa, *J'ai laissé ma montre sur la table*.
Mais : **Me he dejado el reloj sobre la mesa**, *J'ai laissé (par mégarde) / J'ai oublié ma montre sur la table*.

⑤ L'adverbe **cerca**, *près*, n'est pas indispensable ici, mais il est souvent exprimé après **por aquí** pour insister sur la proximité.
Por aquí (ou **por aquí cerca**) **hay muchos bares y cafeterías**, *Par ici il y a beaucoup de bars et cafeterias*.
cerca de aquí, *près d'ici*.

⑥ **un locutorio** est un local public qui regroupe plusieurs cabines téléphoniques.

10 **Mar**quen ⑦ prim**er**o el **c**er**o** **pa**ra te**ner** **lí**nea.

11 – Sí, sí, **dí**game, ¿es**tá** Con**chi**ta?
12 – **Pe**ro… ¿por qué **cuel**gas?
13 – He de**bi**do de ⑧ confun**dir**me ⑨ de **nú**mero y he ca**í**do con un bro**mis**ta;
14 **cuan**do he pregun**ta**do "¿Es**tá** Con**chi**ta?"
15 me ha contes**ta**do ⑩ "No, es**tá** con Tar**zán**" ⑪.

Notes

⑦ **marcar**, *marquer*, dans le contexte du téléphone, doit être traduit par *faire* ou *composer*.
Para telefonear a Francia tienes que marcar el treinta y tres, *Pour téléphoner en France tu dois composer (faire) le 33*.

⑧ **deber**, *devoir*, peut être employé à la place de **tener que**.
Tienes que comer ou **Debes comer**, *Tu dois manger*.
Suivi de **de**, **deber** exprime une idée de probabilité.
Deben de ser las diez y cuarto, *Il doit être dix heures et quart*.

⑨ **confundir**, *confondre*. **confundirse** (ou **equivocarse**) **de número**, *se tromper de* (ou *faire un mauvais*) *numéro*.

⑩ **contestar**, *répondre*. Attention aux faux amis !
contestar a alguien / al teléfono, *répondre à quelqu'un / au téléphone* ; **contestar una pregunta / una carta**, *répondre à une question / à une lettre*.

* * *

Ejercicio 1: Traduzca

❶ No sé dónde he dejado el móvil. ❷ Buscaré una cabina. ❸ No tenía dinero y no he podido comprar una tarjeta de teléfono. ❹ ¡No te preocupes, no pasa nada! ❺ ¿Te has equivocado?

10   Faites d'abord le zéro pour avoir [la] ligne.   **54**

11 – Oui, oui, allô, [est-ce que] Conchita est là ?
12 – Mais… pourquoi est-ce que tu raccroches ?
13 – J'ai dû *(de)* me tromper de numéro et je suis tombé sur *(avec)* un farceur ;
14   lorsque j'ai demandé "Conchita est là ?"
15   il m'a répondu "Non, elle est avec Tarzan".

⑪ Pour comprendre cette chute, où se glisse un jeu de mots, il faut bien comprendre que le prénom **Conchita** est décomposé par 'le farceur' en **con** *(avec)* et **Chita** (hispanisation de *Cheeta*, nom de la guenon de Tarzan). Aussi, sa réponse… ne manque pas de logique !

*** * ***

Corrigé de l'exercice 1

❶ Je ne sais pas où j'ai laissé mon portable. ❷ Je chercherai une cabine. ❸ Je n'avais pas d'argent et je n'ai pas pu acheter de carte téléphonique. ❹ Ne t'en fais pas, ça ne fait rien ! ❺ Tu t'es trompé ?

55 Ejercicio 2: Complete

① Nous aurions dû venir avant.
.... venido antes.

② Qui a répondu ?
¿ ....?

③ J'ai fait un mauvais numéro *(Je me suis trompé de numéro).*
.. .. número.

* * *

Las cabinas de teléfonos, les cabines téléphoniques, *sont nombreuses en Espagne ; il y en a un peu partout. Si vous devez faire* **una llamada internacional**, un appel international, *il vaut mieux se munir de* **una tarjeta**, une carte ; *elles s'achètent dans* **los estancos**, les bureaux de tabac, *et dans* **los quioscos**, les kiosques. *On peut aussi téléphoner facilement dans les bars, qui pour la plupart disposent d'une cabine à pièces ou d'un téléphone avec compteur ; ou encore depuis* **una oficina de Telefónica**, un bureau de la Compagnie nationale de téléphone, *dont le logo est* **Telefónica** *écrit en jaune sur un rectangle bleu.*

---

55 Lección cincuenta y cinco

Bronca ①

1 – **Pe**ro… ¿qué signi**fi**ca **es**to ②, se**ñor** Merino?

Notes

① **bronca**, *bagarre, grabuge,* traduit aussi "*savon*" et "*engueulade*", sans pour autant avoir en espagnol une connotation aussi familière qu'en français.
El jefe me ha echado una bronca, *Mon chef m'a passé un savon.*
llevarse una bronca, *se faire passer un savon, se faire "engueuler".*
Dans d'autres contextes, **bronca** correspond aussi à *chahut, huées.*

④ Quel numéro as-tu fait ?
   ¿Qué número … . . . . ?

⑤ J'ai oublié mon porte-monnaie à la maison.
   . . . . el monedero . . . .

Corrigé de l'exercice 2
❶ Teníamos que haber – ❷ Quién ha contestado ❸ Me he confundido de – ❹ – has marcado – ❺ Me he olvidado – en casa

* * *

S'adresser à un **locutorio** *est aussi une bonne solution : on y est plus à l'aise et on y trouve généralement, comme dans* **una oficina de Telefónica**, *des* **guías**, *bottins. De plus, on peut y faire* **unas llamadas a cobro revertido**, *des appels en PCV.*
Prenez note :
¡No cuelgue! (Ne raccrochez pas !).
Está comunicando (Ça sonne occupé).

Deuxième vague : Lección quinta

Leçon cinquante-cinq   55

Savon

1 – Mais… qu'est-ce que ça signifie *(que signifie ceci)*, monsieur Merino ?

El partido terminó con una bronca, *Le match se termina sous les huées [du public].*

② **¿Qué quiere decir esto?**, *Qu'est-ce que ceci / cela / ça veut dire ?* En espagnol, on fait plus volontiers qu'en français la distinction entre **esto**, *ceci*, et **eso**, *cela*. Dans le contexte du dialogue **esto**, *ceci* (traduit ici par *ça*) fait référence à ce qui est en train de se passer à ce moment précis-ci (le constat du retard à l'instant où la scène se déroule).

55

2   ¿Se da usted cuenta ③ de que llega al trabajo con casi tres horas de retraso?
3 – Lo siento. Le ruego que me disculpe ④;
4   pero me ha ocurrido ⑤ algo…
5 – ¿Qué le ha ocurrido?
6 – Estaba tendiendo la ropa ⑥ y…
7   me he caído ⑦ por la ventana.
8 – ¡Ah, se ha caído por la ventana!
9   Y, ¿en qué piso ⑧ vive?
10 – En el quinto.
11 – ¿En el quinto, eh?
12   ¡Pero, señor Merino, por quién me toma usted?
13   ¿Usted quiere que yo me crea que caer desde el quinto piso le ha llevado ⑨ casi tres horas?

Notes

③ **darse cuenta**, *se rendre* (littéralement : *se donner*) *compte*.
¿Te das cuenta de la hora que es?, *Tu te rends compte de l'heure qu'il est ?*

④ **Le ruego (que) me disculpe**, (littéralement : *Je vous prie (que) vous m'excusiez*) *Je vous prie de m'excuser*.
Souvenez-vous qu'après les verbes exprimant un ordre, une prière ou un conseil, l'espagnol emploie le subjonctif. Ce subjonctif est traduit par l'infinitif français précédé de la préposition *de*.
Te pido que vengas, *Je te demande de venir*.
Te aconsejo que vayas, *Je te conseille d'y aller*.

⑤ **ocurrir**, *arriver, se passer, avoir lieu, survenir, advenir*, est un verbe régulier (synonyme de **pasar**) d'emploi courant :
¿Qué ocurre?, *Qu'y a-t-il ?, Que se passe-t-il ?* (**¿Qué pasa?**).
¿Qué ha ocurrido?, *Qu'est-ce qui est arrivé ?, Que s'est-il passé ?* (**¿Qué ha pasado?**).
¿Qué te ocurre?, *Qu'est-ce qui t'arrive ?*

2 Vous rendez-vous compte *(vous donnez-vous compte de)* que vous arrivez au travail avec presque trois heures de retard ?
3 – Je regrette. Je vous prie de m'excuser ;
4 mais il m'est arrivé quelque chose…
5 – Que vous est-il arrivé ?
6 – J'étais en train d'étendre le linge et…
7 je suis tombé par la fenêtre.
8 – Ah, vous êtes tombé par la fenêtre !
9 Et à quel étage habitez-vous ?
10 – Au cinquième.
11 – Au cinquième, hein ?
12 Mais, monsieur Merino, pour qui me prenez-vous ?
13 Vous voulez me faire croire *(Vous voulez que je me croie)* que tomber du *(depuis le)* cinquième étage [ça] vous a pris presque trois heures ?

⑥ **ropa**, *linge*, mais aussi *vêtement(s) / habits*, au pluriel. **ropa interior**, *linge de corps*. **quitarse la ropa**, *ôter ses vêtements*. Et… une expression idiomatique : **Saber nadar y guardar la ropa**, *Ménager la chèvre et le chou*.

⑦ **caer**, *tomber*, est très souvent employé à la forme réfléchie, introduisant alors une nuance de soudaineté ou de spontanéité dans l'action : **caerse de espaldas**, *tomber à la renverse*. **caerse de sueño**, *tomber de sommeil*.

⑧ **piso**, *appartement*, que vous connaissez déjà, peut aussi prendre le sens d'*étage*.
Mi amiga se ha comprado un piso, *Mon amie s'est acheté un appartement*.
Vivo en el tercer piso, *J'habite au troisième étage*.

⑨ **llevar**, *porter, emporter, emmener, mener…* apparaît dans de nombreuses expressions avec des sens bien divers. Lié à la notion de temps, **llevar** se traduit par *prendre*.
Redactar esta carta me ha llevado una hora, *Rédiger cette lettre m'a demandé / pris une heure*.
¿Cuánto tiempo le llevará desmontar el motor?, *Combien de temps cela vous prendra-t-il de démonter le moteur ?*

Ejercicio 1: Traduzca

❶ ¿Qué significa eso? ❷ He llegado con casi una hora de retraso. ❸ ¿Qué te ha ocurrido? ❹ Me he caído en la calle. ❺ ¿En qué piso vives?

* * *

Ejercicio 2: Complete

❶ Te rends-tu compte de ce que cela veut dire ?
   Te ... . quiere decir?

❷ Je vous prie de m'excuser.
   Le ....

❸ Je vais aller m'acheter du linge du corps.
   Voy .. ..

❹ Combien de temps te faudra-t-il pour préparer le repas ?
   ¿Cuánto tiempo .. .. preparar .. .. ?

---

56 Lección cincuenta y seis

Repaso

1 Le présent du subjonctif : formation

Les terminaisons du présent du subjonctif sont les suivantes :
-e, -es, -e, -emos, -éis, -en, pour les verbes de la 1re conjugaison ;
-a, -as, -a, -amos, -áis, -an, pour les verbes des 2e et 3e conjugaisons.

Ces terminaisons s'ajoutent au radical du verbe ; ainsi, pour les verbes en **-ar**, comme **hablar**, *parler*, nous avons :

habl	→ **e**	*que je parle*
habl	→ **es**	*que tu parles*
habl	→ **e**	*qu'il / elle parle, que vous parliez*
habl	→ **emos**	*que nous parlions*
habl	→ **éis**	*que vous parliez*
habl	→ **en**	*qu'ils / elles parlent, que vous parliez*

235 • doscientos treinta y cinco

Corrigé de l'exercice 1

❶ Qu'est-ce que ça veut dire ? ❷ Je suis arrivé avec presque une heure de retard. ❸ Qu'est-ce qui t'est arrivé ? ❹ Je suis tombé dans la rue. ❺ Tu habites à quel étage ?

* * *

❺ Je dois te dire quelque chose.
   Tengo . . . .

Corrigé de l'exercice 2

❶ – das cuenta de lo que eso – ❷ – ruego que me disculpe ❸ – a ir a comprarme ropa interior ❹ – te llevará – la comida ❺ – que decirte algo

---

Deuxième vague : Lección sexta

Leçon cinquante-six 56

Et pour les verbes en **-er** et en **-ir**, comme **comer**, *manger,* et **subir**, *monter* :

com → **a** *(que je mange)*	sub → **a** *(que je monte)*
com → **as**	sub → **as**
com → **a**	sub → **a**
com → **amos**	sub → **amos**
com → **áis**	sub → **áis**
com → **an**	sub → **an**

Attention !
Lorsqu'un verbe est irrégulier à la 1re personne du présent de l'indicatif, on retrouvera son irrégularité au présent du subjonctif (nous verrons plus tard l'exception qui confirme la règle).
Ainsi, par exemple, **hacer**, *faire*, qui au présent de l'indicatif donne :

hago, haces, hace, hacemos, hacéis, hacen, *je fais, tu fais*, etc. donne au présent du subjonctif :
haga, hagas, haga, hagamos, hagáis, hagan, *que je fasse, que tu fasses*, etc.
Les terminaisons demeurent régulières, mais le radical conserve l'irrégularité dont est affectée la 1re personne du présent de l'indicatif.

Sachez que dans cette première approche du subjonctif, nous vous présentons des règles à caractère général ; nous les préciserons si nécessaire et, le cas échéant, vous indiquerons les emplois particuliers qui constituent… l'exception à la règle !
Ainsi, vous pouvez déjà noter que le présent du subjonctif des verbes **haber**, *avoir* ; **saber**, *savoir* ; **ser**, *être*, et **ir**, *aller*, dont les premières personnes du présent de l'indicatif sont respectivement **he**, *j'ai* ; **sé**, *je sais* ; **soy**, *je suis*, et **voy**, *je vais*, font **haya, hayas, haya**, etc. ; **sepa, sepas, sepa**, etc. ; **sea, seas, sea**, etc. ; **vaya, vayas, vaya**, etc.
Et que les verbes **dar**, *donner*, et **estar**, *être*, dont la première personne du présent de l'indicatif est également irrégulière (**doy**, *je donne*, et **estoy**, *je suis* respectivement) ont un présent du subjonctif tout à fait régulier : **dé, des, dé**, etc., et **esté, estés, esté**, etc.

2 Emploi du subjonctif

• En règle générale, le subjonctif français se traduit par le subjonctif espagnol.
Je veux que tu viennes, **Quiero que vengas**.
Souhaites-tu que nous l'invitions ?, **¿Deseas que le invitemos?**

Voici la première des deux exceptions à cette règle :
Après les mots *le seul, l'unique, le premier* et *le dernier*, ou après un superlatif, le subjonctif français se traduit par l'indicatif espagnol.
Alberto es el único que ha telefonado, *Alberto est le seul qui ait téléphoné.*
C'est la personne la plus sympathique que je connaisse, **Es la persona más simpática que conozco**.
Nous verrons ultérieurement la deuxième exception.

• L'inverse n'est pas aussi simple. En effet, à un subjonctif espagnol ne correspond pas forcément un subjonctif français. Révisez :

• Dans les propositions subordonnées commençant par **cuando**, *quand* ou *lorsque* ; **como**, *comme*, ou toute autre conjonction de temps ou de manière, ainsi que dans celles commençant par un relatif (**que**, *que* ; **quien**, *qui*, etc.) où l'idée d'hypothétique futur est exprimée, l'espagnol emploie le présent du subjonctif alors que le français préfère le futur de l'indicatif.

Te lo enseñaré cuando vengas, *Je te le montrerai quand tu viendras.*
Haz como quieras, *Fais comme tu voudras.*
Haremos lo que tú digas, *Nous ferons ce que tu diras* [*de faire*].

• Après un verbe exprimant un ordre, un conseil, une prière…, l'espagnol emploie aussi le subjonctif alors que le français préfère généralement l'infinitif précédé de la préposition *de*.
Dile que me llame, *Dis-lui de m'appeler.*
Me aconseja que lea este libro, *Il / Elle me conseille de lire ce livre.*
Le ruego que venga, *Je vous prie de venir.*

• Vous connaissez aussi la formule **quisiera** ; pour l'instant, limitez-vous à retenir qu'elle doit se traduire par le conditionnel *je voudrais*.
Quisiera hablar con el señor Martínez, *Je voudrais parler avec monsieur Martínez.*

Voilà pour ce qui est d'une première touche un peu plus élaborée concernant le subjonctif espagnol.
Un consejo *(un conseil)* : comme d'habitude, n'apprenez pas tout ça par cœur. Nous allons y revenir régulièrement à travers les textes des leçons et dans les exercices, tout en vous fournissant dans les notes des explications qui approfondiront et complèteront votre acquis.

3 Diálogo recapitulativo

1 – ¿Qué pasa? ¿Adónde vas? **(30, 51)**
2 – Voy a correos a retirar una carta certificada. **(51)**
3   Creo que es una carta de mi ex marido.
4   ¡No sé qué va ser de mí! Me vuelve loca. **(36, 51)**
5 – ¡Mujer, tampoco es para tanto! **(16, 52)**

6 A lo mejor quiere que le des un consejo. **(41)**
7 – El único consejo que puedo darle es que se olvide de mí. **(53)**
8 ¿Te das cuenta de que me escribe dos cartas por semana? **(55)**
9 – Dale un telefonazo y habla con él. **(54)**
10 – ¡No sé por quién me toma! **(55)**
11 – ¡El amor, amiga, el amor!

57 Lección cincuenta y siete

Sospechas

1 Un hon**ra**do **pa**dre de fa**mi**lia que sa**lí**a a traba**jar**
2 acu**dió** al lo**cal** de bici**cle**tas de su **ca**sa ①.
3 Y no dio con ② la **su**ya.
4 En el por**tal** ③ de la **ca**sa, se cru**zó** con el **hi**jo de la por**te**ra.
5 Y sospe**chó** de él ④.
6 Le salu**dó**.
7 Y que**dó** persua**di**do de que su ma**ne**ra de respon**der** era la de un la**drón** de bici**cle**tas ⑤.

Notes

① **casa**, *maison*, mais aussi *immeuble* (**inmueble**).
Ha habido un incendio en la casa de al lado, *Il y a eu un incendie dans l'immeuble d'à côté.*

② **dar con** *(donner avec)* est synonyme de **encontrar** ou **hallar**, *trouver*.
No doy con su dirección, *Je ne trouve pas son adresse / ses coordonnées.*

Traducción

1 Qu'y a-t-il ? Où vas-tu ? **2** Je vais à la poste retirer une lettre recommandée. **3** Je crois que c'est une lettre de mon ex-mari. **4** Je ne sais pas ce que je vais devenir ! Il me rend folle. **5** Bah, il faut pas non plus exagérer ! **6** Peut-être veut-il que tu lui donnes un conseil. **7** Le seul conseil que je puisse lui donner c'est de m'oublier. **8** Te rends-tu compte qu'il m'écrit deux lettres par semaine ? **9** Donne-lui un coup de fil et parle avec lui. **10** Je ne sais pas pour qui il me prend ! **11** L'amour, mon amie, l'amour !

Deuxième vague : Lección séptima

Leçon cinquante-sept

Soupçons

1. Un honnête père de famille qui partait travailler
2. se rendit dans le local à vélos de son immeuble *(se rendit au local de bicyclettes de sa maison)*.
3. Et il n'y trouva point son vélo *(ne donna avec la sienne)*.
4. À l'entrée de l'immeuble *(de la maison)*, il *(se)* croisa *(avec)* le fils de la gardienne.
5. Et il se mit à le soupçonner *(il soupçonna de lui)*.
6. Il le salua.
7. Et il fut persuadé *(resta persuadé de)* que sa manière de répondre était celle d'un voleur de vélos.

③ **el portal**, *l'entrée*, définit la pièce contiguë à la porte d'entrée d'une maison ou d'un immeuble. On y trouve souvent **el ascensor**, *l'ascenseur*, et **los buzones**, *les boîtes aux lettres*.

④ **sospechar de alguien**, *soupçonner quelqu'un*.

⑤ **la bicicleta / la bici**, *la bicyclette / le vélo*. Nous traduisons indistinctement ; en fonction de ce qui nous semble être mieux adapté à la situation.

57

8 Al caminar ⁶ ⁷ tras ⁸ él,
9 estimó que su forma de andar era sin duda alguna ⁹ la de un ladrón de bicicletas.
10 El joven se encontró ⁱ⁰ en la parada del autobús con algunos de sus compañeros.
11 Y el honrado padre de familia juzgó ⁱⁱ que su manera de hablarles era la de un ladrón de bicicletas.
12 No cabía ⁱ² la menor duda;
13 si se le miraba bien…
14 ¡todo en su actitud lo delataba como un ladrón de bicicletas!

(continuará) ☐

Notes

⑥ **al** + infinitif marque la simultanéité d'une action par rapport à celle exprimée par le verbe principal.
Al subir al autobús, resbaló, *En montant dans le bus, il / elle glissa.*
Al salir del museo, cogí un taxi, *En sortant du musée, j'ai pris un taxi.*

⑦ **caminar** (et **andar**, phrase 9), *marcher.*
Alberto camina (ou **anda**) **despacio,** *Alberto marche lentement.*
el camino, *le chemin.* **el sendero** et **la senda,** *le sentier.*
El Camino de Santiago, *Le Chemin de Saint-Jacques.*

⑧ **tras,** *derrière,* s'emploie surtout au sens figuré ; **detrás de,** d'un emploi plus courant, indique une position matérielle bien précise : **detrás de la silla,** *derrière la chaise.*
derrière peut également, dans certains cas, se traduire par **atrás** qui a aussi le sens de *arrière* ou *en arrière* : **ir atrás** (ou **detrás**), *marcher* ou *aller derrière.* **echar marcha atrás,** *faire marche arrière.* **quedarse atrás,** *rester en arrière.*

⑨ **sin ninguna duda** ou **sin duda alguna,** *sans aucun doute.*
alguno/na *(quelque)* peut traduire *aucun / aucune* dès lors qu'il

8 En marchant derrière lui,
9 il estima que sa démarche *(sa forme de marcher)* était sans aucun doute celle d'un voleur de vélos.
10 Le jeune [homme] retrouva à l'arrêt de bus quelques-uns de ses camarades *(compagnons)*.
11 Et l'honnête père de famille jugea que sa façon de leur parler était celle d'un voleur de vélos.
12 Il n'y avait pas l'ombre d'un doute *(ne rentrait pas le moindre doute)* ;
13 à bien le regarder *(si on le regardait bien)*…
14 tous ses faits et gestes dénonçaient en lui *(tout dans son attitude le dénonçait comme)* un voleur de vélos !

(à suivre)

est placé derrière un nom précédé lui-même de **sin** ou d'un mot négatif : **No tengo ninguna duda** ou **No tengo duda alguna**, *Je n'ai aucun doute.*
Sans doute (**sin duda**) vous ne manquerez pas de noter à la phrase suivante l'emploi de **algunos**. **algunos/nas** (pronoms) se traduisant par *quelques-uns / unes* (voir à la phrase 10).

⑩ **Se encontró con sus amigos**, *Il / Elle retrouva / rencontra ses amis*.
Ne confondez pas : **Se encontró un paraguas en la calle**, *Il / Elle trouva un parapluie dans la rue.*

⑪ **juzgó**, *jugea*. Voici la dernière des formes du passé simple présentées dans cette leçon. Prenez le temps de les repérer toutes : il y en a neuf. Pour le passé simple, rendez-vous à la prochaine leçon de révision !

⑫ **caber**, *tenir dans*, *contenir*, *entrer* et *rentrer*.
La maleta no cabe en el maletero, *La valise ne rentre pas dans le coffre.*
No cabe duda, *Il n'y a pas de doute* ou *Cela ne fait pas de doute*.

57 Ejercicio 1: Traduzca

❶ Alberto es una persona muy honrada. ❷ La portera está hablando con él en el portal. ❸ Tengo una bici nueva. ❹ ¿Es la suya? ❺ No doy con su número de teléfono.

* * *

Ejercicio 2: Complete

❶ En rentrant du travail, il rencontra sa fille.
.. volver de trabajar .. .. su hija.

❷ Elle est très âgée, elle marche lentement.
Es ... ., ...

❸ Mets-toi derrière moi.
Ponte ....

❹ Quelqu'un d'entre vous sait où est mon vélo ?
¿ .... de vosotros sabe .... ?

❺ Moi j'ai encore des doutes.
Yo ....

Corrigé de l'exercice 1

❶ Alberto est une personne très honnête. ❷ La gardienne est en train de parler avec lui à l'entrée [de l'immeuble]. ❸ J'ai un nouveau vélo. ❹ C'est la sienne ? / C'est la vôtre ? ❺ Je ne trouve pas son numéro de téléphone.

* * *

Corrigé de l'exercice 2

❶ Al – se encontró con – ❷ – muy mayor – anda despacio ❸ – detrás de mí ❹ Alguno – dónde está mi bici ❺ – todavía tengo dudas

Vous voici arrivé au terme d'une leçon assez dense mais qui ne comporte pas de difficulté majeure. En effet, hormis deux ou trois points qui sont abordés pour la première fois, elle ne vous propose que du déjà-vu.
En fait, elle est comme un puzzle dont les pièces trouveront aisément leur place dès lors que vous puiserez dans votre acquis.
Prenez votre temps. Si besoin est, relisez le texte. Éventuellement, reportez-vous aux leçons où il vous semblera pouvoir trouver un complément d'information (l'index grammatical, en fin d'ouvrage, est aussi fait pour ça). Et... laissez-vous guider sans vouloir tout contrôler !
Il est important aussi que vous ayez à l'esprit que la prochaine leçon est conçue comme la suite de celle-ci – elle en est le complément. N'hésitez donc pas à laisser certaines questions en suspens...
¡Adelante, caminante!, En avant, [le] voyageur !

Comme disait le poète :
¡Se hace camino al andar! *(On fait [le] chemin en marchant !),*
C'est en forgeant qu'on devient forgeron !

Deuxième vague : Lección octava

58   Lección cincuenta y ocho

Sospechas (continuación)

1   **Cuan**do el hon**ra**do **pa**dre de fa**mi**lia vol**ví**a ① de traba**jar**,
2   vio ② extra**ña**do que su **hi**jo vol**ví**a del co**le**gio en su ③ **bi**ci ④.
3   Al **día** si**guien**te,
4   se cru**zó** ⑤ de **nue**vo con el **hi**jo de la por**te**ra.
5   La ma**ne**ra de respon**der** a su sa**lu**do,
6   su **for**ma de an**dar**,
7   la ma**ne**ra de ha**blar** a sus compa**ñe**ros,

Notes

① **cuando... volvía…**, *quand (comme, lorsque)… il rentrait…* Cette construction est à mettre en parallèle avec **al** + infinitif, dont nous avons fait état à la note 6 de la leçon précédente. En effet, on pourrait aussi dire **al volver del trabajo…**, *en rentrant du travail…*

② **vio**, *il / elle vit* (ou *vous vîtes*, en cas de vouvoiement), 3ᵉ personne du singulier du passé simple de **ver**, *voir*. L'action dont fait état le récit se situe dans un passé tout à fait écoulé. Chaque fois qu'il en est ainsi, en espagnol, on emploie le passé simple.

③ L'emploi de **su** reste délicat, en effet : comme détaillé à la leçon 28 (3), **su** peut se traduire par *son* (*sa,* au féminin*), leur* et *votre* :
   su **bici** : *son vélo* (à lui / elle).
   su **bici** : *leur vélo* (à eux / elles).
   su **bici** : *votre vélo* (à vous) – cas du traitement de politesse.

④ Ici, **en su bici**, *sur son vélo*, fait bien évidemment référence au vélo du père (d'où l'étonnement de ce dernier) ; le contexte général ne permet pas d'ambiguïté. Par ailleurs, l'emploi du possessif **su** constitue encore une piste supplémentaire car, comme nous ▶

Leçon cinquante-huit 58

Soupçons (suite)

1 Comme l'honnête père de famille rentrait de son travail *(de travailler)*,
2 il vit [tout] étonné que son fils rentrait de l'école sur *(en)* son vélo.
3 Le lendemain *(Au jour suivant)*,
4 il croisa *(il se croisa)* de nouveau *(avec)* le fils de la gardienne.
5 La manière de répondre à son salut,
6 sa démarche *(sa forme de marcher)*,
7 sa *(la)* façon de parler à ses camarades,

vous l'indiquions dès la leçon 11, en espagnol, il est généralement bien moins employé qu'en français.

⑤ **se cruzó**, *il / elle (se) croisa* ou *vous croisâtes* (vouvoiement d'une seule personne). Encore un passé simple !
L'accent écrit sur la dernière syllabe ne vous a sûrement pas échappé ! Oui, les 1res et 3es personnes du singulier du passé simple portent toujours un accent écrit sur la dernière syllabe. Parmi quelques exceptions, notez ces formes de quelques verbes très courants : **fui**, *je fus / j'allai*, et **fue**, *il fut, il alla* ; **di**, *je donnai*, et **dio**, *il donna* ; **vi**, *je vis* et **vio**, *il vit*.

doscientos cuarenta y seis • 246

58 **8** su acti**tud** ⑥…
9 ya no ⑦ eran las de un la**drón** de bici**cle**tas. □

Notes

⑥ **la actitud**, *l'attitude*. Dans ce texte, nous l'avons traduit par *les faits et gestes*. L'expression *les faits et gestes* pourra aussi être rendue par **la vida y milagros** *(la vie et [les] miracles)*.
Conozco toda su vida y milagros, *Je connais tous ses faits et gestes*.

⑦ **ya no** précédant le verbe, ou **no** + verbe + **ya** traduisent *ne… plus*.
Ya no llueve, *Il ne pleut plus*.

* * *

Ejercicio 1: Traduzca

❶ Al ir a trabajar se encontró con Luis. ❷ Le vio en el portal. ❸ Ya no volverá. ❹ Al día siguiente fui a su casa. ❺ ¿Cuál era su actitud?

* * *

À la place du traditionnel "exercice à trous", nous vous proposons aujourd'hui un petit exercice de révision axé principalement sur les deux leçons que vous venez de travailler. Il vous permettra d'auto-évaluer votre acquis et de constater par vous-même que bien souvent, comme nous vous le disions, les choses se mettent en place d'elles-mêmes.
L'exercice est composé de quelques vers du poète Antonio Machado, mort en exil à Collioure, dans le Sud de la France, en 1939, à la fin de la guerre civile espagnole.
Nous vous donnons seulement la traduction de mots ou tournures qui ne vous ont pas été présentés jusqu'ici. Une traduction (et correction) de ces vers vous est proposée en fin de leçon.

À vous !

❶ Voyageur, tes empreintes sont (*sont tes empreintes…*) le chemin
. . . . , … **tus huellas** . . . .

8 chacun de ses faits et gestes *(son attitude)*...
9 n'étaient plus ceux d'un voleur de bicyclettes.

Ahora no tengo ganas ya de salir, *Maintenant je n'ai plus envie de sortir.*
Notez que **no** peut être remplacé par un autre mot négatif.
Nadie cogía ya la antigua carretera ou **Ya nadie cogía la antigua carretera**, *Personne ne prenait plus la vieille route.*
Nous nous y attarderons dès la prochaine leçon de révision.

* * *

Corrigé de l'exercice 1
❶ En allant travailler, il rencontra Luis. ❷ Il / Elle l'a vu *(le vit)* dans l'entrée [de l'immeuble]. ❸ Il / Elle ne reviendra plus. ❹ Le lendemain, je suis allé *(j'allai)* chez lui / elle. ❺ Quelle était son attitude ?

* * *

❷ Et rien d'autre ;
. .... más;

❸ Voyageur, il n'y a pas de chemin,
........., ...,

❹ On fait [le] chemin en marchant.
.. ..

❺ En marchant on fait [le] chemin,
.. ..,

❻ Et lorsqu'on regarde *(retourne la vue)* en arrière
. .. volver la vista .....

❼ On voit le sentier que [plus] jamais
.. ..

8 On ne foulera à nouveau.
    Se ha de volver a pisar.

9 Voyageur, il n'y a pas de chemin,
    . . . . , ... ,

10 Mais [un] sillage dans la mer.
    Sino estelas en la mar.

En effet, il n'y a pas de chemin ; c'est vous qui êtes en train de le faire. Et comme vous le voyez, ça se présente plutôt bien ; n'est-ce pas ?

---

59 Lección cincuenta y nueve

Hacer una reserva en un parador

1 – ¡Ya está! ¡Me he arreglado en la oficina ①!
2 Dentro de ② un mes nos vamos de vacaciones.
3 He pedido una semana de permiso y me la han concedido ③.
4 ¡Nos vamos de gira por Extremadura!
5 ¡En familia!
6 – ¡Estupendo, hace años que tenía ganas de ir!

Notes

① **la oficina**, *le bureau*. **ir a la oficina**, *aller au bureau*, est souvent aussi synonyme de **ir a trabajar** ou **al trabajo**.
bureau peut se traduire aussi par **despacho** ; dans ce cas on parlera de la pièce qui fait office de bureau.
Et aussi par **la mesa de despacho**, *le bureau* (meuble).

Traduction :

① "Caminante, son tus huellas el camino
② Y nada más ;
③ Caminante, no hay camino,
④ Se hace camino al andar.
⑤ Al andar se hace camino,
⑥ Y al volver la vista atrás
⑦ Se ve la senda que nunca
⑧ Se ha de volver a pisar.
⑨ Caminante, no hay camino,
⑩ Sino estelas en la mar."

(Antonio Machado, 1875-1939)

Deuxième vague : Lección novena

Leçon cinquante-neuf 59

Faire une réservation dans un "parador"

1 – Ça y est ! Je me suis arrangé au bureau !
2   Dans un mois nous partons en vacances.
3   J'ai demandé une semaine de congé et je l'ai eue.
4   Nous partons en *(de)* tournée en *(par)* Estrémadure !
5   En famille !
6 – Formidable, [ça] fait [des] années que je voulais [y] aller !

② Devant un complément de durée, *dans* et *il y a* se traduisent par **dentro de** et **hace** respectivement : **dentro de una semana**, *dans une semaine*. **hace años** (phrase 6), *il y a (ça fait) des années*. **hace tres meses**, *il y a (ça fait) trois mois*.

③ **me la han concedido**, *on me l'a accordée*, ou, plus familièrement comme ici, *je l'ai eue*. **conceder un plazo**, *accorder un délai*.

doscientos cincuenta • 250

59

7 ¿Crees que habrá sitio en algún ④ parador?
8 – Sí, pero tenemos que reservar cuanto antes ⑤.
9 Voy a enviar ahora mismo un "emilio" ⑥ a Jarandilla de la Vera ⑦.
10 Si tienen habitaciones, confirmaré por fax.
11 – Una con cama de matrimonio ⑧ y…
12 otra con tres camas para los niños.
13 – Papá, ¿qué te parece si invito a mi amiga Nieves?

Notes

④ À la leçon 57, vous avez fait connaissance avec **alguno/na**, *l'un, l'une* (sing.) ; *quelques-uns, quelques-unes* (plur.).
alguno/na, adjectif indéfini dont le masculin devient **algún** devant un substantif masculin, se traduit par *quelque* (employé surtout au pluriel) ou *un / une*.
Su vecino me dio algunos consejos, *Son voisin m'a donné (me donna) quelques conseils*.
Algún día te acordarás, *Un jour tu t'en souviendras*.

⑤ **cuanto antes** (littéralement : *combien avant*), *le plus tôt possible, dès que possible*, etc.
Telefonéeme cuanto antes, *Téléphonez-moi dès que possible*.

* * *

Ejercicio 1: Traduzca

❶ Se ha arreglado con sus amigos. ❷ ¿Has reservado ya? ❸ Voy a pedir unos días de permiso. ❹ No sé si habrá sitio. ❺ El tren sale dentro de cinco minutos.

7 Crois-tu qu'il y aura de la place dans un *(quelque)* parador ?
8 – Oui, mais nous devons réserver au plus vite *(combien avant)*.
9 Je vais envoyer tout de suite un e-mail à Jarandilla de la Vera.
10 S'il y a des chambres, je confirmerai par fax.
11 – Une avec un [grand] lit *(de mariage)* et…
12 [une] autre avec trois lits pour les enfants.
13 – Papa, tu veux bien que *(qu'en penses-tu si)* j'invite *(à)* mon amie Nieves ?

⑥ Dans le langage familier et un brin argotique, on dit parfois **emilio** (de **Emilio**, *Émile*) pour *e-mail* (**correo electrónico**, *courriel* / **"e-mail"** [*iméil*]).

⑦ À Jarandilla de la Vera se trouve le **parador "Carlos V"** où Charles Quint séjourna à la fin de sa vie, avant de se retirer au monastère de Yuste, situé à une douzaine de kilomètres.

⑧ **una cama de matrimonio**, *un grand lit, un lit à deux places*. **Queremos una habitación con cama de matrimonio y baño**, *Nous voulons une chambre avec un grand lit et une salle de bain*.
un matrimonio, *un couple marié*.
un matrimonio joven, *un jeune ménage*.

* * *

Corrigé de l'exercice 1

❶ Il / Elle s'est arrangé(e) avec ses amis. ❷ As-tu déjà réservé ? ❸ Je vais demander quelques jours de congés. ❹ Je ne sais pas s'il y aura de la place. ❺ Le train part dans cinq minutes.

59 Ejercicio 2: Complete

1 J'ai eu trois jours de congés au bureau.
Me han .... tres días .. ..
.. ..

2 Viens aussitôt que possible.
Ven ....

3 As-tu son adresse de courrier électronique ?
¿ .... dirección de correo .... ?

4 Il ne nous reste plus de chambres avec lit à deux places.
.. .. nos quedan habitaciones ... .
....

5 Pour confirmer, envoyez-moi un fax.
...., ...

* * *

Los Paradores Nacionales de Turismo *sont des grands hôtels, propriété de l'État, et gérés par* **el Ministerio de Turismo**, *le Ministère du Tourisme.*
On trouve déjà le mot **parador** *dans certains écrits classiques espagnols. Autrefois de catégorie supérieure aux auberges où affluaient les voyageurs avec leurs voitures et autres montures, les "paradors" étaient réservés aux hôtes de marque.*
Sous le règne d'Alphonse XIII et sur la base de cette tradition, le marquis de Vega-Inclán, Commissaire royal au Tourisme, proposa en 1926 la création d'une série de **paradores** *qui seraient sous tutelle de l'État.*
À mesure que les idées sur le voyage évoluaient et que la notion de tourisme se développait, les établissements ouverts au public devinrent plus nombreux.
De nos jours, presque une centaine de **paradores** *émaillent le territoire espagnol.*
La conception de base reste la même qu'au début du XXe siècle : l'État investit dans la création de complexes hôteliers sur des sites, pour la plupart historiques, que les investisseurs privés considè-

Corrigé de l'exercice 2

❶ – concedido – de permiso en la oficina ❷ – cuanto antes ❸ Tienes su – electrónico ❹ Ya no – con cama de matrimonio ❺ Para confirmar, envíeme un fax

* * *

rent comme potentiellement trop peu rentables pour y mettre leurs fonds.
En outre, on reste également fidèle à l'idée originelle en favorisant, autant que faire se peut, la restauration d'anciens monuments – palais, couvents, châteaux, etc. Ainsi, le voyageur bénéficie d'un lieu agréable pour se détendre en même temps qu'il "voyage dans l'histoire" de l'Espagne.
Comme les hôtels, les "paradors" sont classés en fonction du confort et des services proposés.
Le prix des chambres varie selon le nombre d'étoiles, **estrellas**.
On peut aussi se contenter d'une halte pour y manger (on y trouve le meilleur des spécialités régionales).
Si vous voyagez en Espagne, n'oubliez pas que tout Office de Tourisme, **Oficina de Turismo**, *peut vous renseigner sur la* **Red Nacional de Paradores** *(Réseau National de "Paradors") et que le détour en vaut la peine !*

Deuxième vague : Lección décima

60 Lección sesenta

Excelente consejo

1 – Doctor, vengo a pedirle consejo.
2 Llevo ① una temporada ② con la tensión alta ③.
3 – ¿Tiene mucho estrés?
4 – No, en absoluto. Llevo una vida muy tranquila.
5 Por las mañanas me levanto con el canto del gallo.
6 Reconozco, eso sí, que trabajo como una mula; pero…
7 lo compenso porque como como una fiera ④.
8 Me acuesto ⑤ con las gallinas.
9 Y duermo como una marmota.

Notes

① Pour exprimer la continuité de l'action en espagnol, on emploie souvent **llevar** (*mener, porter, emmener*…) avec un complément de temps. Cette construction se traduit généralement par *il y a* ou *ça fait* + un complément de temps.
Llevo una hora esperando (littéralement : *Je mène une heure attendant*), *Il y a une heure que j'attends*.
Lleva diez días enfermo (littéralement : *Il / Elle mène dix jours malade*), *Ça fait dix jours qu'il / elle est malade*.

② Dans sa première acception, **temporada** a le sens de *saison*. **temporada de lluvias**, *saison des pluies*. **temporada de verano**, *saison d'été*. **temporada alta / baja**, *haute / basse saison*. **fuera de temporada**, *hors saison*.
Mais **temporada** peut aussi se traduire par *période, époque*… ; on fait alors référence à un espace-temps de plus d'une semaine et qui ne dépasse pas quelques mois.

Leçon soixante   60

Excellent conseil

1 – Docteur, je viens vous demander conseil.
2   Il y a un certain temps que j'ai de la tension *(avec la tension élevée)*.
3 – Êtes-vous très stressé *(Avez-vous beaucoup de stress)* ?
4 – Non, nullement. Je mène une vie très tranquille.
5   Le*(s)* matin*(s)* je me lève avec le chant du coq.
6   Je reconnais, ça oui, que je travaille comme une bête *(une mule)* ; mais…
7   je le compense car je mange comme un lion *(un fauve)*.
8   Je me couche avec les poules.
9   Et je dors comme une marmotte.

David atraviesa una mala temporada, *David traverse une mauvaise période.*

③ **tener la tensión alta / mucha tensión / hipertensión**, *avoir de la tension* ou *avoir une tension élevée / beaucoup de tension / de l'hypertension.*

④ **comer como una fiera** *(un fauve)* ou **como un león**, *manger comme un lion.*

⑤ **acostarse**, *se coucher*, comme **volver** ou **contar** (note 3 de la leçon 53), change le **o** en **ue** à certaines personnes du présent. Observez : **ac<u>o</u>starse**, *se coucher*, → **me ac<u>ue</u>sto**, *je me couche* ; **d<u>o</u>rmir** (phrase 9), *dormir*, → **d<u>ue</u>rmo**, *je dors* ; **enc<u>o</u>ntrarse** (phrase 10), *se trouver*, → **me enc<u>ue</u>ntro**, *je me trouve*.

10 Pero… a pe**sar** de **to**do, **co**mo le de**cí**a, no me en**cuen**tro bien.
11 ¡No sé qué me **pa**sa!
12 – Pues… ¡no sé qué de**cir**le!
13 Yo, en su lu**gar** ⑥, consulta**rí**a a un veteri**na**rio.

Notes

⑥ **en tu lugar, yo…**, *à ta place, moi…*
el lugar, *le lieu* ; **el lugar ideal**, *le lieu idéal*.

Ejercicio 1: Traduzca

❶ María encontró trabajo hace tres días. ❷ Quiero pedirte un consejo. ❸ ¿Te sientes mal? ❹ Tengo mucho estrés en el trabajo. ❺ ¿A qué hora te acuestas?

* * *

Ejercicio 2: Complete

❶ Il y a combien de temps que tu attends ?
¿ . . . . . . tiempo . . . . . . esperando?

❷ Le(s) matin(s) je pars travailler à huit heures.
. . . . salgo . . . .

❸ Je reconnais que je me suis trompé.
. . . . que me he . . . .

❹ Malgré tout il dort comme une marmotte.
. . . . como una marmota.

❺ Moi à sa place, j'enverrais un fax tout de suite.
Yo . . . . , ... un fax . . . . . mismo.

257 • doscientos cincuenta y siete

10 Mais… malgré tout, comme je vous disais, je ne me sens *(trouve)* pas bien.
11 Je ne sais pas ce qui m'arrive !
12 – Eh bien… je ne sais pas quoi vous dire !
13 Moi, à votre place *(en votre lieu)*, je consulterais *(à)* un vétérinaire.

Corrigé de l'exercice 1

❶ María *(trouva)* a trouvé du travail il y a trois jours. ❷ Je veux te demander un conseil. ❸ Tu te sens mal ? ❹ J'ai beaucoup de stress au travail. ❺ À quelle heure te couches-tu ?

* * *

Corrigé de l'exercice 2

❶ Cuánto – llevas – ❷ Por las mañanas – a trabajar a las ocho ❸ Reconozco – equivocado ❹ A pesar de todo duerme – ❺ – en su lugar – enviaría – ahora –

> *Au moment de faire les exercices proposés à la fin de chaque leçon, vos connaissances étant de plus en plus vastes, il peut vous arriver qu'une solution autre que celle que nous vous proposons dans les corrigés vous vienne à l'esprit. C'est très bon signe. En effet, votre connaissance de la langue s'est déjà beaucoup enrichie et vous jouissez d'une plus grande aisance pour composer vos phrases. Si vous le pouvez, notez la réponse qui vous vient spontanément et essayez également, particulièrement dans l'exercice à trous, d'écrire la traduction telle que nous vous la demandons ; l'exercice 2 reprend des expressions ou mots couramment employés et, comme l'exercice 1, il constitue une révision supplémentaire des points étudiés dans le texte et les notes de la leçon.*
>
> **Deuxième vague : Lección once**

61 Lección sesenta y una

En el supermercado

1 – Ten, a**quí tie**nes **u**na **fi**cha, ve a co**ger** un **ca**rro;
2 yo voy a co**ger** un **nú**mero en la pescade**rí**a ①.
3 Nos encon**tra**mos en la sec**ción** de pro**duc**tos congela**dos** ②.
4 – De a**cuer**do. No **tar**des ③.
5 – Hay **u**na **co**la e**nor**me.
6 Nos da**rá tiem**po ④ a lle**nar** el **ca**rro
7 **an**tes de que ⑤ nos **to**que ⑥ a no**so**tros.

Notes

① **el pescado**, *le poisson* ; **el pescadero**, *le poissonnier* ; **la pescadería**, *la poissonnerie*.
Voy a la pescadería, *Je vais chez le poissonnier* ou *à la poissonnerie*.

② **productos congelados**, *produits surgelés* ; **congelar**, *congeler, surgeler* ; **el congelador**, *le congélateur*.

③ **tardar**, *tarder, mettre longtemps, mettre du temps, être long, en avoir pour* + temps.
No tardaré mucho, *Je ne serai pas long, Je ne mettrai pas longtemps...*
¿Cuánto tarda el tren de Madrid a Lisboa?, *Combien de temps met le train [pour aller] de Madrid à Lisbonne ?*
Sólo tardaré una hora, *J'en aurai seulement pour une heure.*

④ **no me (no te, no le, no nos,** etc.) **da tiempo**, *je n'ai (tu n'as ; il / elle n'a,* ou *vous n'avez ; nous n'avons,* etc.) *pas le temps*.
L'emploi du présent indique une certitude, alors que le futur exprime plutôt une estimation, une impression subjective :
No nos da tiempo a coger ese tren (c'est certain), *Nous n'avons pas le temps de* (ou *assez de temps pour*) *prendre ce train.*

Leçon soixante et une   61

Au supermarché

1 – Tiens, voici un jeton, va prendre un caddy ;
2   moi, je vais prendre un numéro au rayon poissonnerie *(dans la poissonnerie)*.
3   Nous nous retrouvons au rayon de produits surgelés.
4 – D'accord. Ne tarde pas [trop].
5 – Il y a une queue énorme.
6   Nous aurons le temps de *(nous donnera temps à)* remplir le caddy
7   avant que ce soit notre tour *(de que nous touche à nous)*.

No nos da (ou **no nos dará**) **tiempo a coger ese tren** (estimation plus ou moins subjective), *Nous n'aurons pas le temps de prendre ce train.*

⑤ La locution conjonctive **antes de que** est toujours suivie d'un verbe au subjonctif et se traduit par *avant que... (ne)*.
antes de que te vayas, *avant que tu (ne) partes.*
antes de que anochezca, *avant qu'il (ne) fasse nuit.*

⑥ **tocar** (que nous vous avons présenté à la leçon 50), de même que **sacar** (phrase 9), sont des verbes réguliers qui, pour conserver le même son pour l'oreille à toutes les formes du verbe, changent le **c** du radical en **qu** lorsque la terminaison doit commencer par **e**, c'est-à-dire à toutes les personnes du présent du subjonctif et à la 1re personne du sing. du passé simple.
tocar, prés. de l'indicatif   → **toco, tocas, toca,** etc.
prés. du subj.   → **toque, toques, toque,** etc.
passé simple   → **toqué, tocaste, tocó,** etc.
Cette modification orthographique ne constitue en aucun cas une irrégularité. Bien au contraire, elle permet au verbe de rester régulier.

8 – **Va**mos, yo ya he co**gi**do los pro**duc**tos de lim**pie**za ⑦, la be**bi**da, el to**ma**te concen**tra**do ⑧ y la **car**ne pi**ca**da;
9 **pe**ro… **sa**ca la **lis**ta.
10 – ¡Cre**í**a que la te**ní**as tú!
11 – **Bue**no, **va**mos por ⑨ el pan de **mol**de, los cere**a**les, la mante**qui**lla, los yo**gu**res y…
12 ¡ha**brá** que vol**ver** más **tar**de si nos **fal**ta **al**go!

13 La ca**je**ra: ¿Van a pa**gar** en me**tá**lico o con tar**je**ta ⑩?

14 – ¡No sé **dón**de **ten**go la ca**be**za!
15 ¡Me he de**ja**do tam**bién** la car**te**ra!

Notes

⑦ **los productos de limpieza**, *les produits d'entretien*. **limpiar**, *nettoyer*. **la limpieza**, *la propreté, le nettoyage*. **la limpieza de un lugar**, *la propreté d'un lieu*. **limpieza en seco**, *nettoyage à sec*. **mujer de la limpieza**, *femme de ménage*.

⑧ **el tomate**, <u>la</u> tomate. **el tomate concentrado**, *le concentré de tomates*. **concentrarse**, *se concentrer*.

⑨ **ir por**, *aller chercher*.
Voy por el pan, *Je vais chercher le pain* (ou **Voy a buscar el pan**).

* * *

Ejercicio 1: Traduzca

❶ ¿Tienes una moneda para coger un carro? ❷ ¿Qué número tenemos nosotros? ❸ No tardaré mucho. ❹ ¿Crees que nos falta algo? ❺ Delante del cine hay una cola muy grande.

8 – Allons[-y], j'ai déjà pris les produits d'entretien *(nettoyage)*, la boisson, le concentré de tomates et la viande hachée ;
9 mais… sors la liste.
10 – Je croyais que tu l'avais toi !
11 – Bon, allons chercher *(allons pour)* le pain de mie *(de moule)*, les céréales, le beurre, les yaourts et…
12 il faudra revenir plus tard s'il nous manque quelque chose !

13 La caissière : Vous allez payer en espèces ou par *(avec)* carte [bancaire] ?

14 – Je ne sais pas où j'ai la tête !
15 J'ai aussi oublié mon *(le)* portefeuille !

por traduit aussi *chercher* après des verbes tels que **venir**, *venir* ; **bajar**, *descendre* ; **salir**, *sortir* ; **enviar**, *envoyer* ; etc. **Vengo por el periódico**, *Je viens chercher le journal.*

⑩ **en metálico** (littéralement : *en métallique*), *en espèces*. **pagar con tarjeta**, *payer par carte [bancaire]*. **tarjeta de crédito**, *carte de crédit*. **tarjeta de visita**, *carte de visite*. **tarjeta telefónica**, *télécarte*. **postal** ou **tarjeta postal**, *carte postale*.

* * *

Corrigé de l'exercice 1

❶ As-tu une pièce pour prendre un caddy ? ❷ Quel numéro avons-nous ? ❸ Je ne serai pas très long. ❹ Crois-tu qu'il nous manque quelque chose ? ❺ Devant le cinéma il y a une très grande queue.

61 Ejercicio 2: Complete

1. Je partirai avant qu'il ne fasse trop chaud.
   Saldré .... haga ....
2. Je n'aurai pas le temps de passer chez le poissonnier.
   No .. .. a pasar por la ....
3. C'est à votre tour.
   .. .. usted.
4. Il faudra sortir chercher le pain.
   .... salir ... .. pan.
5. Je préfère payer en espèces.
   Prefiero ....

Il n'est pas facile de dégager des **horarios de apertura**, *horaires d'ouverture, qui soient valables partout en Espagne ; ceux-ci varient parfois entre le Nord et le Sud et ne sont souvent pas les mêmes en hiver et en été. Cela dépend aussi du type de commerce. On peut dire toutefois que dans les grandes villes, sur tout le territoire, les tranches horaires d'ouverture des* **supermercados**, *supermarchés, magasins et boutiques se situent entre 9 h 30 – 10 h et 13 h 30 ou 14 h*, **por la mañana**, *le matin ; et entre 16 h 30 – 17 h et 19 h 30 ou 20 h*, **por la tarde**, *l'après-midi.*
Los hipermercados, *les hypermarchés, et autres* **tiendas**, *magasins, des* **centros comerciales**, *centres commerciaux, situés pour*

Corrigé de l'exercice 2

❶ – antes de que – demasiado calor ❷ – me dará tiempo – pescadería ❸ Le toca a – ❹ Habrá que – por el – ❺ – pagar en metálico

la plupart à la lisière des grandes agglomérations, ne ferment pas à l'heure du déjeuner. Mais en ville aussi, nombre de **comercios**, *commerces, ont tendance à rester ouverts à midi.* **El cierre**, *la fermeture, du samedi après-midi, autrefois respectée partout, est aussi en recul. Les grands magasins ouvrent bien souvent aussi le dimanche matin. C'est aussi le cas pour bon nombre de* **comercios**, *situés dans des zones touristiques ; de plus, en semaine, ces derniers restent bien souvent ouverts jusqu'à 22 h ou 23 h.*

Deuxième vague : Lección doce

62   Lección sesenta y dos

Ociosas en la playa ①

1 –   ¿Qué te parece si extendemos aquí las toallas ②?
2 –   Muy bien, hace una brisa ③ muy agradable.
3 –   ¿Quieres que te ponga un poco de crema ④ protectora…
4   para que no te queme el sol ⑤?
5 –   Sí, ¡a ver si ⑥ me pongo morena ⑦ enseguida!

Notes

① **ocioso**, *désœuvré* (**desocupado**), *oisif*. **el ocio** *(l'oisiveté)* est également *le loisir* (le temps libre) ; aussi, **los momentos** ou **ratos de ocio** sont *les moments de loisir*.
Et à Madrid, par exemple, on peut se procurer chaque semaine dans le kiosque du coin, **la guía del ocio** ("le guide des loisirs") où l'on trouve le détail des spectacles proposés en ville (cinéma, théâtre, etc.), la liste des musées et leurs horaires d'ouverture, le programme des concerts ou opéras, des expositions ou autres activités qui permettent de passer quelques moments de détente et d'agrément.

② Distinguez entre **toalla**, *serviette de toilette* ou *de bain* (**de baño**), et **servilleta**, *serviette de table*.

③ Notez qu'avec **hacer** on construit différentes expressions impersonnelles en rapport avec le temps qu'il fait :
hace frío, calor, bueno, malo, fresco, *il fait froid, chaud, beau, mauvais, frais*.
Mais aussi : **hace una pequeña brisa**, *il y a une petite brise* ; **hace mucho viento**, *il y a beaucoup de vent*.

④ **ponerse** ou **echarse una crema** ou **una pomada**, *se passer une crème* ou *une pommade*.

⑤ **quemar**, *brûler* ; **quemarse**, *se brûler*.
quemarse traduit aussi *prendre un coup de soleil*.

Leçon soixante-deux 62

Désœuvrées à la plage

1 – Et si nous étalions nos serviettes ici *(Qu'en penses-tu si nous étalons ici les serviettes)* ?
2 – Très bien, il y a *(il fait)* une brise très agréable.
3 – Veux-tu que je te passe un peu de crème solaire *(protectrice)*...
4 pour que tu n'attrapes pas un coup de soleil *(le soleil ne te brûle pas)* ?
5 – Oui, pourvu que *(à voir si)* je bronze *(me mets brune)* rapidement !

Me he dormido en la playa y me he quemado la espalda, *Je me suis endormi(e) sur la plage et j'ai pris un coup de soleil sur le dos.*

⑥ L'expression **a ver si...** peut se traduire différemment, selon le contexte. Lorsqu'elle introduit un souhait ardent (c'est le cas de le dire !), elle peut se traduire par *vivement* ou *pourvu que* (**ojalá**).

⑦ Le sens premier de **moreno/na** est *brun, brune*.
Es rubio pero de piel morena, *Il est blond, mais brun de peau.*
Dans des nombreuses chansons populaires, l'appellation "**morena**" fait référence à une femme jeune.
Et puis, **moreno/na** a également le sens de *bronzé/e* (par le soleil). *bronzer* (**broncear**) est couramment traduit par **ponerse moreno**.

6 – Por **cier**to ⑧, **A**sun ⑨, ¿qué fue de a**quel** e**mir,** rey del pe**tró**leo,
7 con quien li**gas**te ⑩ el ve**ra**no pa**sa**do?
8 – ¡**Chi**ca ⑪, no me **ha**bles! ¿Qué **quie**res que te **di**ga?
9 Lo encon**tré** ⑫ **me**ses des**pués** en la **ca**lle;
10 por casuali**dad**, ¡a la en**tra**da del Li**ce**o ⑬!
11 – ¿Y qué ha**cía** a**llí**?
12 – Ven**día** cas**ta**ñas a**sa**das ⑭ y palo**mi**tas de ma**íz**.

Notes

⑧ **cierto/ta**, adjectif, signifie *certain, certaine* : **ciertas personas**, *certaines personnes*.
En tant qu'adverbe, **cierto** se traduit par *certainement, certes* ou par *à propos*.

⑨ **Asun** est le diminutif familier de **Asunción** *(Assomption)*, prénom qui n'a pas d'équivalent en français. Voyez à la note de civilisation, en fin de leçon.

⑩ **ligar**, *lier, attacher*. **ligar con alguien** a le même sens familier que *draguer* (faire la conquête de quelqu'un).

⑪ Employée entre femmes, cette exclamation introduit des nuances très diverses ; à l'instar de **¡Hombre!** ou **¡Mujer!** qui vous ont été présentées à la leçon 16. On traduira, selon le cas, par *Ça... !*, *Bah !*, *Écoute !*, ou encore par *Tiens !*, *Ma vieille !*, etc.

* * *

Ejercicio 1: Traduzca

❶ ¿Has cogido una toalla para la piscina? ❷ ¿Puedes poner las servilletas en la mesa? ❸ Hoy no hace demasiado viento. ❹ Ha vuelto muy morena de vacaciones. ❺ ¡Qué quiere que le diga?

6 – À propos, Asun, qu'en est-il *(que fut)* de cet émir, roi du pétrole,
7 que tu as dragué *(avec qui tu as lié)* l'été dernier ?
8 – Ça, ne m'en parle [même] pas ! Que veux-tu que je te dise ?
9 Je l'ai rencontré [quelques] mois plus tard *(après)* dans la rue ;
10 par hasard, à l'entrée du Liceo !
11 – Et qu'est-ce qu'il faisait là ?
12 – Il vendait des marrons chauds *(grillés)* et du pop-corn.

⑫ Faites bien attention aux passés simples qui vous sont proposés au fil des textes et qui, en français, se traduisent généralement par un passé composé : **lo encontré**, *je l'ai trouvé* ; **ligaste**, *tu as dragué* ; **¿qué fue de…?**, *qu'est-il advenu de… ?*

⑬ **El Gran Teatro del Liceo** (**Gran Téatre del Liceu**, en catalan), l'opéra de Barcelone, situé sur la célèbre avenue de Las Ramblas, est l'une des scènes les plus réputées d'Europe.

⑭ **castaña**, *châtaigne* et *marron*. **castañas asadas** *(grillées)*, *marrons chauds*.
asar est un verbe courant qui peut se traduire par *rôtir* ou *griller*.
carne asada, *viande rôtie*.
asar a la plancha, *griller* (viande, poisson, etc.).

* * *

Corrigé de l'exercice 1

❶ As-tu pris une serviette pour la piscine ? ❷ Peux-tu mettre les serviettes sur la table ? ❸ Aujourd'hui il n'y a pas trop de vent. ❹ Elle est rentrée très bronzée de vacances. ❺ Que voulez-vous que je vous dise ?

63   Ejercicio 2: Complete

1. Il n'a pas fait attention, et il a attrapé un coup de soleil au dos.
   No ha tenido .... se ha ....
   ....

2. À propos, ça fait un moment que je ne vois pas ton frère.
   ... ., ... una temporada ... ..
   ... . .. hermano.

3. Il y a trois mois.
   ....

4. Cette pommade est très bonne, tu peux la lui passer.
   .... muy buena, ... ponérsela.

5. Il fait beau, mais il y a du vent.
   ...., ... hace ....

---

63   Lección sesenta y tres

Repaso

1 Le passé simple

• **Rappel** – En espagnol, dès lors que l'action se situe dans une période de temps tout à fait écoulée au moment où l'on parle, on emploie le passé simple :
El martes fui al museo, *Mardi je suis allé au musée.*
Aussi, le passé composé français est-il généralement traduit par le passé simple espagnol. Celui-ci n'est donc pas réservé au style littéraire.
En espagnol, il s'emploie généralement en référence à une action qui se situe dans une période de temps incluant le moment où l'on parle :
Esta semana he ido al museo, *Cette semaine je suis allé au musée.*

• **Formation** – Le passé simple des verbes réguliers se construit en ajoutant au radical du verbe les terminaisons suivantes :

Corrigé de l'exercice 2

① – cuidado y – quemado la espalda ② Por cierto, hace – que no veo a tu – ③ Hace tres meses ④ Esta pomada es – puedes – ⑤ Hace bueno, pero – viento

Jusqu'à un passé récent, les prénoms attribués aux enfants à la naissance étaient souvent marqués du sceau de la religiosité dont était empreinte la société espagnole : prénoms de personnages bibliques, de saints et, pour les filles, des vierges célébrées par la tradition catholique. Aussi, chez les femmes, on trouve des prénoms qui peuvent surprendre lorsqu'on réfléchit à leur sens premier. Quelques exemples : **Dolores** *(douleurs),* **Natividad** *(nativité),* **Inmaculada** *(immaculée),* **Remedios** *(remèdes),* **Angustias** *(angoisses),* **Amparo** *(protection, bon secours) et* **Soledad** *(solitude), au diminutif rayonnant :* **Sol** *(soleil).*
Ces prénoms, souvent composés et précédés du nom **María** *(Marie), ont aujourd'hui tendance à disparaître.*

Deuxième vague : Lección trece

Leçon soixante-trois

• Pour les verbes en **-ar**, comme **hablar**, *parler*, nous avons :

habl	→ **é**	*je parlai*
habl	→ **aste**	*tu parlas*
habl	→ **ó**	*il, elle parla / vous parlâtes*
habl	→ **amos**	*nous parlâmes*
habl	→ **asteis**	*vous parlâtes*
habl	→ **aron**	*ils, elles parlèrent / vous parlâtes*

• Et pour les verbes en **-er** et en **-ir**, comme **comer**, *manger,* et **vivir**, *vivre* :

com → **í** *(je mangeai)*   viv → **í** *(je vécus)*
com → **iste**   viv → **iste**
com → **ió**   viv → **ió**
com → **imos**   viv → **imos**
com → **isteis**   viv → **isteis**
com → **ieron**   viv → **ieron**

doscientos setenta

• **Remarque** : Dans certaines régions d'Espagne, et dans de nombreux pays d'Amérique Latine comme l'Argentine par exemple, l'utilisation du passé simple au détriment du passé composé est générale.

2 Les passés simples irréguliers

Ils sont nombreux. Nous vous invitons à les dépister et à les retenir au fur et à mesure qu'ils apparaissent dans les textes des leçons. Bien évidemment, nous vous fournirons dans les notes des modèles et des éléments qui vous permettront de les assimiler en douceur.

Voici une première aide : dès lors que l'on a bien retenu les terminaisons proposées ci-dessus, il est très facile de reconnaître un passé simple car, sauf exception, les terminaisons ne varient pas – l'irrégularité se trouve dans le radical.

Et voici quelques passés simples irréguliers qui vous sont déjà familiers ; révisez :

Ayer tuve (tener) una reunión, *Hier (j'eus) j'ai eu une réunion.*
La semana pasada fui (ir) al cine, *La semaine dernière (j'allai) je suis allé/e au cinéma.*
En julio hizo (hacer) muy bueno, *En juillet (il fit) il a fait très beau.*
Sintió (sentir) no haber podido venir, *(Il / Elle regretta) Il / Elle a regretté de ne pas avoir pu venir.*
Le di (dar) las gracias por su ayuda, *(Je le remerciai) Je l'ai remercié pour son aide.*
Daniel me dijo (decir) que le gustaría ir de acampada, *Daniel (me dit) m'a dit qu'il aimerait aller faire du camping.*

3 Ne… que / Ne… plus / Ne plus… que

• *ne… que* peut être traduit de trois manières différentes :

sólo… → **Sólo** tengo una hora
no… más que → **No** tengo **más que** una hora ⎫ *Je n'ai qu'une heure.*
no… sino → **No** tengo **sino** una hora ⎭

• *ne… plus* se traduira par :
ya no… (précédant le verbe) **Ya no** vendrá ⎫
ou par : ⎬ *Il / Elle ne viendra plus.*
no… ya (encadrant le verbe) **No** vendrá **ya** ⎭

Si la construction *ne... plus* se réfère à une quantité, on traduira par :
ya no... más → <u>**Ya no** fumaré **más**</u>
ou par : } *Je ne fumerai plus.*
no... más → <u>**No** fumaré **más**</u>

• *ne plus... que* peut aussi être traduit de trois façons différentes (à mettre en rapport avec les constructions précédentes) :
ya sólo...
ya no... más que
ya no... sino

Ainsi
<u>**Ya sólo**</u> quedan diez minutos para que llegue el tren.
<u>**Ya no**</u> quedan <u>**más que**</u> diez minutos para que llegue el tren.
<u>**Ya no**</u> quedan <u>**sino**</u> diez minutos para que llegue el tren.

correspondent à *Il ne reste plus que dix minutes pour que le train arrive* (ou *pour l'arrivée du train*, **para la llegada del tren**).

4 Les possessifs

• **Adjectifs**

mi, *mon / ma* ; **tu**, *ton / ta* ; **su**, *son / sa*, etc., que nous vous avons présenté dès la leçon 28, sont les formes atones de l'adjectif possessif. Elles précèdent toujours le nom :
mi hijo, *mon fils* ; **su cuñada**, *sa belle-sœur* ; **nuestro barrio**, *notre quartier*, etc.

Les formes dites toniques :

mío, a, os, as : *mien, mienne,* etc. **nuestro, a, os, as** : *notre, nos* ;
tuyo, a, os, as : *tien, tienne,* etc. **vuestro, a, os, as** : *votre, vos* ;
suyo, a, os, as : *sien, sienne,* etc. **suyo, a, os, as** : *leur, leurs,*

se placent toujours après le nom. Leur usage est moins courant :
- elles introduisent souvent une idée d'affection : **Hija mía**, *Ma fille* ;
- elles sont utilisées aussi en début de lettre : **Muy señor mío / Muy señores míos**, *Monsieur / Messieurs* ;
- elles permettent de rendre les tournures possessives françaises *à moi, à toi, à lui, à nous,* etc., ou *un de mes..., un de tes..., un de ses...,* etc. :
un amigo mío, *un ami à moi* ou *un de mes amis*.

Bien souvent elles se traduiront plus aisément par les formes *mon, ma, ton, ta, son, sa,* etc.

¿Te acuerdas de Cristina? Pues la niña que está junto al tobogán es hermana suya, *Te souviens-tu de Cristina ? Eh bien, la petite fille qui est à côté du toboggan est sa sœur.*

• **Pronoms**

La forme du pronom possessif n'est autre que celle de l'adjectif possessif dit tonique (**mío, tuyo, suyo,** etc.) précédé de l'article défini :
el mío, la mía, etc. : *le mien, la mienne,* etc.
el tuyo, la tuya, etc. : *le tien, la tienne,* etc.
el suyo, la suya, etc. : *le sien, la sienne,* etc.
el nuestro, la nuestra, etc. : *le nôtre, la nôtre,* etc.
¡Estupendo, aquí están los billetes! Éste es el mío, está a mi nombre; y este otro es el tuyo, *Super, voici les billets ! Celui-ci est le mien, il est à mon nom ; et cet autre [là] est le tien.*

5 Verbes irréguliers classés

Sans entrer dans le détail, nous nous limiterons ici à vous inviter à fréquenter l'appendice grammatical avec assiduité. En effet, votre acquis prend de plus en plus d'envergure et il est bon que vous établissiez vos propres moyens de classement. Lorsque vous avez un doute ou une petite hésitation, un coup d'œil rapide au classement détaillé des verbes (à la fin de cet ouvrage) peut s'avérer fort utile. De toute façon, vous en connaissez déjà "un rayon", car ils ont été glissés de-ci, de-là, dès les premières leçons. Aussi, compte tenu de cette imprégnation, vous n'aurez pas grande difficulté à les encadrer. Puis, c'est bien connu ; dès que l'on range un peu… on a tout de suite plus de place !

À titre indicatif, pour vous aider à vous orienter dans le classement qui vous est proposé et auquel dorénavant nous ferons parfois référence, souvenez-vous qu'en espagnol il y a :

• 3 conjugaisons régulières : en **-ar,** en **-er** et en **-ir.**
• 24 verbes irréguliers non classés (vous en avez déjà rencontré 19

parmi les plus usités).
• 12 groupes de verbes irréguliers classés (dont nous vous avons déjà présenté la plupart, même si vous ne les repérez pas encore très bien).

Eh oui, eh oui !
Caminante ! Vous avez fait déjà du chemin !

6 Diálogo recapitulativo

1 – Ayer me encontré con Daniel en la playa. **(57, 62)**
2   Me dijo que llevaba tres meses sin trabajo. **(60, 63)**
3 – ¿Y qué hacía en la playa? **(62)**
4   Además… ¡con el frío que hacía ayer! **(44, 62)**
5 – Buscar trabajo. **(40, 41)**
6 – ¡No me digas! ¿En la playa? **(20, 62)**
7 – Él dice que es el lugar ideal para concentrarse. **(60, 61)**
8 – No cabe duda, ¡cada uno a su manera! **(47, 57)**
9   Y… ¿qué le gustaría hacer? **(19, 63)**
10 – Ser director de una gran empresa. **(15, 40)**

Traducción

1 Hier j'ai rencontré Daniel à la plage. **2** Il m'a dit que ça faisait trois mois [qu'il était] sans travail. **3** Et que faisait-il à la plage ? **4** En plus… avec le froid qu'il faisait hier ! **5** Chercher du travail. **6** Ça par exemple ! À la plage ? **7** Il dit que c'est le lieu idéal pour se concentrer. **8** Il n'y a pas de doute, chacun à sa manière ! **9** Et… qu'aimerait-il faire ? **10** Être directeur d'une grande entreprise.

Deuxième vague : Lección catorce

64 Lección sesenta y cuatro

Una buena acción

1 – Con esa cara que pones ①…
2   me da que ② vienes a pedirme ③ algo; ¿a que sí?
3 – Sí, mamá, ¿podrías ④ darme dos euros?
4 – ¿Y qué has hecho con los que te di ayer?
5 – Se los di a un pobre hombre.
6 – Está bien, hijo. Tienes buen corazón.
7   Toma, aquí tienes tres euros.
8   ¿Y qué te empujó ⑤ a ser tan generoso?
9 – Fue, mamá, como una atracción ⑥ a la que no pude resistir;

Notes

① **poner cara de…**, *faire une tête de…*
   Poner cara de entierro, *Faire une tête d'enterrement.*

② **me da que…** est une construction du langage familier qui introduit l'expression d'une supposition, d'un pressentiment, d'un doute, etc. ; elle peut se traduire selon le cas par *je sens que…* (**siento que…**), *j'ai l'impression que…* (**tengo la impresión de que…**), *je crois bien que…* (**creo que…**).
   Me da que estás cansado, *J'ai l'impression que tu es fatigué.*
   Me da que va a llover, *Je crois bien qu'il va pleuvoir.*

③ **pedir**, *demander*, à ne pas confondre avec **preguntar**, *demander* dans le sens de *poser une question*, un verbe qui appartient au 6ᵉ groupe des irréguliers classés dont nous avons parlé à la précédente leçon de révision. Pour en savoir plus, vous pouvez vous reporter à la leçon 84 et à l'appendice grammatical.
   N'oubliez pas : **pedir → pido**, *je demande.*

Leçon soixante-quatre   64

Une bonne action

1 – Avec cette tête que tu fais *(visage que tu mets)*…
2 je sens que tu viens me demander quelque chose, pas vrai ?
3 – Oui, maman, pourrais-tu me donner deux euros ?
4 – Et qu'as-tu fait avec ceux que je t'ai donnés hier ?
5 – Je *(lui)* les ai donnés à un pauvre homme.
6 – C'est bien, [mon] fils. Tu as bon cœur.
7 Tiens, voici trois euros.
8 Et qu'est-ce qui t'a poussé à être aussi généreux ?
9 – Ça a été, maman, comme une attirance à laquelle je n'ai pas pu résister ;

④ **poder**, *pouvoir*, est l'un des ces 24 verbes irréguliers non classés dont nous avons fait état à la leçon précédente.
podrías, *tu pourrais*.
Il est important de retenir que ces verbes irréguliers ne le sont pas à toutes les formes. C'est une bonne nouvelle ! Notez bien les différentes formes à mesure qu'elles apparaissent dans les leçons et vous verrez que vous les assimilerez sans trop d'effort.
Ne manquez pas **pude**, *j'ai pu*, à la phrase 9.

⑤ **empujó**, *poussa*. Encore un passé simple ! N'oubliez pas que l'accent sur la dernière syllabe caractérise, sauf exception, les 1re et 3e personnes du singulier de ce temps.

⑥ **atracción**, *attraction* et *attirance*. **atraer**, *attirer*. **parque de atracciones**, *parc d'attractions*. **sentir atracción por alguien**, *ressentir de l'attirance pour quelqu'un*.

10 **c**o**m**o **u**na **e**s**p**ecie de fle**cha**zo ⑦.
11 – ¡**Hij**o! ¿Y **dón**de encon**tras**te a **e**se **po**bre **hom**bre?
12 – En la **ca**lle, ven**día** cara**me**los ⑧.

Notes

⑦ À la leçon 54, nous vous indiquions que le suffixe augmentatif **-azo** rendait souvent l'idée de *un coup de*. Voici un cas un peu particulier : en effet, **flechazo**, *coup de flèche* (**flecha**), a aussi en espagnol le sens de *coup de foudre* ! Dans notre texte, la phrase de l'enfant **como un flechazo** laisse planer une ambiguïté.

⑧ Attention aux faux amis : **los caramelos** sont nos *bonbons* ; **un bombón**, avec **m** devant le **b**, est toujours un *(bonbon au) chocolat*. Quant à notre *caramel*, il se dit **caramelo**, en espagnol.

* * *

Ejercicio 1: Traduzca

❶ ¿Has visto qué cara ha puesto su padre? ❷ ¿Qué te ha preguntado? ❸ ¿Podrías darme su dirección de correo electrónico? ❹ ¿Qué has hecho esta tarde? ❺ Tiene muy buen corazón, es muy generosa.

* * *

Ejercicio 2: Complete

❶ J'ai l'impression qu'il va faire froid.
.. .. va a hacer ..... .

❷ Ton projet m'attire beaucoup.
Tu .... mucho.

❸ À propos, que vendait-il ?
... ., ¿qué ...... ?

❹ Je n'ai pas pu résister.
.. ..

10   comme si j'avais été touché par une flèche
         (comme une espèce de coup de flèche/foudre).
11 – Mon fils ! Et où as-tu trouvé *(à)* ce pauvre
         homme ?
12 – Dans la rue, il vendait des bonbons !

* * *

Corrigé de l'exercice 1
❶ As-tu vu quelle tête a fait son père ? ❷ Que t'a-t-il demandé ?
❸ Pourrais-tu me donner son adresse de courrier électronique ?
❹ Qu'as-tu fait cet après-midi ? ❺ Elle a très bon cœur, elle est très généreuse.

* * *

❺ Je te demande un service.
   Te .... un ....

Corrigé de l'exercice 2
❶ Me da que – frío ❷ – proyecto me atrae – ❸ Por cierto – vendía
❹ No he podido resistir ❺ – pido – favor

Deuxième vague : Lección quince

65 Lección sesenta y cinco

El chico del chiringuito

1 En la arena ya no queda huella ① alguna
2 del alegre corretear ② de los niños,
3 ni de las idas y venidas
4 de todos aquellos que ayer pasaron un día de playa.
5 De madrugada ③, los hombres y las máquinas del ayuntamiento
6 han cumplido su cometido.
7 Las tumbonas, azules y amarillas,
8 también descansan apiladas por pequeños grupos aquí y allá.
9 El sol se levanta y, en ④ la punta extrema del malecón,
10 un viejecito con visera
11 sobre el que revolotea un puñado de gaviotas,

Notes

① **huella**, *trace* et *empreinte*.
En la nieve se veían las huellas de los esquís, *Dans la neige on voyait les traces des skis*.
las huellas digitales ou **dactilares**, *les empreintes digitales*.

② **corretear** (qui dérive de **correr**) est un verbe à connotation familière qui exprime l'action de *courir un peu dans tous les sens*, pour jouer, comme le font les enfants.

③ **de madrugada**, *au petit matin, au petit jour, à l'aube* (**al alba**).
Tenemos que hacer muchos kilómetros, saldremos de madrugada (ou, aussi, **temprano / pronto**), *Nous devons faire beaucoup de kilomètres, nous partirons au petit matin* (ou *de bonne heure / tôt*).

Leçon soixante-cinq 65

Le garçon du "chiringuito"

1. Sur *(Dans)* le sable il ne reste plus aucune trace
2. des joyeuses courses *(du joyeux courir)* des enfants,
3. ni des allées et venues
4. de tous ceux qui ont passé hier une journée à la *(un jour de)* plage.
5. Au petit matin, les hommes et les machines de la mairie
6. ont rempli leur mission.
7. Les transats, bleus et jaunes,
8. se reposent aussi, empilés par petits groupes de-ci, de-là *(ici et là)*.
9. Le soleil se lève et, à la pointe extrême de la jetée,
10. un petit vieux avec [une] casquette,
11. au-dessus de qui *(sur lequel)* voltige une poignée de mouettes,

Me he levantado temprano, *Je me suis levé de bonne heure / tôt*. Notez aussi **madrugar**, un joli verbe (régulier !) d'usage très courant qui veut dire à lui tout seul *se lever de bonne heure*. **Hoy he madrugado**, *Aujourd'hui, je me suis levé de bonne heure*.

④ Souvenez-vous : sauf exception, dès lors qu'un verbe indique le lieu où l'on se trouve ou le lieu où l'action se réalise, on doit employer la préposition **en** :
Estamos en la playa, *Nous sommes à la plage*.
Mi hijo está en su habitación, *Mon fils est dans sa chambre*.
Está jugando en la arena, *Il / Elle est en train de jouer sur le sable*.

12 **lan**za a lo **lej**os el se**dal**.
13 El **rui**do de las **o**las pa**re**ce acer**car**se: la ma**re**a es**tá** su**bien**do.
14 Y no **lej**os del **ban**co en el que ⑤ me he sentado a le**er** el peri**ó**dico,
15 **mien**tras dis**po**ne dos me**si**tas y **cua**tro **si**llas bamboleantes,
16 sil**bo**tea a**ho**ra el **chi**co ⑥ del chirin**gui**to. ⑦ □

Notes

⑤ Quand *où* exprime une idée de lieu et qu'il n'y a pas de mouvement, il peut être traduit par **en donde**, **donde**, **en que** ou **en el que**, **en la que**, etc.
Ainsi, *non loin du banc où je me suis assis*... peut se traduire par : **no lejos del banco en donde me he sentado / donde me he sentado / en que me he sentado** ou **en el que me he sentado**.

⑥ **chico**, déjà vu à la leçon 46, peut être employé pour une personne qui n'est pas forcément très jeune.

* * *

Ejercicio 1: Traduzca

❶ Los niños han ido a jugar con la arena. ❷ Ponte la visera, hace demasiado sol. ❸ Hoy hay muchas olas. ❹ En invierno, el sol se levanta más tarde. ❺ El viejecito descansa en una tumbona.

* * *

Ejercicio 2: Complete

❶ Demain je dois me lever de bonne heure.
...... tengo que ....

❷ Dans la ville où je suis née, il y a une grande plage.
.. .. nací, ...
..... .

❸ J'ai l'impression que la marée commence à monter.
.. da ... . empieza . ...

12 lance au loin sa *(la)* ligne.
13 Le bruit des vagues semble se rapprocher : la marée est en train de monter.
14 Et non loin du banc où je me suis assis pour *(à)* lire mon *(le)* journal,
15 pendant qu'il dresse deux petites tables et quatre chaises branlantes,
16 [le garçon du "chiringuito"] sifflote maintenant *(le garçon du "chiringuito").*

Ainsi par exemple, un *coursier* est un **chico (de los recados)** et *la femme de ménage* est souvent appelée **la chica**.

⑦ L'ordre des mots, un peu inhabituel, contribue ici à donner un relief particulier au récit. Bien évidemment, dans le langage quotidien, on dirait plus facilement **"y no lejos del banco en el que me he sentado a leer el periódico," "el chico del chiringuito silbotea ahora mientras dispone…"**

* * *

Corrige de l'exercice 1

❶ Les enfants sont allés jouer avec le sable. ❷ Mets ta casquette, il y a trop de soleil. ❸ Aujourd'hui, il y a beaucoup de vagues. ❹ En hiver, le soleil se lève plus tard. ❺ Le petit vieux se repose sur un transat.

* * *

❹ Je ne t'entends pas, il y a trop de bruit.

. . . . , ...

❺ Nous nous sommes assis sur un banc et nous nous sommes reposés.

. . . hemos . . . . y . . . .

Corrigé de l'exercice 2

❶ Mañana – madrugar ❷ En la ciudad en que – hay una gran playa ❸ Me – que la marea – a subir. ❹ No te oigo – hay demasiado ruido ❺ Nos – sentado en un banco – hemos descansado

doscientos ochenta y dos • 282

> EN INVIERNO, EL SOL SE LEVANTA MÁS TARDE.

66 Lección sesenta y seis

Petición de mano ①

1 — ¡Papá, mamá! ¡No os podéis imaginar lo feliz que soy ②!
2   Fernando me ha pedido que me case ③ con él.
3 — Bueno, bueno... De modo que ④ Fernando quiere casarse contigo ⑤, ¿eh?

Notes

① **petición de mano** (littéralement : *demande de main*), *demande en mariage*. **petición**, *demande, requête, pétition*. **a petición de**, *à la demande de* ; **a petición del interesado**, *à la demande de l'intéressé*.

② *Rappel :* **lo** suivi de **que** correspond à *ce que* ou *ce qui*.
Mira lo que he comprado, *Regarde ce que j'ai acheté.*
Notez aussi : **lo... que** encadrant un adjectif ou un adverbe se traduit par *combien*.
¡No sabes lo contento que estoy!, *Tu ne sais pas combien je suis content !*

③ *Rappel :* l'infinitif placé après un verbe exprimant une demande, une prière, un ordre, se traduit en espagnol par le subjonctif.
Il me demande de partir avec lui, **Me pide que (me) vaya con él**.

Un chiringuito *est une sorte de buvette installée à l'air libre, plus particulièrement sur une plage, et aménagée la plupart du temps de façon provisoire.*
Il existe toutes sortes de **chiringuitos**, *des plus rudimentaires aux plus sophistiqués. Dans les uns on trouvera simplement des* **helados**, *glaces ; des* **golosinas**, *friandises, et quelques* **refrescos**, *boissons fraîches, alors que les autres vous proposeront de plus quelques tapas, des* **bebidas alcohólicas**, *boissons alcoolisées, et même de petits plats plus consistants.*
Si vous passez quelques jours à la plage en Espagne, installez-vous dans un **chiringuito** *et laissez-vous aller à savourer un autre style de vie.*

Deuxième vague : Lección dieciséis

Leçon soixante-six 66

Demande en mariage

1 – Papa, maman ! Vous ne pouvez pas vous imaginer combien je suis heureuse *(l'heureuse que je suis)* !
2 Fernando m'a demandée en mariage *(que je me marie avec lui).*
3 – Bien, bien *(Bon, bon)*… Ainsi donc Fernando veut se marier avec toi, hein ?

④ L'expression **de modo que** pourra être remplacée, selon le contexte, par **de manera que, así pues, así que** ou **conque**, *ainsi donc, alors, donc.*
Esta tarde cerramos, de modo que no venga, *Cet après-midi nous sommes fermés, ainsi donc ne venez pas.*
Te había avisado, así que ahora no te quejes, *Je t'avais averti, alors maintenant ne te plains pas.*

⑤ Avec la préposition **con**, *avec*, les pronoms compléments **mí**, *moi* ; **ti**, *toi* ; **sí**, *soi*, deviennent **conmigo**, *avec moi* ; **contigo**, *avec toi*, et **consigo**, *avec soi*, respectivement.
¿Quieres venir conmigo?, *Veux-tu venir avec moi ?*
¿Está contigo?, *Il / Elle est avec toi ?*

4 – Sí, así es, papá; me **quie**re.
5 – Está bien; **pe**ro me imagi**no** ⑥ que **an**tes ha**brá** pen**sa**do en la responsabili**dad** que eso con**lle**va;
6   y, por su**pues**to, su**pon**go ⑦ que **go**za de **u**na **bue**na situa**ción**
7   y dis**po**ne de los **me**dios sufi**cien**tes **pa**ra mante**ner** ⑧ a **u**na fa**mi**lia.
8 – ¡Pues **cla**ro! Lo pri**me**ro ⑨ que me ha pregun**ta**do es **cuán**to ga**na**bas. □

Notes

⑥ **me imagino que…**, avec le pronom **me**, est une construction plus familière que **imagino que…**, *j'imagine que…* Outre la familiarité, **me** donne un ton plus emphatique à la phrase.

⑦ Bien évidemment, les verbes composés, en dehors de quelques exceptions bien précises, se conjuguent comme leur modèle simple. Dans cette leçon : con**llevar** (phrase 5), su**poner** (phrase 6), dis**poner** et man**tener** (phrase 7).

⑧ **mantener**, a également bien d'autres sens tout aussi courants : **mantener una opinión**, *maintenir une opinion*. **mantener una conversación**, *tenir une conversation*.
Et une expression : **mantenerse en sus trece** (littéralement : *se maintenir* ou *se tenir dans ses treize*), *ne pas en démordre*. ▶

* * *

Ejercicio 1: Traduzca

❶ Se casarán dentro de tres meses. ❷ ¡No sabes lo contentos que están! ❸ Me pide que vaya a su despacho cuanto antes. ❹ ¿De qué medios dispones? ❺ Trabaja con niños, tiene muchas responsabilidades.

4 – Oui, c'est ça, papa ; il m'aime.
5 – C'est bien, mais j'imagine *(je m'imagine)* qu'avant il aura pensé à *(en)* la responsabilité que cela entraîne ;
6   et, bien sûr, je présume *(je suppose)* qu'il jouit d'une bonne situation
7   et dispose de moyens suffisants pour faire vivre *(maintenir à)* une famille.
8 – Bien évidemment ! La première chose qu'il m'a demandée, c'est combien tu gagnes *(gagnais)*.

PETICIÓN DE MANO

⑨ N'oubliez pas que **lo primero** se rend par *la première chose*, alors que **el primero** (ou **el primer**) veut dire *le premier*.
lo primero que hay que hacer…, *la première chose à faire…*
el primero en llegar, *le premier à arriver*.
el primer día del mes, *le premier jour du mois*.

* * *

Corrigé de l'exercice 1

❶ Ils se marieront dans trois mois. ❷ Tu ne sais pas combien ils sont contents ! ❸ Il me demande d'aller à son bureau au plus vite. ❹ De quels moyens disposes-tu ? ❺ Il / Elle travaille avec des enfants, il / elle a beaucoup de responsabilités.

doscientos ochenta y seis • 286

Ejercicio 2: Complete

1. Les parents se sont réunis à la demande du directeur de l'école.
   . . . . se reunieron . . . . del . . . . del colegio.

2. Nous jouissons d'une bonne situation.
   . . . . de una . . . .

3. J'imagine qu'il passera nous voir aujourd'hui.
   . . . . que pasará . . . .

4. Il pleut et il fait beaucoup de vent, ainsi donc je ne prendrai pas la voiture.
   Llueve . . . . , ... no cogeré el coche.

---

67 Lección sesenta y siete

La víspera del día de Reyes

1 **H**ace un **frí**o que **pe**la ①, **pe**ro no im**por**ta ②;
2 **u**nos y **o**tros se **po**nen ③ el a**bri**go y la bu**fan**da;
3 y…¡**rá**pido, **to**do el **mun**do a la **ca**lle!
4 Los **ni**ños los pri**me**ros.

Notes

① **Hace un frío que pela** (littéralement : *Il fait un froid qui arrache la peau, qui pèle, qui dénude*), *Il fait un froid de canard*.

② **no importa**, que nous avons déjà rencontré à la leçon 52, est une expression extrêmement courante employée pour dédramatiser, déculpabiliser ou pour manifester son indétermination devant un choix, par exemple. Sa traduction peut en conséquence varier : *peu importe, ça n'a pas d'importance, ça ne fait* ▶

5 Il n'en démord pas !
   Se . . . .

Corrigé de l'exercice 2

1 Los padres – a petición – director – **2** Gozamos – buena situación **3** Me imagino – a vernos hoy **4** – y hace mucho viento – así que – **5** – mantiene en sus trece

Deuxième vague : Lección diecisiete

Leçon soixante-sept   67

La veille du jour des Rois

1   Il fait un froid de canard, mais peu importe ;
2   [les] uns et [les] autres enfilent *(mettent)* leur manteau et [mettent] leur écharpe ;
3   et… vite *(rapide)*, tout le monde [descend] dans la rue !
4   Les enfants les premiers.

rien, ce n'est pas grave, ou aussi *c'est pareil, n'importe…*
Voyez aussi : **No me importa**, *Ça m'est égal.*

3 *passer, enfiler* un manteau, une veste, etc. se construisent en espagnol avec **ponerse** (pronominal), *(se) mettre.*
ponerse el abrigo, la chaqueta, etc., *mettre, passer son manteau, sa veste,* etc.

5 **Des**de que se han levan**ta**do, no **pa**ran **quie**tos ④:
6 ma**ña**na **lle**gan los **Re**yes **Ma**gos.
7 — ¡**Va**mos, pa**pá**! ¡**A**le, ma**má**, que ⑤ no **va**mos a lle**gar**!
8 En la **Pla**za Ma**yor** ⑥, **tér**mino del reco**rri**do de la cabal**ga**ta ⑦
9 **to**do es agita**ción**, alga**za**ra, febili**dad**.
10 La lle**ga**da de los ca**me**llos car**ga**dos de re**ga**los
11 y los sa**lu**dos de Mel**chor**, Gas**par** y Balta**sar des**de sus ca**rro**zas
12 de**sa**tan el entu**sias**mo de **gran**des y pe**que**ños.
13 — ¿**Cre**es que me trae**rán to**do lo que les he pe**di**do ⑧?
14 No sé, **hi**jo; **pe**ro… no se olvida**rán** de ti.

Notes

④ **no parar quieto**, *ne pas tenir en place*.
¡Párate quieto!, *Reste tranquille !, Ne bouge pas !* (**¡No te muevas!**).

⑤ Après l'expression d'un ordre, on emploie parfois la conjonction **que** pour introduire une proposition à caractère explicatif. **que** a alors le même sens que **porque** et doit donc se traduire par *parce que* ou *car*.
Vamos, niños, que se hace tarde, *Allons-y, les enfants, car il se fait tard.*

⑥ Presque chaque ville et chaque village a sa **Plaza Mayor** (littéralement : *Place Majeure*), *Grande Place*, naguère le pôle autour duquel s'articulait la vie de la cité et où se trouvait la mairie, l'église, la zone commerçante la plus fréquentée, etc. ; c'était aussi le lieu qui accueillait le marché et à partir duquel la ville se développait. Aujourd'hui, **las plazas mayores** des gran-

5 Depuis qu'ils se sont levés, ils ne tiennent pas en place :
6 demain passeront *(arrivent)* les Rois Mages.
7 – Allons[-y], papa ! Allez, maman, car *(que)* nous n'allons pas arriver [à temps] !
8 Sur la Plaza Mayor, fin *(terme)* du parcours du défilé,
9 tout est agitation, brouhaha, fébrilité.
10 L'arrivée des chameaux chargés de cadeaux
11 et les saluts de Melchior, Gaspard et Balthazar depuis leurs chars
12 déchaînent l'enthousiasme de[s] grands et [des] petits.
13 – Tu crois qu'ils m'apporteront tout ce que je leur ai demandé ?
14 Je ne sais pas, [mon] fils ; mais… ils ne t'oublieront pas *(ils ne s'oublieront pas de toi).*

des villes se trouvent enserrées dans l'étroit tissu des ruelles des anciens quartiers devenus quartiers historiques.

⑦ **una cabalgata** est un *défilé* (**desfile**) de montures, chars, danseurs et autres fanfares organisé comme une fête populaire.
la cabalgata de los Reyes Magos est le défilé qui se déroule chaque année dans la plupart des villes espagnoles le soir du 5 janvier.
Notez que **cabalgar** se traduit par *chevaucher* ; et que **desfile**, *défilé*, s'emploie dans le cas d'un **desfile militar**, *défilé militaire*, par exemple.

⑧ Traditionnellement, les enfants espagnols écrivent chaque année leur **carta a los Reyes Magos**, équivalent de notre *lettre au Père Noël* (**Papá Noel**). Dans cette lettre, les enfants **piden**, *demandent* ; puis, les Rois Mages **traen**, *apportent* (ou pas).

67
15 Unos **fue**gos artifi**cia**les **cie**rran la **fies**ta en las **ca**lles
16 y **a**bren un pa**rén**tesis de **lar**ga es**pe**ra.
17 Es **ho**ra de vol**ver** a **ca**sa e ⑨ ir a dor**mir**…
18 ¡los **Re**yes nos ha**rán** madru**gar**! □

Notes

⑨ **y**, *et*, devient **e** devant un mot commençant par **i** ou **hi** (sauf si **hi** est suivi d'une voyelle).
bueno e inteligente, *bon et intelligent*.
dátiles e higos, *dattes et figues*.
Mais : **nieve y hielo**, *neige et glace*.

* * *

Ejercicio 1: Traduzca

❶ Ponte el abrigo, nos vamos. ❷ No he comido nada desde que me he levantado. ❸ Esta noche iremos a ver los fuegos artificiales. ❹ ¿Mañana vas a madrugar? ❺ No creo que lleguemos a tiempo.

* * *

Ejercicio 2: Complete

❶ Pedro et Isabel rentreront dans quelques jours.
Pedro . Isabel . . . .

❷ Je ne t'oublierai jamais.
. . . .

❸ Ne t'en fais pas, ça n'a pas d'importance.
. . . . preocupes, ...

❹ Tu ne peux pas imaginer tout ce que les enfants ont demandé.
. . te . . . . los niños . . . .

15 Des feux d'artifice clôturent *(ferment)* la fête dans les rues
16 et ouvrent une parenthèse de longue attente.
17 Il est temps *(Il est l'heure)* de rentrer à la maison et aller *(à)* se coucher *(dormir)*…
18 les Rois nous feront nous lever de bonne heure !

Corrigé de l'exercice 1
❶ Passe ton manteau, nous partons. ❷ Je n'ai rien mangé depuis que je me suis levé. ❸ Ce soir nous irons voir les feux d'artifice. ❹ Demain, est-ce que tu vas te lever de bonne heure ? ❺ Je crois que nous n'arriverons pas à temps.

* * *

❺ Nous avons rendez-vous à la Plaza Mayor.
. . . . la . . . . . Mayor.

Corrigé de l'exercice 2
❶ – e – volverán dentro de unos días ❷ No te olvidaré nunca ❸ No te – no importa ❹ No – puedes imaginar todo lo que – han pedido ❺ Tenemos cita en – Plaza –

68 *Le 6 janvier, fête de l'Épiphanie, est également connu en Espagne comme* **día de los Reyes Magos**, *jour des Rois (Mages). Ce jour commémore la visite des Rois Mages à l'Enfant Jésus, lors de laquelle ils lui offrirent en présent de l'or, de l'encens et de la myrrhe.*
Au fil du temps, et en souvenir de ces offrandes, il devint traditionnel d'offrir des **regalos**, *cadeaux, aux êtres chers, et surtout aux enfants. Ainsi,* **el día de los Reyes (Magos)**, *le jour des Rois, fut fixé dans l'imaginaire des enfants espagnols comme un jour magique, celui où* **Melchor, Gaspar** *et* **Baltasar** *se glissent dans chaque maison pour y déposer pendant la nuit les cadeaux tant attendus, et que*

68 Lección sesenta y ocho

Tres cubiertos ①

1 – ¿Han ele**gi**do ya?
2 – Sí, la **ni**ña toma**rá** un **pla**to combi**na**do, el **nú**mero **cin**co;
3   y **trái**gale tam**bién** una bote**lli**ta de **a**gua ②
     mine**ral** ③, por fa**vor**.

Notes

① **cubierto**, *couvert*, est le participe passé (irrégulier) de **cubrir**, *couvrir*.
El cielo se ha cubierto, *Le ciel s'est couvert*.
cubierto, nom, peut s'employer en référence soit à l'ensemble des ustensiles de table à l'usage de chaque convive (**el plato**, *l'assiette* ; **el vaso**, *le verre* ; **la servilleta**, *la serviette*, **la cuchara**, *la cuiller* ; **la cucharilla**, *la petite cuiller* ; etc.), soit au repas servi dans les restaurants ou établissements analogues pour un prix fixe ; dans ce dernier cas **cubierto** est souvent employé comme synonyme de *menu*.
Comme en français, on dit aussi **los cubiertos**, *les couverts* au pluriel, pour la cuiller, le couteau et la fourchette.

② Devant un nom féminin singulier qui commence par un **a** (ou **ha**) portant l'accent tonique, on emploiera l'article **el**, *le*. ▶

l'on découvrira de très bonne heure le matin du 6 janvier.
Le jour des Rois est en cela l'équivalent espagnol du jour du Père Noël **(Papá Noel)** *ou de la* Saint Nicolas **(San Nicolás)** *dans d'autres pays.*
C'est un jour férié, qui marque également la fin des vacances de **Navidad**, Noël *; la période scolaire reprenant généralement ses droits entre le 7 et le 10 janvier, selon les aléas du calendrier.*
La cerise sur le gâteau, en ce jour de fête, est : **el roscón de Reyes**, la galette des Rois.

Deuxième vague : Lección dieciocho

Leçon soixante-huit 68

Trois couverts

1 — Avez-vous déjà choisi ?
2 — Oui, la petite *(fille)* prendra une assiette variée, la numéro 5 ;
3   et apportez-lui aussi une petite bouteille d'eau minérale, s'il vous plaît.

el agua, *l'eau*. **el alma**, *l'âme*. **el hacha**, *la hache*.
Il en est de même lorsqu'il y a contraction de l'article :
tirarse al agua, *se jeter à l'eau*.
El mango del hacha es de madera, *Le manche de la hache est en bois*.
Si le nom est accompagné d'un adjectif, celui-ci reste au féminin.
el agua fría, *l'eau froide*.
Si le **a** (ou **ha**) n'est pas tonique l'on emploiera normalement l'article **la** : **la abeja**, *l'abeille*.

③ Dans les restaurants, bien que l'eau du robinet soit en général potable, les Espagnols préfèrent souvent *l'eau minérale*, **el agua mineral**, généralement **sin gas**, *plate*. Si on veut boire une eau gazeuse, on précisera **con gas**. Il est bien sûr toujours possible de commander **una jarra**, *une carafe* d'eau.

doscientos noventa y cuatro • 294

4 **Pa**ra mi **hi**jo, el me**nú** del **dí**a ④.
5 Yo toma**ré** una ensa**la**da y un fi**le**te ⑤ con pa**ta**tas **fri**tas.
6 – Los hay de diez y de **tre**ce **eu**ros.
7 – ¿Y cuál me reco**mien**da ⑥ us**ted**?
8 – ¡Por su**pues**to, el de **tre**ce **eu**ros, se**ñor**!
9 – ¿Es más **gran**de? ¿O qui**zá** de me**jor** cali**dad**?
10 – No, en abso**lu**to; son e**xac**tamente i**gua**les.
11 – Y en**ton**ces… ¿por qué **e**sa dife**ren**cia de **pre**cio ⑦?
12 – Es que con el de **tre**ce **eu**ros po**ne**mos…
13 un tene**dor** en condi**cio**nes ⑧ y un cu**chi**llo me**jor** afi**la**do. □

Notes

④ **el menú del día,** *le menu du jour*, est généralement composé de trois plats : **un primero,** *un premier* (hors-d'œuvre, potage, soupe, etc.) ; **un segundo,** ou **plato fuerte,** *plat de résistance* (viande ou poisson) et **un postre,** *un dessert* (fruits, pâtisserie, glace, etc.).
Une question utile : **¿En qué consiste el menú del día?**, *De quoi est composé le menu du jour ?*

⑤ Grosso modo on peut dire que **un filete (de solomillo)** c'est de l'*aloyau*, du *chateaubriand* ou du *faux-filet* ; lorsque le **filete** est **de vaca,** *de vache*, l'équivalent sera le *bifteck* et, si le **filete** est **de ternera,** *de veau*, l'équivalent sera l'*escalope*.

⑥ **recomendar,** *recommander*, est un verbe qui se conjugue comme **pensar,** *penser*, que vous connaissez déjà bien et que nous vous proposons comme modèle du 1er groupe des verbes irréguliers classés à la leçon 70.

⑦ Attention : *prix* se traduit par **precio** lorsqu'on parle de la valeur ou du coût de quelque chose. Mais lorsque *prix* a le sens de récompense on traduira par **premio**.

4   Pour mon fils [ce sera], le menu du jour.
5   Moi, je prendrai une salade et un bifteck avec des *(patates)* frites.
6 – Il y en a à *(de)* dix et à *(de)* treize euros.
7 – Et lequel me recommandez-vous ?
8 – Bien évidemment, celui à *(de)* treize euros, monsieur !
9 – Est-il est plus grand ? Ou peut-être de meilleure qualité ?
10 – Non, pas du tout ; ils sont exactement pareils *(égaux)*.
11 – Et alors… pourquoi cette différence de prix ?
12 – C'est qu'avec celui à *(de)* treize euros nous mettons…
13   une fourchette en [bon] état et un couteau mieux aiguisé.

▶   **el precio del menú es de…**, *le prix du menu est de…*
    el primer gran premio de la temporada, *le premier grand prix de la saison.*

⑧ **en condiciones**, *en état, en bon état.*
    Este niño tiene fiebre, no está en condiciones de ir a la piscina, *Cet enfant a de la fièvre, il n'est pas en état d'aller à la piscine.*

Ejercicio 1: Traduzca

① ¿Qué van a tomar? ② Perdone, todavía no hemos elegido. ③ ¿Quieren beber algo mientras tanto? ④ Les recomiendo la especialidad de la casa. ⑤ ¡Buen provecho!

* * *

Ejercicio 2: Complete

① As-tu déjà choisi ?
¿ . . . . ?

② Vas-tu prendre du vin ?
¿ . . . . ?

③ Non, pas aujourd'hui ; je dois prendre la voiture.
. . , ... ; . . . .

④ Quel est le menu du jour ?
¿ . . . . ?

El plato combinado, l'assiette variée, *servie surtout dans les cafétérias et "bars-restaurants", qui remplacent de plus en plus* **las casas de comidas**, *les restaurants modestes, ou autres* **pequeños restaurantes**, *petits restaurants, à caractère familial, est une spécificité espagnole.*
Si on exclue les tapas, **el plato combinado** *constitue souvent le choix meilleur marché. Il comprend un plat principal et différents accompagnements, le tout présenté sur une même assiette ; le pain, et souvent la boisson, sont compris dans le prix affiché.*
Comme il y a généralement plusieurs **platos combinados**, *chacun porte normalement un nom en rapport avec son principal ingré-*

Corrigé de l'exercice 1

❶ Que prendrez-vous ? ❷ Excusez-nous, nous n'avons pas encore choisi. ❸ Voulez-vous boire quelque chose entre-temps ? ❹ Je vous recommande la spécialité de la maison. ❺ Bon appétit !

* * *

❺ Le prix du couvert me paraît correct.

. . . . ●

Corrigé de l'exercice 2

❶ Has elegido ya ❷ Vas a tomar vino ❸ No, hoy no – tengo que coger el coche ❹ Cuál es el menú del día ❺ El precio del cubierto me parece correcto

dient (viande, œuf, frites, saucisse, salade, poisson, calamars, par exemple), et un numéro ; ainsi ils se distinguent facilement les uns des autres et la commande est plus aisée.
En conclusion, **el plato combinado**, *qui ne prétend pas être un plat pour gourmets, a l'avantage d'être une solution de repas relativement rapide qui convient très souvent aux enfants et qui présente un bon rapport qualité-prix.*

Deuxième vague : Lección diecinueve

69 Lección sesenta y nueve

Gusto por la fiesta

1 Desde la más pequeña aldea,
2 pasando ① por cada pueblo
3 hasta las grandes capitales,
4 toda aglomeración festeja en España su santo patrón.
5 Romerías ②, procesiones, ferias,
6 reconstituciones históricas y todo tipo de manifestaciones festivas
7 se organizan en todas partes en torno al día del santo.
8 A esas fechas de fiestas,
9 específicas de una localidad o región,
10 se añaden los períodos o días de fiesta de carácter nacional;
11 ya sea ③ de origen religioso :
12 Navidad, Semana Santa, Todos los Santos, etc.;
13 ya sea en conmemoración de otro tipo de acontecimientos:
14 Fiesta del Trabajo, Día de la Constitución, etc.

Notes

① **pasando**, *en passant*. Si vous êtes pressé d'en savoir plus sur le gérondif… reportez-vous directement à la leçon 70.
Llegaremos antes cogiendo un taxi, *Nous arriverons avant en prenant un taxi*.

② De nos jours, **una romería** (de **romero**, nom donné aux pèlerins qui autrefois se rendaient à Rome) est *un pèlerinage* (**una** ▶

Leçon soixante-neuf

Le goût de *(pour)* la fête

1 Depuis le plus petit hameau,
2 [en] passant par chaque village
3 jusque [dans] les grandes capitales,
4 toute agglomération fête en Espagne son saint patron.
5 "Romerías", processions, foires,
6 reconstitutions historiques et toutes sortes *(type)* de manifestations festives
7 sont organisées *(s'organisent)* partout *(dans toutes parts)* autour du jour [de la fête] du saint.
8 À ces dates de fêtes,
9 spécifiques d'une localité ou d'une région,
10 s'ajoutent les périodes ou jours de fête à *(de)* caractère national ;
11 *(déjà)* soit d'origine religieuse :
12 Noël, Semaine Sainte, Toussaint, etc.
13 *(déjà)* soit en commémoration d'[une] autre sorte *(type)* d'événements :
14 Fête du Travail, "Jour de la Constitution", etc.

peregrinación) à un sanctuaire ou ermitage de campagne où sont combinés dévotion, fête et folklore.

③ Les formules, **ya sea… ya sea** (phrase 13), **ya… ya, sea… (o) sea, bien… (o) bien**, etc., se rendent par *soit… soit* ou *bien… bien* ; ou encore par *ou… ou* (**o… o**).
Vendrá sea sólo, (o) sea acompañado, *Il viendra soit seul, (ou) soit accompagné.*

15 Están ④, además, el carnaval,
16 las celebraciones dedicadas a la primavera, al solsticio de verano, a la cosecha y…
17 todo un sinfín ⑤ de conmemoraciones que,
18 cualquiera que ⑥ sea su origen
19 – pues cualquier excusa vale –,
20 dan idea del carácter festivo ⑦ de los españoles.

Notes

④ On emploie **estar**, accordé avec son sujet, dans le sens de *il y a* **(hay)** dès lors que l'objet ou les objets désignés sont déterminés par un article défini, un possessif...
Y… además, están las fiestas patronales, *Et… en plus, il y a les fêtes du saint patron.*
En la mesilla están mis pendientes, *Sur la table de nuit il y a mes boucles d'oreille.*

⑤ **un sinfín** (de **sin** et **fin**, *sans* et *fin*) ou **un sinnúmero** (de **sin** et **número**, *sans* et *nombre*) se traduisent par *une infinité* **(una infinidad)** *une grande quantité, un grand nombre.*
Se registraron un sinfín (un sinnúmero) de llamadas, *On enregistra un grand nombre (une infinité) d'appels.*

⑥ Comparez : **cualquiera + que** → *quel que, quelle que*, etc.
cualquier(a) (phrase suivante) → *n'importe quel, quelle, lequel, laquelle*, etc.
Cualquiera que sea tu elección, *Quel que soit ton choix.*
cualquier marca de café, *n'importe quelle marque de café.*

* * *

Ejercicio 1: Traduzca

❶ ¿Hasta cuándo te vas a quedar? ❷ Hasta el domingo que viene. ❸ El primero de mayo es la Fiesta del Trabajo. ❹ En ese bar hay todo tipo de tapas. ❺ El día de Navidad es un día festivo.

15 Il y a *(sont)*, en plus, le carnaval,
16 les célébrations dédiées au printemps, au solstice d'été, à la récolte et…
17 toute une infinité de commémorations qui,
18 quelle que soit leur origine,
19 – car n'importe quelle excuse est valable *(vaut)* –,
20 permettent de se faire une idée *(donnent idée)* du caractère joyeux *(festif)* des Espagnols.

⑦ Dérivé de **fiesta**, *fête*, **festejar** (phrase 4), anciennement *festoyer*, se traduit par *fêter* ou *faire fête à*.
festivo, *festif* (voir fém. plur. à la phrase 6), peut se traduire aussi par *joyeux, gai*.
comportamiento festivo, *comportement joyeux*.
Notez : **día festivo**, *jour de fête, jour férié* ou *jour chômé*.
El primero de Mayo es (un) día festivo, *Le premier mai est (un) jour de fête / (un) jour férié / (un) jour chômé*.

* * *

Corrigé de l'exercice 1

❶ Jusqu'à quand vas-tu rester ? ❷ Jusqu'à dimanche prochain. ❸ Le premier mai c'est la Fête du Travail ❹ Dans ce bar, il y a toute sorte de tapas. ❺ Le jour de Noël c'est un jour férié.

Ejercicio 2: Complete

1. Tu apprendras l'espagnol en l'étudiant.
   .... español ....

2. Nous arriverons soit à une heure, soit à deux heures.
   .... a la una .. .... a las dos.

3. Quelle que soit ta décision nous la respecterons.
   .... tu decisión la
   ....

* * *

El calendario oficial, le calendrier officiel, *des jours fériés en Espagne se décompose comme suit :*

Año Nuevo	**1 de Enero**	*Nouvel An*
Epifanía, Reyes	**6 de Enero**	*Épiphanie, Rois*
Viernes Santo		*Vendredi Saint*
Fiesta del Trabajo	**1 de Mayo**	*Fête du Travail*
Asunción	**15 de Agosto**	*Assomption*
Día de la Hispanidad	**12 de Octubre**	*Fête Nationale*
Todos los Santos	**1 de Noviembre**	*Toussaint*
Día de la Constitución	**6 de Diciembre**	*Jour de la Constitution*
Inmaculada Concepción	**8 de Diciembre**	*Immaculée Conception*
Navidad	**25 de Diciembre**	*Noël*

70 Lección setenta

Repaso

1 Traduction de "où"

Où peut être adverbe de lieu ou relatif.

• *où* adverbe de lieu peut se traduire tout simplement par **donde** ou (parfois **en donde**). Toutefois, lorsque *où* se rapporte à un verbe de mouvement, il est nécesaire de le traduire par **adonde** ou **a donde**. Sont à retenir aussi : **de donde**, *d'où*, et **por donde**, *par où*.
Il est à noter que chacune de ces formes porte l'accent dès lors

④ Jeudi prochain est férié.
. . . . que viene . . . .

⑤ Tu peux venir n'importe quel jour.
. . . .

Corrigé de l'exercice 2
① Aprenderás – estudiándolo ② Llegaremos ya sea – ya sea – ③ Cualquiera que sea – respetaremos ④ El jueves – es festivo ⑤ Puedes venir cualquier día

* * *

Lorsqu'on a à se déplacer en Espagne on sera bien avisé, en fonction de son projet de voyage, de s'informer au préalable si le séjour prévu ne coïncide pas (ou coïncide) avec un jour férié ; car à toutes ces dates chômées partout dans le pays s'ajoutent, en fonction de la Communauté Autonome et/ou des différentes villes, bien d'autres jours fériés. Les Espagnols n'hésitant pas par ailleurs à "construire" des **puentes**, *ponts (et même des aqueducs), dès que l'occasion se présente.*

Deuxième vague : Lección veinte

Leçon soixante-dix 70

qu'elle est interrogative ; indépendamment du fait que l'interrogation soit directe ou indirecte.

• <u>*où* relatif</u> exprime soit une idée de lieu, soit une idée de temps.

→ l'idée de lieu est exprimée par **donde**, **en donde**, **(de donde, por donde**, etc.) ou par le relatif **en que, en el que (del que, por el que,** etc.) **en el cual (del cual, por el cual,** etc.). Et par **adonde, al que, al cual**, etc., s'il y a mouvement vers.
La playa donde (en que, en la que…) nos bañábamos, *La plage où nous nous baignions*.

El hotel en (el) que nos paramos, *L'hôtel où nous nous sommes arrêtés*.
La playa adonde (a la que…) solíamos ir a bañarnos, *La plage où nous avions l'habitude d'aller nous baigner*.
El parque adonde me gusta ir a pasear, *Le parc où j'aime aller me promener*.

→ l'idée de temps est exprimée par **en que** ; ou simplement par **que** si l'expression de temps peut être construite sans préposition.
El día que (en que) nací, *Le jour où je suis né(e)*.

2 Le gérondif

Le gérondif est, en espagnol, une forme invariable du verbe. Il se construit en ajoutant au radical du verbe les terminaisons **-ando**, pour les verbes en **-ar**, et **-iendo**, pour les verbes en **-er** et en **-ir**.
Il exprime différentes idées :

• l'idée de manière, exprimée généralement en français par *en* + le participe présent, et répondant à la question **¿cómo?**, *comment ?*, se traduit directement par le gérondif espagnol.
Me gano la vida trabajando, *Je gagne ma vie en travaillant*.

Notez : le gérondif espagnol précédé de **en** n'exprime en aucun cas une idée de manière ou de simultanéité (voir ci-après) mais une idée de succession immédiate ; cette construction, appartenant plutôt au langage populaire, est de moins en moins courante.
En llegando se sentó delante del televisor, *Une fois arrivé(e) (sitôt arrivé(e)), il / elle s'assit devant le poste de télévision*.

• l'idée de simultanéité, exprimée principalement par **al** + infinitif, peut aussi être rendue par le gérondif.
Viendo (al ver) que no llegábamos a tiempo, decidimos volver, *Voyant que nous n'arrivions pas à temps, nous décidâmes de rentrer*.

• les idées de durée, de continuité, de progression sont exprimées avec un verbe auxiliaire suivi du gérondif.

→ durée : **estar** + gérondif (*être en train de* + infinitif) :
Estoy comiendo, *Je suis en train de manger*.

→ continuité : **seguir** + gérondif (*continuer à* + infinitif)
Siguió escribiendo, *Il / Elle continua à écrire*.

→ progression ou suite d'actions : **ir** + gérondif (en ajoutant des expressions telles que *peu à peu, petit à petit, l'un après l'autre, progressivement, successivement*, etc.).
Los invitados iban llegando, *Les invités arrivaient l'un après l'autre* (*petit à petit*, etc.).

Comme vous le voyez, l'emploi du gérondif est très fréquent en espagnol. Nous nous sommes limités ici à vous présenter un récapitulatif des emplois déjà rencontrés et ne manquerons pas d'attirer à nouveau votre attention sur ce temps si besoin est.

Et… n'oubliez pas : de même qu'à l'infinitif et à l'impératif, le pronom complément se place après le gérondif et se soude à lui.
Una lengua se aprende estudiándola y practicándola, *Une langue s'apprend en l'étudiant et en la pratiquant*.

3 Traduction de "soit… soit"

Cette construction, permettant d'exprimer des hypothèses présentées sur un même niveau, peut se traduire de diverses manières :
ya… ya
ya sea… o ya sea
sea… o sea
bien sea… o bien sea
bien… o bien

Notez :
→ le **o** précédant le second terme est souvent omis.
→ sauf dans le premier cas (**ya… ya**) le second terme peut être exprimé uniquement par **o**.
Ya por esto, ya por aquello, siempre se encuentra una excusa ou **Ya sea por esto, (o) ya sea por aquello, siempre se encuentra una excusa**, *Soit pour ceci, soit pour cela, on trouve toujours une excuse*.

4 Verbes irréguliers classés : 1er groupe

Les verbes de ce groupe changent en **ie** le **e** qui précède la terminaison (désinence) lorsque ce **e** porte l'accent tonique. Ce changement a donc lieu uniquement aux trois personnes du singulier et à la 3ᵉ personne du pluriel des présents de l'indicatif et du subjonctif, ainsi qu'à l'impératif (aux autres temps les verbes de ce groupe sont tout à fait réguliers).

Indicatif présent	Subjonctif présent	Impératif présent
p**ie**nso *(je pense)*	p**ie**nse *(que je pense)*	
p**ie**nsas	p**ie**nses	p**ie**nsa *(pense)*
p**ie**nsa	p**ie**nse	
pensamos	pensemos	
pensáis	penséis	pensad
p**ie**nsan	p**ie**nsen	

Et… un peu de pratique :
recome**ndar** → **Te recom**ie**ndo este vino**, *Je te recommande ce vin.*
ce**rrar** → **¿A qué hora c**ie**rran?**, *À quelle heure fermez-vous ?*
se**ntarse** → **S**ié**ntate**, *Assieds-toi.*

5 *Cualquiera*

Cualquiera peut être adjectif ou pronom.

• <u>cualquiera</u>, <u>adjectif</u>, devient **cualquier** devant un nom masculin ; au féminin l'apocope est facultative. Il se traduit par *n'importe quel, quelle, lequel, laquelle,* etc., ou par *quelconque*.
Si tienes un problema, puedes llamarme en cualquier momento y a cualquier hora, *Si tu as un problème, tu peux m'appeler à n'importe quel moment et à n'importe quelle heure.*
un pretexto cualquiera, *un prétexte quelconque.*

• <u>cualquiera</u>, <u>pronom</u>, se traduit par *n'importe qui* ou *quiconque*.
Cualquiera de nosotros, *N'importe qui d'entre nous* ou *Quiconque parmi nous.*

- **cualquiera + que** se traduit par *quel que, quelle que*, etc.
Cualquiera que sea tu opinión, *Quel que soit ton avis.*

Cualquiera peut s'employer avec d'autres traductions, elles seront examinées le cas échéant.

6 Diálogo recapitulativo

1 – Esta semana hay un puente de cuatro días. **(69)**
2 – Podríamos ir a Santander; aprovecharíamos para ver el mar **(64)**
3 e ir a visitar algunos pueblos que celebran las fiestas patronales. **(67, 69)**
4 – Me parece una excelente idea. **(26)**
5 – No lejos de la playa del Sardinero, **(65)**
6 conozco un pequeño restaurante en el que se come muy bien. **(65, 70)**
7 – Y… ¿qué nos vas a recomendar? **(68)**
8 – ¡Ya veremos! **(41, 49)**
9 Por el momento, el plato fuerte consiste en: **(68)**
10 ¡madrugar y cuatro horas de carretera! **(65)**

Traducción

1 Cette semaine il y a un pont de quatre jours. 2 Nous pourrions aller à Santander ; nous en profiterions pour voir la mer 3 et aller visiter quelques villages qui célèbrent les fêtes de leur saint patron. 4 Ça me semble une excellente idée. 5 Non loin de la plage du Sardinero, 6 je connais un petit restaurant où l'on mange très bien. 7 Et… que vas-tu nous recommander ? 8 On verra bien ! 9 Pour l'instant, le plat de résistance est composé de : 10 se lever de bonne heure et quatre heures de route !

Deuxième vague : Lección veintiuna

71 Lección setenta y una

Inocentada ① **(traída por los pelos)**

1 – **Ho**la **bue**nas, pa**sa**ba por a**quí** y…
2   se me ha ocu**rri**do ② que el **ni**ño po**drí**a cor**tar**se el **pe**lo ③.
3   A**sí** que… ve**ni**mos sin **ci**ta.
4   ¿Es po**si**ble?
5 – **Lle**gan a **pun**to, **den**tro de un ra**ti**to mi compa**ñe**ra esta**rá li**bre.
6   ¿No les im**por**ta ④ espe**rar** diez mi**nu**tos o un **cuar**to de **ho**ra?
7 – Per**fec**to.
8   **Mi**re, **mien**tras le **lle**ga la vez ⑤ y le **cor**ta el **pe**lo,

Notes

① **una inocentada**, (de **inocente**, *innocent*), est *une plaisanterie du jour des Saints-Innocents* (**del día de los Santos Inocentes**), dont le correspondant culturel profane est *le poisson d'avril*.

② Lorsque **ocurrir** est pronominal, il a le sens de *venir à l'esprit* ou *à l'idée*, *passer par la tête*…
Se me ha ocurrido invitar a cenar a César, *Il m'est venu à l'idée d'inviter César à dîner.*

③ **cortar el pelo**, *couper les cheveux.*
cortarse el pelo, *se faire couper les cheveux.*
pelo, *cheveu* (**cabello**) et *poil*, est employé au singulier en référence à l'ensemble de la chevelure d'une personne.
Tiene el pelo largo, *Il / Elle a les cheveux longs.*
Notez aussi :
montar a caballo a pelo, *monter à cheval à cru*. Et… **ir a la peluquería**, *aller chez le coiffeur (au salon de coiffure).*

④ À la leçon 67, nous avons vu l'emploi courant de **no importa**, *ça n'a pas d'importance*, etc. Voyez à présent, en complément :

Leçon soixante et onze

Poisson d'avril (tiré *(amené)* par les cheveux)

1 – Bonjour, je passais par là *(ici)* et…
2 j'ai pensé que le petit pourrait se [faire] couper les cheveux.
3 Ainsi donc… nous venons sans rendez-vous.
4 C'est possible ?
5 – Vous arrivez à point, dans un petit moment ma collègue sera libre.
6 Ça ne vous fait rien *(Ne vous importe)* [d']attendre dix minutes ou un quart d'heure ?
7 – Parfait.
8 Écoutez, pendant que c'est son tour *(arrive sa fois)* et [que] vous lui coupez les cheveux,

¿No le importa?, *Ça ne vous fait rien ?* En effet, **molestar** (leçon 45), *déranger*, *gêner* est souvent remplacé par **importar** *(importer)* en début d'une phrase interrogative. Dans ce cas, **importar** est précédé d'un pronom complément.
¿No te importa que salgamos un poco más tarde?, *Ça ne te dérange pas que nous partions un peu plus tard ?*

⑤ **vez**, qui dans sa première acception a le sens de *fois*, peut aussi se traduire par *tour*. **una vez**, *une fois*.
Cuando me llegue la vez, avísame, *Quand ce sera mon tour, avertis-moi.*
Comme nous l'avons déjà vu à la leçon 50, on peut tout aussi bien dire avec le même sens : **Cuando me toque, me avisas.**

71
9   yo voy a ir a ha**c**er **u**nas ⑥ lla**ma**das
10 y a to**mar** un ca**fé** en el bar de al **la**do.
11 ¿Le pa**re**ce? ⑦⑧
12 – Muy bien.

13 Una **ho**ra más **tar**de:

14 – **O**ye, **chi**co, **ha**ce ya **u**na **ho**ra que tu **pa**dre se ha **i**do y…
15 ¡no apa**re**ce! ⑨
16 – No, no **e**ra mi **pa**dre,
17 **e**ra un se**ñor** que me ha **vis**to en la **ca**lle
18 y me ha pregun**ta**do si que**rí**a cor**tar**me el **pe**lo **gra**tis.

Notes

⑥ Souvenez-vous : le pluriel indéfini *des*, **unos** / **unas**, n'est généralement pas traduit en espagnol. Lorsqu'il est exprimé, il a bien souvent le sens de *quelques*.
Tomaremos unas pastas, *Nous prendrons quelques gâteaux [secs]*.

⑦ Rappel : **¿Qué te parece?**, *Qu'en penses-tu ?, Qu'en dis-tu ?* Mais : **¿Te parece?**, *Es-tu d'accord ?, Ça te va ?*

⑧ **parecer** (de même que **aparecer**, phrase 15) se conjugue comme **conocer**, *connaître*, verbe auquel nous avons déjà fait référence à la note 5 de la leçon 40. N'oubliez pas que tous les verbes de ce groupe prennent un **z** devant le **c** précédant la ter-

* * *

Ejercicio 1: Traduzca
❶ Pasaba por allí y… he llamado a la puerta.
❷ Tengo que ir a la peluquería. ❸ ¿Qué te occurre?
❹ Le he visto sólo una vez. ❺ Nos va a llegar la vez.

9 moi, je vais aller faire quelques appels
10 et *(à)* prendre un café dans le bar d'à côté.
11 Ça vous va *(Vous paraît)* ?
12 – Très bien.

13 Une heure plus tard :

14 – Eh, petit, ça fait déjà une heure que ton père est parti et…
15 on ne le voit plus *(il n'apparaît pas)* !
16 – Non, ce n'était pas mon père,
17 c'était un monsieur qui m'a vu dans la rue
18 et il m'a demandé si je voulais me [faire] couper les cheveux gratis.

minaison lorsque celui-ci doit être suivi de **a** ou de **o**. **conozco**, *je connais*, mais : **conoces**, *tu connais*.
Haz como te parezca, *Fais comme bon te semblera*, mais : **Hago lo que me parece**, *Je fais comme bon me semble*.
Pour en savoir plus, reportez-vous à l'appendice grammatical.

(9) **aparecer**, *apparaître* ou *paraître* **(parecer)**, est aussi employé, surtout dans le langage familier, dans le sens de *se présenter, se montrer, arriver, venir*, etc.
Estamos esperándole desde esta mañana, pero no aparece, *Nous l'attendons (nous sommes en train de l'attendre) depuis ce matin, mais il ne se montre pas, ne vient pas* ou *n'arrive pas*.

* * *

Corrigé de l'exercice 1

❶ Je passais par là et… j'ai sonné à la porte. ❷ Je dois aller chez le coiffeur. ❸ Que t'arrive-t-il ? ❹ Je l'ai vu seulement une fois. ❺ Ça va être notre tour.

Ejercicio 2: Complete

1. Je ne connais pas sa famille.
   . . . . su . . . .

2. Ça vous dérange si je fume ?
   ¿ . . . . ?

3. Le mois prochain je prendrai quelques jours de vacances.
   El mes que viene . . . .
   . . . .

* * *

Le 28 décembre, le calendrier espagnol fête **los Santos Inocentes**, *les Saints-Innocents, commémoration du massacre des Innocents sous les ordres du roi Hérode.*
Au fil du temps, cette date est devenue celle du jour propice aux farces ; à l'école, au travail, dans les journaux, etc., chacun se livre à des facéties, mystifications ou divulgation de canulars qui visent à mettre en relief **"la inocencia"**, *"l'innocence", de ceux à qui* **la broma**, *la plaisanterie, est destinée, à railler autrui dans une ambiance festive.*

---

72 Lección setenta y dos

Lenguas de España

1 – Juraría que en la señal ① que acabamos de dejar atrás faltaba la ele;
2 quizás ② me equivoque,

Notes

① **señal**, *signal, signe*. **dar la señal**, *donner le signal*. **buena / mala señal**, *bon / mauvais signe*.
señal de tráfico, *panneau de signalisation routière*.
Et aussi : **dejar una señal**, *laisser des arrhes*.

④ Tu arrives à point, nous allons commencer à manger.
. . . . , ... empezar .
. . . . . .

⑤ On ne le voit plus par ici depuis un mois.
. . . . por aquí . . . . un mes.

Corrigé de l'exercice 2
❶ No conozco a – familia ❷ Le molesta si fumo ❸ – cogeré unos días de vacaciones ❹ Llegas a punto, ibamos a – a comer ❺ No aparece – desde hace –

* * *

Ce jour-là, **las bromas**, *les plaisanteries ou* farces, *sont appelées* **inocentadas**, *plaisanteries du jour des Saints-Innocents ; leur correspondant culturel est, bien évidemment, notre poisson d'avril.*

Notez : **gastar una broma**, faire *(dépenser)* une farce.

Deuxième vague : Lección veintidós

Leçon soixante-douze   72

Langues d'Espagne

1 — Je jurerais que sur *(dans le)* panneau [de signalisation] que nous venons de laisser derrière [nous] il manquait le "l" ;
2   peut-être [que] je me trompe,

▶ ② Placé en début de phrase, **quizás** (ou **quizá**), *peut-être*, renforce l'idée de doute et est généralement suivi du subjonctif ; dans ce cas, il correspond à **puede ser que**, *il se peut que / il est possible que* ou *peut-être*.

3   pero me ha parecido ver escrito "A Coruña".
4 – No, has leído perfectamente.
5   "La Coruña" se dice "A Coruña", en gallego;
6   y la señalización de las carreteras gallegas se hace igualmente en gallego.
7 – ¡No me digas!
8 – Y en el País Vasco encontrarás muchas señales en eusquera ③.
9   Y... en Cataluña, en catalán.
10 – Pues... ¡menudo ④ rompecabezas ⑤!
11 – Todo tiene sus ventajas y sus inconvenientes.
12   Visto desde fuera puede parecer complicado;
13   pero es más sencillo de lo que parece ⑥.
14 – En todo caso, España es un país rico en lenguas.

Notes

③ **eusquera** ou **euskera**, *[langue] basque*.
Euskadi ou **País Vasco**, *Pays Basque*.

④ Comme indiqué à la leçon 39, **menudo/da**, placé devant un substantif, généralement dans des phrases exclamatives, peut se traduire de différentes manières. En cas de doute, vous pouvez toujours traduire par *quel / quelle* + nom.
¡Menudo día!, *Quelle journée !*, **¡Menuda faena!**, *Quel sale tour !*

⑤ **rompecabezas** – composé de **rompe** (de **romper**, *casser, briser, rompre*) et **cabezas**, *têtes* – se traduit par *casse-tête*.
un rompecabezas traduit aussi *un puzzle* (jeu).
Notez au passage que **romper** est un verbe régulier au participe passé irrégulier : *cassé, brisé* → **roto**.
He roto las gafas, *J'ai cassé mes (les) lunettes*.

3 mais il m'a semblé voir écrit "A Coruña".
4 – Non, tu as parfaitement lu.
5 "La Coruña" se dit "A Coruña", en galicien ;
6 et la signalisation des routes de Galice se fait également en galicien.
7 – Ça par exemple *(Ne me dis pas)* !
8 – Et au Pays Basque, tu trouveras beaucoup de panneaux [de signalisation] en basque.
9 Et… en Catalogne, en catalan.
10 – Eh bien… quel casse-tête !
11 – Tout a ses avantages et ses inconvénients.
12 Vu du *(Depuis)* dehors ça peut paraître compliqué,
13 mais c'est plus simple que ça [n']en a l'air.
14 – En tout cas, [l'] Espagne est un pays riche en langues.

⑥ **Es más sencillo de lo que parece** (littéralement : *C'est plus simple de ce qu'il semble / paraît*), *C'est plus simple que ça n'en a l'air.*

Ejercicio 1: Traduzca

① Creo que me he equivocado. ② ¿Hay que dejar una señal? ③ ¿Qué te ha parecido? ④ No entiendo lo que has escrito. ⑤ Aún no han dado la señal de salida.

* * *

Ejercicio 2: Complete

① Ça par exemple !
¡ . . . . !

② Au Pays Basque on peut apprendre aussi le basque à l'école.
. . . . País Vasco . . . . el
. . . . en el . . . .

③ C'est un bon signe.
. . . .

* * *

Outre **el castellano**, le castillan, *connu dans le monde comme* **el español**, l'espagnol, *sont reconnues comme étant aussi langues officielles de* **Cataluña**, la Catalogne ; **Galicia**, la Galice ; **el País Vasco**, le Pays Basque ; et **la Comunidad Valenciana**, la Région de Valence *:* **el catalán**, le catalan ; **el gallego**, le galicien ; **el vasco** *ou* **euskera**, le basque, *et* **el valenciano**, le valencien, *respectivement.*

Depuis quelques décennies, ces langues connaissent un nouvel essor. Encouragés par des campagnes institutionnelles régionales visant à leur développement ainsi que par un désir croissant de retour aux sources, nombreux sont les jeunes qui les apprennent à nouveau.

En outre, mais sans ce même caractère officiel et moins pratiqués (circonscrits surtout dans des zones rurales), trois dialectes sont aussi "protégés" en Espagne : **el aragonés**, l'aragonais ; **el bable**,

Corrigé de l'exercice 1

① Je crois que je me suis trompé. ② Faut-il laisser des arrhes ? ③ Qu'est-ce que tu en as pensé ? ④ Je ne comprends pas ce que tu as écrit. ⑤ On n'a pas encore donné le signal de départ.

* * *

④ Vu du dehors ça ne semble pas compliqué.

.... no me ......
....

⑤ Tout a ses avantages et ses inconvénients.

....
....

Corrigé de l'exercice 2

① No me digas ② En el – se puede aprender también – eusquera – colegio ③ Es una buena señal ④ Visto desde fuera – parece complicado ⑤ Todo tiene sus ventajas y sus inconvenientes

* * *

l'asturien *; et* **el mallorquín**, le majorquin, *parlés* **en Aragón**, dans l'Aragon, **en Asturias**, aux Asturies, *et* **en las Islas Baleares**, aux Îles Baléares, *respectivement*.

Deuxième vague : Lección veintitrés

Dans cette leçon, nous vous proposons un texte composé en majorité d'expressions courantes du langage parlé. Vous les entendrez, les unes et les autres, dans des contextes très différents. Elles sont à retenir telles quelles.

73 Lección setenta y tres

Parecido inverosímil

1 – ¡Jo, tío ①; no te puedes imaginar lo que te pareces a mi mujer!
2   Cada vez que te veo…
3   es como si la estuviera viendo ② a ella.
4   ¡Es la repera! ③
5 – ¡No me digas!
6   ¡No será para tanto ④!
7   ¡No querrás que me trague ⑤ eso!
8 – ¡Como lo oyes! ⑥
9   ¡Bueno, por supuesto, quitando ⑦ el bigote!

Notes

① **tío**, *oncle*, prend souvent le sens de *type* (**tipo**) dans le langage familier et celui de *mec* dans le langage populaire ou entre jeunes. **tío** est aussi parfois employé comme "mot de remplissage", auquel cas il ne se traduit pas.
un tío estupendo, *un chic type, un type formidable* ou *un mec super*.

② **como si la estuviera viendo**, *comme si j'étais en train de la voir, comme si je la voyais* (**como si la viera**).
Nous reviendrons sur cette construction à la leçon 77.

③ **¡Es la repera!** est une expression du langage populaire ou de la jeunesse au moyen de laquelle on exprime l'étonnement ou la surprise ; elle équivaut à **¡anda!**.
Comme vous vous en doutez, la traduction peut varier en fonction du contexte ; ici nous aurions pu dire aussi *C'est incroyable !*, par exemple.

④ À la leçon 52, nous avions traduit cette expression par *Il ne faut pas exagérer !* Notez qu'ici le verbe est au futur.

Leçon soixante-treize

Ressemblance invraisemblable

1 – Oh, toi *(mec)* ; tu ne peux pas imaginer ce que tu peux ressembler *(ce que tu ressembles)* à ma femme !
2 Chaque fois que je te vois…
3 c'est comme si je la voyais *(si j'étais en train de la voir à)* elle.
4 C'est fou !
5 – Sans blague !
6 Sûrement pas tant que ça !
7 Tu ne veux *(voudras)* pas que j'avale *(que je m'avale)* ça !
8 – Puisque je te le dis *(Comme tu l'entends)* !
9 Bon, bien sûr, mise à part *(enlevant)* la moustache !

⑤ **tragar**, *avaler*, est souvent employé à la forme pronominale. Comme tous les verbes finissant en **-gar**, pour conserver le même son pour l'oreille à toutes les formes du verbe, il nécessite l'introduction d'un **u** après le **g** lorsque la terminaison doit commencer par **e**. Cette modification orthographique permet au verbe de rester régulier.
pagar, *payer*, prés. du subj. → **pag<u>u</u>e, pag<u>u</u>es, pag<u>u</u>e**, etc.
apagar, *éteindre*, passé simple → **apag<u>u</u>é, apagaste, apagó** etc.

⑥ **¡Como lo oyes!** (littéralement : *Comme / Tel que tu l'entends !*), *Puisque je te le dis !*, est une expression idiomatique.

⑦ **quitando**, *en enlevant, en ôtant*, est très couramment employé de manière informelle à la place de **a / con excepción de**, *à l'exception de*, et se traduira aussi, selon le cas, par *mis à part* ou *sans compter*.

73 **10 –** ¡No fas**ti**dies ⑧, **pe**ro si ⑨ yo no **ten**go bi**go**te!
  11 – Ya lo sé; **pe**ro **e**lla sí. □

Notes

⑧ **¡No fastidies!** (de **fastidiar**, *ennuyer, fatiguer, enquiquiner, barber*…). Cette expression très usitée dans le langage parlé exprime un sentiment de contrariété, d'étonnement, d'incrédulité, de refus…
Su desconfianza me fastidia, *Sa méfiance m'ennuie*.
¡No fastidies!, tout seul ou en début de phrase, peut se traduire par *Arrête !, Ça va !, Allons donc !*, etc.

⑨ **pero si…** est une expression emphatique courante employée aussi pour manifester son étonnement, introduire une objection ou atténuer ce qui vient d'être affirmé. Souvent, elle a le sens de *Comment ça se fait ?, Comment est-ce possible ?*, etc.

* * *

Ejercicio 1: Traduzca

❶ ¿Es posible? ❷ Llegas a punto. ❸ ¡Menudo rompecabezas! ❹ ¡Es la repera! ❺ ¡Vaya día!

* * *

Ejercicio 2: Complete

❶ Il ne faut pas exagérer !
 ¡ .. ..!

❷ Arrête !
 ¡ .. ..!

❸ Puisque je te le dis !
 ¡ ....!

❹ Mis à part une ou deux personnes, tout le monde était content.
 ...., todos .... contentos.

10 – Arrête, *(mais si)* moi je n'ai pas de moustache !
11 – Je sais bien *(Déjà le sais)* ; mais elle oui.

He perdido la cartera. –¡Pero si la tenías ahora mismo en la mano!, *J'ai perdu mon portefeuille. –Mais tu l'avais à l'instant à la main !*

* * *

Corrigé de l'exercice 1
❶ Est-ce possible ? ❷ Tu arrives à point. ❸ Quel casse-tête ! ❹ C'est fou ! ❺ Quelle journée !

* * *

❺ Tu ne voudras pas qu'il avale ça !
¡ . . . . !

Corrigé de l'exercice 2
❶ No es para tanto (ou ¡No hay que exagerar!) ❷ No fastidies ❸ Como lo oyes ❹ Quitando una o dos personas – estaban – ❺ No querrás que se trague eso

Deuxième vague : Lección veinticuatro

74 Lección setenta y cuatro

Con la carta de vinos

1 − ¿Qué preferís para acompañar la comida:
2   tinto ①, blanco o rosado?
3 − A mí me gustaría probar ② un vinito blanco.
4 − Yo prefiero comer con tinto.
5 − Yo también.
6   Mira, aquí hay un Ribera del Duero, reserva ③ del 94,
7   que parece ser que ④ no está mal.
8 − ¡Adelante, entonces!
9 − ¿Y yo? ¿No cuento?
10 − ¡Hoy te toca conducir ⑤!
11   O sea ⑥ que te tendrás que contentar con el aperitivo y…

Notes

① **vino tinto**, *vin rouge*. L'Espagne a une grande tradition vinicole ; l'origine et la qualité de ses vins sont garanties par la **denominación de origen**, *appellation d'origine*.
Notez : **ir a tomar un vino**, *aller prendre un verre*.

② **probar**, *prouver, essayer* et… *goûter* !
Prueba este jamón, *Goûte ce jambon*.
N'oubliez pas que *essayer* un vêtement se dit **probarse** (pronominal).
Pruébate esta chaqueta, *Essaye cette veste*.

③ En référence à un vin, la mention **reserva** (*réserve*) indique que ce vin a vieilli au moins trois ans, dont un an au minimum en fût de chêne. Sur le libellé des étiquettes, on pourra souvent lire le mot **cosecha**, *récolte*, entre la mention **reserva** et le millésime.

Leçon soixante-quatorze 74

Avec la carte des vins

1 – Que préférez-vous pour accompagner le repas :
2   [du] rouge, [du] blanc ou [du] rosé ?
3 – Moi, j'aimerais *(À moi il me plairaît)* goûter un petit vin blanc.
4 – Moi je préfère manger avec [du] rouge.
5 – Moi aussi.
6   Regarde, ici il y a un Ribera del Duero, millésime *(réserve du)* 94,
7   qui paraît-il n'est pas mauvais *(mal)*.
8 – Allons-y *(En avant)*, alors !
9 – Et moi ? Je ne compte pas ?
10 – Aujourd'hui c'est à toi de conduire !
11   Si bien que tu devras te contenter de *(avec)* l'apéritif et…

④ Observez : **parece (ser) que**, *il semble que / il paraît que* ; *on dirait que / il semblerait que* ; *paraît-il*.
Parece que va a nevar, *Il semble qu'il va neiger*, etc.
Avec la même idée : **al parecer, a lo que parece** ou **según lo que parece**, *à ce qu'il semble, paraît-il, apparemment*.

⑤ **conducir**, *conduire*. La presque totalité des verbes espagnols en **-ducir** correspondent aux verbes français en *-duire*. Dans les deux langues, il s'agit de verbes dont l'origine est l'un ou l'autre des composés du verbe latin "ducere" : **introducir**, *introduire* ; **producir** *produire* ; **seducir**, *séduire* ; **traducir**, *traduire*, etc.

⑥ **o sea** peut se traduire par *c'est-à-dire* **(es decir)**, *autrement dit* **(dicho de otra manera)** ou *si bien que*, pour conclure.

12 una botella de **a**gua fres**qui**ta.
13 – ¡**M**ira qué ⑦ **lis**tos ⑧!
14 – Ya **sa**bes… si **be**bes, no con**duz**cas ⑨.

Notes

⑦ **mira qué** + adjectif, dans une phrase exclamative, se traduit généralement par *regarde comme* suivi du verbe *être* conjugué à la personne qui convient + adjectif.
¡**Mira qué fácil!**, *Regarde comme c'est facile !*
Cependant, cette expression exprime souvent l'incrédulité ou la surprise. Dans ce cas on peut traduire uniformément par *Voyez vous ça !*, *Eh ben voyons !*, voire, comme ici, par *Vous n'êtes pas gênés !*

⑧ **listo**, *intelligent* (**inteligente**), *vif* (**vivo**), *malin* (**astuto**).
ser listo, *être intelligent, vif, malin*.
À ne pas confondre avec **estar listo**, *être prêt*.

* * *

Ejercicio 1: Traduzca

❶ ¿Quieres probar este vino? ❷ No está mal. ❸ ¿Qué prefieres beber? ❹ A mí me gusta más el vino tinto. ❺ Compra un buen vino.

* * *

Ejercicio 2: Complete

❶ J'aimerais essayer ces chaussures.
Me . . . . esos . . . .

❷ S'il vous plaît, pourriez-vous m'apporter une bouteille d'eau ?
. . . ., ¿podría . . . .
. . . . . . ?

❸ Regarde comme c'est confortable !
¡ . . . . cómodo!

12 [d']une bouteille d'eau bien fraîche.
13 – Vous n'êtes pas gênés ! *(Regarde que malins !)*
14 – Tu sais bien… boire ou conduire, il faut choisir !

⑨ **Si bebes, no conduzcas**, *Si tu bois, ne conduis pas*, le slogan publicitaire utilisé il y a déjà un certain nombre d'années dans les campagnes de prévention routière, est désormais en Espagne une formule consacrée, ancrée dans l'imaginaire collectif ; c'est pourquoi nous avons opté pour traduire pour *Boire ou conduire, il faut choisir*, son correspondant culturel.

* * *

Corrigé de l'exercice 1

❶ Veux-tu goûter ce vin ? ❷ Il n'est pas mal. ❸ Qu'est-ce que tu préfères boire ? ❹ Moi j'aime davantage le vin rouge. ❺ Achète un bon vin.

* * *

❹ Si tu bois, ne conduis pas.

. . . . , ...

❺ Maintenant c'est à ton tour de traduire.

. . . . a ti.

Corrigé de l'exercice 2

❶ – gustaría probarme – zapatos ❷ Por favor – traerme una botella de agua ❸ Mira qué – ❹ Si bebes no conduzcas ❺ Ahora te toca traducir –

Déjà à l'époque des Phéniciens, avant l'arrivée des Romains, la péninsule Ibérique connaissait la culture du vin. De nos jours, l'Espagne est l'un des pays producteurs les plus importants au monde ; et ce sur le plan de la quantité, la variété et la qualité de ces vins.

Un classement succinct des vins rouges peut être établi à partir de quatre désignations principales :

cosecha → *vins jeunes, directement mis en bouteille.*

crianza → *vins de deux ans, au moins, et ayant vieilli un minimum de six mois en fût de chêne avant leur mise en bouteille.*

reserva → *vins qui ont vieilli un minimum d'un an en fût de chêne et ayant au moins trois ans.*

gran reserva → *vins de quatre ou cinq ans, au moins, et ayant vieilli un minimum de deux ans en fût de chêne.*

Outre ces vins, l'Espagne produit une grande variété de **vinos blancos**, *vin blancs ;* **licores**, *liqueurs ;* **cavas**, *vins mousseux ; et bien d'autres boissons dont la plus connue est assurément le* **jerez**, *xérès, qui à son tour se déguste en plusieurs variétés.*

Les Espagnols sont aussi friands de mélanges ; nous ferons seulement mention de la célèbre **sangría** *(littéralement : saignée) :*

---

75 Lección setenta y cinco

Con pelos y señales ①

1 – **Ten**go un **dí**a muy compli**ca**do y me ha**rí**as un gran fa**vor** ②

2 si **fue**ras a reci**bir** al direc**tor** de **nues**tra **Ca**sa Cen**tra**l.

3 – **Pe**ro si… ¡ni si**quie**ra le co**noz**co!

4 – ¡No se**rá u**na ta**re**a muy di**fí**cil! Es**cu**cha:

Notes

① **con pelos y señales** (littéralement : *avec poils et signes / signaux*), *avec force détails* ou *en long, en large et en travers*. **Explicar algo con pelos y señales**, *Expliquer quelque chose en long, en large et en travers.*

mélange détonnant de **vino tinto**, *vin rouge, et de* **gaseosa**, *limonade, agrémenté entre autres ingrédients possibles de morceaux de fruits et de sucre ; pour la préparation, chacun se laisse aller au gré de sa fantaisie.*

Deuxième vague : Lección veinticinco

Leçon soixante-quinze

Avec force détails

1 – J'ai une journée très compliquée et tu me rendrais un grand service
2 si tu allais accueillir *(recevoir)* le directeur de notre Maison Mère *(Centrale).*
3 – Mais… je ne le connais même pas !
4 – Ça ne sera pas une tâche très difficile ! Écoute :

② **hacer un favor**, *rendre un service.*
 ¿Puedes hacerme un favor?, *Peux-tu me rendre un service ?*

75

5 Es más bien ba**ji**to ③, **mi**de un **me**tro cin**cuen**ta, **po**co más o **me**nos ④.
6 **Pe**sa alrede**dor** de los no**ven**ta **ki**los.
7 **Tie**ne el **pe**lo cas**ta**ño, ya un **po**co ca**no**so.
8 **Tie**ne los **o**jos a**zu**les y **lle**va bi**go**te, al es**ti**lo de Da**lí**.
9 En **cuan**to a ⑤ **có**mo esta**rá** ves**ti**do,
10 me ha **di**cho que se pon**drá al**go llama**ti**vo
11 **pa**ra que nos **se**a **fá**cil recono**cer**lo.
12 Lleva**rá u**na ca**mi**sa de ⑥ **ra**yas **ne**gras y **blan**cas,
13 un panta**lón** de **pa**na a**zul** y **u**nas zapa**ti**llas de de**por**te **ro**jas.
14 Ah, sí, me ha **di**cho tam**bién** que, por si a**ca**so, se pon**drá u**na **boi**na.
15 – No **ha**ce **fal**ta ⑦ que **di**gas más.
16 **Cre**o que po**dré** arre**glár**melas ⑧. □

Notes

③ **bajo**, *bas* et *petit* (taille), ≠ **alto**, *haut* et *grand* (taille).

④ **poco más o menos** ou **más o menos**, *à peu de chose près, à peu près* ou *plus ou moins*.

⑤ **en cuanto a**, *quant à, en ce qui concerne, pour ce qui est de*.

⑥ En espagnol, on emploie toujours la préposition **de** devant les compléments indiquant la matière d'un objet.
una chaqueta de lana, *une veste en laine*.
On emploie également **de** devant un complément introduit en français par *à* et permettant la caractérisation d'une personne ou d'un objet.
la mujer del sombrero, *la femme au chapeau*.
una camisa de rayas, *une chemise à rayures*.

⑦ **no hace falta**, *il / ce n'est pas nécessaire* (**no es necesario**).
No hace falta que vengas, *Il n'est pas nécessaire que tu viennes*.

5	Il est plutôt *(plus bien)* petit, il mesure 1 m 50, à peu près.
6	Il pèse autour des 90 kilos.
7	Il a les cheveux châtains, déjà un peu grisonnants.
8	Il a les yeux bleus et il porte [une] moustache, à la manière *(au style)* de Dalí.
9	*(En)* Quant à la façon dont *(comment)* il sera habillé,
10	il m'a dit qu'il porterait *(se mettra)* quelque chose [de] voyant
11	pour qu'il nous soit facile [de] le reconnaître.
12	Il portera une chemise à *(de)* rayures noires et blanches,
13	un pantalon de velours bleu et des chaussures de sport rouges.
14	Ah, oui ; il m'a dit aussi que, au cas où, il mettrait *(se mettra)* un béret.
15 –	Il n'est pas nécessaire que tu [en] dises davantage.
16	Je crois que je pourrai me débrouiller *(me les arranger)*.

En complément, notez que l'idée de manque, proche de celle de besoin, et exprimée au moyen de la formule **hacer falta**, peut se rendre aussi avec le verbe **necesitar**, *avoir besoin de*.
¿Necesitas ou **Te hace falta ayuda?**, *As-tu besoin d'aide ?*
Remarquez que **hacer falta** doit, dans ce cas, être précédé du pronom complément.

⑧ **arreglarse**, *s'arranger*.
Se arregla con poca cosa, *Il / Elle s'arrange avec peu de chose*.
arreglarse a aussi le sens de *se préparer* et *s'habiller* (**vestirse**).
Se está arreglando para salir, *Il / Elle est en train de se préparer pour sortir*.
arreglárselas appartient au langage familier et se traduit par *se débrouiller*.
¡Arréglatelas como puedas!, *Débrouille-toi comme tu pourras !*

Ejercicio 1: Traduzca

❶ Voy a pedirte un favor. ❷ Fui a recibirla al aeropuerto. ❸ ¿Cuánto mides? ❹ ¿De qué color son sus ojos? ❺ Es una persona muy alta.

* * *

Ejercicio 2: Complete

❶ Ce serait bien si tu venais demain.
 .... bien si .... mañana.

❷ Elle s'habille d'une façon très voyante.
 .. viste .. ..

❸ Combien pesez-vous ?
 ¿ ....?

❹ Prends le parapluie au cas où.
 Coge .. ..

---

76 Lección setenta y seis

Una compra ①

1 – Voy a salir a hacer unas compras;
2   ¿me acompañas?
3 – Ya sabes que me pone malo ir de tiendas.
4 – Además, tú necesitas unos pantalones ②.

Notes

① **compra** est un mot d'usage constant que l'on trouve aussi dans de nombreuses expressions : **hacer compras**, *faire des achats*. **ir de compras**, *aller faire des achats* (dans les boutiques). **ir a hacer las compras** ou **la compra**, ou encore **ir a la compra**, *aller faire ses courses, son marché, ses emplettes*. Notez : **ir de escaparates**, *faire du lèche-vitrines*.

Corrigé de l'exercice 1

❶ Je vais te demander un service. ❷ Je suis allé/e l'accueillir à l'aéroport. ❸ Combien mesures-tu ? ou Quelle est ta taille ? ❹ De quelle couleur sont ses yeux ? ❺ C'est une personne très grande.

* * *

❺ As-tu besoin d'autre chose ?
   ¿Te .... algo ... ?

Corrigé de l'exercice 2

❶ Estaría – vinieras – ❷ Se – de una forma muy llamativa ❸ Cuánto pesa ❹ – el paraguas por si acaso ❺ – hace falta – más

Deuxième vague : Lección veintiséis

Leçon soixante-seize

Un achat

1 – Je vais sortir faire quelques achats ;
2   tu m'accompagnes ?
3 – Tu sais bien que ça me rend malade d'aller faire les *(aller de)* magasins.
4 – En plus, tu as besoin d'un pantalon.

② Une douzaine de mots espagnols ont la particularité de présenter deux formes différentes, une au singulier et une autre au pluriel, pour dénommer un même objet. Ainsi, on peut dire **pantalones** et **pantalón**. Notez que dans une même conversation on peut passer naturellement de l'un à l'autre ; bien évidemment, verbe, pronoms et adjectifs doivent, le cas échéant, s'accorder. Pour vous y entraîner, nous passons au singulier à la phrase 13.

5 ¡Ale, así aprovecharemos también para dar una vuelta!

6 En la tienda:
7 – Tenemos también éstos con un corte más moderno; están de moda.
8 – ¿Qué precio tienen ③?
9 – Veamos la etiqueta… Sí, cuestan doscientos euros.
10 – Son demasiado caros.
11 – Entonces, puede probarse éstos.
12 – No, no me van; no es mi talla.
13 – ¿Y éste, de algodón?
14 – Con éste estoy muy cómodo. Me lo quedo. ④
15 – Pues si es todo… ya pueden pasar por caja.
16 – Muchas gracias.
17 – Bueno, vamos; estoy mareado ⑤.
18 – Ven, te invito a tomar una horchata ⑥.

Notes

③ Une demande de prix peut s'exprimer de différentes façons :
¿Cuánto cuesta?, *Combien ça coûte ?*
¿Cuánto vale?, *Combien ça vaut ?*
Lorsqu'on s'enquiert d'un prix sujet à des fréquentes variations (au marché, par exemple) on emploie souvent **¿A cómo está?**, *À combien est-ce ?, C'est à combien ?*
cuesta, **vale** et **está** devront bien évidemment s'accorder si l'on parle de plusieurs objets. Et n'oubliez pas non plus :
¿Cuánto ou **qué le debo?**, *Combien je vous dois ?*
¿Cuánto es?, *Combien est-ce ?*

④ **Me lo quedo** (littéralement : *Je me le garde / reste*) est une expression courante que nous vous invitons à retenir telle quelle.

5 Allez, comme ça nous [en] profiterons aussi pour faire *(donner)* un tour ! 76

6 Au magasin :
7 – Nous avons aussi celui-ci, qui a *(avec)* une coupe plus moderne ; il est à la mode.
8 – Quel est son prix *(Quel prix ont-ils)* ?
9 – Voyons l'étiquette… Oui, il vaut 200 euros.
10 – Il est trop cher.
11 – Alors, vous pouvez essayer celui-ci.
12 – Non, il ne me va pas ; ce n'est pas ma taille.
13 – Et celui-ci, en *(de)* coton ?
14 – Avec celui-ci je suis très à l'aise. Je le prends.
15 – Eh bien, si c'est tout… *(déjà)* vous pouvez passer à la *(par)* caisse.
16 – Merci beaucoup.
17 – Bon, allons-y, j'ai le tournis.
18 – Viens, je t'offre *(je t'invite à prendre)* une "horchata".

quedarse con algo (littéralement : *rester avec quelque chose*) se traduit par *prendre, garder quelque chose par-devers soi*. Voyez : **Quédese con las vueltas**, *Gardez la monnaie*.

⑤ **estar mareado**, dont nous avons déjà fait état à la leçon 43, peut se traduire aussi par *avoir le tournis*.

⑥ **la horchata**, délicieuse boisson désaltérante faite à base de souchet, est un rafraîchissement sucré qui a la couleur du lait, spécialité de la région de Valence.
La **horchata** est parfois servie sous forme de glace pilée ; elle s'appelle alors **granizado de horchata**.

76 Ejercicio 1: Traduzca

① ¿Quién va a hacer las compras? ② Tengo mucho que hacer, no puedo acompañarte. ③ En mi casa tengo unos sellos para ti. ④ ¿Cuánto cuestan esos pantalones? ⑤ Son carísimos.

* * *

Ejercicio 2: Complete

① Cette coupe de cheveux est à la mode.
 Ese . . . . pelo . . . .

② Garde la monnaie !
 ¡ . . . . !

③ Cet après-midi nous irons faire des achats.
 Esta . . . . . iremos . . . .

Corrigé de l'exercice 1

❶ Qui va faire les courses ? ❷ J'ai beaucoup à faire, je ne peux pas t'accompagner. ❸ Chez moi j'ai quelques timbres pour toi. ❹ Combien coûte-t-il ce pantalon ? ❺ Ils sont très chers.

* * *

❹ Voulez-vous essayer cette chemise ?
 ¿ . . . . esta . . . . . . ?

❺ Coton, c'est écrit sur l'étiquette.
 . . . . , está escrito en . . . .

Corrigé de l'exercice 2

❶ – corte de – está de moda ❷ Quédate con las vueltas ❸ – tarde – de compras ❹ Quiere probarse – camisa ❺ Algodón – la etiqueta

Depuis quelques leçons, vous avez sûrement constaté qu'en plus des nouveaux points abordés, chaque texte est "saupoudré" de constructions ou expressions pour lesquelles nous ne présentons plus d'explications car nous les avons déjà rencontrées. Si tel ou tel point ne vous semble pas encore tout à fait clair, et dans la mesure où à présent vous avez atteint une excellente vitesse de croisière, nous vous invitons à revoir la leçon concernée. L'index grammatical et les lexiques mis à votre disposition à la fin de ce manuel constituent autant d'outils qui vous aideront dans vos recherches.

Deuxième vague : Lección veintisiete

77 Lección setenta y siete

Repaso

1 L'imparfait du subjonctif

Peu employé en français, ce temps est d'un emploi courant en espagnol.

Il a deux formes :
en **-ara** et en **-ase**, pour les verbes en **-ar**.
en **-iera** et en **-iese**, pour les verbes es **-er** et en **-ir**.

• **Formation de l'imparfait du subjonctif**

verbes en **-ar**, comme **hablar**, *parler* :

habl → **ara /ase** *(que je parlasse)*
habl → **aras / ases**
habl → **ara / ase**
habl → **áramos / ásemos**
habl → **arais / aseis**
habl → **aran / asen**

verbes en **-er** et en **-ir**, comme **comer**, *manger (que je mangeasse)*, et **subir**, *monter (que je montasse)* :

com → **iera / iese**	sub → **iera / iese**
com → **ieras / ieses**	sub → **ieras / ieses**
com → **iera / iese**	sub → **iera / iese**
com → **iéramos / iésemos**	sub → **iéramos / iésemos**
com → **ierais / ieseis**	sub → **ierais / ieseis**
com → **ieran / iesen**	sub → **ieran / iesen**

Attention !
Lorsqu'un verbe est irrégulier à la 3ᵉ personne (du singulier et du pluriel) du passé simple, on retrouvera son irrégularité à <u>toutes</u> les personnes de l'imparfait du subjonctif.
Ainsi par exemple, **pedir**, *demander*, qui au passé simple donne :
pedí, pediste, pidió, pedimos, pedisteis, pidieron, *je demandai, tu demandas,* etc. ; à l'imparfait du subjonctif, il fait :

Leçon soixante-dix-sept 77

pidiera / pidiese, pidieras / pidieses, pidiera / pidiese, pidiéramos / pidiésemos, pidierais / pidieseis, pidieran / pidiesen ; *que je demandasse, que tu demandasses*, etc.
Les terminaisons demeurent régulières, mais le radical conserve l'irrégularité dont il est affecté à la 3ᵉ personne (du singulier et du pluriel) du passé simple.
Il n'y a pas d'exception à cette règle !

2 La phrase conditionnelle

L'expression de la condition hypothétique ou irréalisable introduite en français par *si* suivi de l'imparfait de l'indicatif est exprimée en espagnol par **si** suivi de l'imparfait du subjonctif ; la proposition principale est exprimée en espagnol comme en français : au conditionnel.
Si no lloviera (ou **lloviese**), **iríamos a dar una vuelta**, *S'il ne pleuvait pas, nous irions faire un tour*.
Si no estuviera (ou **estuviese**) **tan cansado, te acompañaría**, *Si je n'étais pas aussi fatigué, je t'accompagnerais*.
Si supieras…, *Si tu savais…*

Notez que lorsque la condition s'exprime en français avec *si* suivi du présent de l'indicatif, elle se traduit également en espagnol par **si** + le présent de l'indicatif.
Si puedo, iré a verle al hospital, *Si je peux, j'irai le voir à l'hôpital*.
Si tienes tiempo, llámame, *Si tu as le temps, appelle-moi*.

3 Verbes en *-ducir* (-duire)

Les verbes en **-ducir**, qui forment le 4ᵉ groupe des verbes irréguliers classés, prennent, à l'instar des verbes du 3ᵉ groupe (**conocer**, *connaître* ; **parecer**, *paraître*, *sembler* ; **agradecer**, *remercier*…) un **z** devant le **c** précédant la terminaison lorsque celui-ci doit être suivi de **a** ou de **o** (présents de l'indicatif et du subjonctif).

condu*z*co *(je conduis)*	**condu*z*ca** *(que je conduise)*
conduces	**condu*z*cas**
conduce	**condu*z*ca**

conducimos	condu<u>z</u>camos
conducís	condu<u>z</u>cáis
conducen	condu<u>z</u>can

En outre – et c'est la raison pour laquelle ils forment un groupe à part – ils forment leur passé simple en **-duje** et par conséquent l'imparfait du subjonctif en **-dujera** ou **-dujese** :

con<u>duje</u> *(je conduisis)*	con<u>dujera</u> / con<u>dujese</u> *(que je conduisisse)*
con<u>dujiste</u>	con<u>dujeras</u> /con<u>dujeses</u>
con<u>dujo</u>	con<u>dujera</u> / con<u>dujese</u>
con<u>dujimos</u>	con<u>dujéramos</u> / con<u>dujésemos</u>
con<u>dujisteis</u>	con<u>dujerais</u> / con<u>dujeseis</u>
con<u>dujeron</u>	con<u>dujeran</u> / con<u>dujesen</u>

Les autres formes du verbe (et de tous les autres verbes finissant en **-ducir**) se conjuguent comme le modèle **vivir**.

Sauf exception, les verbes en **-ducir** correspondent aux verbes français en *-duire*.

4 Modifications orthographiques dans les verbes

Les modifications orthographiques exigées par certains verbes à certaines personnes ne constituent pas à proprement parler des irrégularités. Bien au contraire, elles permettent au verbe de rester régulier en maintenant le même son à tous les temps. Ainsi, par exemple, dans **ejercer**, *exercer*, pour garder au présent le même son qu'à l'infinitif, il faudra dire **ejer<u>z</u>o** (et non pas ejer<u>c</u>o), *j'exerce*.

• Modifications dans les verbes de la 1re conjugaison.

La modification intervient au passé simple (1re personne du singulier) et au présent du subjonctif (à toutes les personnes)

Verbes en **-car**, **-gar**, **-guar**, **-zar**.

Terminaisons		Transformations
-car : c	devient	**qu**
-gar : g	→	**gu**
-guar : gu	→	**gü**
-zar* : z	→	**c**

339 • trescientos treinta y nueve

* Les verbes en **-zar** changent le **z** en **c** tout simplement parce qu'il n'y a jamais **z** devant **e** ou **i**.

Exemples :

infinitif	passé simple	présent du subjonctif
indicar, *indiquer*	**indiqué**	**indique, indiques**, etc.
pagar, *payer*	**pagué**	**pague, pagues**, etc.
apaciguar, *apaiser*	**apacigüé**	**apacigüe, apacigües**, etc.
adelgazar, *maigrir*	**adelgacé**	**adelgace, adelgaces**, etc.

• Modifications dans les verbes des 2ᵉ et 3ᵉ conjugaisons.

La modification intervient au présent de l'indicatif (1ʳᵉ personne du singulier) et au présent du subjonctif (à toutes les personnes).

Verbes en **-cer**, **-cir**, **-gir**, **-guir**, **-quir**.

Terminaisons   Transformations
  -cer ⎱ c   devient   **z**
  -cir ⎰

  -ger ⎱ g   →   **j**
  -gir ⎰

  -guir : gu → **g**
  -quir : qu → **c**

Exemples :

infinitif	présent de l'indicatif	présent du subjonctif
ejercer, *exercer*	**ejerzo**	**ejerza, ejerzas**, etc.
esparcir, *éparpiller*	**esparzo**	**esparza, esparzas**, etc.
coger, *prendre*	**cojo**	**coja, cojas**, etc.
dirigir, *diriger*	**dirijo**	**dirija, dirijas**, etc.
distinguir, *distinguer*	**distingo**	**distinga, distingas**, etc.
delinquir, *commettre un délit*	**delinco**	**delinca, delincas**, etc.

5 Diálogo recapitulativo

1 – Pareces cansado. ¿Qué te pasa? **(10, 20)**
2 – ¡Si supieras lo que me ocurrió ayer…! **(55, 77)**
3   Por la mañana, fui a recibir a la madre de mi mujer al aeropuerto; **(75)**
4   al verme, me dijo que tenía mal aspecto **(57, 58, 70)**
5   y que así no podíamos ir a ninguna parte. **(29)**
6   Primero me llevó a la peluquería; **(71)**
7   luego, fuimos de tiendas porque quería comprarse un traje; **(76)**
8   y, para terminar, se le ocurrió ir a tomar unos vinos. **(71, 74)**
9   A la vuelta tuvimos un accidente. **(49)**
10 ¡Menudo día! **(72)**

---

78 Lección setenta y ocho

Una llamada equivocada ①

1 – Me gustaría visitar la región de los Picos de Europa ② y…
2   quisiera ③ alquilar una casa rural.

Notes

① **una llamada equivocada**, *un appel erroné*.
un dato erróneo, *une donnée erronée*.
N'oubliez pas : **equivocarse**, *se tromper*.

② **El Parque Nacional de los Picos de Europa**, vaste chaîne montagneuse parsemée de rivières, défilés, torrents, grottes et lacs, à cheval sur les Asturies, la Cantabrie et la Castilla-Léon, constitue la plus vaste réserve naturelle d'Europe (près de 700 km^2). C'est un paradis pour randonneurs, alpinistes et autres amoureux de la nature.

Traducción

1 Tu as l'air fatigué. Qu'est-ce qui t'arrive ? **2** Si tu savais ce qui m'est arrivé hier… ! **3** Le matin, je suis allé accueillir la mère de ma femme à l'aéroport ; **4** en me voyant, elle m'a dit que j'avais mauvaise allure **5** et que comme ça, nous ne pouvions aller nulle part. **6** D'abord, elle m'a emmené chez le coiffeur ; **7** puis, nous sommes allés faire les magasins parce qu'elle voulait s'acheter un tailleur ; **8** et, pour finir, il lui est venu à l'idée d'aller prendre quelques verres. **9** Au retour nous avons eu un accident. **10** Quelle journée !

Deuxième vague : Lección veintiocho

Leçon soixante-dix-huit

Un appel erroné

1 – J'aimerais visiter la région des Pics d'Europe et…
2 je voudrais louer un gîte rural *(une maison rurale)*.

③ Rappelez-vous que l'expression d'un souhait ou d'un désir avec **querer**, *vouloir*, se fait en espagnol avec l'imparfait du subjonctif et non pas avec le conditionnel.
Quisiera un vaso de agua, por favor, *Je voudrais un verre d'eau, s'il vous plaît*.
Quisiéramos reservar una mesa para cuatro personas, *Nous voudrions réserver une table pour quatre personnes*.
Comparez avec **me gustaría** (au conditionnel), *j'aimerais*, dans la phrase précédente.

78

3   ¿Podría aconsejarme alguna por ④ esa zona?
4 – Sé de ⑤ una que está muy bien cerca de Arenas de Cabrales ⑥.
5 – ¿Tiene idea del precio?
6 – No, tendría que ponerse en contacto con los propietarios...
7 – ¿Sabe si la alquilan en temporada baja?
8 – Creo que sí, pero no estoy seguro, tendría que preguntar a...
9 – ¿Sabe si hay posibilidad de montar a caballo en los alrededores ⑦?
10 – Sé que las actividades son muy diversas, pero...
11 – ¿Podría proporcionarme otros detalles?
12 – Oiga, esto es una ferretería y...
13   ¡no la oficina de turismo!   □

Notes

④ **por** se traduit par *dans* lorsqu'il s'agit d'énoncer une idée de dispersion dans un lieu précis ; **por** sert aussi à situer *quelque part* de manière imprécise.
Los niños corrían por el pueblo, *Les enfants couraient dans / à travers le village*.
Los niños están por ahí, en el pueblo, *Les enfants sont par là (quelque part), dans le village*.

⑤ **saber de** peut être synonyme de **conocer**, *connaître*.
Sé de un médico que te recibirá inmediatamente, sin cita, *Je connais un médecin qui te recevra tout de suite, sans rendez-vous*.
Sé de una tienda donde encontrarás lo que buscas, *Je connais un magasin où tu trouveras ce que tu cherches*.

⑥ La région de Cabrales, l'une des portes d'entrée, ou de sortie, sur le versant nord des "Pics", est un lieu accueillant dont la notoriété est aussi faite par le fameux **queso** *(fromage)* **de** ▶

3 — Pourriez-vous m'en conseiller un dans cette zone ?
4 — J'en connais un *(Je sais d'un)* qui est très bien près d'Arenas de Cabrales…
5 — Avez-vous [une] idée du prix ?
6 — Non, vous devriez vous mettre en contact avec les propriétaires…
7 — Savez-vous s'ils la louent en basse saison ?
8 — Je crois que oui, mais je n'[en] suis pas sûr, vous devriez demander à…
9 — Savez-vous s'il y a possibilité de monter à cheval dans les alentours ?
10 — Je sais que les activités sont très diverses, mais…
11 — Pourriez-vous me donner *(proportionner)* [d']autres détails ?
12 — Écoutez, ceci est une quincaillerie et…
13 non l'office du tourisme !

Cabrales, fromage de chèvre à la senteur déchaînée et à la saveur aux accents "d'arrache-gueule".

(7) **alrededor**, adverbe, se traduit par *autour, tout autour*.
alrededor de la mesa, *autour de la table*.
alrededor de, adverbe, se traduit par *environ, à peu près*.
Ese viaje costará alrededor de mil euros, *Ce voyage coûtera environ (ou à peu près) 1000 euros.*
alrededores, nom pluriel, se traduit par *alentours, environs*.
en los alrededores de la ciudad, *dans les environs de la ville*.

Ejercicio 1: Traduzca

❶ ¿Qué me aconsejarías? ❷ Podríamos alquilar un coche. ❸ ¿Sabes de un buen restaurante en ese pueblo? ❹ Ponte en contacto con la oficina de turismo. ❺ Quisiera hablar con el propietario.

* * *

Ejercicio 2: Complete

❶ Qu'est-ce que tu me conseilles ?
¿ . . . . ?

❷ Nous pouvons louer un gîte rural.
. . . .

❸ Je ne connais pas tous les détails.
. . . .

❹ Permets-moi de te dire que…
. . . . que .. . . que…

* * *

> *L'essor pris par le tourisme rural a eu comme conséquence le foisonnement, un peu partout sur le territoire espagnol, de* **casas rurales**, *gîtes ruraux, et de* **casas rústicas**, *fermes, mises au service de ceux qui entendent pratiquer un tourisme alternatif, hors des sentiers battus.*
> *Ces formules, très appropriées pour des séjours en famille ou entre amis, rendent possible une meilleure approche de la vie des gens du pays.* **Las oficinas de turismo**, *les offices de tourisme, et les*

Corrigé de l'exercice 1

① Qu'est-ce que tu me conseillerais ? ② Nous pourrions louer une voiture. ③ Connais-tu un bon restaurant dans ce village ? ④ Mets-toi en contact avec l'office du tourisme. ⑤ Je voudrais parler avec le propriétaire.

* * *

⑤ Nous demanderons à l'office du tourisme.
.... en .. ..

Corrigé de l'exercice 2

① Qué me aconsejas ② Podemos alquilar una casa rural ③ No conozco todos los detalles ④ Permíteme – te diga – ⑤ Preguntaremos – la oficina de turismo

* * *

organismes officiels pour le développement du **turismo rural**, tou-risme rural, *fournissent toutes sortes d'informations aux voyageurs ou vacanciers désireux d'aborder l'Espagne par un biais moins standardisé et, au regard de bien des demeures proposées, avec beaucoup plus de naturel et de caractère.*

Deuxième vague : Lección veintinueve

79 Lección setenta y nueve

Dans cette leçon constituée de petites phrases, nous vous proposons toute une série d'expressions courantes que vous entendrez dans des contextes divers.

Sin respetar ni rey ni roque ①

1 – Pero… ¿qué estás haciendo ahí?
2 – Nada, echar una ojeada ②;
3   ando mirando ③ a ver lo que tienes aquí dentro.
4 – ¡Cómo que andas mirando?
5   Y… ¿quién te ha dado a ti permiso ④
6   para andar registrando en el cajón de mi despacho?
7   ¿Con qué derecho?
8   ¡Son mis cosas ⑤!
9 – De todas formas ⑥, no veo por qué te molesta;
10   si no tuvieras nada que esconder…
11 – ¡No se trata de esconder o no!

Notes

① **No temer ni rey ni roque** (littéralement : *Ne craindre ni roi ni tour*), *N'avoir ni foi ni loi.*
Au jeu d'*échecs* (**ajedrez**), *la tour*, **la torre**, est appelée aussi **roque**, de l'arabo-persan "rokh". De la même racine, nous avons en français *roquer* (**enrocar**), terme bien connu des joueurs d'échecs.

② **una ojeada**, *un coup d'œil*. Comme nous l'indiquions dès la leçon 54, le suffixe **-ada** traduit souvent l'idée d'*un coup de*.

③ En complément au chapitre consacré au gérondif (leçon 70), sachez que l'emploi de **andar** + gérondif, tournure d'un usage ▸

Leçon soixante-dix-neuf   79

Sans foi ni loi *(Sans respecter ni roi ni tour)*

1 – Mais… qu'est-ce que tu es en train de faire là ?
2 – Rien, je jette *(jeter)* un coup d'œil ;
3   je suis en train de regarder *(je marche regardant à voir)* ce que tu as là-dedans.
4 – Comment ça *(Comment que)*, tu es en train de regarder ?
5   Et… qui t'a donné *(à toi)* [la] permission
6   de fouiller *(pour aller fouillant)* dans le tiroir de mon bureau ?
7   De *(Avec)* quel droit ?
8   Ce sont mes affaires *(choses)* !
9 – De toute façon *(formes)*, je ne vois pas pourquoi [ça] te dérange ;
10   si tu n'avais rien à *(que)* cacher…
11 – Il ne s'agit *(se traite)* pas de cacher ou pas !

---

familier courant, dénote une certaine imprécision de la part de celui qui parle quant à l'action dont il est question.
¿Dónde está tu hermano? - Anda preparando el viaje, *Où est ton frère ? - Il est (quelque part) en train de préparer son voyage.*

④ **permiso**, *permission* et *permis*. **con su permiso**, *avec votre permission*. **permiso de conducir**, *permis de conduire*.

⑤ **cosas**, *choses*, au pluriel, traduit fréquemment *affaires* (objets). **Ten cuidado con tus cosas**, *Prends soin de* ou *Fais attention à tes affaires*.

⑥ D'un usage fréquent, l'expression **de todas formas** (ou **maneras**), *de toute façon*, est à associer à son contraire : **de ninguna forma** (ou **manera**), *en aucune façon*.
De todas formas (maneras), en la carretera hay que ser prudente, *De toute façon, sur la route il faut être prudent.*

12 ¡No faltaba más!
13 ¡Es una cuestión de principios!
14 – ¡Los principios me dan igual ⑦!
15 ¡Abajo los principios!
16 ¡Déjate de ⑧ historias!
17 – No, pero… ¡tú no estás bien!
18 ¡Si no lo veo, no lo creo! ⑨

Notes

⑦ **Me da igual**, *Ça m'est égal* et, dans le langage familier, *Je m'en fiche*.

⑧ **dejarse** (ou **dejar**) suivi de **de** + un nom (ou d'un verbe à l'infinitif) se traduira souvent par *arrêter de* : **¡Déjate de historias!** pourrait être traduit par *Arrête de raconter des histoires !*
¡Déjate de bobadas!, *Laisse tomber ces bêtises !*, *Arrête de dire des bêtises !* **(Deja de decir bobadas)**.

⑨ **¡Si no lo veo no lo creo!** (littéralement : *Si je ne le vois pas je ne le crois pas*), *Je n'en crois pas mes yeux !*, et aussi : *Je n'en reviens pas !*

* * *

Ejercicio 1: Traduzca

❶ Voy a echar una ojeada. ❷ ¿Qué estás comiendo? ❸ El pasaporte está dentro, en la maleta. ❹ No sé dónde he dejado el permiso de conducir. ❺ ¿Has mirado en el bolsillo de la chaqueta?

* * *

Ejercicio 2: Complete

❶ Il est (quelque part) en train de faire quelques courses.
 . . . . unas . . . .

❷ Non, ça ne m'est pas égal.
 No, ...

❸ Il ne manquait plus que ça !
 ¡ . . . . !

12 Il ne manquait plus que ça *(Ne manquait plus)* !
13 C'est une question de principe*(s)* !
14 – Les principes, je m'en fiche *(me donnent égal)* !
15 À bas les principes !
16 Laisse tomber ces histoires *(Laisse-toi d'histoires)* !
17 – Non, mais… tu n'es pas bien !
18 Je n'en crois pas mes yeux !

* * *

Corrigé de l'exercice 1

❶ Je vais jeter un coup d'œil. ❷ Qu'est-ce que tu es en train de manger ? ❸ Le passeport est dedans, dans la valise. ❹ Je ne sais pas où j'ai laissé mon permis de conduire. ❺ As-tu regardé dans la poche de ta veste ?

* * *

❹ De quoi s'agit-il ?
¿ . . . . ?

❺ Arrête de jouer avec mes affaires !
¡ . . . . . . jugar . . . . !

Corrigé de l'exercice 2

❶ Anda haciendo – compras ❷ – no me da igual ❸ No faltaba más
❹ De qué se trata ❺ Deja de – con mis cosas

Deuxième vague : Lección treinta

80 Lección ochenta

Hacia Santiago

1. El Camino de Santiago, constelado de refugios y albergues
2. que jalonan las diferentes etapas,
3. constituye hoy día ① la primera ruta turística europea.
4. A un ritmo de unos treinta ② kilómetros diarios,
5. hará falta ③ un mes para recorrer los ochocientos kilómetros
6. que separan Roncesvalles ④ de Santiago de Compostela.
7. Para los numerosos peregrinos que cada año lo frecuentan,

Notes

① **hoy día** ou **hoy en día**, *de nos jours, à l'heure actuelle*, ou encore *aujourd'hui*.

② **unos treinta kilómetros**, *quelque trente* (ou *une trentaine de*, **una treintena de**) *kilomètres*.
Había unas veinte personas, *Il y avait quelque vingt* (ou *une vingtaine de*, **una veintena de**) *personnes*.
En espagnol, on se sert plus volontiers de la première construction.

③ **hará falta un mes**, *il faudra un mois* (ou *on aura besoin d'un mois*). Comme nous l'avons dit à la leçon 75, l'idée de besoin, proche de celle de manque, se traduit par **hacer falta** ou **necesitar**.
Il faut + nom se rend par **hace falta** ou **se necesita** + nom. Il est à noter que lorsque le nom est au pluriel, le verbe s'accorde avec celui-ci.
Hacen falta (ou **se necesitan**) **tres vasos más**, *Il faut trois verres de plus*.

Leçon quatre-vingt 80

Vers Saint-Jacques

1 Le Chemin de Saint-Jacques, constellé de refuges et auberges
2 qui jalonnent les différentes étapes,
3 constitue de nos jours la première route touristique européenne.
4 Au *(À un)* rythme d'une trentaine de *(de quelque trente)* kilomètres par jour *(journaliers)*,
5 il faudra un mois pour parcourir les 800 km
6 qui séparent Roncevaux de Saint-Jacques-de-Compostelle.
7 Pour les nombreux pèlerins qui le fréquentent chaque année,

④ De tous les itinéraires qui, depuis chaque recoin d'Europe, menaient jadis à Saint-Jacques-de-Compostelle, seuls trois chemins principaux subsistent aujourd'hui après le franchissement des Pyrénées : la route du Nord, celle des Asturies, considérée autrefois comme plus dangereuse ; et celles partant du Somport et de Roncevaux qui se rejoignent à Puente la Reina pour devenir alors **el Camino francés** (le Chemin français). De nos jours, la route de Roncevaux, plus courte, est de loin la plus fréquentée.

8 ya **sea** por raz**o**nes de **or**den espiri**tual**,
9 por afi**ción** al sende**ris**mo,
10 por el pla**cer** de encon**trar**se en con**tac**to con la natura**le**za
11 o por **sim**ple **gus**to por la aven**tu**ra,
12 su reco**rri**do, a me**nu**do de ca**rác**ter ini**ciá**tico,
13 consti**tu**ye ⑤ una expe**rien**cia inolvi**da**ble. □

Notes

⑤ Les verbes en **-uir** constituent le 10ᵉ groupe des verbes irréguliers classés. Ces verbes prennent un **y** après le **u** du radical devant les voyelles **a**, **e** et **o** (c'est-à-dire chaque fois que la terminaison ne commence pas par **i**). Cette irrégularité a lieu au présent de l'indicatif, au présent du subjonctif et à l'impératif.

* * *

Ejercicio 1: Traduzca

❶ Pasaremos la noche en un refugio. ❷ Ayer noche el cielo estaba constelado de estrellas. ❸ Ha sido un placer. ❹ Numerosos peregrinos recorren cada año el Camino de Santiago. ❺ La marcha a pie constituye un excelente ejercicio.

* * *

Ejercicio 2: Complete

❶ Combien de kilomètres avez-vous parcouru ?

¿ . . . . habéis . . . . ?

❷ Il faudra plusieurs heures pour finir ce travail.

. . . . varias horas . . . . ese trabajo.

❸ J'ai besoin de dix minutes de plus.

. . . .

8 [que ce] soit pour des raisons d'ordre spirituel,
9 par goût de la randonnée,
10 pour le plaisir de se trouver en contact avec la nature
11 ou par simple goût de l'aventure,
12 son parcours, [qui a] souvent un *(souvent de)* caractère initiatique,
13 constitue une expérience inoubliable.

construir → **construyo**, *je construis* (présent de l'indicatif) ;
contribuir → **contribuya**, *que je contribue* (présent du subjonctif) ;
distribuir → **distribuye**, *distribue* (impératif).
Mais, par exemple : **construimos**, *nous construisons* (présent de l'indicatif).

* * *

Corrigé de l'exercice 1

❶ Nous passerons la nuit dans un refuge. ❷ Hier soir le ciel était constellé d'étoiles. ❸ Ça a été un plaisir. ❹ De nombreux pèlerins parcourent chaque année le Chemin de Saint-Jacques. ❺ La marche à pied constitue un excellent exercice.

* * *

❹ Alberto distribue les cadeaux.
   Alberto . . . .

❺ Il y a une auberge à une dizaine de kilomètres d'ici.
   . . . .   a . . . .
   . .   . .

Corrigé de l'exercice 2

❶ Cuántos kilómetros – recorrido ❷ Harán falta – para acabar – ❸ Necesito diez minutos más ❹ – distribuye los regalos ❺ Hay un albergue – unos diez kilómetros de aquí

La propagation de la nouvelle de la découverte de la tombe de Saint-Jacques aux fins fonds de l'Ouest de la péninsule Ibérique, au début du IXe siècle, provoqua une immense mobilisation dans la chrétienté du Moyen Âge. Des flots de **peregrinos**, *pèlerins, plus d'un demi million par an, accoururent à Compostelle (de "campus stellae", champ d'étoiles), surtout à partir du XIe siècle, vénérer les reliques du fils de Zébédée. Tout le long* **del Camino**, *du Chemin, fleurissent alors des auberges, des hospices, des maladreries, etc. ; se créent des bourgs où s'installent des artisans qui apportent leur savoir-faire : forgerons, maçons, menuisiers et toutes sortes de commerçants ; se développent des villes où s'établissent des étrangers aux coutumes diverses, donnant lieu à un brassage qui*

---

81 Lección ochenta y una

Concordancia

1 Un hombre**zuelo** ① **ca**si analfa**be**to
2 **pe**ro sin **du**da algu**na** despabi**la**do,
3 lo**gró** que le nom**bra**ran ② ma**e**stro de es**cue**la.

Notes

① Le suffixe diminutif **-uelo** introduit une idée de petitesse souvent empreinte d'affection, mais peut aussi parfois avoir un sens péjoratif ou méprisant ; il ne convient pas à tous les mots et est à employer avec circonspection.
un bribonzuelo, *un petit coquin*.
un actorzuelo, *un petit acteur de rien du tout / sans importance*.
Certains mots portant le suffixe **-uelo** sont devenus avec le temps des noms à part entière : **un pañuelo** (de **paño**, *drap, tissu*), *un mouchoir*.

② **logró que le nombraran**, *il réussit à se faire nommer* (ou, plus proche, *il réussit à ce qu'on le nommât*).
La concordance des temps est observée de manière stricte, en espagnol. Chaque fois que l'infinitif français se traduit par le subjonctif espagnol, elle doit donc être appliquée. Aussi, lors-

fait se révéler le Chemin comme un véhicule culturel de première importance. Ainsi sont jetées les bases qui permettront l'éclosion en Espagne de l'art roman, puis du gothique.
Aujourd'hui, **el Camino***, jalonné de* **catedrales***, cathédrales,* **monasterios***, monastères,* **iglesias***, églises,* **santuarios***, sanctuaires,* **hospitales***, hôpitaux, etc., dont plusieurs sont devenus des* **paradores***, fait l'objet d'une protection toute particulière.* **Los peregrinos***, à pied, à cheval ou en vélo, trouvent un parcours bien balisé qui leur permet d'atteindre l'un des plus beaux ensembles architecturaux de l'Espagne : la ville de Saint-Jacques-de-Compostelle.*

Deuxième vague : Lección treinta y una

Leçon quatre-vingt une   81

Concordance

1 Un petit bonhomme presque analphabète
2 mais sans aucun doute débrouillard,
3 réussit à se faire nommer *(à ce qu'on le nommât)* maître d'école.

que le verbe de la principale est au passé ou au conditionnel, le verbe de la subordonnée devra être impérativement à l'imparfait du subjonctif.
Le pedí que viniera, *Je lui demandai de venir*.
Nous reviendrons sur ce point tout à fait important.

81

4   Un aldeano bastante patán, que por su lado
5   había conseguido que le eligieran ③ alcalde,
6   se dirigió a él y le dijo:
7 – Tengo un tío que emigró de aquí hace años
8   y del que ④ no tengo noticias;
9   ¿podría escribirle una carta por mí?
10 Luego ⑤, tras habersela dictado,
11 el aldeano le pidió que se la releyera ⑥:
12 – Quiero estar seguro de no haber olvidado nada.
13 El hombrezuelo, confuso ante su garabateo, se excusó:
14 – Lo siento, pero no consigo ⑦ descifrar lo que he escrito.
15 – Pues… si usted no puede leerla,
16 ¿cómo podrá hacerlo mi tío?

Notes

③ **había conseguido que le eligieran**, *il avait réussi à se faire élire*. Dans bien des cas, la construction française *faire* + infinitif se traduit en espagnol par un seul verbe.
Le van a reñir, *Il va se faire gronder*.
Voyez également que la construction est semblable à celle de la phrase précédente ; aussi la concordance des temps doit être appliquée : → le verbe de la proposition principale est au passé (**había conseguido**, *il avait réussi*) → le verbe de la subordonnée se met à l'imparfait du subjonctif (**que le eligieran**, *à se faire élire* – ou, plus proche, *à ce qu'on l'élût*).

④ Lorsque *dont* relie à l'antécédent un nom représentant des personnes, il se traduit par **de quien, de quienes** ou par **del que, de la que, de los que, de las que**.
La mujer de quien (ou **de la que**) **me enamoré**, *La femme dont je suis tombé amoureux*.

4 Un villageois assez ignare, qui de son côté
5 avait réussi à se faire élire *(à ce qu'on l'élût)* maire,
6 s'adressa à lui et lui dit :
7 – J'ai un oncle qui a émigré d'ici il y a [des] années
8 et dont je n'ai pas [de] nouvelles ;
9 pourriez-vous lui écrire une lettre de ma part *(pour moi)* ?
10 Plus tard, après la lui avoir dictée,
11 le villageois lui demanda de la lui relire :
12 – Je veux être sûr de n'avoir rien oublié *(oublié rien)*.
13 Le petit homme, confus devant son gribouillis, s'excusa :
14 – Je regrette, mais je ne réussis pas à déchiffrer ce que j'ai écrit.
15 – Eh bien… si vous ne pouvez pas la lire,
16 comment mon oncle pourra-t-il y parvenir *(pourra le faire mon oncle)* ?

Los jóvenes de quienes (ou **de los que**) **me ocupo**, *Les jeunes dont je m'occupe.*

⑤ **luego**, *ensuite, après* (aussi **después**), *plus tard* (**más tarde**), est aussi d'un usage constant dans l'expression **¡Hasta luego!**, *À tout à l'heure !, À plus tard !*

⑥ Attention à la concordance ! Revoyez les notes 2 et 3 et comparez !

⑦ Dans cette leçon, vous trouvez outre **consiguió** (**conseguir**, *obtenir, réussir à*), **eligieran** (**elegir**, *élire*), à la phrase 5 et **pidió** (**pedir**, *demander*), à la phrase 11. Ces trois verbes appartiennent au 6ᵉ groupe des verbes irréguliers classés. Leur particularité réside dans le changement en **i** de la voyelle **e** du radical dans des circonstances que nous examinerons dès la prochaine leçon de révision. À suivre !

17 – Eso no es asunto mío ⑧;
18 mi trabajo consiste en escribir y no en leer.
19 – Y, por otra parte… es verdad – añadió el aldeano convencido –
20 ¿con qué derecho va a leer una carta que no es para usted?

Notes

⑧ *mío*, *mien*, *à moi*. Rappelez-vous de ce que nous disions dès la leçon 63 en rapport avec la forme possessive : à la différence des formes atones (**mi**, *mon, ma* ; **tu**, *ton, ta* ; **su**, *son, sa*) les formes

* * *

Ejercicio 1: Traduzca
❶ Durante los años cincuenta muchos emigraron a América. ❷ Hace años que no le veo. ❸ ¿Habéis hecho un dictado en el colegio? ❹ Le pedí que me acompañara. ❺ ¿En qué consiste tu trabajo?

* * *

Ejercicio 2: Complete

❶ Es-tu sûr de n'avoir rien oublié ?
¿ . . . . haber . . . . ?

❷ Je n'ai pas réussi à arriver à temps.
. . . . . . llegar . . . .

❸ Les amis dont je t'ai parlé vont arriver tout de suite.
Los amigos . . . . van a llegar . . . .

❹ À qui est adressée cette lettre ?
¿ . . . . esa carta?

17 – Cela n'est pas mon affaire *(affaire à moi)* ;
18 mon travail consiste à écrire et non pas à lire.
19 – Et, d'un autre côté… c'est vrai – ajouta le villageois convaincu –
20 de *(avec)* quel droit allez-vous lire une lettre qui n'est pas pour vous ?

accentuées **mío, tuyo, suyo** se placent toujours après le nom.
Es tu llave, *C'est ta clé*.
Esta llave es tuya, *Cette clé est à toi*.

* * *

Corrigé de l'exercice 1

❶ Pendant les années cinquante, beaucoup ont émigré en Amérique. ❷ Il y a des années que je ne le vois pas. ❸ Avez-vous fait une dictée à l'école ? ❹ Je lui demandai de m'accompagner. ❺ En quoi consiste ton travail ?

* * *

❺ À tout à l'heure !
¡ . . . . !

Corrigé de l'exercice 2

❶ Estás seguro de no – olvidado nada ❷ No he conseguido – a tiempo ❸ – de los que te he hablado – enseguida ❹ A quién está dirigida – ❺ Hasta luego

Deuxième vague : Lección treinta y dos

82 Lección ochenta y dos

En el museo

1 – **Cua**tro entra**da**s, por fa**vor**.
2 – **Ten**ga ①, los **ni**ños no **pa**gan.
3   Les dese**a**mos **u**na agra**da**ble vi**si**ta.
4 – **Gra**cias. ¿**Has**ta qué **ho**ra está a**bier**to el museo?
5 – Hoy, **jue**ves, **has**ta las **sie**te.
6   **Llé**vese tam**bién es**te pe**que**ño fo**lle**to;
7   encontra**rá** en él ② un **pla**no del mu**se**o
8   con las indica**cio**nes nece**sa**rias **pa**ra orien**tar**se,
9   a**sí co**mo **u**na **se**rie de informa**cio**nes ③ **prác**ticas:
10   ho**ra**rio de vi**si**tas con **guí**a,

Notes

① Lorsqu'il s'agit de remettre un objet à quelqu'un, les formules démonstratives *voici* et *voilà* se traduisent par **aquí** ou **ahí** + **tener** à la personne qui convient.
Aquí tiene (las entradas), *Voici (vos entrées)* ; comme en français, la précision sur l'objet remis est souvent omise.
Cette dernière formule est employée en concurrence avec **ten**, *tiens* ; **tenga**, *tenez*, etc.
Tenga ! *(Tenez !), Voici !* ou *Voilà !*

② *y* n'a pas d'équivalent en espagnol. Lorsqu'il exprime une idée de lieu, au sens propre comme au figuré, et que l'antécédent est clairement déterminé, il sera souvent traduit par un pronom de la 3e personne précédé, si besoin est, de la préposition **en**.
...vous y (le dépliant) trouverez..., **...encontrará en él (el folleto)...**

Leçon quatre-vingt deux   82

Au musée

1 – Quatre entrées, s'il vous plaît.
2 – Voici *(Tenez)*, les enfants ne payent pas.
3 Nous vous souhaitons une agréable visite.
4 – Merci. Jusqu'à quelle heure le musée est-il ouvert *(est ouvert le musée)* ?
5 – Aujourd'hui, jeudi, jusqu'à sept heures.
6 Prenez *(Emportez-vous)* aussi ce petit dépliant ;
7 vous y trouverez *(vous trouverez dans lui)* un plan du musée
8 avec les indications nécessaires pour vous orienter,
9 ainsi qu' *(ainsi comme)* une série de renseignements *(informations)* pratiques :
10 horaire des visites guidées *(visites avec guide)*,

③ **información**, *information, renseignement*.
Au pluriel, **informaciones**, *informations*, traduit aussi *nouvelles* ; mais l'emploi de **noticias**, *nouvelles*, est bien plus courant.
Voy a escuchar las noticias, *Je vais écouter les nouvelles* (radio).
Quiero ver el telediario ou **las noticias**, *Je veux regarder le journal télévisé* ou *les nouvelles* (télévision).
Dans les lieux publics, le panneau **"información"** correspond souvent à *"accueil"*.

11 **lis**ta de ca**tá**logos que se **pue**den adqui**rir** ④
en la **tien**da del mu**se**o,
12 **u**na pe**que**ña descrip**ción** de las princi**pa**les **o**bras ex**pues**tas, etc**é**tera ⑤.
13 – Se lo agra**dez**co.
14 – ¿**Sa**bes, E**duar**do?
15 Es**toy** encan**ta**da ⑥ de ha**ber** ve**ni**do a ver **to**das **es**tas maravi**llas**;
16 Ve**láz**quez, el **Gre**co, Zurba**rán**, **Go**ya, Da**lí**, Pi**cas**so, Mi**ró**…
17 Esta**rí**a bien te**ner cua**dros a**sí** en **ca**sa…
18 – **Pe**ro, **Mai**te ⑦, con **to**do el tra**ba**jo que **ten**go…
19 ¿de **dón**de **quie**res que **sa**que **tiem**po **pa**ra pin**tar**?

Notes

④ Le 9ᵉ groupe des verbes irréguliers classés est composé du verbe **jugar**, *jouer*, ainsi que de tous les verbes finissant en **-irir**, comme **adquirir**, *acquérir*, que nous avons traduit ici par *se procurer*.
jugar, change en **ue** le **u** qui précède la désinence (ou terminaison) dans les mêmes cas où les verbes du 2ᵉ groupe (comme **volver**, par exemple, leçon 49) changent le **o** en **ue**.
Les verbes en **-irir** changent le **i** en **ie** dans les mêmes cas.
N'oubliez pas que ces explications ne sont pas "à apprendre" ; elles vous sont proposées à titre de repères !

* * *

Ejercicio 1: Traduzca

❶ Todavía no he sacado las entradas. ❷ Creo que los niños no pagan. ❸ ¿Has cogido el folleto con todas las informaciones? ❹ Compraremos un plano de la ciudad. ❺ ¿En qué piso se encuentra la sala de Goya?

11 liste des catalogues que l'on peut se procurer à *(acquérir dans)* la boutique du musée,
12 une petite description des principales œuvres exposées, etc.
13 – Je vous en remercie.
14 – Tu sais, Eduardo ?
15 Je suis ravie d'être venue voir toutes ces merveilles ;
16 Velázquez, Le Greco, Zurbarán, Goya, Dalí, Picasso, Miró…
17 Ce serait bien [d']avoir des tableaux comme ça à la maison…
18 – Mais, Maite, avec tout le travail que j'ai…
19 où veux-tu que je trouve le temps *(d'où veux-tu que je sorte le temps)* pour peindre ?

⑤ **etcétera** [*etθétéra*], *et cetera*, s'écrit rarement en toutes lettres. L'abréviation espagnole est identique à la française : **etc.** .

⑥ **Encantado / Encantada de conocerle/la**, *Ravi / Ravie de faire votre connaissance*.
¡Encantado / Encantada !, *Enchanté / Enchantée !*

⑦ **Maite,** et aussi **Mayte**, diminutif de **María Teresa** *(Marie Thérèse)* ; est devenu aussi un prénom à part entière.

* * *

Corrigé de l'exercice 1

❶ Je n'ai pas encore pris les entrées. ❷ Je crois que les enfants ne payent pas. ❸ As-tu pris le dépliant avec tous les renseignements ? ❹ Nous achèterons un plan de la ville. ❺ À quel étage se trouve la salle de Goya ?

Ejercicio 2: Complete

① Je demanderai quels sont les horaires d'ouverture.
. . . . cuáles . . . .
. . . .

② Voici vos catalogues.
. . . . sus . . . .

③ Je vous en remercie.
. . . .

El patrimonio, le patrimoine, *espagnol est d'une telle richesse qu'il est difficile au voyageur, où qu'il se trouve, d'échapper à un panneau, une indication routière, une affiche... l'invitant à entrer dans* **un museo**, *un musée, visiter* **una exposición**, *une exposition, ou à s'aventurer dans* **un claustro**, *un cloître.*
Los horarios de apertura, *les horaires d'ouverture, et* **los días de cierre**, *les jours de fermeture, peuvent varier d'un centre et d'une ville à l'autre ; par ailleurs, certains ne sont ouverts que le matin et d'autres ferment aux heures de repas (14 h – 16 / 17 h). Renseignez-vous !*
Dans bien des lieux classés comme **Patrimonio Nacional**, *Patrimoine National, l'entrée est gratuite pour les citoyens de l'U.E. De plus, de nombreux musées et* **monumentos**, *monuments, ont des plages horaires où l'entrée est gratuite* (**entrada gratuita**).

---

83 Lección ochenta y tres

Alta tecnología

1 Señoras y señores pasajeros:
2 nos disponemos a atravesar una zona de turbulencias.
3 Abróchense el cinturón

④ Ce soir, j'aimerais regarder le journal télévisé.
....

⑤ Veux-tu que je joue avec toi ?
¿Quieres que .... ?

Corrigé de l'exercice 2

① Preguntaré – son los horarios de apertura ② Aquí tiene – catálogos ③ Se lo agradezco ④ Esta noche me gustaría ver el telediario ⑤ – juegue contigo

Dans les petites villes, villages et lieux plus isolés, les églises, sanctuaires, châteaux et autres sites qui valent le détour sont souvent fermés ; aussi, n'hésitez pas à vous mettre en quête de la clé. Allez la demander au gardien, au voisin qui habite juste à côté, au bar, à la mairie ou chez le pharmacien. Généralement, vous réussirez à la trouver et… vous ne serez pas déçu, car bien souvent vous aurez le droit à des explications vivantes et colorées, toujours personnalisées et avec force détails qu'on ne trouve pas dans les livres !
¡Le deseamos una agradable visita!

Deuxième vague : Lección treinta y tres

Leçon quatre-vingt trois 83

Haute technologie

1 Mesdames et Messieurs [les] passagers :
2 nous nous apprêtons à traverser une zone de turbulences.
3 Attachez vos ceintures *(votre ceinture)*

83   4   y perma**nez**can ① en su a**sien**to.
5   **Gracias** por su aten**ción**.
6   Nos com**place** ② recor**dar**les que se en**cuen**tran a **bor**do
7   del **nue**vo apa**ra**to de **ti**po "**Na**ve **dro**ne",
8   que **vue**la de ma**ne**ra au**tó**noma,
9   sin tripula**ción** ③ al**gu**na ④.
10   El pilo**ta**je es com**ple**tamente auto**má**tico.
11   La seguri**dad** es**tá** abso**lu**tamente garanti**za**da,
12   ya que el con**trol** del apa**ra**to
13   se efec**tú**a, **des**de la esta**ción** espa**cial** "At**lan**tis",
14   por **me**dio de un com**ple**jo sis**te**ma electr**ó**nico
15   teledirigido por **ra**yos **lá**ser.
16   Les dese**a**mos un fe**liz** viaj…, liz viaj…, liz via…, liz vi…   □

Notes

① Rappel : après les verbes de prière, d'ordre, etc. (leçons 37, 43 et 56), l'infinitif + *de* français est traduit en espagnol par le subjonctif. Et, comme nous l'avons expliqué à la leçon 81, chaque fois que l'infinitif français se traduit par le subjonctif, la concordance des temps doit être appliquée. Aussi, lorsque le verbe de la proposition principale est au présent, celui de la subordonnée doit être au présent du subjonctif. Comparez :
Le pide (présent) **que venga** (présent du subjonctif), *Il lui demande* (présent) *de venir* (*de* + infinitif).
Le pidió (passé simple) **que viniera** (imparfait du subjonctif), *Il lui demanda* (passé simple) *de venir* (*de* + infinitif).
- D'accord ? - En parfait accord !

② **complacer**, *complaire, plaire, être agréable.*
complacerse *(se complaire)*, s'emploie aussi, avec un sens très ▶

4 et restez à vos places *(dans votre siège)*.
5 Merci de *(pour)* votre attention.
6 Nous sommes heureux *(Il nous complaît)* de vous rappeler que vous êtes à bord
7 du nouvel appareil de type "Nef drone",
8 qui vole de manière autonome ;
9 sans aucun équipage.
10 Le pilotage est complètement automatique.
11 La sécurité est absolument garantie,
12 puisque le contrôle de l'appareil
13 s'effectue, depuis la station spatiale "Atlantis",
14 au *(par)* moyen d'un système électronique complexe *(d'un complexe système…)*
15 téléguidé par rayons laser.
16 Nous vous souhaitons un agréable *(heureux)* voyag…, gréable voyag…, gréable voya…, able voy…

formel, pour *avoir plaisir à / le plaisir de, être heureux de*.
Nos complace anunciarles que aterrizaremos en breves instantes : *Nous sommes heureux de vous annoncer que nous atterrirons dans quelques instants.*

③ **los miembros de la tripulación**, *les membres de l'équipage*. Parmi **el personal de a bordo**, *le personnel de bord*, notez : **el piloto**, *le pilote* ; **las azafatas**, *les hôtesses*, et **los auxiliares de vuelo**, *les stewards*.

④ *Rappel* : comme nous l'indiquions déjà à la leçon 57 (note 9) **alguno/na**, peut traduire *aucun / aucune* dès lors qu'il est placé derrière un nom précédé lui-même de **sin** ou d'un mot négatif.
- Vous en souveniez-vous ?
- **Sin ninguna duda** ou **Sin duda alguna**, *Sans aucun doute*.

Ejercicio 1: Traduzca

❶ Les recordamos que está prohibido fumar a bordo. ❷ Nos disponíamos a sentarnos a la mesa. ❸ Los miembros de la tripulación recibieron a los pasajeros. ❹ ¡Abróchate el cinturón! ❺ El cierre de las puertas se efectuará automáticamente.

* * *

Ejercicio 2: Complete

❶ Adressez-vous à l'hôtesse qui se trouve à l'entrée de l'appareil.
. . . . que se encuentra . . . . del aparato.

❷ Elle m'a conseillé de venir la voir.
Me aconsejó . . . .

❸ L'appareil dispose d'un système de sécurité électronique.
. . . . dispose de . . . . electrónico.

❹ Notre avion a du retard.
. . . . tiene . . . .

❺ Merci de votre attention.
. . . .

84 Lección ochenta y cuatro

Repaso

1 La concordance des temps

• Elle est rigoureusement observée dès lors que l'infinitif français doit être traduit par le subjonctif espagnol. Aussi,
• lorsque le verbe de la proposition principale est au présent ou au futur, celui de la proposition subordonnée doit se mettre au présent du subjonctif.

Dile que conduzca con precaución, *Dis-lui de conduire avec précaution.*

Corrigé de l'exercice 1

① Nous vous rappelons qu'il est interdit de fumer à bord. ② Nous nous apprêtions à nous asseoir à table. ③ Les membres de l'équipage ont reçu les passagers. ④ Attache ta ceinture ! ⑤ La fermeture des portes s'effectuera automatiquement.

* * *

Corrigé de l'exercice 2

① Diríjase a la azafata – a la entrada – ② – que viniera a verla
③ El aparato – un sistema de seguridad – ④ Nuestro avión – retraso
⑤ Gracias por su atención

Deuxième vague : Lección treinta y cuatro

Leçon quatre-vingt-quatre 84

Me dirá que tenga cuidado, *Il me dira de faire attention*.
• lorsque le verbe de la proposition principale est au passé ou au conditionnel, celui de la proposition subordonnée doit se mettre à l'imparfait du subjonctif.
Le recomendé que leyera el periódico, *Je lui recommandai de lire le journal*.
¿Le aconsejarías que lo leyera?, *Lui conseillerais-tu de le lire ?*

• Il va de soi que la concordance des temps s'applique, de la même façon, lorsque le verbe de la proposition subordonnée est au subjonctif en français.

trescientos setenta • 370

Me gusta que me digas esas cosas, *J'aime que tu me dises ces choses-là.*
Me gustaría que me acompañaras, *J'aimerais que tu m'accompagnes* (littéralement : *que tu m'accompagnasses*).

2 Les notions de besoin et de manque

Il s'agit d'idées très proches qu'il convient de rendre souvent différemment d'un contexte à l'autre, et dont l'expression varie selon qu'il s'agit d'un besoin ou manque à caractère impersonnel ou personnel.
Les indications d'ordre général que nous vous présentons ici sont à mettre en rapport et à recouper avec celles proposées aux leçons 21 (idée d'obligation), 75 et 80.
• l'idée de besoin (sens impersonnel) :
il faut + nom → **se necesita** + nom ou **hace falta** + nom.
Il faut une personne compétente, **Se necesita** ou **Hace falta una persona competente**.
• l'idée de besoin (sens personnel) :
il me faut + nom → **necesito** + nom ou **me hace falta** + nom.
Il me faut un tournevis, **Necesito** ou **Me hace falta un destornillador**.
• l'idée de manque, surtout lors de l'emploi impersonnel, s'exprime souvent par **necesitar**, conjugué à la personne qui convient, ou par **hacer falta** précédé du pronom complément. Toutefois, il convient de rappeler qu'elle s'exprime sans ambiguïté avec **faltar**, *manquer*.
Il nous faut un ordinateur de plus dans la salle d'informatique, **Necesitamos** ou **Nos hace falta un ordenador más en la sala de informática**, ou encore **Falta un ordenador más en la sala de informática**.

3 Voici et voilà

Les formules démonstratives *voici* et *voilà* correspondent a **he aquí** et **he ahí** ou **he allí**, respectivement. Cependant, dans le langage de tous les jours, on emploie une série d'expressions alternatives plus précises :
→ **éste**, **ése** ou **aquél es**, pour désigner.
Éste es mi vaso y ése es el tuyo, *Voici mon verre et voilà le tien.*
→ **aquí** et **ahí** ou **allí está**, ou **aquí** et **ahí** ou **allí viene** (avec mouvement vers soi), ou encore **aquí** et **ahí** ou **allí va** (en lançant un objet), pour situer.
Aquí está mi libro y allí está el de Susana, *Voici mon livre et voilà celui de Susana.*

Aquí viene Juan, *Voici Juan* (qui vient).
Ahí viene el tren, *Voilà le train* (qui arrive).
Ahí va la pelota, *Voilà la balle* (qu'on lance).
→ **Aquí** ou **ahí** + **tener** à la personne qui convient, en remettant un objet.
¡Aquí tiene!, *Voici !* ; comme en français, la précision sur l'objet remis est souvent omise.
Cette dernière formule est employée en concurrence avec **ten, tenga**, etc.
¡Ten! *(Tiens !)*, *Voici !* ou *Voilà !*

4 Verbes irréguliers (dérivation des irrégularités)

Maintenant que vous avez déjà une vision assez complète de la conjugaison espagnole, nous vous proposons comme résumé, et en même temps comme "tableau d'appui", quelques indications simples qui vous permettront de mieux vous repérer dans la forêt des irrégularités. Lisez simplement, sans trop vous y attarder, et passez au point suivant :
• Si un verbe est irrégulier à la 1ʳᵉ personne du présent de l'indicatif, il le sera aussi au présent du subjonctif et à l'impératif (groupe du présent).
conozco → **conozca**, *je connais, que je connaisse*.
vengo → **no vengas**, *je viens, ne viens pas*.
• Si un verbe est irrégulier à la 3ᵉ personne du pluriel au passé simple, il le sera aussi à l'imparfait du subjonctif et au futur du subjonctif (groupe du prétérit).
pidieron → **pidieran** ou **pidiesen**, *ils ont demandé (demandèrent), qu'ils demandent (demandassent)*.
• Si un verbe est irrégulier au futur de l'indicatif (forcément à toutes les personnes dans ce cas), il le sera aussi au conditionnel (groupe du futur).
diré → **diría**, *je dirai, je dirais*.
• L'imparfait de l'indicatif a un statut à part, mais seuls les verbes **ir**, *aller* ; **ser**, *être*, et **ver** (et ses composés), *voir*, que vous connaissez déjà, sont irréguliers à ce temps.

5 Verbes irréguliers classés : 6ᵉ groupe

Les verbes de ce groupe, dont vous connaissez déjà les plus courants, **pedir**, *demander* ; **servir**, *servir* ; **conseguir**, *obtenir, réussir à* ; **vestirse**, *s'habiller*, etc. changent en **i** le **e** du radical lorsque ce **e** porte l'accent tonique ou quand la terminaison commence par

une diphtongue ou par **a**. Ce changement a lieu dans les groupes du présent et du prétérit (voir ci-dessus : 4), ainsi qu'au gérondif.
Faites appel à vos connaissances :
Siga (Seguir) las instrucciones, *Suivez les instructions.*
Me visto (vestirse) después de ducharme, *Je m'habille après avoir pris ma douche.*
Consiguieron (conseguir) llegar a tiempo, *Ils / Elles ont réussi à arriver à temps.*
Sírvete (servir)!, *Sers-toi !*
Está pidiendo (pedir) la cuenta, *Il / Elle est en train de demander la note.*

6 Diálogo recapitulativo

1 – Y si alquiláramos una casita en Galicia, **(77, 78)**
2   sacáramos tres billetes de avión, **(77, 82)**
3   nos fuéramos a Santiago, **(77)**
4   cogiésemos allí un coche y… **(77)**

---

85 Lección ochenta y cinco

Quién sabe… si… quizás… es posible…

1 – Voy a pro**bar** for**tu**na, voy a com**prar** un bi**ll**ete de lote**rí**a.
2 – Ten cui**da**do, no desa**fí**es a la **suer**te ①,
3   **pue**de ser peli**gro**so.
4 – ¿**Có**mo, peli**gro**so?

¡ QUÉ HORROR !

373 • trescientos setenta y tres

5 cambiáramos de aire durante unos días, **(77)**
6 ¿qué diríais? **(39, 77)**
7 – ¡Estupendo! **(59)**
8 – ¿Cuándo nos vamos? **(27)**
9 – ¡No tan deprisa! **(6, 11)**
10 ¡Parece ser que va a haber una huelga general! **(7, 74)**

Traducción

1 Et si nous louions une petite maison en Galice, **2** prenions trois billets d'avion, **3** partions à Saint-Jacques, **4** prenions là-bas une voiture et…. **5** changions d'air pendant quelques jours, **6** qu'en diriez-vous ? **7** Formidable ! **8** Quand partons-nous ? **9** Pas si vite ! **10** Il semblerait qu'il va y avoir une grève générale !

Deuxième vague : Lección treinta y cinco

Leçon quatre-vingt cinq 85

Qui sait… si… peut-être… c'est possible...

1 – Je vais tenter ma chance *(fortune)*, je vais acheter un billet de loterie.
2 – Fais attention *(Tiens soin)*, ne défie pas *(à)* la chance,
3 ça peut être dangereux.
4 – Comment [ça], dangereux ?

Notes

① **desafiar a la suerte**, *défier (braver, affronter) la chance*, renvoie à l'expression consacrée **desafiar** *(défier)* **el peligro**, *braver le danger*.

5 – Si nos **to**ca el **gor**do ②,
6 es po**si**ble que nos ape**tez**ca ③ cam**biar**nos de **pi**so.
7 – Sí, se**gu**ramente, ¿y qué?
8 – Pues, que ha**brá** que acondicio**nar**lo: pin**tar**lo, deco**rar**lo y…
9 a**ca**so ④ discu**ta**mos por no es**tar** de a**cuer**do
10 con res**pec**to al ⑤… co**lor** de las cor**ti**nas, por e**jem**plo;
11 y **lue**go nos senti**re**mos mal y nos deprimi**re**mos y…
12 qui**zás**… ¿qué sé yo? ¡I**gual** ⑥ nos da por ⑦ be**ber**!
13 Y… ¡quién **sa**be incluso si no ha**re**mos una lo**cu**ra!

Notes

② **tocar**, dont vous savez déjà qu'il peut se traduire par *toucher* ou *être le tour de* (leçon 50), a aussi le sens de *gagner à la loterie* ou, dans un sens plus large, *gagner quelque chose lors d'un tirage au sort*.
No tocar, recién pintado, *Ne pas toucher, peinture fraîche*.
¿Me toca a mí?, *C'est à mon tour ?*
¿Te ha tocado el gordo?, *As-tu gagné le gros lot ?*
Te puede tocar un viaje, *Tu peux gagner un voyage* (lors d'un tirage au sort).

③ **apetecer**, *désirer*, s'emploie couramment avec le sens de *avoir envie*.
¿Te apetece un helado?, *Ça te dit, (As-tu envie d') une glace ?*
Hoy no me apetece nada salir a cenar, *Aujourd'hui ça ne me dit rien (je n'ai aucune envie) de sortir dîner*.
Me apetece ir al cine, *J'ai envie d'aller au cinéma*.

④ Lorsque les adverbes de doute **acaso, tal vez, quizá/s**, *peut-être*, sont suivis du subjonctif, ils peuvent toujours être traduits par *il se peut que* + subjonctif, et sont l'équivalent de **puede (ser) que**. ▶

5 – Si nous gagnons le gros lot *(Si nous touche le gros)*,
6   il est possible que nous ayons envie de changer d'appartement.
7 – Oui, sûrement, et alors *(et quoi)* ?
8 – Eh bien, *(qu')*il faudra l'aménager : le peindre, le décorer et …
9   il se peut que nous nous disputions parce que nous ne sommes pas *(pour ne pas être)* d'accord
10   au sujet de… la couleur des rideaux, par exemple ;
11   et après nous nous sentirons mal et nous *(nous)* déprimerons et…
12   peut-être… que sais-je ? Si ça se trouve, nous nous mettrons à boire !
13   Et… qui sait même si nous ne ferons pas une folie !

➤ **Tal vez llame** / **Puede (ser) que llame**, *Il se peut qu'il / elle appelle*.

⑤ Élargissez votre champ sémantique : **con respecto a**, *au sujet de*, *par rapport à* (**con relación a**), *quant à* (**en cuanto a**), *en ce qui concerne* (**en lo que concierne a**), *à l'égard de*.

⑥ **igual**, *égal*, introduisant une hypothèse, a le même sens que **a lo mejor**, que nous avons vu à la leçon 41 ; **igual** peut alors se traduire par *peut-être* ou *si ça se trouve*.
Igual / A lo mejor tus amigos no beben, *Peut-être / Si ça se trouve tes amis ne boivent pas*.

⑦ **dar por** suivi d'un infinitif introduit l'idée de *prendre une habitude* ou de *succomber à une manie* en s'adonnant à une activité de manière exagérée, ou encore de *faire quelque chose d'extravagant*.
¿Le ha dado por beber? *Il s'est mis à boire ?*
Ahora le da por levantarse a las cinco de la mañana para hacer gimnasia, *Maintenant ça lui a pris de se lever à cinq heures du matin pour faire de la gymnastique*.

85 14 — ¡Qué ho**rr**or!
15 Sí, tal vez es ⑧ me**jor** no ju**gar** a la lote**rí**a!

Notes

⑧ Les adverbes de doute **tal vez, acaso, quizá/s**, *peut-être*, peuvent aussi être suivis de l'indicatif ; le fait est alors envisagé comme réel.

* * *

Ejercicio 1: Traduzca

❶ Vamos a probar fortuna. ❷ ¿A quién le toca?
❸ Quizá lleguemos con retraso. ❹ Igual no bebe.
❺ Le ha dado por la informática.

* * *

Ejercicio 2: Complete

❶ Ça te dit d'aller au cinéma.

¿. . . . . ?

❷ Peut-être que je resterai à la maison.

. . . .

❸ Ça ne vaut pas la peine de se disputer pour si peu de chose.

. . . . por . . . poca cosa.

L'Espagne est l'un des pays d'Europe où la fièvre des jeux de hasard est la plus forte : **lotería nacional**, *loterie nationale ;* **lotería de la ONCE** *ou* **cupón pro ciegos**, *loterie quotidienne au bénéfice des aveugles ;* **quinielas**, *paris sportifs,* **máquinas tragaperras**, *machines à sous, etc.*
Dans cette jungle, **el sorteo extraordinario de la lotería de Navidad : el Gordo**, *le tirage extraordinaire de la loterie de Noël : "le gros [lot]", tient une place à part. Ce tirage, qui a lieu le 22 décembre de chaque année, marque en quelque sorte le point de départ de la période des fêtes de fin d'année et coïncide souvent avec le premier jour des vacances scolaires. Le tirage, chanté par des enfants, est retransmis en direct à la télévision, et les différentes stations de radio s'en font l'écho tout au long*

14 – Quelle horreur !
15 Oui, c'est peut-être mieux de ne pas jouer à la loterie !

Tal vez, acaso, quizá/s (ou **probablemente**) **es** (ou **será**) **mejor no jugar a la lotería**, *Peut-être* (ou *probablement*) *il vaut* (ou *il vaudra*) *mieux ne pas jouer à la loterie*.

* * *

Corrigé de l'exercice 1

❶ Nous allons tenter notre chance. ❷ À qui le tour ? ❸ Il se peut que nous arrivions en retard. ❹ Si ça se trouve, il ne boit pas. ❺ Il s'est mis à l'informatique.

* * *

❹ Cette année nous n'avons pas gagné à la loterie.

. . . . la lotería.

❺ Fais attention, c'est une route très dangereuse.

. . . . , ... carretera . . . .

Corrigé de l'exercice 2

❶ Te apetece ir al cine ❷ Quizás me quedaré en casa ❸ No vale la pena discutir – tan – ❹ Este año no nos ha tocado – ❺ Ten cuidado, es una – muy peligrosa

---

de la matinée. Où que l'on soit, il est ce jour-là difficile d'échapper au ronronnement de ces voix qui chantonnent des numéros et les montants qui leur correspondent, et qui soudain semblent sortir de leur torpeur pour crier les prix les plus importants et, dans un spasme d'excitation extraordinaire, le numéro auquel correspond le gros lot.
Caractéristique de ce **sorteo extraordinario**, *tirage extraordinaire, c'est que traditionnellement on joue à plusieurs : en famille, entre amis, dans les entreprises, les associations, etc. Le cas échéant, les gains sont partagés.*
¡Buena suerte!

Deuxième vague : Lección treinta y seis

86 Lección ochenta y seis

Del buen comer

1 La cocina española, de sabores ① muy variados
2 y caracterizada por un sinnúmero de especialidades regionales,
3 es excepcionalmente rica.
4 Los de fino paladar ②,
5 como ③ buenos gastrónomos ④,
6 aunque ⑤ también aprecian la llamada nueva cocina,
7 y no dudan en paladear ⑥ nuevos sabores,

Notes

① **sabor**, *goût* (**gusto**) et *saveur*.
un pastel con sabor a canela, *un gâteau au goût de cannelle*.
un cuento con sabor oriental, *un conte à la saveur orientale*.

② **paladar**, *palais*, peut aussi avoir le sens de **gusto** ou **sabor**.
tener el paladar fino (ou **delicado**), *avoir le palais fin, être une fine bouche*.
No tengo paladar para apreciar una cocina tan picante, *Je n'ai pas de goût pour apprécier une cuisine aussi pimentée*.

③ Avec le sens de *en qualité de* (**en calidad de**), *en tant que* (**en tanto que**), *à* ou *au titre de* (généralement introduisant une fonction qu'on exerce, un rôle qu'on remplit et qui est exprimé à la suite), *en* se traduit souvent par **como** (*comme*).
Saludó al vencedor, como buen deportista que es, *Il salua le vainqueur, en bon sportif qu'il est*.

④ **gastrónomo**, *gastronome, gourmet*. Le mot français *gourmet* est aussi employé en espagnol ; surtout dans les milieux "connaisseurs".

Leçon quatre-vingt six 86

Du bon manger

1 La cuisine espagnole, aux *(de)* saveurs très variées
2 et caractérisée par une infinité *(un "sans-nombre")* de spécialités régionales,
3 est exceptionnellement riche.
4 Les fines bouches *(Ceux de fin palais)*,
5 en bons gourmets *(comme bons gastronomes)*,
6 bien qu'ils apprécient aussi ce qu'on appelle *(la dénommée)* la nouvelle cuisine,
7 et [bien qu'ils] n'hésitent pas à se lancer dans la dégustation *(ne doutent pas à déguster)* de nouvelles saveurs,

⑤ Attention, l'espagnol fait une différence nette entre **aunque** + subjonctif et **aunque** + indicatif.
aunque + indicatif exprime une certitude :
Aunque llueve, vamos a salir, *Bien qu'il pleuve, nous allons sortir.*
Cet emploi fait exception à notre règle → subjonctif en français = subjonctif en espagnol. Rendez-vous à la prochaine leçon de révision !

⑥ **paladear** (de **paladar**, *palais*), *déguster, savourer* (**saborear**).

8 se deleitan ⑦ sobre todo con las recetas tradicionales,
9 de las más sencillas a las más sofisticadas.
10 Un fenómeno curioso, típicamente español:
11 la creación de sociedades gastronómicas ⑧,
12 de mayor solera ⑨ en el País Vasco,
13 pero cuya ⑩ multiplicación es constante en otras regiones,
14 particularmente en el norte.

Notes

⑦ **deleitarse** est bien plus courant en espagnol que *se délecter* en français ; aussi il sera souvent traduit par *aimer beaucoup* ou par *prendre un vif plaisir* ; à table, il peut aussi avoir le sens de *se régaler*.
Juan se deleita con la literatura del Siglo de Oro, *Juan aime beaucoup la littérature du "Siècle d'Or"* (le **Siglo de Oro** de la littérature espagnole est à cheval sur les XVIᵉ et XVIIᵉ siècles).

⑧ **las sociedades gastronómicas**, *sociétés gastronomiques* ou *"groupements de gourmets"* sont des *associations* constituées comme des clubs et dont l'objectif principal est de se rencontrer de manière conviviale autour des repas de qualité préparés par les **socios**, *mem-*

* * *

Ejercicio 1: Traduzca

❶ Me gusta la buena cocina. ❷ ¿Qué quieres probar? ❸ No duda en probar lo que le presentan. ❹ Prueba esta salsa y saboréala, ¡está deliciosa! ❺ La receta es muy sencilla.

8	se délectent surtout des *(avec les)* recettes traditionnelles,
9	des plus simples aux plus sophistiquées.
10	Un phénomène curieux [et] typiquement espagnol :
11	la création de sociétés gastronomiques,
12	d'une plus grande tradition au Pays Basque,
13	mais dont la multiplication est constante dans d'autres régions,
14	particulièrement dans le Nord.

bres de l'association, eux-mêmes. Particularité de ces sociétés : leurs membres sont presque exclusivement des hommes.

⑨ **solera** (au sens propre *solive*) rend, au sens figuré, l'idée de *tradition* (**tradición**), *ancienneté* (**antigüedad**) et s'applique particulièrement au vin : **un vino de solera**, *un vin vieux*.

⑩ **cuyo**, *dont le* ; **cuya**, *dont la*, s'accorde avec le nom qui le suit (toujours immédiatement), qui le détermine et le relie à l'antécédent.
Se abandonaron los proyectos de las películas cuya producción era muy cara, *On abandonna les projets des films dont la production était très chère*.

* * *

Corrigé de l'exercice 1

❶ J'aime la bonne cuisine. ❷ Qu'est-ce que tu veux goûter ? ❸ Il / Elle n'hésite pas à goûter ce qu'on lui présente. ❹ Goûte cette sauce et savoure-la, elle est délicieuse ! ❺ La recette est très simple.

87 Ejercicio 2: Complete

① Quand je voyage, j'aime goûter les spécialités régionales.
...... viajo, ...
....

② Il aide sa sœur, en bon frère qu'il est.
...., ... buen ....
.... . .

③ Ça a le goût du citron.
.... . limón.

* * *

Les Espagnols, forts d'une culture gastronomique riche et variée, s'adonnent volontiers aux plaisirs de la table, ce qui va aussi de pair avec la rencontre conviviale.
Traditionnellement, les Espagnols se sont toujours réunis pour des longs moments de détente autour des produits du terroir. La philosophie du bon manger, dont la culture des tapas est un exemple, est une caractéristique de la société espagnole. Elle se manifeste partout, diversifiée et enrichie en fonction des différents modes de vie et spécificités régionales. Ainsi par exemple, **la época de la matanza**, *l'époque de l'abattage [des porcs],* *est pour beaucoup l'occasion d'un retour* **al pueblo**, *au village, pour y façonner de multiples charcuteries que l'on partagera avec d'autres membres*

---

87 Lección ochenta y siete

En todas partes cuecen habas ①

1 – **Aun**que es**toy** ② con**t**igo,

Notes

① **En todas partes cuecen habas** (littéralement : *Partout on cuit des fèves*) est un dicton qui peut être traduit par *C'est partout pareil* ou par *On est tous logés à la même enseigne*.

❹ Bien qu'il ne fasse pas très beau, nous allons nous promener.
. . . . , nos vamos a pasear.

❺ Le chauffeur de taxi dont le véhicule est garé à droite.
El taxista . . . .
. . . .

Corrigé de l'exercice 2

❶ Cuando – me gusta probar las especialidades regionales ❷ Ayuda a su hermana, como – hermano que es ❸ Sabe a – ❹ Aunque no hace muy bueno – ❺ – cuyo vehículo está aparcado a la derecha

* * *

de la famille, des amis ou des voisins et que l'on dégustera tout au long de l'année.
Et puis, les modes de vie évoluant, les pratiques changent et les traditions s'adaptent. Ainsi, on trouve maintenant, dans les villes et leurs alentours, des **chocos** *(Pays Basque),* **chozos** *(Canaries),* **chamizos** *(Castille), et autres* **merenderos***, locaux ou baraques plus ou moins sophistiqués, destinés à constituer des espaces de rencontre amicale où l'on se retrouve pour* **una parrillada***, une grillade, ou pour déguster ensemble de bons petits (ou grands) plats.*
¡A saborear! (À déguster !)

Deuxième vague : Lección treinta y siete

Leçon quatre-vingt sept

On est tous logés à la même enseigne

1 – Bien que je sois *(suis)* avec toi,

② Rappel : en espagnol, **aunque** + indicatif fait toujours référence à un fait réel qui se traduit par *bien que* + subjonctif.
Aunque estoy contigo… (c'est bien un fait certain) *Bien que je sois avec toi…*

2   me aburro en este club nudista.
3   ¡Estoy cansado de este tipo de vacaciones!
4   Hace treinta y dos años que venimos a pasar los veranos aquí
5   y siempre es lo mismo.
6   ¿Tú no estás hasta las narices ③?
7   Te propongo que juguemos al juego de prendas ④,
8   pero en vez de quitarnos cada vez una prenda
9   hacemos lo contrario:
10 nos vamos poniendo ⑤ el calzoncillo, la braga, los calcetines,
11 las medias, la camiseta ⑥, el sujetador y… así sucesivamente.
12 – ¡Tú no estás bien de la cabeza!
13 ¿Te das cuenta de lo que estás diciendo?
14 ¿Y si nos ven?
15 ¿Qué va a decir la gente?

Notes

③ **Estar hasta las narices** ou **hasta la coronilla** (littéralement : *Être jusqu'aux narines* ou *jusqu'au sommet de la tête*) est une expression familière qui est rendue par *en avoir ras-le-bol, par-dessus la tête, plein le dos* ou *en avoir marre*. De manière plus formelle, on dit couramment **estar harto/ta**, *en avoir assez*.

④ **juego de prendas**, traduit ici *strip-poker* compte tenu du contexte, a un sens bien plus large : cette expression est employée pour différents jeux de société où celui qui perd "paie un gage". Notez que par ailleurs **una prenda (de vestir)** est *un article d'habillement, un vêtement* ; voir à la phrase suivante.

2   je m'ennuie dans ce club nudiste.
3   Je suis fatigué de ce genre de vacances !
4   Cela fait trente-deux ans que nous venons passer les étés ici
5   et c'est toujours la même chose.
6   Tu n'en as pas ras-le-bol ?
7   Je te propose de jouer au strip-poker,
8   mais au lieu d'enlever *(de nous retirer)* chaque fois un vêtement,
9   on fera *(on fait)* le contraire :
10 nous mettrons successivement le slip, la culotte, les chaussettes,
11 les bas, le maillot de corps, le soutien-gorge et… ainsi de suite.
12 – Ça ne va pas la tête !
13 Tu te rends compte de ce que tu es en train de dire ?
14 Et si on nous voit ?
15 Que vont dire les gens ?

⑤ Souvenez-vous : **ir** + gérondif, que nous avons vu à la leçon 70, exprime une idée de progression, une suite d'actions, et se traduit en ajoutant des expressions telles que *successivement, progressivement, l'un après l'autre*, etc. Notez qu'à la phrase suivante nous employons **sucesivamente**, *successivement*, précédé de la conjonction **y** et de l'adverbe **así**, avec le sens de *et ainsi de suite*.

⑥ **camiseta** traduit aussi *maillot* (d'un sportif).
Tras concluir la etapa, el campeón endosó la camiseta de líder,
Après la fin de l'étape, le champion endossa le maillot de leader.

Ejercicio 1: Traduzca

❶ Hace mucho tiempo que no le escribo. ❷ ¿Te aburres? ❸ No estoy cansado, estoy en forma. ❹ ¡Estoy harta! ❺ Me han propuesto un empleo que me gusta.

Ejercicio 2: Complete

❶ Nous avons l'habitude d'y passer les week-ends.
. . . . allí los . . . .

❷ Bien qu'il pleuve, je vais faire les courses.
. . . . , ... hacer . . . .

❸ Où vas-tu passer l'été cette année ?
¿. . . . . ?

❹ Tu as mal à la tête ?
¿. . . . . ?

❺ Ôtez votre manteau, mettez-vous à l'aise !
¡ . . . . el abrigo, póngase . . . . . . !

---

88 Lección ochenta y ocho

A la vuelta ①

1 – ¡Qué mo**re**nos est**áis**!
2 – Nos ha **he**cho un **tiem**po estu**pen**do.

Notes

① **a la vuelta** (ici sous-entendu **del viaje**, *du voyage*, ou **de Méjico**, *du Mexique*), *au retour*.
Aussi, comparez et distinguez : **a la vuelta de** + temps, *au bout de* + temps.

Corrigé de l'exercice 1

① Ça fait longtemps que je ne lui écris pas. ② Tu t'ennuies ? ③ Je ne suis pas fatigué, je suis en forme. ④ J'en ai assez ! ⑤ On m'a proposé un emploi qui me plaît.

Corrigé de l'exercice 2

① Solemos pasar – fines de semana ② Aunque llueve, voy a – las compras ③ Dónde vas a pasar el verano este año ④ Te duele la cabeza ⑤ Quítese – cómodo

Deuxième vague : Lección treinta y ocho

Leçon quatre-vingt huit   88

Au retour

1 – Que vous êtes bronzés !
2 – Nous avons eu *(Il nous a fait)* un temps formidable.

▶ **a la vuelta de tres meses**, *au bout de trois mois.*
a la vuelta de la esquina, *au coin de la rue, tout près.*
Encontrarás un quiosco a la vuelta de la esquina, *Tu trouveras un kiosque au coin de la rue.*

trescientos ochenta y ocho • 388

3   Tenéis que ir a **Mé**jico.
4   Nos lo **he**mos pa**s**ado en **gran**de ②.
5   Volv**e**mos un **po**co cans**a**dos
6   **por**que nos **he**mos mo**vi**do ③ **mu**cho;
7   **pe**ro ha va**li**do la **pe**na.
8 – ¿Qué es lo que más ④ os ha gus**ta**do?
9 – Es di**fí**cil de de**cir**…
10 Las pi**rá**mides az**te**cas son impresio**nan**tes.
11 – La ma**ne**ra de ha**blar** nos ha resul**ta**do ⑤ a me**nu**do cu**rio**sa:
12 al**gu**nas expre**sio**nes son **pa**ra no**so**tros muy llama**ti**vas.
13 – Yo qui**zá** destaca**rí**a ⑥ el ca**rác**ter acoge**dor** de los meji**ca**nos ⑦.
14 – **Ve**nid, **va**mos a sen**tar**nos a to**mar al**go y…

Notes

② **pasárselo bien**, *(bien) s'amuser* **(divertirse)**.
pasárselo mal, *s'ennuyer* **(aburrirse)** *(beaucoup)*.
¿Te lo estás pasando bien?, *Tu es en train de bien t'amuser ?*, ou encore : *Tu t'amuses bien ?, Ça va bien ?*
Voyez aussi : **pasarlo** ou **pasárselo en grande**, *s'en donner à cœur joie, s'amuser beaucoup.*
Plus familier, mais très courant : **pasarlo** ou **pasárselo bomba**, *s'amuser comme un fou / une folle.*

③ **moverse**, *bouger, remuer*, couramment employé à la forme pronominale, est un verbe du 2ᵉ groupe des irréguliers classés, qui se conjugue donc comme **volver**.
No te muevas, voy a hacerte una foto, *Ne bouge pas, je vais te prendre en photo.*

④ **lo que más me gusta**, *ce que j'aime le plus*, et son contraire : **lo que menos me gusta**, *ce que j'aime le moins.*

3 Vous devez [absolument] aller au Mexique.
4 Nous nous en sommes donnés à cœur joie.
5 Nous rentrons un peu fatigués
6 parce que nous avons beaucoup bougé ;
7 mais ça en valait *(ça a valu)* la peine.
8 – Qu'est-ce qui vous a le plus plu ?
9 – C'est difficile à *(de)* dire…
10 Les pyramides aztèques sont impressionnantes.
11 – La manière de parler nous a souvent semblé curieuse :
12 certaines expressions nous semblent très étranges *(sont pour nous très frappantes)*.
13 – Moi, je soulignerais peut-être le caractère accueillant des Mexicains.
14 – Venez, allons nous asseoir, *(à)* prendre quelque chose et…

⑤ **resultar** *(résulter)*, verbe aux nombreux sens, est d'un emploi très fréquent en espagnol ; ici il a le sens de *il nous a paru, il nous a semblé*.
On aurait tout aussi bien pu dire **nos ha parecido.**

⑥ **destacar**, qui peut avoir parfois le sens de *détacher*, est surtout employé en espagnol au sens figuré ; il se traduit alors par *souligner* (**subrayar**), *faire ressortir, mettre en évidence* ou *en relief*.
En su discurso ha destacado (subrayado) tres ideas principales, *Dans son discours il / elle a souligné trois idées principales.*
Comme verbe intransitif, **destacar** a le sens de *se distinguer, briller.*
Julia destaca por su inteligencia, *Julia brille par son intelligence.*

⑦ **los iraquíes (Irak)**, *les Irakiens (Irak)* ; **los suecos (Suecia)**, *les Suédois (Suède)* ; **los egipcios (Egipto)**, *les Égyptiens (Égypte)* ; **los peruanos (Perú)**, *les Péruviens (Pérou)* ; **los libaneses (Líbano), ** *les Libanais (Liban),* **los guineanos (Guinea)**, *les Guinéens (Guinée)* etc. Les noms de nationalité ne prennent pas de majuscule en espagnol.

15 charl**amos** y os ense**ñamos** ⑧ las **fo**tos del **via**je. □

Notes

⑧ En espagnol, l'emploi du présent de l'indicatif en référence à l'action immédiate à venir, exprimée généralement en français par le futur, est assez fréquent. Cela donne davantage d'allant à l'expression.
Hoy estoy ocupado, te llamo mañana, *Aujourd'hui je suis occupé, je t'appellerai demain.*
Notez qu'en espagnol on peut également mettre le verbe au futur.

* * *

Ejercicio 1: Traduzca

❶ Lo supe a la vuelta de un año. ❷ Nos hizo un tiempo muy malo. ❸ ¿Te has movido mucho? ❹ Es muy difícil de decir. ❺ Su manera de hablar me resulta familiar.

* * *

Ejercicio 2: Complete

❶ Tu t'es bien amusé ?
   ¿.. .. ..?

❷ Qu'est-ce que tu as le moins aimé dans ce film ?
   ¿.... .. .. de esa película?

❸ Ça vaut la peine ?
   ¿.... .. ....?

15 nous bavarderons *(bavardons)* et vous montrerons *(montrons)* les photos du voyage.

Corrigé de l'exercice 1

❶ Je l'ai su au bout d'un an. ❷ Nous avons eu du très mauvais temps. ❸ Tu as beaucoup bougé ? ❹ C'est très difficile à dire. ❺ Sa manière de parler me semble familière.

* * *

❹ Veux-tu que je te montre les photos ?

¿ . . . . ?

❺ Il y a un arrêt de taxis au coin de la rue.

. . . . . . parada . . . . parada . . . .
. . . .

Corrigé de l'exercice 2

❶ Te lo has pasado bien ❷ Qué es lo que menos te ha gustado – ❸ Vale la pena ❹ Quieres que te enseñe las fotos ❺ hay una – de taxis a la vuelta de la esquina

89 *La* **lengua española**, langue espagnole, *est la quatrième langue la plus parlée au monde. Son développement est croissant, notamment du fait de l'explosion démographique qui se poursuit* **en Iberoamérica**, en Amérique Latine.
Mais la communauté **hispanohablante**, hispanophone, *n'est pas exclusivement composée d'Espagnols et* d'**hispanoamericanos**, Latino-américains de langue espagnole *; elle rayonne aussi en Asie, et plus particulièrement aux Philippines ; en Afrique, dans les anciennes colonies ou zones d'influence espagnole ; dans de nombreuses îles des Antilles... Aux États-Unis, l'espagnol est devenu la deuxième langue du pays, avec plus de vingt millions d'hispanophones ! Il est même en passe d'acquérir le statut de* **lengua oficial**, langue officielle, *dans certains États. Cette communauté est riche également des Sefardim, disséminés un peu partout dans le monde, mais dont les colonies les plus importantes se situent dans les pays du pourtour méditerranéen – Nord de l'Afrique, Proche-Orient et Balkans –, et qui parlent un espagnol archaïque, le castillan parlé au XVIe siècle.*

89   Lección ochenta y nueve

Bientôt la dernière ligne droite ! Nous vous présentons ici une leçon un peu plus longue que d'habitude : le vocabulaire nouveau y est plus dense. Nous compenserons l'effort demandé en vous proposant une leçon 90 plus allégée et plutôt sous forme de révision, en avant-goût de la leçon 91.

¡Que gane el mejor!

1 – Te **ve**o muy exci**ta**do.
2 – **Sal**go **es**ta **tar**de con mi **hi**jo **pa**ra Barce**lo**na.
3   Ma**ña**na se **jue**ga la fi**nal** de la Euro**li**ga de balon**ces**to,

Cette pluralité implique une diversité de cultures, de modes de vie, de traditions et, par conséquent, de parlers.
Il n'y aura donc pas lieu de s'étonner, lors d'une rencontre ou d'un voyage en **América Latina**, *Amérique Latine, par exemple, de se trouver confronté à un accent, un mot, une expression ou une tournure de phrase qui diffère de ce que vous avez appris.*
Il va de soi qu'en **Iberoamérica** *ou* **América Latina** *certains mots ou manières de dire ne varient pas seulement par rapport à l'espagnol péninsulaire mais changent d'un pays à l'autre.*
Ce qu'il faut retenir ? **La diversidad**, *la diversité, des peuples latino-américains, dont les Brésiliens, qui parlent portugais, font aussi partie, de même que quelques tribus indiennes qui, elles, ont réussi à garder leurs langues ancestrales.*

Deuxième vague : Lección treinta y nueve

Leçon quatre-vingt neuf   89

Que le meilleur gagne !

1 – Je te trouve *(te vois)* très excité.
2 – Je pars cet après-midi avec mon fils pour Barcelone.
3   Demain se joue la finale de l'Euro de basket,

4   y como mi hijo es un gran aficionado ①, le llevo al partido.
5 – Creía que jugaba a balonmano ②.
6 – Sí, en el colegio; le gusta mucho el deporte.
7   También juega al tenis y practica la natación.
8 – ¿No te quejarás?
9 – Sólo me quejo cuando me hace correr a mí; me mata.
10 Me gusta jugar con él, pero…
11 ¡mi deporte favorito es la partida ③!
12 – ¿Vais solos?
13 – No, el Madrid ha organizado un viaje en autocar para los socios ④ del club.
14 Este año, nosotros estamos eliminados y…

Notes

① **aficionado**, que le français a adopté pour l'appliquer plus particulièrement à l'*amateur de tauromachie* (**aficionado a los toros**), se traduit par *amateur*.
carreras de aficionados, *courses d'amateurs*.
Complétez : **ser muy aficionado a**, *aimer beaucoup*, *être passionné de*.
Es un gran aficionado a la lectura ou, avec le même sens, **Tiene una gran afición a la lectura**, *Il est un grand amateur de lecture* ou *Il a le goût de la lecture*.
Dans le même ordre d'idées, **afición** s'emploie souvent pour *hobby, passe-temps favori*.
¿Cuál es tu afición principal?, *Quel est ton hobby principal ?*

② **balonmano** (littéralement : *ballon-main*), *hand-ball* ; **baloncesto** – phrase 3 – (littéralement : *ballon-panier*), *basket-ball* ; **balonvolea** (littéralement : *ballon-volée*) et **voleibol**, *volley-ball*. Une exception remarquée à cette suite est le **fútbol**, *foot-* ▶

4 et comme mon fils est un grand amateur, je l'emmène au match.
5 – Je croyais qu'il jouait au *(à)* hand-ball.
6 – Oui, à l'école ; il aime beaucoup le sport.
7 Il joue aussi au tennis et pratique la natation.
8 – Tu ne t'[en] plaindras pas ?
9 – Je me plains seulement lorsqu'il me fait courir *(à)* moi ; il me tue.
10 J'aime jouer avec lui, mais…
11 mon sport favori, ce sont les jeux de société *(c'est la partie)* !
12 – Vous [y] allez seuls ?
13 – Non, le Real *(le Madrid)* a organisé un voyage en autocar pour les membres du club.
14 Cette année nous sommes éliminés et…

▸ *ball*, dénomination qui s'est imposée face à **balompié** (littéralement : *ballon-pied*), *football*, correct mais rare.

③ **una partida**, *une partie* (*de cartes*, **de cartas** ; *de dames*, **de damas** ; *de domino*, **de dominó**, etc.). **la partida**, *la partie*, sans autre précision et avec l'article déterminé, laisse planer une idée d'assiduité, de fréquence plus ou moins régulière.
À ne pas confondre avec **un / el partido**, *un / le match*.

④ **socio**, *membre* ou *sociétaire* (d'un club, d'une association) et *associé* (dans une entreprise ou société commerciale).
Comparez et distinguez :
afiliado, *affilié* (Sécurité Sociale), *sociétaire* (mutuelle) et *adhérent* (parti politique).
abonado, *abonné* (téléphone, gaz, théâtre, etc.).
suscriptor, *abonné* à un journal ou magazine.

89 **15** vamos a animar al **Bar**ça ⑤.
16 **Pa**se por **u**na vez ⑥.
17 – **Bue**no, pues… ¡a pa**sar**lo bien! Y que teng**áis** un buen **via**je.
18 – **Gra**cias. Que te **va**ya bien. **Pá**salo bien tú tam**bién** ⑦. ☐

Notes

⑤ **el Barcelona** ou **el Barça** (en catalan) sont les dénominations courantes de *l'équipe de Barcelone*.
Dans le langage sportif, l'adjonction de l'article au nom d'une équipe, généralement celui de la ville dont il porte les couleurs, est très courante ; cette sorte de raccourci sous-entend le mot **equipo** (masc.), *équipe*, auquel se rapporte en réalité l'article.
À la phrase 13 : **el Madrid** (ou **el Real**, moins courant), *le Real*, est l'appellation familière de **el equipo del Real Madrid**, *l'équipe du Real Madrid*,
El Celta (de Vigo) y el Valencia han empatado, *Celta (de Vigo) et Valence ont fait match nul*.

* * *

Ejercicio 1: Traduzca

❶ Voy a ver la final en la tele. ❷ El partido comienza a las nueve de la noche. ❸ ¿Haces deporte? ❹ Juego mucho a baloncesto. ❺ ¿Quieres jugar una partida a las cartas?

* * *

Ejercicio 2: Complete

❶ Notre équipe est éliminée, elle ne jouera pas la finale.
. . . . está . . . . , ...
. . . .

❷ De quoi s'est-elle plaint ?
¿ . . . . ?

❸ Après le match, elle avait mal à la jambe.
Después . . . . , le . . . .

15 nous allons encourager l'équipe de Barcelone *(le Barça)* !
16 Une fois n'est pas coutume.
17 – Bon, alors… amusez-vous bien ! Et faites *(Que vous ayez)* un bon voyage.
18 – Merci. Bonne continuation *(Que ça aille bien)*. Amuse-toi bien toi aussi.

⑥ **Pase por una vez** (littéralement : *Passe pour une fois*), *Une fois n'est pas coutume*.

⑦ Les formules d'adieux exprimant un souhait peuvent se construire de façon diverse. Voici trois constructions courantes :
- **a** + infinitif : **A pasarlo bien, A divertirse** ou **A disfrutar** : *Amuse-toi (amusez-vous) bien.* (Voir à la phrase précédente.)
- **que** + subjonctif présent : **Que tengáis (un) buen viaje**, *Faites (que vous ayez) un bon voyage* ; **Que te vaya bien**, *Bonne continuation (que tout aille bien pour toi)*.
- avec l'impératif : **Pásalo bien, Diviértete**… : *Amuse-toi bien* ; **Cuídate mucho**, *Prends bien soin de toi.*

* * *

Corrigé de l'exercice 1

❶ Je vais regarder la finale à la télé. ❷ Le match commence à 21 heures. ❸ Tu fais du sport ? ❹ Je joue beaucoup au basket. ❺ Veux-tu faire une partie de cartes ?

* * *

❹ Amuse-toi bien.

. . . .

❺ Nous avons une petite entreprise, nous sommes trois associés.

. . . . pequeña . . . . , ...
. . . .

Corrigé de l'exercice 2

❶ Nuestro equipo – eliminado – no jugará la final ❷ De qué se ha quejado ❸ – del partido – dolía la pierna ❹ Que te diviertas ❺ Tenemos una – empresa – somos tres socios

*L'importante flotte de **autocares**, autocars, qui sillonne le pays est une spécificité espagnole. Il s'agit d'un moyen de transport assez rapide et économique ; de plus, les cars, qui dans l'ensemble sont sûrs et confortables, desservent aussi les petites localités qui n'ont pas forcément de gare ferroviaire. Chaque **ciudad**, ville, dispose (au moins) d'une **estación de autobuses**, gare routière. Pour les*

90 Lección noventa

¿Hay que ①... mirar de otra manera ②?

1 ¿Hay que sublevarse ante ③ la pereza de un coche que se niega ④ a arrancar?
2 ¿Hay que admirar la paciencia de una butaca que, cuando nos vamos, se queda ahí, inmóvil, en espera de ⑤ nuestra vuelta?
3 ¿Hay que alterarse ante la provocación que constituye una cama vacía en una habitación?

Notes

① **hay que**, *il faut*, est une construction extrêmement courante que nous avons présentée dès la leçon 18, elle sert à exprimer l'obligation impersonnelle. N'hésitez pas à mettre constamment en rapport **hay que** avec **tener que**, **deber**, **hacer falta**, etc. Pour renforcer votre acquis et à titre de révision, nous vous conseillons de jeter un coup d'œil rapide aux points s'y rattachant dans les leçons de révision 21 et 84.

② **de otra manera** *(d'une autre manière)* et **de otro modo**, *autrement*. **dicho de otra manera**, *autrement dit*.

③ À l'instar de **bajo**, *sous* ; **ante**, *devant*, est une préposition simple qui s'emploie surtout au sens figuré ; les formes composées **delante de** et **debajo de** font quant à elles référence à des positions matérielles, dans l'espace, bien précises. Comparez : ▶

horaires, renseignez-vous dans les gares routières qui, particularité bien appréciable, se trouvent pour la plupart en pleine ville, et non dans la périphérie.

Deuxième vague : Lección cuarenta

Leçon quatre-vingt dix

Faut-il… regarder autrement ?

1 Faut-il s'insurger devant la paresse d'une voiture qui refuse de démarrer *(se nie à arracher)* ?
2 Faut-il admirer la patience d'un fauteuil qui, alors que nous partons, reste là, immobile, dans [l']attente de notre retour ?
3 Faut-il s'émouvoir *(s'altérer)* devant la provocation que représente *(constitue)* un lit vide dans une chambre ?

---

ante la autoridad competente, *devant l'autorité compétente*.
delante de la cabina telefónica, *devant la cabine téléphonique*.
bajo las órdenes del alto mando, *sous les ordres du haut commandement*.
debajo de la silla, *sous la chaise*.

(4) **negar**, dont la première acception est *nier*, se traduit par *refuser de* ou *se refuser à* dès lors qu'il est employé à la forme pronominale ; il sera alors suivi de la préposition **a**.
negar la verdad, *nier la vérité*.
Esta factura no está a mi nombre; hay un error, me niego a pagar, *Cette facture n'est pas à mon nom ; il y a une erreur, je refuse de payer*.

(5) **en espera de su respuesta…**, *dans l'attente de votre réponse…*

4   ¿Hay que mo**strar**se tole**ran**te ⑥ **fren**te a la **fal**ta de compren**sión** de un ordena**dor** que, ne**gán**dose a obede**cer**, nos **de**ja plan**tados** ⑦?

5   ¿Se **de**be reaccio**nar an**te el servi**lis**mo de los fel**pu**dos en que ⑧ se **plan**tan los vende**do**res a domi**ci**lio?

6   ¿Hay que mi**rar** ce**rran**do los **o**jos para perci**bir** qué es la clari**dad**? □

Notes

⑥ L'expression *faire preuve de* se traduit de différentes manières en espagnol : **dar pruebas** ou **muestras de, demostrar, mostrar, manifestar**, etc.
Il fit preuve d'un grand sang-froid, **Dio pruebas** (ou **muestras**) **de / demostró / mostró / manifestó una gran sangre fría**.

⑦ **dejar plantado/da**, *laisser en plan*. Et aussi, dans un sens familier, *plaquer* (*abandonner*, **abandonar**).
plantar, *planter*, (phrase 5) est aussi employé au sens figuré, à la forme pronominale, avec le sens familier de *débarquer*.

* * *

Ejercicio 1: Traduzca

❶ Hacía frío y el coche no arrancaba. ❷ No se puede negar que es una persona con muchas cualidades. ❸ ¡Qué pereza esta mañana para levantarme! ❹ Es demasiado pequeña, está bajo la autoridad de sus padres. ❺ ¡Abre los ojos!

4 Faut-il faire preuve de tolérance *(se montrer tolérant)* face au manque de compréhension d'un ordinateur qui, refusant d'obéir, nous laisse en plan *(plantés)* ?

5 Doit-on réagir devant la servilité des paillassons où viennent se planter *(se plantan)* les démarcheurs *(vendeurs)* à domicile ?

6 Faut-il regarder en fermant les yeux pour percevoir ce qu'est *(quoi est)* la clarté ?

Se ha plantado en mi casa sin avisar, *Il / Elle a débarqué chez moi sans prévenir.*
Notez aussi : **El ordenador se ha bloqueado**, *L'ordinateur a planté.*

⑧ N'oubliez pas que lorsque le relatif *où* (leçon 70) exprime une idée de lieu (sans mouvement), il peut être traduit aussi par **en que**.
La casa en que nací, *La maison où je suis né(e).*
Los ríos en que me bañaba, *Les rivières où je me baignais.*
Las ciudades en que he vivido, *Les villes où j'ai vécu.*

* * *

Corrigé de l'exercice 1

❶ Il faisait froid et la voiture ne démarrait pas. ❷ On ne peut pas nier que c'est une personne avec beaucoup de qualités. ❸ Quelle paresse ce matin pour me lever ! ❹ Elle est trop petite, elle est sous l'autorité de ses parents. ❺ Ouvre les yeux !

Ejercicio 2: Complete

Comme vous le savez, *Faut-il...?*, généralement **¿Hay que...?**, peut se traduire aussi autrement. Exercez-vous en tenant compte de l'indication que nous vous donnons entre parenthèses. Pour que votre révision soit encore plus complète, faites bien attention au pronom.

1. Faut-il le prévenir ? (obligation impersonnelle)
   ¿... ... .?
2. Faut-il la prévenir ? (obligation personnelle)
   ¿........ ... .?
3. Faut-il les prévenir (eux) ? (devoir moral)
   ¿............ ....?
4. Faut-il les prévenir (elles) ? (idée de besoin)
   ¿............ ....?
5. Faut-il le prévenir ? (idée de besoin / manque)
   ¿.......... ....?

91 Lección noventa y una

Repaso

1 Traduction du subjonctif français

Tout au long de nos explications, nous avons posé comme règle générale ceci :

subjonctif en français = subjonctif en espagnol.

Je veux que tu viennes avec moi, **Quiero que vengas conmigo**.
Vivement qu'il / elle arrive !, **¡Ojalá llegue!**
Dis-lui qu'il appelle (ou *d'appeler*), **Dile que llame**.

Dès la leçon 56, nous vous avons signalé l'existence de deux exceptions ; les voici en détail :
• après les mots *le seul, l'unique*, **el único** ; *le premier*, **el primero**, et *le dernier*, **el último**, ou après un superlatif, le subjonctif français se traduit par l'indicatif espagnol.

Corrigé de l'exercice 2

① Hay que avisarle (Faut-il… ?) ② Tenemos que avisarla (Devons-nous…?) ③ Debemos avisarles (Devons-nous… ?) ④ Necesitamos avisarlas (Avons-nous besoin… ?) ⑤ Hace falta avisarle

Deuxième vague : Lección cuarenta y una

Leçon quatre-vingt-onze 91

Mardi est le seul jour où je puisse venir, **El martes es el único día que puedo venir**.

C'est la personne la plus sympathique que je connaisse, **Es la persona más simpática que conozco**.

• *bien que, quoique, malgré le fait que* + subjonctif, en français = **aunque, a pesar de que** + indicatif, en espagnol, dès lors qu'il s'agit d'un fait réel.

Bien qu'il soit tard, je vais aller danser, **Aunque es tarde, voy a ir a bailar**.

Cependant, il est à noter que la conjonction **aunque** peut aussi être suivie d'un subjonctif. Dans ce cas, en espagnol, on fait référence forcement à un fait hypothétique et on devra traduire par *même si* + indicatif.

Aunque mañana nieve, iré a buscarte a la estación, *Même si demain il neige, j'irai te chercher à la gare*.

Aunque sea tarde, iré a bailar, *Même s'il est tard, j'irai danser*.

Par conséquent, le mode à employer dépendra du caractère certain

ou hypothétique de la proposition concessive.
Aussi, lorsque la phrase est au passé, le verbe sera obligatoirement à l'indicatif, puisqu'il sera question d'un fait certain.
Toutefois, il est à noter que l'emploi du mode subjonctif est fréquent dans les deux cas, le sens dépendant du contexte.
Aunque se lo recordabas todos los días, le daba igual, *Bien que tu le lui rappelasses tous les jours, ça lui était égal.*
Aunque se lo repitas le dará igual, *Même si tu le lui répètes, ça lui sera égal.*

2 *Cuyo, cuya, cuyos, cuyas*

• Ce relatif déterminatif correspond à *dont le, dont la, dont les*.
cuyo, cuya, cuyos, cuyas s'accorde avec le nom qu'il précède immédiatement, et le relie à l'antécédent. Il n'est jamais suivi de l'article.
El Quijote, cuyo autor es Cervantes, es una novela…, *Don Quichotte, dont l'auteur est Cervantès, est un roman…*
Aquellos señores cuya invitación a cenar nos sorprendió…, *Ces messieurs dont l'invitation à dîner nous à surpris…*
El niño cuyos pantalones están manchados…, *L'enfant dont les pantalons sont tachés….*
El árbol cuyas hojas iban cayendo…, *L'arbre dont les feuilles tombaient petit à petit…*

• Ce relatif peut aussi être précédé d'une préposition. Dans ce cas, il correspond à *de qui, duquel, de laquelle, desquels, desquelles*.
El amigo en cuya casa pasé unos días…, *L'ami chez qui (dans la maison de qui) j'ai passé quelques jours…*
El árbol a cuyo pie estábamos sentados…, *L'arbre au pied duquel nous étions assis…*
La mujer delante de cuya tienda nos besamos…, *La femme devant le magasin de laquelle nous nous sommes embrassés…*
Los bosques por cuyos senderos nos paseábamos…, *Les bois par les sentiers desquels nous nous promenions…*
Las montañas en cuyas laderas las ovejas pastaban…, *Les montagnes sur les versants desquelles les moutons paissaient…*

3 Verbes irréguliers classés : 12ᵉ groupe

Seuls deux verbes composent ce groupe : **salir**, *sortir*, et **valer**, *valoir*. Ces verbes :

• ajoutent la consonne **g** devant la terminaison lorsque celle-ci commence par **a** ou par **o** (groupe du présent : présents de l'indicatif et du subjonctif) : **salgo**, *je sors* ; **sales**, *tu sors*, etc. et **valga**, *que je vaille* ; **valgas**, *que tu vailles*, etc.

• perdent respectivement les voyelles **i** et **e** dans le groupe du futur (futur et conditionnel) et prennent un **d** euphonique : **saldré**, *je sortirai* ; **saldrás**, *tu sortiras,* etc., et **valdré**, *je vaudrai* ; **valdrás**, *tu vaudras*, etc.

• perdent la voyelle de la terminaison à l'impératif : **sal**, *sors*, et **val**, *vaux*, (mais **vale** est aussi correct).

4 Diálogo recapitulativo

1 – ¡Me han tocado veintidós euros en la lotería! **(85)**
2 – ¡Hay que celebrarlo! **(21, 23, 90)**
3 – Te propongo que nos lleves a un buen restaurante
4   para que podamos deleitarnos con una buena receta tradicional y beber a tu salud. **(86)**
5 – ¡Lo pasaremos en grande! **(88)**
6 – Aunque reconozco que es una buena idea, **(86, 91)**
7   tengo que deciros que estoy harto de ir al restaurante. **(21, 87)**
8   Pero no os preocupéis, lo celebraremos. **(23, 31)**
9   Tengo aquí unos huevos de las gallinas del pueblo de mi tía; biológicos. **(52)**
10   ¡Nos haremos una tortillita! **(28, 49, 52)**

Traducción

1 J'ai gagné 22 euros à la loterie ! **2** Il faut fêter ça ! **3** Je propose que tu nous emmènes dans un bon restaurant **4** pour que nous puissions nous régaler avec une bonne recette traditionnelle et boire à ta santé ! **5** Nous nous en donnerons à cœur joie ! **6** Bien que je reconnaisse que c'est une bonne idée, **7** je dois vous dire que j'en ai assez d'aller au restaurant. **8** Mais ne vous en faites pas, nous fêterons ça. **9** J'ai ici quelques œufs des poules du village de ma tante ; biologiques. **10** On se fera une petite omelette.

Deuxième vague : Lección cuarenta y dos

92 Lección noventa y dos

El español en el mundo

1. En los albores ① del siglo XXI,
2. el español es la lengua materna de cuatrocientos millones de personas.
3. Así, se presenta como
4. la cuarta lengua más hablada en el mundo,
5. tras el chino, el inglés y el hindi.
6. Es también la segunda lengua de comunicación internacional.
7. En efecto, el español es el idioma ② oficial de una veintena de países.
8. Su difusión está en constante aumento,
9. y su importancia en el plano de las relaciones entre los pueblos,
10. a nivel económico, político y cultural,
11. no cesa de crecer.

Notes

① **albor**, *aube* (alba), *point du jour*, et *début* (principio), est généralement employé au pluriel, et particulièrement lorsqu'on parle d'événements historiques.
En los albores del Renacimiento, *À l'aube de la Renaissance*.

② Le terme **idioma**, *langue*, s'applique spécifiquement à la langue parlée par une nation :
Estoy estudiando japonés en una escuela de idiomas, *Je suis en train d'étudier le japonais dans une école de langues*.
Mais on emploie également **lengua** :
Mi lengua materna es el árabe, pero también hablo vietnamita; soy bilingüe, *Ma langue maternelle est l'arabe, mais je parle aussi le vietnamien ; je suis bilingue*.

Leçon quatre-vingt-douze 92

L'espagnol dans le monde

1 À l'aube du XXIᵉ siècle,
2 l'espagnol est la langue maternelle de 400 millions de personnes.
3 Ainsi, elle se présente comme
4 la quatrième langue [la] plus parlée au monde
5 après le chinois, l'anglais et le hindi.
6 Elle est aussi la deuxième langue de communication internationale.
7 En effet, l'espagnol est la langue officielle d'une vingtaine de pays.
8 Sa diffusion est en constante augmentation,
9 et son importance sur *(en)* le plan des relations entre les peuples,
10 au niveau économique, politique et culturel,
11 ne cesse d'augmenter.

Ejercicio 1: Traduzca

① Y ahora, ¿qué idioma te gustaría aprender? ② Me gustaría aprender chino, iré a una escuela de idiomas. ③ El español es el idioma oficial de numerosos países latinoamericanos. ④ Vivimos siete años en Egipto, mis hijos hablan árabe. ⑤ En algunos países, la difusión de la lengua constituye hoy en día un objetivo cultural.

* * *

Ejercicio 2: Complete

① Combien de langues parles-tu ?
¿ . . . . ?

② Je suis en train d'apprendre l'allemand.
. . . .

③ Quelle est ta langue maternelle ?
¿ . . . . ?

> *Parmi les nombreux organismes ou autres centres publics et privés dont la vocation est de contribuer au rayonnement de la culture espagnole dans le monde, l'***Instituto Cervantes*** tient une place à part.*
>
> *Créé par le Parlement espagnol en 1991 et installé sur quatre continents, il a pour but le développement et l'enseignement de la langue ainsi que la diffusion de la culture espagnole et latino-américaine dans le monde.*
>
> *De nos jours, il essaime dans plus d'une trentaine de pays, partout dans le monde, en organisant des cours de langue qui permettent*

Corrigé de l'exercice 1

❶ Et maintenant, quelle langue aimerais-tu apprendre ? ❷ J'aimerais apprendre le chinois, j'irai dans une école de langues. ❸ L'espagnol est la langue officielle de nombreux pays latino-américains. ❹ Nous avons vécu sept ans en Égypte, mes enfants parlent l'arabe. ❺ Dans certains pays, la diffusion de la langue constitue de nos jours un objectif culturel.

* * *

❹ J'aimerais aussi apprendre le chinois.
   También .. ..

❺ La famille Soley parle espagnol, catalan, français et néerlandais.
   .. .. Soley ...., ..., ... neerlandés.

Corrigé de l'exercice 2

❶ Cuántos idiomas hablas ❷ Estoy aprendiendo alemán ❸ Cuál es tu lengua materna ❹ – me gustaría aprender chino ❺ La familia – habla español, catalán, francés y –

aussi l'obtention de certificats et diplômes, notamment du DELE (Diplôme officiel d'Espagnol comme Langue Étrangère) ; en soutenant les recherches des hispanisants ; en menant des campagnes culturelles en association avec d'autres organismes espagnols et latino-américains et avec des établissements des pays d'accueil ; et en mettant à disposition des personnes intéressées un vaste réseau de bibliothèques ainsi que des moyens technologiques de pointe.

Deuxième vague : Lección cuarenta y tres

93 Lección noventa y tres

España agreste

1 España es uno de los países de Europa occidental ①
2 que dispone de mayor ② superficie agreste ③ protegida.
3 Montañas, humedales, bosques, paisajes volcánicos,
4 islas que albergan importantes colonias de aves ④ y plantas…
5 conforman una gran diversidad de ecosistemas.
6 Así, el país cuenta con más de doscientas reservas naturales ;

Notes

① **occidental**, *occidental(e)*, et **oriental**, *oriental(e)*, sont des adjectifs invariables en espagnol. À retenir également : **occidente**, *occident* ; **oriente**, *orient*.

② **mayor**, comparatif synthétique, se traduit par *plus grand* (**más grande**).
Es la mayor autoridad en ese campo, *C'est la plus grande autorité dans ce domaine.*
mayor, souvenez-vous, se traduit aussi par *âgé(e)*.
Francisco es mayor que su hermana, *Francisco est plus âgé que sa sœur.*
una persona mayor, *une personne âgée.*
Voyez aussi :
Ya tiene dieciocho años, es mayor, *Il / Elle a déjà dix-huit ans, il /elle est majeur(e).*
el hermano mayor, *le frère aîné.*

③ **agreste** a en espagnol le sens d'*agreste, champêtre* (**campestre**) et de *sauvage* (qui n'a pas été modifié par l'action de l'homme), **salvaje**.

Leçon quatre-vingt-treize 93

L'Espagne sauvage

1 L'Espagne est [l']un des pays d'Europe occidentale
2 qui dispose d'une des plus grandes *(de majeure)* surfaces sauvages protégées.
3 [Ses] Montagnes, [ses] marécages, [ses] forêts, [ses] paysages volcaniques,
4 [ses] îles qui abritent [d']importantes colonies d'oiseaux et [de nombreuses espèces de] plantes…
5 forment une grande diversité d'écosystèmes.
6 Ainsi, le pays compte *(avec)* plus de deux cents réserves naturelles ;

④ **ave**, *oiseau*, est employé en référence à "tout animal vertébré ovipare ayant des ailes et recouvert de plumes", donc aussi pour la volaille.
La gallina (qui appartient à la classe des *gallinacés*) **es un ave de corral**, *La poule est un oiseau de basse-cour / de la volaille*.
Notez : **pollo de corral**, *poulet fermier*.
El águila es un ave de presa, *L'aigle est un oiseau de proie*.
Notez toutefois que dans la langage courant, lorsqu'on fait référence à un oiseau de petit gabarit, on dit surtout **pájaro** :
Cada vez se ven menos pájaros, como golondrinas y gorriones, en las grandes aglomeraciones, *On voit de moins en moins d'oiseaux tels que des hirondelles et des moineaux, dans les grandes agglomérations*.

7 de las que una do**ce**na han **si**do declara**d**as **par**ques naciona**l**es ⑤,
8 y **mu**chas **o**tras **par**ques natura**l**es.
9 Se**gun**do pa**ís** más monta**ño**so del conti**nen**te, tras **Sui**za,
10 España es un paraíso **p**ara los aficio**na**dos ⑥ al sende**ris**mo
11 y de**más** a**man**tes ⑦ de la natura**le**za, de la **fau**na y de la **flo**ra.

Notes

⑤ Les différents parcs nationaux (exception faite de celui d'*Aigüestortes i Estany de Sant Maurici*, qui est administré par le Département d'Agriculture de Catalogne) sont gérés par le **Ministerio de Medio Ambiente**, l'équivalent du *Ministère de l'Environnement*.
Les autres parcs ou réserves naturelles sont gérés par les différents gouvernements régionaux, par **las Comunidades Autónomas**.

⑥ **aficionado**, dont nous avons déjà parlé à la note 1 de la leçon 89, peut sa traduire aussi par *passionné*.
Es muy aficionado a los deportes de nieve, *Il est passionné de sports d'hiver* (ou *Il aime beaucoup les sports d'hiver*, ou encore *Il est très amateur de sports d'hiver*).

* * *

Ejercicio 1: Traduzca

❶ España, Italia y Francia son países mediterráneos de Europa occidental. ❷ ¿De cuánto tiempo dispones? ❸ Muchas aves salvajes viven en las reservas naturales protegidas. ❹ España es un país montañoso. ❺ ¿Tiene un pollo de corral para cuatro personas?

7	dont une douzaine ont été déclarées parcs nationaux,
8	et beaucoup [d']autres parcs naturels.
9	Deuxième pays [le] plus montagneux du continent, après [la] Suisse,
10	l'Espagne est un paradis pour les passionnés de randonnée
11	et autres amoureux de la nature, de la faune et de la flore.

⑦ **amante** est employé en référence à celui ou à celle *qui aime* quelque chose ou quelqu'un. Sa traduction peut varier d'un cas à l'autre :
un amante de la naturaleza, *un amoureux de la nature*.
una esposa amante, *une épouse aimante*.
un amante de la libertad, *un ami de la liberté*.
Dans le langage courant, **amante** (invariable) traduit également *amant* et *maîtresse* :
Tiene una amante, *Il a une maîtresse*.
Él es su amante, *Lui, c'est son amant*.

* * *

Corrigé de l'exercice 1

❶ L'Espagne, l'Italie et la France sont des pays méditerranéens d'Europe occidentale. ❷ De combien de temps disposes-tu ? ❸ Beaucoup d'oiseaux sauvages vivent dans les réserves naturelles protégées. ❹ L'Espagne est un pays montagneux. ❺ Avez-vous un poulet fermier pour quatre personnes ?

Ejercicio 2: Complete

① Ses grands-parents sont très âgés.
... .

② Ma sœur aînée est une passionnée d'opéra.
.. hermana ..... es muy .... a la ..... .

③ On dit que les hirondelles annoncent le printemps.
Dicen ... ... la ....

④ Les parcs nationaux abritent des nombreuses espèces d'oiseaux.
... . nacionales .... numerosas .... de ..... .

Lección noventa y cuatro

A vueltas con ① el ordenador

1 – No sé lo que **pa**sa con mi por**tá**til ② **pe**ro…
2   ¡hay **al**go que no **mar**cha!
3   Y no es la pri**me**ra vez; a**yer** ya me pa**só**.
4   Ten**dré** que lla**mar** a un **téc**nico
5   o lle**var**lo a repa**rar** a la **tien**da.

Notes

① L'expression familière **andar a vueltas con un problema**, *se débattre avec un problème*, se réduit souvent à **a vueltas con** + le problème dont il est question (chose, situation, personne, etc.).

② **ordenador portátil**, *ordinateur portable* ; mais généralement on dit tout simplement **portátil**, *portable* ; à ne pas confondre avec **móvil**, *portable* (téléphone).

⑤ Le Parque National de los Picos de Europa est la plus grande réserve naturelle d'Europe.
. . Parque Nacional de los Picos de Europa . .
. . . .

Corrigé de l'exercice 2

❶ Sus abuelos son muy mayores ❷ Mi – mayor – aficionada – ópera ❸ – que las golondrinas anuncian – primavera ❹ Los parques – albergan – especies – aves ❺ El – es la mayor reserva natural de Europa

Deuxième vague : Lección cuarenta y cuatro

Leçon quatre-vingt-quatorze 94

Problèmes d'ordinateur

1 – Je ne sais pas ce qui se passe avec mon [ordinateur] portable, mais…
2   il y a quelque chose qui ne marche pas !
3   Et ce n'est pas la première fois ; ça m'est déjà arrivé hier *(hier déjà me passa)*.
4   Il faudra que j'appelle *(à)* un technicien
5   ou l'apporter en réparation *(à réparer)* au magasin.

Et aussi : **la impresora**, *l'imprimante* ; **el ratón**, *la souris* ; **el teclado**, *le clavier* ; **el disquete**, *la disquette* ; **el disco duro**, *le disque dur* ; **el escáner**, *le scanner*.

6 El problema es que tengo que hacer una consulta en Internet ③.
7 – Pues, ten cuidado, he leído en el periódico que hay un virus raro ④ en circulación.
8 El artículo dice que son las mismas empresas que producen los programas
9 las que lanzan los virus para luego vender los antivirus y…
10 ¡matar así dos pájaros de un tiro! ⑤
11 – ¡No lo puedo creer!
12 – Hoy en día … ¡vete a saber!
13 Si quieres te puedo prestar mi nuevo antivirus.
14 Lo tengo aquí, lo acabo de comprar.
15 Mira a ver, ¡probar no cuesta nada!
16 – Muy bien, ¡vamos a ver si hay suerte! □

Notes

③ **hacer una consulta en Internet, en la biblioteca**, etc. *faire une recherche sur Internet, à la bibliothèque*, etc. Dans le même registre : **consultar el diccionario**, *consulter le dictionnaire*.
À propos d'Internet : **el servidor**, *le serveur* ; **el sitio (Web)**, *le site (Web)* ; **el portal**, *le portail*.

④ **raro**, *rare*, est employé couramment dans le sens de *étrange, bizarre* ou *curieux*.

* * *

Ejercicio 1: Traduzca

❶ Se ha puesto a llover, tendremos que salir más tarde. ❷ ¿Qué pasa, no te sientes bien? ❸ Ten cuidado, hace mucho frío. ❹ ¿Tienes Internet en casa? ❺ – ¿Qué haces? – Ando a vueltas con la impresora, hay algo que no marcha.

6   Le problème est que je dois faire une recherche sur *(une consultation en)* Internet.
7 – Et bien, fais attention, j'ai lu dans le journal qu'un virus bizarre circulait *(qu'il y a un virus rare en circulation)* [en ce moment].
8   L'article dit que ce sont les mêmes sociétés *(entreprises)* qui produisent les logiciels *(programmes)*
9   *(celles)* qui lancent les virus pour ensuite vendre les antivirus et…
10   faire ainsi d'une pierre deux coups !
11 – Je ne peux pas le croire !
12 – De nos jours… va savoir !
13   Si tu veux, je peux te prêter mon nouvel antivirus.
14   Je l'ai ici, je viens de l'acheter.
15   Regarde voir, ça ne coûte rien d'essayer *(essayer ne coûte rien)* !
16 – Très bien, voyons si ça marche *(allons à voir s'il y a chance)* !

un fenómeno raro, *un phénomène étrange*.
Es raro que se haya ido sin despedirse, *C'est bizarre qu'il / elle soit parti(e) sans dire au revoir.*
¡Qué cosa más rara !, *Comme c'est curieux !, C'est vraiment curieux !, Comme c'est bizarre !, C'est très bizarre !*, etc.

⑤ **Matar dos pájaros de un tiro** (littéralement : *Tuer deux oiseaux d'un coup*), *Faire d'une pierre deux coups*.

* * *

Corrigé de l'exercice 1

❶ Il s'est mis à pleuvoir, il faudra que nous partions plus tard. ❷ Qu'y a-t-il, tu ne te sens pas bien ? ❸ Fais attention, il fait très froid. ❹ As-tu Internet à la maison ? ❺ – Que fais-tu ? – Je me débats avec l'imprimante, il y a quelque chose qui ne marche pas.

Ejercicio 2: Complete

① Tu aimes ce disque ? Je peux te le prêter.
¿.. ..... este .....? .. ..

② Le technicien n'a pas pu venir hier, il viendra aujourd'hui.
.. .. venir ...., ...

③ C'est la première fois qu'il m'arrive quelque chose comme ça.
.. .. me ocurre .... así.

④ Je ne peux pas le croire.
.. ..

⑤ Ça ne coûte rien d'essayer.
....

---

95 Lección noventa y cinco

El flamenco

1 El flamenco es un grito artístico espontáneo que expresa,
2 particularmente a través "del cante jondo" ①,
3 su forma más desgarradora,
4 los sentimientos íntimos de sufrimiento, injusticia, tristeza y alegría
5 propios de la existencia.
6 Sus orígenes se sitúan en la baja Andalucía,

Notes

① L'expression **"cante jondo"**, *"chant profond"*, est spécifique au chant d'origine andalouse ou en rapport avec celui-ci. **jondo** est une orthographe déformée de **hondo**, *profond*, qui résulte de l'aspiration du **h** par de nombreux Andalous des ▸

Corrigé de l'exercice 2

① Te gusta – disco – Te lo puedo prestar ② El técnico no pudo – ayer vendrá hoy ③ Es la primera vez que – algo – ④ No lo puedo creer ⑤ Probar no cuesta nada

Deuxième vague : Lección cuarenta y cinco

Leçon quatre-vingt-quinze 95

Le flamenco

1 Le flamenco est un cri artistique spontané qui exprime,
2 particulièrement au travers du "chant profond",
3 sa forme [la] plus déchirante,
4 les sentiments intimes de souffrance, [d']injustice, [de] tristesse et [de] joie
5 qui sont le propre *(propres)* de l'existence.
6 Ses origines se situent dans la basse Andalousie,

générations plus anciennes. En dehors du contexte de la chanson andalouse, *chant* se traduit généralement par **canto**.
Voy a clases de canto, *Je prends des cours de chant.*

7 **don**de los gi**ta**nos proce**den**tes del ② **nor**te de la **In**dia,
8 combi**nan**do su **mú**sica con la **á**rabe, la ju**dí**a y la cris**tia**na,
9 se van estable**cien**do.
10 **Mez**cla de **can**te, gui**ta**rra y **bai**le ③,
11 univer**sal**mente aso**cia**do a la cul**tu**ra espa**ño**la,
12 el fla**men**co es **an**te **to**do la **que**ja del **al**ma anda**lu**za.
13 Cual**quie**ra que **fue**ren ④ sus va**rian**tes,
14 la expre**sión** ar**tís**tica al**can**za su paro**xis**mo
15 cuando **sur**ge el "**duen**de": ⑤
16 la comu**nión** de senti**mien**tos **en**tre el ar**tis**ta y su **pú**blico.

Notes

② **procedente de**, *originaire de* ou *en provenance de*.
El tren procedente de Burgos con destino a Irún, va efectuar su salida, *Le train en provenance de Burgos à destination de Irún va partir (effectuer son départ)*.

③ **bailar**, *danser* (**danzar** a un sens plus restreint).
Elena y José han ido a bailar a una discoteca, *Elena et José sont allés danser dans une discothèque*.
Attention ! **baile** se traduira par *danse* (**danza** est moins courant en espagnol) ou *bal*.

④ **Cualquiera que fueren...** ou, plus couramment, **cualquiera que sean...**, *quel(le)s que soient...* En effet, le futur du subjonctif **(fueren)**, de nos jours tombé en désuétude, est remplacé ▶

7 où les gitans originaires du nord de l'Inde,
8 combinant leur musique avec [la musique] arabe, la [musique] juive et la [musique] chrétienne,
9 s'installent progressivement *(se vont établissant)*.
10 Mélange de chant, [de] guitare et [de] danse,
11 universellement associé à la culture espagnole,
12 le flamenco est avant tout la plainte de l'âme andalouse.
13 Quelles que soient ses variantes,
14 l'expression artistique atteint son paroxysme
15 lorsque surgit le "duende" :
16 la communion des sentiments entre l'artiste et son public.

dans la langue parlée par le présent du subjonctif. Nous le présentons ici à titre indicatif, pour que vous ayez vent de son existence. Souvent employé par les classiques, il est rare dans la littérature d'aujourd'hui ; on le rencontre encore dans la langue juridique et dans quelques expressions : **sea lo que fuere** (plus couramment **sea lo que sea**), *quoi qu'il en soit*, etc.
Révisez et mettez en rapport : leçon 33, note 9 ; leçon 48, note 8 ; leçon 70, 5.

⑤ **duende** *(lutin* ou *esprit follet)*, dont nous approchons le sens à la phrase 16, est parfois traduit par *envoûtement* (**hechizo**), *magie* (**magia**), ou même *charme* (**encanto**). Dans notre traduction, nous gardons **duende**.

Ejercicio 1 : Traduzca

① Esta noche asistiremos a un espectáculo de flamenco. ② El "cante jondo" expresa sentimientos íntimos. ③ ¿De qué te quejas? ④ ¿Sabes tocar la guitarra? ⑤ Me gustaría ir a bailar esta noche.

* * *

Ejercicio 2: Complete

① Elle exprime facilement ses sentiments.
.... fácilmente ... .

② Elle est très spontanée.
.. ..

③ Maures, juifs et chrétiens ont vécu en paix en Andalousie.
....., ... vivieron .. ... en Andalucía.

Le flamenco tel que nous le connaissons aujourd'hui, en tant que spectacle, s'est surtout développé vers la fin du XVIIIe *siècle, à l'instar de la guitare classique qui, avec les années, a subi quelques modifications pour permettre au musicien de mieux battre le rythme. Progressivement, il s'impose comme un art à part entière. Manuel de Falla s'en inspira pour composer* **El amor Brujo**, L'amour Sorcier, *en 1915, et contribua par là même à sa diffusion.* **El cante**, *le chant ;* **la guitarra**, *la guitare ;* **la bailaora y / o el bailaor**, *la danseuse et / ou le danseur, sont les piliers de cette forme d'expression artistique qui s'articule autour de* **la voz**, *la*

Corrigé de l'exercice 1

① Ce soir, nous assisterons à un spectacle de flamenco. ② Le "chant profond" exprime des sentiments intimes. ③ De quoi te plains-tu ? ④ Est-ce que tu sais jouer de la guitare ? ⑤ J'aimerais aller danser ce soir.

* * *

④ L'avion en provenance de Shanghai arrivera avec du retard.
. . . . Shanghai . . . .
. . . . •

⑤ Je ressens une grande joie.
. . . . •

Corrigé de l'exercice 2

① Expresa – sus sentimientos ② Es muy espontánea ③ Moros, judíos y cristianos – en paz – ④ El avión procedente de – llegará con retraso ⑤ Siento una gran alegría

voix ; **la música**, la musique ; **el baile**, la danse ; *ainsi que de* **las palmas**, le battement des mains ; *les jeux des pieds ou claquements de talon et* **las castañuelas**, les castagnettes.
À chaque génération, les nouveaux grands chanteurs, guitaristes et danseurs de flamenco font à leur tour évoluer cette forme d'expression artistique en y introduisant des éléments rock ou d'origine latino-américaine, ou encore inspirés de la musique arabe ou du jazz, pour atteindre des sommets de virtuosité.

Deuxième vague : Lección cuarenta y seis

96　Lección noventa y seis

Incomprensión

1 – ¿Qué **ha**ces a**hí** pa**ra**o ① mi**rán**dome ② a**sí**?
2 – Por más **vuel**tas que le doy ③,
3 　no con**si**go compren**der**lo.
4 　Me lo pre**gun**to y me lo **vuel**vo a preguntar, **pe**ro...
5 　¡No hay tu **tí**a! ④
6 　¡No me **ca**be en la ca**be**za! ⑤
7 – **Bue**no, **pe**ro ¿de qué se **tra**ta?
8 – Pues, me es**ta**ba pregun**tan**do
9 　**có**mo es po**si**ble que yo **ha**ya po**di**do
　　encon**trar**te a mi **gus**to.
10 　No lo en**tien**do ⑥.

Notes

① Dans la prononciation populaire, **parado**, participe passé de **parar**, *arrêter*, est souvent prononcé **parao**. En effet, dans le langage parlé, dans la terminaison **-ado**, le d est à peine audible et même souvent tout à fait omis. Dans ce cas, on prononce le **a** et le **o** comme une diphtongue, d'une seule émission de voix.

② Employé seul, le gérondif indique souvent dans quelles conditions se déroule l'action dont fait état le verbe principal ; et lorsqu'il s'agit d'exprimer une idée de manière, cette idée est souvent rendue en français par l'infinitif précédé de *à*. **He pasado la tarde en mi habitación leyendo una novela**, *J'ai passé l'après-midi dans ma chambre à lire un roman.*

③ **por más que** (ou **por mucho que**) correspond à la locution *avoir beau* et se construit de la même façon que **aunque**, *bien que* ou *même si*, (point 1 de la leçon 91) :
Por más que se lo repetías, le daba igual : *Tu avais beau le lui répéter, ça lui était égal.*

▶

425 • cuatrocientos veinticinco

Leçon quatre-vingt-seize 96

Incompréhension

1 – Que fais-tu là sans bouger, à me regarder *(me regardant)* comme ça ?
2 – J'ai beau tourner la question dans tous les sens *(Pour plus tours que je lui donne)*,
3   je ne parviens pas à *(le)* comprendre.
4   Je me le demande et me le redemande, mais…
5   Rien à faire !
6   Ça me dépasse !
7 – Bon, mais de quoi s'agit-il ?
8 – Eh bien j'étais en train de me demander
9   comment il était *(est-ce)* possible que j'aie pu te trouver à mon goût.
10 Je n'arrive pas à comprendre *(Je ne le comprends pas)*.

▶ **Por más que digas, le dará igual** : *Tu auras beau dire, ça lui sera égal.*

④ L'expression **¡No hay tu tía!** (littéralement : *Il n'y a pas ta tante !*) correspond à *Rien à faire !*

⑤ **¡No me cabe en la cabeza!** (littéralement : *Ça ne tient pas dans ma tête !*), *Ça me dépasse !*

⑥ **entender**, *comprendre*, n'a jamais le sens d'*entendre* (**oír**) en espagnol. **Entender** est très employé dans le sens de *comprendre*.
Perdone, no le he entendido; ¿puede repetir, por favor ?, *Excusez-moi, je ne vous ai pas [bien] compris ; pouvez-vous répéter, s'il vous plaît ?*
Comparez : **No he oído lo que decía**, *Je n'ai pas entendu ce qu'il / elle disait.*
Mettez aussi en rapport avec la phrase 3 et notez que l'emploi de **comprender** à la forme négative a le sens de "ne pas trouver d'explication, de justification à quelque chose" : **No comprendo su actitud**, *Je ne comprends pas son attitude.*

11 – ¿Pero tú no **es**tás bien o qué?
12 Es evi**den**te.
13 ¡Yo te**ní**a se**sen**ta años **me**nos!

* * *

Ejercicio 1: Traduzca
① Me pregunto a qué hora va a llegar. ② Hay demasiado ruido, no se oye nada. ③ No entiendo lo que me dice. ④ No sé de qué se trata. ⑤ ¡No me cabe en la cabeza!

* * *

Ejercicio 2: Complete

① J'ai beau le lui expliquer, il ne comprend pas.
 . . . . que . . . ., no lo entiende.

② Ça me semble évident.
 . . . .

③ Ça m'est égal.
 . . . .

④ Je suis resté chez moi à regarder un film.
 . . . . en casa . . . .

⑤ Mais tu n'es pas bien ou quoi ?
 ¿ . . . . ?

11 – Mais tu n'es pas bien ou quoi ?
12 C'est évident.
13 J'avais soixante années [de] moins !

* * *

Corrigé de l'exercice 1
❶ Je me demande à quelle heure il / elle va arriver. ❷ Il y a trop de bruit, on n'entend rien. ❸ Je ne comprends pas ce qu'il / elle me dit. ❹ Je ne sais pas de quoi il s'agit. ❺ Ça me dépasse !

* * *

Corrigé de l'exercice 2
❶ Por mucho – se lo explico – ❷ Me parece evidente ❸ Me da igual ❹ Me he quedado – viendo una película ❺ Pero tú no estás bien o qué

Deuxième vague : Lección cuarenta y siete

97 Lección noventa y siete

Apuntes ① de geografía

1. España ② **tie**ne **u**na superficie
2. de qui**nien**tos **cua**tro mil sete**cien**tos o**chen**ta y dos ki**ló**metros cua**dra**dos,
3. in**clui**dos los archi**pié**lagos bale**ar** y ca**na**rio.
4. **Tie**ne **u**na pobla**ción** que su**pe**ra los cua**ren**ta mi**llo**nes de habi**tan**tes.
5. Li**mi**ta al **Nor**te con el mar Can**tá**brico ③ y **Fran**cia;
6. al Sur con el conti**nen**te afri**ca**no,
7. del que **só**lo la se**pa**ran **u**nos **quin**ce ki**ló**metros:
8. el es**tre**cho de Gibral**tar**;
9. al **Es**te con el mar Mediter**rá**neo
10. y al O**es**te con Por**tu**gal y el o**cé**ano At**lán**tico.
11. Los princi**pa**les **rí**os ④ son el **E**bro y el **Due**ro, al **nor**te;
12. el **Ta**jo, en el **cen**tro;
13. y el Gua**dia**na y el Guadalqui**vir**, al sur.

Notes

① **un apunte** est un écrit bref ou schématique en rapport avec n'importe quel sujet. Ce mot s'emploie généralement au pluriel : **Los alumnos toman apuntes**, *Les élèves prennent des notes*.

② La plupart des noms de régions ou de pays ne sont pas précédés de l'article, exception faite des cas où ils sont déterminés par un adjectif ou un complément :
España y Portugal forman la península Ibérica, *L'Espagne et le Portugal forment la péninsule Ibérique*.

Leçon quatre-vingt-dix-sept   97

Notes de géographie

1   [L'] Espagne a une superficie
2   de 504 782 km^2,
3   les archipels des Baléares et des Canaries inclus *(Inclus les archipels…)*.
4   Elle compte *(a)* une population qui dépasse les 40 millions d'habitants.
5   [L'Espagne] est délimitée *(limite)* au nord par *(avec)* le golfe de Gascogne et [la] France ;
6   au sud par *(avec)* le continent africain,
7   dont elle est séparée seulement par *(dont seulement la séparent)* quelque 15 km :
8   le détroit de Gibraltar ;
9   à l'est, [elle est délimitée] par *(avec)* la mer Méditerranée
10 et à l'ouest par *(avec)* [le] Portugal et l'océan Atlantique.
11 Les principaux fleuves sont l'Èbre et le Douro, au nord ;
12 le Tage, dans le centre ;
13 et le Guadiana et le Guadalquivir, au sud.

▸   **Egipto y Jordania son países de Oriente Próximo**, *L'Égypte et la Jordanie sont des pays du Proche-Orient.*
    la Rusia de los zares, *la Russie des tsars.*

③ **el mar Cantábrico** (littéralement : *la mer Cantabrique*) est la dénomination espagnole du *golfe de Gascogne*, qui porte aussi le nom de **golfo de Vizcaya** (*Biscaye*).

④ Notez que **río**, nom masculin, traduit *fleuve* et *rivière*.

97   14   Administrativamente, el país está dividido
     15   en diecisiete Comunidades Autónomas, que suman cincuenta y dos provincias.
     16   Por estar ⑤ situada entre dos continentes y dos mares,
     17   por su carácter peninsular, su relieve accidentado
     18   y un clima que roza los extremos,
     19   España ocupa un lugar singular en Europa. □

Notes

⑤ La construction **por** suivie d'un infinitif, lorsqu'elle exprime une idée de cause, se traduit souvent par *parce que* ou *car*.
Le dieron un trofeo por haber ganado, *On lui donna un trophée pour avoir gagné (parce qu'il / elle avait gagné).*

* * *

Ejercicio 1: Traduzca

❶ ¿Qué superficie tiene España? ❷ ¿Cuántos millones de habitantes tiene Europa? ❸ El estrecho de Gibraltar separa los continentes europeo y africano. ❹ Me gusta también bañarme en el río. ❺ Los archipiélagos balear y canario se encuentran en el mar Mediterráneo y en el océano Atlántico respectivamente.

14 Administrativement, le pays est divisé
15 en 17 "Communautés Autonomes", réunissant *(qui additionnent)* 52 provinces.
16 Parce qu'elle est *(Pour être)* située entre deux continents et deux mers,
17 en raison de *(par)* son caractère péninsulaire, [de] son relief accidenté
18 et [parce qu'elle bénéficie d']un climat qui côtoie les extrêmes,
19 [l']Espagne tient *(occupe)* une place *(un lieu)* singulière en Europe.

Corrigé de l'exercice 1

❶ Quelle superficie a l'Espagne ? ❷ Combien de millions d'habitants l'Europe compte-t-elle ? ❸ Le détroit de Gibraltar sépare les continents européen et africain. ❹ J'aime aussi me baigner dans la rivière. ❺ Les archipels des Baléares et des Canaries se trouvent dans la mer Méditerranée et dans l'océan Atlantique, respectivement.

98   Ejercicio 2: Complete

❶ Je ne suis pas arrivée à temps parce que j'ai raté le bus.
. . . . haber perdido . .
. . . .

❷ Il habite près de la mer, à quelque douze kilomètres.
. . . . , a . . . .
. . . .

❸ L'Andalousie occupe la partie sud de l'Espagne.
. . . . la parte . . . .

❹ À l'université, on travaille souvent avec des notes.
En la . . . . trabaja . . . .
. . . .

❺ Le péninsule Ibérique se trouve à l'extrême sud de l'Europe.
La península . . . . el extremo . . . .

---

98   Lección noventa y ocho

Repaso

1 L'accentuation des mots

• **L'accent tonique**

Tout mot espagnol de plus d'une syllabe comporte une voyelle qui est prononcée avec davantage d'intensité, avec un ton de voix plus marqué.
Tout au long de votre apprentissage, nous vous avons indiqué en gras la syllabe tonique, celle sur laquelle porte l'intensité de la voix.
Vous avez ainsi trouvé, mis à part les monosyllabes, quatre types de mots :
- **Palabras** *(mots)* **agudas** : mots portant l'accent tonique sur la dernière syllabe : **verdad**, *vérité* ; **intensidad**, *intensité* ; **salud**, *santé* ; **adiós**, *au revoir* ; **humor**, *humeur*, etc.

Corrigé de l'exercice 2

① No llegué a tiempo por – el autobús ② Vive cerca del mar, – unos doce kilómetros ③ Andalucía ocupa – sur de España ④ – universidad se – a menudo con apuntes ⑤ – Ibérica se encuentra en – sur de Europa

Le climat espagnol est réputé pour sa douceur. Il est toutefois intéressant de noter, parce que le phénomène est bien moins connu, que la fourchette des climats peut aller d'un extrême à l'autre. En effet, loin du littoral méditerranéen, sur le plateau intérieur, il n'est pas du tout rare que, durant de longues semaines, **el termómetro**, le thermomètre, *indique des valeurs bien* en dessous de zéro, **bajo cero** *; des* **inviernos**, hivers, *glacés, succédant à des étés caniculaires.*

Deuxième vague : Lección cuarenta y ocho

Leçon quatre-vingt-dix-huit   98

- **Palabras llanas** : mots portant l'accent tonique sur l'avant-dernière syllabe : **libro**, *livre* ; **amigo**, *ami* ; **árbol**, *arbre* ; **sombra**, *ombre* ; **lápiz**, *crayon* ; **completo**, *complet*, etc.
- **Palabras esdrújulas** : mots portant l'accent tonique sur l'antépénultième syllabe : **sílaba**, *syllabe* ; **dímelo**, *dis-le-moi* ; **árboles**, *arbres* ; **pájaro**, *oiseau* ; **cógelo**, *prends-le,* etc.
- **Palabras sobresdrújulas** : mots portant l'accent tonique sur une syllabe précédant l'antépénultième syllabe : **cuéntamelo**, *raconte-le-moi* ; **irónicamente**, *ironiquement*, etc.

• **Règles générales d'accentuation** :

- Les mots terminés par une voyelle, un **n** ou un **s** portent l'accent sur l'avant-dernière syllabe ; ce sont des **palabras llanas** *(mots graves)* : **hoja**, *feuille* ; **familia**, *famille* ; **padre**, *père* ; **madre**, *mère,* etc.

- Les mots terminés par une consonne autre que **n** ou **s** portent l'accent sur la dernière syllabe ; ce sont des **palabras agudas** *(mots aigus)* : **estudiar**, *étudier* ; **amistad**, *amitié* ; **papel**, *papier,* etc.
- Les mots faisant exception à ces deux règles portent **l'accent écrit** sur la syllabe tonique (toujours un accent aigu) : **fácil**, *facile* ; **sílaba**, *syllabe* ; **también**, *aussi* ; **árbol**, *arbre*, etc.
- Les mots portant l'accent tonique sur l'antépénultième ou sur une syllabe qui précède l'antépénultième (**palabras esdrújulas** ou **sobresdrújulas**) portent toujours l'accent écrit : **pájaro**, *oiseau* ; **cantándotelo**, *en te le chantant* ; **paradójicamente**, *paradoxalement*, etc.

Reportez-vous également aux points 7, 8 et 9 du chapitre "Prononciation" ainsi qu'aux explications présentées aux leçons 3, 7, 15, 16 et 35.

2 Verbes irréguliers classés : 7ᵉ groupe

Il s'agit des verbes finissant en **-eír** et en **-eñir**. **Reír**, *rire*, est le verbe d'usage le plus courant dans ce groupe. (Remarque : La forme pronominale **reírse** est couramment employée en espagnol pour *rire*.)

Particularités : Quand il porte l'accent tonique ou quand la terminaison commence par une diphtongue ou par **a**, le **e** du radical est remplacé par **i**. En outre, ces verbes perdent le **i** atone de la terminaison au gérondif, à la 3ᵉ personne du singulier et du pluriel du passé simple et, par conséquent, à l'imparfait du subjonctif.

Rappelez-vous que ces informations ne sont pas à apprendre par cœur ; limitez-vous à les lire et, éventuellement, revenez-y pour une consultation ou un approfondissement lorsque votre pratique sera plus assurée !

sonríes, *tu souris* (présent de l'indicatif).
No le riñas, *Ne le gronde pas* (présent du subjonctif / impératif).
Estoy friendo las patatas, *Je suis en train de faire frire les pommes de terre* (gérondif).
(ella) se rió, *elle a ri* (ou *elle rit*, passé simple).
N'oubliez pas :
Quien ríe el último ríe mejor (littéralement : *Qui rit le dernier rit mieux*), *Rira bien qui rira le dernier.*

3 Verbes irréguliers classés : 8ᵉ groupe

Ce sont tous les verbes dont le **e** du radical est suivi d'un **r** ou de **nt** comme **divertirse**, *s'amuser,* ou **sentir**, *sentir*, *éprouver*, *ressentir*, *regretter* par exemple.

Servir, *servir* (qui se conjugue comme **pedir**, *demander*), constitue la seule exception.

Particularités de ce groupe :

• Dans le groupe du présent (présent de l'indicatif, présent du subjonctif et impératif), ils portent la même irrégularité que les verbes du 1ᵉʳ groupe (leçon 70), c'est-à-dire qu'ils changent en **ie** le **e** précédant la terminaison aux personnes toniques, lorsque ce **e** porte l'accent tonique.

• Dans le groupe du présent et du prétérit ainsi qu'au gérondif, ils présentent la même irrégularité que les verbes du 6ᵉ groupe (leçon 84), c'est-à-dire qu'ils changent en **i** le **e** du radical lorsque ce **e** porte l'accent tonique ou quand la terminaison commence par une diphtongue ou par **a**.

N'oubliez pas : dans un premier temps… pratiquez !

Lo siento, *Je regrette* (présent de l'indicatif).
¿Qué prefieres?, *Qu'est-ce que tu préfères ?* (présent de l'indicatif).
¿Cómo te sientes?, *Comment te sens-tu ?* (présent de l'indicatif).
No mientas, *Ne mens pas* (présent du subjonctif / impératif).
Me advirtió con antelación, *Il / Elle m'a averti (avertit) à l'avance* (passé simple).
Nos estamos divirtiendo, *Nous sommes en train de nous amuser* (gérondif).

4 Diálogo recapitulativo

1 – Sí, ¿qué desean? **(50)**
2 – Mire, estamos aprendiendo árabe **(13, 41, 95)**
3 y quisiéramos poder estudiar también por ordenador. **(78, 94)**
4 – Pues tenemos justamente un cederrón muy interesante. **(47)**
5 Se lo voy a enseñar. **(46)**
6 ¡De todas formas, han elegido ustedes un idioma difícil! **(92)**
7 ¿Cómo así les ha dado por el árabe? **(30, 85)**
8 – Pues hemos adoptado un niño libanés que tiene ya dos **(25, 88)** años;
9 y como pronto empezará a hablar…
10 ¡nos gustaría poder entender lo que dice! **(33, 96)**

Traducción

1 Oui, vous désirez ? **2** Voilà, nous sommes en train d'apprendre l'arabe **3** et nous voudrions pouvoir étudier aussi par ordinateur. **4** Eh bien, nous avons justement un cédérom très intéressant. **5** Je vais vous le montrer. **6** De toute façon, vous avez choisi une langue difficile ! **7** Et comment vous êtes-vous mis à l'arabe ? **8** Eh bien nous avons adopté un enfant Libanais qui a déjà deux ans ; **9** et comme il commencera bientôt à parler… **10** nous aimerions pouvoir comprendre ce qu'il dit !

---

99 Lección noventa y nueve

Et maintenant, il ne nous reste plus qu'à vous dire **¡Enhorabuena y… hasta la vista!**, Félicitations et… à bientôt !

¡Enhorabuena!

1. ¡Enho**rabue**na!
2. Por ha**ber** afron**ta**do con **é**xito las dificul**ta**des de la **len**gua,
3. por su tenaci**dad**, por su perseve**ran**cia ;
4. en **u**na pa**la**bra: por el tra**ba**jo reali**za**do.
5. **Pe**ro…¿y a**ho**ra?
6. A**ho**ra, se **tra**ta de ¡mante**ner** el con**tac**to!
7. No **du**de en e**char**se al **rue**do ①
8. y po**ner**se **an**te el **to**ro: la **prác**tica **dí**a a **dí**a,

Notas

① Au sens figuré, **echarse al ruedo** (littéralement : *se jeter au rond / à l'arène*) se rend par *descendre dans l'arène, entrer en lice* (**entrar en liza**).
el ruedo (littéralement : *le rond*) définit dans un premier sens "le pourtour de quelque chose de rond" et dans le langage de la tauromachie, par extension, "l'espace destiné au combat avec ▶

Deuxième vague : Lección cuarenta y nueve　　**99**

Vous voici à la fin de votre parcours de "première vague". Au cours des deux dernières leçons, nous vous proposons un texte que nous avons scindé en deux parties pour vous faciliter le travail. Testez-vous tout au long de ces phrases et, par la suite, essayez de garder à l'esprit quelques-unes des recommandations que nous vous y faisons.

Leçon quatre-vingt-dix-neuf　　99

Félicitations !

1　Félicitations !
2　Pour avoir affronté avec succès les difficultés de la langue,
3　pour votre ténacité, [et] pour votre persévérance ;
4　en un mot : pour le travail accompli.
5　Mais… et maintenant ?
6　Maintenant, il s'agit de garder le contact !
7　N'hésitez pas à descendre *(vous jeter)* dans l'arène,
8　et [à] vous confronter au *(vous mettre devant le)* taureau : la pratique au quotidien *(jour au jour)*

les taureaux", c'est-à-dire *l'arène* **(la arena)**.
N'oubliez pas que le sens premier de **arena** est *sable*. **La arena de esta playa es muy fina**, *Le sable de cette plage est très fin*.
Une expression bien connue : **Coger el toro por los cuernos**, *Prendre le taureau par les cornes*.

9 con motivo de ② una conversación con un hispanoablante,
10 viendo una película en versión original,
11 navegando por Internet,
12 tratando de ③ ver una cadena española de televisión,
13 leyendo un periódico o una revista;
14 en suma, aprovechando cualquier oportunidad ④ para entrar en relación directa con el español...
15 ¡ahí está el verdadero test!

Notes

② **con motivo de**, *à l'occasion de*, et ici *au détour de*.

③ **tratar**, *traiter*, lorsqu'il est suivi de la préposition **de** et d'un infinitif se traduit par *essayer de*. **Trataré de pedir una cita**, *J'essayerai de demander un rendez-vous*.
Notez l'emploi également courant de **tratarse de** avec le sens de *s'agir de* (phrase 6). **¿De qué se trata?**, *De quoi s'agit-il ?*

④ **aprovechando cualquier oportunidad**, *en profitant de n'importe quelle occasion (opportunité)* ou *en saisissant toute occasion*.
Notez que **cualquier**, que nous avons surtout étudié à la leçon 70, peut se traduire aussi par *tout(e)*.
Et… avec le même sens : **No dejar escapar (pasar) la oportunidad**, *Ne pas laisser passer l'occasion*.

* * *

Ejercicio 1: Traduzca

❶ ¡Enhorabuena! ¡Buen trabajo! ❷ ¿Qué vas a hacer ahora? ❸ Quiero mantener el contacto; voy a seguir estudiando. ❹ Si me necesitas, no dudes en llamarme. ❺ ¡No dejes escapar la oportunidad!

9 au détour d' *(avec motif de)* une conversation avec un hispanophone,
10 en regardant un film en version originale,
11 en naviguant sur *(par)* Internet,
12 en essayant de regarder une chaîne espagnole de télévision,
13 en lisant un journal ou une revue ;
14 en somme, en saisissant toute occasion d'être en prise directe *(pour entrer en rapport direct)* avec l'espagnol...
15 c'est là *(là est)* le vrai test !

Corrigé de l'exercice 1

❶ Félicitations ! Bon travail ! ❷ Que vas-tu faire maintenant ? ❸ Je veux garder le contact ; je vais continuer à étudier. ❹ Si tu as besoin de moi, n'hésite pas a m'appeler. ❺ Ne laisse pas passer l'occasion !

Ejercicio 2: Complete

1. Il y a eu de tout, des hauts et des bas.
   .. .. todo, ...

2. Mais nous avons réussi à dépasser les difficultés.
   .... hemos ....
   ....

3. Maintenant il faut descendre dans l'arène ; avec brio, sans [avoir] peur.
   Ahora ...... echarse .. .., con ...., ...

---

100 Lección cien

¡Hasta la vista!

1 En ade**lan**te prac**ti**que en **cuan**to ① la oca**sión** se pre**sen**te;
2 es ha**cien**do **fren**te ② con tranquili**dad** a lo que se pre**sen**te de ma**ne**ra impre**vis**ta,
3 sin te**ner mie**do de no es**tar** a la al**tu**ra,
4 de no enten**der**, de ha**cer fal**tas, etc.,
5 **c**omo po**drá** eva**luar** ③ su verda**d**era **fuer**za,
6 la ampli**tud** de sus conoci**mien**tos, el ni**vel** que ha alcan**za**do.

Notes

① **en cuanto**, *dès que*.
   Te llamaremos en cuanto lleguemos, *Nous t'appellerons dès que nous arriverons.*

② **hacer frente** (littéralement : *faire front*), *affronter* (**afrontar**), *faire face / front*.

④ Elle peut arriver à tout moment.
..... llegar .. ..

⑤ Félicitations ! Vous avez su profiter de l'occasion !
¡ .... ! ¡Ha sabido ....
.... !

Corrigé de l'exercice 2

① Ha habido de – altos y bajos ② Pero – conseguido superar las dificultades ③ – hay que – al ruedo – brío sin miedo ④ Puede – en cualquier momento ⑤ Enhorabuena – aprovechar la oportunidad

Deuxième vague : Lección cincuenta

Leçon cent 100

Au revoir *(Jusqu'à la vue)* !

1 Désormais, pratiquez dès que l'occasion se présentera ;
2 c'est en affrontant dans le calme ce qui se présentera de manière imprévue,
3 sans avoir peur de ne pas être à la hauteur,
4 de ne pas comprendre, de faire des fautes, etc.,
5 que *(comme)* vous pourrez mesurer *(évaluer)* votre vraie force,
6 l'ampleur de vos connaissances, le niveau que vous avez atteint.

▶ **Es una persona que no rehúye la dificultad, siempre hace frente**, *C'est une personne qui ne fuit pas la difficulté, il / elle fait toujours face.*

③ Au sens figuré, *mesurer* **(medir)** peut se traduire par **evaluar** *(évaluer)*, **estimar** *(estimer)*, **apreciar** *(apprécier)*, etc.

7 ¡Quedará sorprendido!
8 Así mismo, cuando sienta la necesidad,
9 vuelva aquí para reponer fuerzas:
10 relea una lección en voz alta, trabaje una frase,
11 repase una nota, vuelva a hacer un ejercicio,
12 eche una ojeada a la conjugación,
13 busque en el léxico, consulte un punto de gramática…
14 Practicar, practicar, practicar, ¡ése es ④ el secreto de todo arte!
15 Es a través de la práctica, del contacto asiduo,
16 como ⑤ la lengua llegará a serle ⑥ familiar,
17 como se hará cada vez más dueño de sus conocimientos
18 y como estará en condiciones de ⑦ afrontar nuevos desafíos.

Notes

④ **ése es**, *celui-là est*, est traduit ici par *c'est là* ; *voilà* aurait été également approprié. Pour mieux comprendre et compléter, n'hésitez pas à revoir le point 3 de la leçon 84.

⑤ **es a través de la práctica… como…**, *c'est à travers de la pratique…que…* ; **… como se hará…**, *…que vous vous rendrez…* (phrase 17) ; **… y como estará…**, *…et que vous serez…* (phrase 18).
Le *que* de la construction française *c'est…que* est traduit généralement par **como, donde, cuando** ou **por que** selon que l'on exprime une idée de manière, de lieu, de temps ou de cause, respectivement. Voyez également dans cette leçon :
es haciendo frente… (phrase 2) **como…** (phrase 5), *c'est en affrontant… que…*

7 Vous en serez *(resterez)* surpris !
8 Aussi *(Ainsi même)*, lorsque vous [en] ressentirez le besoin,
9 revenez *(ici)* vous ressourcer *(reprendre des forces)* :
10 relisez une leçon à haute voix, travaillez une phrase,
11 révisez une note, refaites un exercice,
12 jetez un coup d'œil à la conjugaison,
13 recherchez dans le lexique, consultez un point de grammaire…
14 Pratiquer, pratiquer, pratiquer, c'est là le secret de tout art !
15 C'est au travers de la pratique, du contact suivi *(assidu)*,
16 que *(comme)* la langue vous deviendra familière,
17 que *(comme)* vous vous rendrez de plus en plus maître de vos connaissances,
18 et que vous serez en mesure *(en conditions)* de relever *(affronter)* de nouveaux défis.

Aussi : **Fue en Nueva Zelanda donde conocí a la que es hoy mi mujer**, *C'est (Ce fut) en Nouvelle-Zélande que j'ai connu celle qui est aujourd'hui ma femme.*

⑥ *devenir* se traduit par **llegar a ser** (littéralement : *arriver à être*) lorsqu'on exprime une idée de transformation impliquant un effort.
llegar a ser piloto, sastre, fontanero, abogado, carpintero, *devenir pilote, tailleur, plombier, avocat, menuisier.*

⑦ **estar en condiciones de**, *être en mesure de.*
No estoy en condiciones de acompañaros, *Je ne suis pas en mesure de vous accompagner.*

19 A**hí** esta**re**mos para ayu**dar**le a conse**guir**lo.
20 ¡Buen **via**je y… **has**ta **pron**to ⑧!

Notes

⑧ **hasta la vista** (dans le titre de la leçon), que nous avons traduit par *au revoir* (généralement traduit par **adiós**), est employé en concurrence avec **hasta pronto**, *à bientôt*. **Hasta la vista** a toutefois une connotation plus familière.

* * *

Ejercicio 1: Traduzca

❶ Ven en cuanto puedas. ❷ Voy a echar una ojeada al periódico. ❸ Practicar y practicar; ésa es la mejor manera de familiarizarse con la lengua. ❹ Cada vez conozco más expresiones. ❺ ¿Qué te gustaría llegar a ser?

* * *

Ejercicio 2: Complete

❶ C'est en étudiant qu'on apprend.

. . . .

❷ Révise, cherche, consulte ; en un mot : étudie !

. . . . . . , ... , ... ; . . . . : ¡estudia!

❸ Revenez nous voir, nous vous attendons.

. . . . , le . . . .

❹ Faire face et être à la hauteur.

. . . .

❺ Courage ! À bientôt !

¡ . . . . . . ! ¡ . . . . !

19 Nous serons là pour vous aider à y parvenir.
20 Bonne route *(Bon voyage)* et… à bientôt !

Corrigé de l'exercice 1

❶ Viens dès que tu pourras. ❷ Je vais jeter un coup d'œil au journal. ❸ Pratiquer et pratiquer, voilà la meilleure manière de se familiariser avec la langue. ❹ Je connais de plus en plus d'expressions. ❺ Qu'aimerais-tu devenir ?

* * *

Corrigé de l'exercice 2

❶ Es estudiando como se aprende ❷ Repasa – busca – consulta – en una palabra – ❸ Vuelva a vernos – esperamos ❹ Hacer frente y estar a la altura ❺ Ánimo – Hasta pronto

Deuxième vague : Lección cincuenta y una

Pensez à continuer chaque jour votre étude de deuxième vague jusqu'à la 100ᵉ leçon !

Appendice grammatical (éléments de conjugaison)

Construit en lien avec le contenu des leçons, autour d'éléments concrets rencontrés au fil de votre apprentissage, ce bref appendice est conçu comme une carte d'orientation qui vous guidera à travers les principaux aspects du verbe.

Vous y trouverez notamment les trois groupes de la conjugaison espagnole, quelques explications synthétiques s'y rapportant, ainsi que les éléments de base autour desquels s'articulent les verbes irréguliers, etc.

En vous reportant à l'index alphabétique, vous pourrez aisément retrouver la leçon à laquelle le point précis que vous recherchez a été abordé et recouper ainsi les informations.

Sommaire

1 Groupes de conjugaison 449
2 Formation des temps simples des verbes réguliers 449
3 Les temps composés 449
4 Le participe passé 450
5 Première conjugaison : verbes en **-ar** 452
6 Deuxième conjugaison : verbes en **-er** 453
7 Troisième conjugaison : verbes en **-ir** 454
8 Verbes **haber, tener, ser** et **estar** 455
9 Dérivation des irrégularités dans les verbes 459
10 Verbes irréguliers classés 459
11 Verbes à irrégularité propre 463

1 Groupes de conjugaison

Il y a trois conjugaisons en espagnol :
1re conjugaison : verbes dont l'infinitif se termine en **-ar**
2e conjugaison : verbes dont l'infinitif se termine en **-er**
3e conjugaison : verbes dont l'infinitif se termine en **-ir**

2 Formation des temps simples des verbes réguliers

Les temps simples des verbes espagnols se forment avec :

a) le radical du verbe
- présent de l'indicatif
- présent du subjonctif
- impératif
- imparfait de l'indicatif
- passé simple
- gérondif
- participe passé

b) l'infinitif
- futur
- conditionnel

c) le passé simple
- imparfait du subjonctif*
- futur du subjonctif*

*Compte tenu de l'emploi de ce temps en espagnol, nous ne vous en proposons pas de traduction dans cet appendice ; reportez-vous aux explications données dans les leçons (77, 78, 81, 83 et 84).

3 Les temps composés

Les temps composés se forment de la même manière qu'en français : en faisant suivre l'auxiliaire du participe passé du verbe à conjuguer. En espagnol, cet auxiliaire est **haber**, *avoir* ; pour tous les verbes.
Le participe passé qui suit **haber** est toujours invariable.

La conjugaison passive, elle, se forme avec l'auxiliaire **ser**, *être*, suivi du participe passé du verbe à conjuguer ; ce participe passé s'accorde avec le sujet, comme en français.

4 Le participe passé

Formation :

1ʳᵉ conjugaison (verbes en **-ar**) → radical du verbe + **ado**
2ᵉ conjugaison (verbes en **-er**) ⎫
3ᵉ conjugaison (verbes en **-ir**) ⎬ → radical du verbe + **ido**

Les participes passés irréguliers finissent pour la plupart en **-to**, **-so** ou **-cho** : **abrir** → **abierto** *(ouvrir, ouvert)* ; **imprimir** → **impreso** *(imprimer, imprimé)* ; **hacer** → **hecho** *(faire, fait)*.

Les temps composés de tous les verbes se forment en faisant suivre l'auxiliaire **haber** (au temps qui convient) du participe passé du verbe à conjuguer.
Le participe passé suivant **haber** est toujours invariable.
Employé avec le verbe **ser**, *être*, le participe passé sert à former la voix passive des verbes transitifs.

Certains verbes ont deux participes passés ; l'un régulier, l'autre irrégulier.
Le participe passé régulier sert à former les temps composés, et il est précédé du verbe **haber**.
Le participe passé irrégulier s'emploie généralement seul, comme adjectif ; il peut parfois être employé avec **estar**, *être* (sens de *se trouver*), ou avec **tener**, *avoir* (sens de *posséder*).

Seuls les irréguliers **frito** (de **freír**, *frire*), **impreso** (de **imprimir**, *imprimer*) et **provisto** (de **proveer**, *pourvoir*) peuvent être employés à la place du participe passé régulier pour accompagner l'auxiliaire **haber**.

Liste des verbes les plus courants ayant deux participes passés :

absorber	*absorber*	**absorbido**	**absorto**
abstraer	*abstraire*	**abstraído**	**abstracto**
atender	*s'occuper de*	**atendido**	**atento**
bendecir	*bénir*	**bendecido**	**bendito**
completar	*compléter*	**completado**	**completo**
concretar	*concrétiser*	**concretado**	**concreto**
confesar	*confesser, avouer*	**confesado**	**confeso**
confundir	*confondre*	**confundido**	**confuso**
convertir	*convertir*	**convertido**	**converso**
corregir	*corriger*	**corregido**	**correcto**
cultivar	*cultiver*	**cultivado**	**culto**
despertar	*réveiller*	**despertado**	**despierto**
difundir	*répandre, diffuser*	**difundido**	**difuso**
distinguir	*distinguer*	**distinguido**	**distinto**
dividir	*diviser*	**dividido**	**diviso**
elegir	*élire, choisir*	**elegido**	**electo**
exceptuar	*excepter*	**exceptuado**	**excepto**
expresar	*exprimer*	**expresado**	**expreso**
extender	*étendre*	**extendido**	**extenso**
fijar	*fixer*	**fijado**	**fijo**
concluir	*conclure*	**concluido**	**concluso**
freír	*frire*	**freído**	**frito**
hartar	*rassasier*	**hartado**	**harto**
imprimir	*imprimer*	**imprimido**	**impreso**
incluir	*inclure*	**incluido**	**incluso**
invertir	*investir*	**invertido**	**inverso**
juntar	*joindre, unir, réunir*	**juntado**	**junto**
maldecir	*maudire*	**maldecido**	**maldito**
manifestar	*manifester*	**manifestado**	**manifiesto**
molestar	*gêner*	**molestado**	**molesto**
ocultar	*cacher*	**ocultado**	**oculto**
omitir	*omettre*	**omitido**	**omiso**
pervertir	*pervertir*	**pervertido**	**perverso**
poseer	*posséder*	**poseído**	**poseso**
precisar	*préciser*	**precisado**	**preciso**
proveer	*pourvoir*	**proveído**	**provisto**
remitir	*remettre*	**remitido**	**remiso**
soltar	*lâcher*	**soltado**	**suelto**
suspender	*suspendre*	**suspendido**	**suspenso**
sustituir	*substituer*	**sustituido**	**sustituto**
tender	*tendre*	**tendido**	**tenso**

5 Première conjugaison : verbes en -*ar*

cantar, *chanter*

Présent de l'indicatif	Impératif	Présent du subjonctif
cant o, *je chante* cant as cant a cant amos cant áis cant an	cant a, *chante* cant ad	cant e, *que je chante* cant es cant e cant emos cant éis cant en

Imparfait de l'indicatif	Gérondif
cant aba, *je chantais* cant abas cant aba cant ábamos cant abais cant aban	cant ando, *chantant*
	Participe passé
	cant ado, *chanté*

Futur	Conditionnel
cantar é, *je chanterai* cantar ás cantar á cantar emos cantar éis cantar án	cantar ía, *je chanterais* cantar ías cantar ía cantar íamos cantar íais cantar ían

Passé simple	Imparfait du subjonctif	Futur du subjonctif
cant é, *je chantai* cant aste cant ó cant amos cant asteis cant aron	cant ara et cant ase cant aras / -ases cant ara / -ase cant áramos / -ásemos cant arais / -aseis cant aran / -asen	cant are cant ares cant are cant áremos cant areis cant aren

6 Deuxième conjugaison : verbes en -er

comer, *manger*

Présent de l'indicatif	Impératif	Présent du subjonctif
com **o**, *je mange* com **es** com **e** com **emos** com **éis** com **en**	com **e**, *mange* com **ed**	com **a**, *que je mange* com **as** com **a** com **amos** com **áis** com **an**

Imparfait de l'indicatif	Gérondif
com **ía**, *je mangeais* com **ías** com **ía** com **íamos** com **íais** com **ían**	com **iendo**, *mangeant*
	Participe passé
	com **ido**, *mangé*

Futur	Conditionnel
comer **é**, *je mangerai* comer **ás** comer **á** comer **emos** comer **éis** comer **án**	comer **ía**, *je mangerais* comer **ías** comer **ía** comer **íamos** comer **íais** comer **ían**

Passé simple	Imparfait du subjonctif	Futur du subjonctif
com **í**, *je mangeai* com **iste** com **ió** com **imos** com **isteis** com **ieron**	com **iera** et com **iese** com **ieras** / **-ieses** com **iera** / **-iese** comi **éramos** / **-iésemos** com **ierais** / **-ieseis** com **ieran** / **-iesen**	com **iere** com **ieres** com **iere** com **iéremos** com **iereis** com **ieren**

7 Troisième conjugaison : verbes en -*ir*

vivir, *vivre, habiter*

Présent de l'indicatif	Impératif	Présent du subjonctif
viv **o**, *je vis* viv **es** viv **e** viv **imos** viv **ís** viv **en**	viv **e**, *vis* viv **id**	viv **a**, *que je vive* viv **as** viv **a** viv **amos** viv **áis** viv **an**

Imparfait de l'indicatif	Gérondif
viv **ía**, *je vivais* viv **ías** viv **ía** viv **íamos** viv **íais** viv **ían**	viv **iendo**, *vivant*
	Participe passé
	viv **ido**, *vécu*

Futur	Conditionnel
vivir **é**, *je vivrai* vivir **ás** vivir **á** vivir **emos** vivir **éis** vivir **án**	vivir **ía**, *je vivrais* vivir **ías** vivir **ía** vivir **íamos** vivir **íais** vivir **ían**

Passé simple	Imparfait du subjonctif	Futur du subjonctif
viv **í**, *je vécus* viv **iste** viv **ió** viv **imos** viv **isteis** viv **ieron**	viv **iera** et viv **iese** viv **ieras** / **-ieses** viv **iera** / **-iese** viv **iéramos** / **-iésemos** viv **ierais** / **-ieseis** viv **ieran** / **-iesen**	viv **iere** viv **ieres** viv **iere** viv **iéremos** viv **iereis** viv **ieren**

8 Verbes *haber*, *tener*, *ser* et *estar*

- **haber**, *avoir* (auxiliaire)

Présent de l'indicatif	Impératif	Présent du subjonctif
he, *j'ai* **has** **ha** **hemos** **habéis** **han**	**he**, *aie* **hab ed**	**haya**, *que j'aie* **hayas** **haya** **hayamos** **hayáis** **hayan**

Imparfait de l'indicatif	Gérondif
hab ía, *j'avais* **hab ías** **hab ía** **hab íamos** **hab íais** **hab ían**	**hab iendo**, *ayant*
	Participe passé
	hab ido, *eu*

Futur	Conditionnel
habr é, *j'aurai* **habr ás** **habr á** **habr emos** **habr éis** **habr án**	**habr ía**, *j'aurais* **habr ías** **habr ía** **habr íamos** **habr íais** **habr ían**

Passé simple	Imparfait du subjonctif	Futur du subjonctif
hub e, *j'eus* **hub iste** **hub o** **hub imos** **hub isteis** **hub ieron**	**hub iera** et **hub iese** **hub ieras** / **-ieses** **hub iera** / **-iese** **hub iéramos** / **-iésemos** **hub ierais** / **-ieseis** **hub ieran** / **-iesen**	**hub iere** **hub ieres** **hub iere** **hub iéremos** **hub iereis** **hub ieren**

- **tener,** *avoir* (sens de *posséder*)

Présent de l'indicatif	Impératif	Présent du subjonctif
tengo, *j'ai* tien es tien e ten emos ten éis tien en	**ten**, *tiens* ten ed	teng a, *que j'aie* teng as teng a teng amos teng áis teng an

Imparfait de l'indicatif	Gérondif
ten ía, *j'avais* ten ías ten ía ten íamos ten íais ten ían	ten iendo, *ayant*
	Participe passé
	ten ido, *eu*

Futur	Conditionnel
tendr é, *j'aurai* tendr ás tendr á tendr emos tendr éis tendr án	tendr ía, *j'aurais* tendr ías tendr ía tendr íamos tendr íais tendr ían

Passé simple	Imparfait du subjonctif	Futur du subjonctif
tuv e, *j'eus* tuv iste tuv o tuv imos tuv isteis tuv ieron	tuv iera et tuv iese tuv ieras / -ieses tuv iera / -iese tuv iéramos / -iésemos tuv ierais / -ieseis tuv ieran / -iesen	tuv iere tuv ieres tuv iere tuv iéremos tuv iereis tuv ieren

• **ser**, *être*

Présent de l'indicatif	Impératif	Présent du subjonctif
soy, *je suis* **eres** **es** **somos** **sois** **son**	**sé**, *sois* **sed**	**se a**, *que je sois* **se as** **se a** **se amos** **se áis** **se an**

Imparfait de l'indicatif	Gérondif
era, *j'étais* **eras** **era** **éramos** **erais** **eran**	**s iendo**, *étant*
	Participe passé
	s ido, *été*

Futur	Conditionnel
ser é, *je serai* **ser ás** **ser á** **ser emos** **ser éis** **ser án**	**ser ía**, *je serais* **ser ías** **ser ía** **ser íamos** **ser íais** **ser ían**

Passé simple	Imparfait du subjonctif	Futur du subjonctif
fu i, *je fus* **fu iste** **fu e** **fu imos** **fu isteis** **fu eron**	**fu era** et **fu ese** **fu eras** / **-eses** **fu era** / **-ese** **fu éramos** / **-ésemos** **fu erais** / **-eseis** **fu eran** / **-esen**	**fu ere** **fu eres** **fu ere** **fu éremos** **fu ereis** **fu eren**

- **estar,** *être* (sens de *se trouver*)

Présent de l'indicatif	Impératif	Présent du subjonctif
estoy, *je suis* est ás est á est amos est áis est án	est á, *sois* est ad	est é, *que je sois* est és est é est emos est éis est én

Imparfait de l'indicatif	Gérondif
est aba, *j'étais* est abas est aba est ábamos est abais est aban	est ando, *étant*
	Participe passé
	est ado, *été*

Futur	Conditionnel
estar é, *je serai* estar ás estar á estar emos estar éis estar án	estar ía, *je serais* estar ías estar ía estar íamos estar íais estar ían

Passé simple	Imparfait du subjonctif	Futur du subjonctif
estuv e, *je fus* estuv iste estuv o estuv imos estuv isteis estuv ieron	estuv iera et estuv iese estuv ieras / -ieses estuv iera / -iese estuv iéramos / -iésemos estuv ierais / -ieseis estuv ieran / -iesen	estuv iere estuv ieres estuv iere estuv iéremos estuv iereis estuv ieren

9 Dérivation des irrégularités dans les verbes

Un verbe est irrégulier si, en regard des modèles de terminaisons des verbes réguliers en **-ar**, en **-er** ou en **-ir**, selon le cas,
• la 1re personne du singulier du présent de l'indicatif est irrégulière,
• la 3e personne du pluriel du passé simple est irrégulière,
ou si
• la 1re personne du singulier du futur de l'indicatif est irrégulière.

En effet, si le verbe est régulier à ces trois temps, à ces trois personnes, il le sera aussi aux autres temps.
Par contre :
• Si le verbe est irrégulier à la 1re personne du présent de l'indicatif, il le sera aussi au présent du subjonctif et à l'impératif.
• Si le verbe est irrégulier à la 3e personne du pluriel du passé simple, il le sera aussi à l'imparfait du subjonctif et au futur du subjonctif.
• Si le verbe est irrégulier à la 1re personne du futur de l'indicatif, il le sera aussi au conditionnel.

Ces observations nous permettent de former trois groupes :
• Le groupe du présent, qui est composé du présent de l'indicatif, du présent du subjonctif et de l'impératif.
• Le groupe du prétérit, qui est composé du passé simple, de l'imparfait du subjonctif et du futur du subjonctif.
• Le groupe du futur, qui est composé du futur de l'indicatif et du conditionnel.

L'imparfait de l'indicatif a une place à part, mais seuls les verbes **ir**, *aller* ; **ser**, *être*, et **ver**, *voir* (et les composés de celui-ci) sont irréguliers à ce temps.

10 Verbes irréguliers classés

Groupe 1

Nombreux verbes qui ont un **e** comme dernière voyelle du radical.

Irrégularité : alternance **e → ie**

Groupe affecté : groupe du présent

Exemples : **pensar**, *penser* ; **perder**, *perdre* (leçon 70).

Groupe 2

Nombreux verbes qui ont un **o** comme dernière voyelle du radical.

Irrégularité : alternance **o** → **ue**

Groupe affecté : groupe du présent

Exemples : **contar**, *compter, raconter* ; **volver**, *revenir, retourner* (leç. 49 et 53).

Groupe 3

Verbes en **-acer, -ecer, -ocer, -ucir**.

Irrégularité : alternance **c** → **zc**

Groupe affecté : groupe du présent

Exemples : **nacer**, *naître* ; **agradecer**, *remercier* ; **conocer**, *connaître* ; **lucir**, *luire* (leç. 40, 71 et 77).

Groupe 4

Verbes en **-ducir**.

Irrégularités : alternance **c** → **zc**
              prétérit en **-duje**

Groupes affectés : groupe du présent
                  groupe du prétérit

Exemple : **conducir**, *conduire* (leçon 77).

Groupe 5

Verbes en **-añer, -añir, -iñir, -uñir, -eller, -ullir**. Ces verbes sont plus rares.

Irrégularité : perte du **i**

Groupes affectés : groupe du présent
                  et gérondif

Exemples : **tañer**, *jouer d'un instrument* ; **engullir**, *engloutir*.

Groupe 6

servir, *servir*, et les verbes en **-ebir, -edir, -egir, -eguir, -emir, -enchir, -endir, -estir, -etir**.

Irrégularité : alternance **e → i**

Groupes affectés : groupe du présent
groupe du prétérit
et gérondif

Exemples : **pedir**, *demander* ; **elegir**, *choisir, élire* ; **exigir**, *exiger* ; **seguir**, *suivre, continuer* ; **gemir**, *geindre* ; **henchir**, *emplir* ; **rendir**, *rendre* ; **vestir**, *habiller* ; **repetir**, *répéter* (leçon 84).

Groupe 7

reír, *rire*, et les verbes en **-eír, -eñir**.

Irrégularités : alternance **e → i**
perte du **i**

Groupes affectés : groupe du présent
groupe du prétérit
et gérondif

Exemples : **reír**, *rire* ; **teñir**, *teindre* (leçon 98).

Groupe 8

Verbes en **-entir, -erir, -ertir**.

Irrégularités : alternance **e → i**
perte du **i**

Groupes affectés : groupe du présent
groupe du prétérit
et gérondif

Exemples : **sentir**, *sentir* ; **preferir**, *préférer* ; **divertir**, *amuser* (leçon 98).

Groupe 9

Verbe **jugar**, *jouer*, et verbes en **-irir**.

Irrégularités : alternance **u** → **ue**
　　　　　　　alternance **i** → **ie**

Groupe affecté : groupe du présent

Exemples : **jugar**, *jouer* ; **adquirir**, *acquérir* (leçon 82).

Groupe 10

Verbes en **-uir**.

Irrégularité : + **y** devant **a**, **e** et **o**

Groupes affectés : groupe du présent
　　　　　　　　et gérondif

Exemple : **construir**, *construire* (leçon 80).

Groupe 11

dormir, *dormir*, et **morir**, *mourir*.

Irrégularités : alternance **o** → **ue**
　　　　　　　alternance **o** → **u**

Groupes affectés : groupe du présent
　　　　　　　　groupe du prétérit
　　　　　　　　et gérondif

Groupe 12

salir, *sortir*, et **valer**, *valoir* (leçon 91).

Irrégularités : 　+ **g** devant **a** et **o**
　　　　　　　　perte d'une voyelle et ajout d'un **d** euphonique
　　　　　　　　(groupe du futur)
　　　　　　　　apocope à l'impératif

Groupes affectés : groupe du présent
　　　　　　　　groupe du futur

11 Verbes à irrégularité propre

Une vingtaine de verbes espagnols sont des verbes présentant une irrégularité spécifique ; aussi ne peuvent-ils être classés dans aucun des groupes de verbes irréguliers présentés dans les pages qui précèdent.
Et, comme dans la plupart des langues, il s'agit de verbes d'usage courant, des verbes dont on aura besoin pour former toutes sortes de phrases élémentaires de la vie quotidienne. Voici la liste, par ordre alphabétique, des plus usités d'entre eux :

andar	*marcher*
caber	*tenir dans, rentrer, contenir*
caer	*tomber*
dar	*donner*
decir	*dire*
estar	*être* (sens de *se trouver*)
haber	*avoir* (auxiliaire)
hacer	*faire*
ir	*aller*
oír	*entendre*
poder	*pouvoir*
poner	*mettre*
querer	*vouloir, aimer*
saber	*savoir*
ser	*être*
tener	*avoir* (sens de *poseer*)
traer	*apporter*
venir	*venir*
ver	*voir*

Voici conjugué, uniquement aux formes irrégulières, chacun de ces verbes. Les formes manquantes se conjuguent normalement d'après les modèles correspondants en **-ar**, en **-er** ou en **-ir**, voir pages 452, 453 et 454 respectivement. Les modifications orthographiques n'étant pas des irrégularités au sens propre, nous n'en tenons compte qu'exceptionnellement ; voir aux leçons 61 et 77.

andar, *marcher*

Passé simple	Imparfait du subjonctif	Futur du subjonctif
anduve, *je marchai*	**anduv iera** et **anduv iese**	**anduviere**
anduviste	**anduv ieras /-ieses**	**anduvieres**
anduvo	**anduv iera / -iera**	**anduviere**
anduvimos	**anduv iéramos / -iésemos**	**anduviéremos**
anduvisteis	**anduv ierais / -ieseis**	**anduviereis**
anduvieron	**anduv ieran / -iesen**	**anduvieren**

caber, *tenir dans*, *contenir*

Présent de l'indicatif	Présent du subjonctif
quepo, *je tiens dans*	**quepa**, *que je tienne dans*
cabes	**quepas**
cabe	**quepa**
cabemos	**quepamos**
cabéis	**quepáis**
caben	**quepan**

Futur	Conditionnel
cabré, *je tiendrai dans*	**cabría**, *je tiendrais dans*
cabrás	**cabrías**
cabrá	**cabría**
cabremos	**cabríamos**
cabréis	**cabríais**
cabrán	**cabrían**

Passé simple	Imparfait du subjonctif	Futur du subjonctif
cupe, *je tins dans*	**cupiera** et **cupiese**	**cupiere**
cupiste	**cupieras / cupieses**	**cupieres**
cupo	**cupiera / cupiese**	**cupiere**
cupimos	**cupiéramos / cupiésemos**	**cupiéremos**
cupisteis	**cupierais / cupieseis**	**cupiereis**
cupieron	**cupieran / cupiesen**	**cupieren**

caer, *tomber*

Présent de l'indicatif	Présent du subjonctif
caigo, *je tombe*	**caiga**, *que je tombe*
caes	**caigas**
cae	**caiga**
caemos	**caigamos**
caéis	**caigáis**
caen	**caigan**

dar, *donner*

Présent de l'indicatif	
doy, *je donne*	
das	
da	
damos	
dais	
dan	

Passé simple	Imparfait du subjonctif	Futur du subjonctif
di, *je donnai*	**diera** et **diese**	**diere**
diste	**dieras** / **dieses**	**dieres**
dio	**diera** / **diese**	**diere**
dimos	**diéramos** / **diésemos**	**diéremos**
disteis	**dierais** / **dieseis**	**diereis**
dieron	**dieran** / **diesen**	**dieren**

decir, *dire*

Présent de l'indicatif	Impératif	Présent du subjonctif
digo, *je dis* **dices** **dice** **decimos** **decís** **dicen**	**di**, *dis* **decid**	**diga**, *que je dise* **digas** **diga** **digamos** **digáis** **digan**
Futur	Conditionnel	
diré, *je dirai* **dirás** **dirá** **diremos** **diréis** **dirán**	**diría**, *je dirais* **dirías** **diría** **diríamos** **diríais** **dirían**	
Passé simple	Imparfait du subjonctif	Futur du subjonctif
dije, *je dis* **dijiste** **dijo** **dijimos** **dijisteis** **dijeron**	**dijera** et **dijese** **dijeras** / **dijeses** **dijera** / **dijese** **dijéramos** / **dijésemos** **dijerais** / **dijeseis** **dijeran** / **dijesen**	**dijere** **dijeres** **dijere** **dijéremos** **dijereis** **dijeren**
Gérondif	Participe passé	
diciendo, *disant*	**dicho**, *dit*	

estar, *être* (sens de *se trouver*)

voir conjugaison à la page 458

haber, *avoir* (auxiliaire)

voir conjugaison à la page 455

hacer, *faire*

Présent de l'indicatif	Impératif	Présent du subjonctif
hago, *je fais* **haces** **hace** **hacemos** **hacéis** **hacen**	**haz,** *fais* **haced**	**haga,** *que je fasse* **hagas** **haga** **hagamos** **hagáis** **hagan**
Futur	Conditionnel	
haré, *je ferai* **harás** **hará** **haremos** **haréis** **harán**	**haría,** *je ferais* **harías** **haría** **haríamos** **haríais** **harían**	
Passé simple	Imparfait du subjonctif	Futur du subjonctif
hice, *je fis* **hiciste** **hizo** **hicimos** **hicisteis** **hicieron**	**hiciera** et **hiciese** **hicieras / hicieses** **hiciera / hiciese** **hiciéramos / hiciésemos** **hicierais / hicieseis** **hicieran / hiciesen**	**hiciere** **hicieres** **hiciere** **hiciéremos** **hiciereis** **hicieren**
	Participe passé	
	hecho, *fait*	

ir, *aller*

Présent de l'indicatif	Impératif	Présent du subjonctif
voy, *je vais* **vas** **va** **vamos** **vais** **van**	**ve**, *va* **id**	**vaya**, *que j'aille* **vayas** **vaya** **vayamos** **vayáis** **vayan**
Imparfait de l'indicatif		
iba, *j'allais* **ibas** **iba** **íbamos** **ibais** **iban**		
Passé simple	Imparfait du subjonctif	Futur du subjonctif
fui, *j'allai* **fuiste** **fue** **fuimos** **fuisteis** **fueron**	**fuera** et **fuese** **fueras** / **fueses** **fuera** / **fuese** **fuéramos** / **fuésemos** **fuerais** / **fueseis** **fueran** / **fuesen**	**fuere** **fueres** **fuere** **fuéremos** **fuereis** **fueren**
Gérondif		
yendo, *allant*		

oír, *entendre*

Présent de l'indicatif	Impératif	Présent du subjonctif
oigo, *j'entends* **oyes** **oye** **oímos** **oís** **oyen**	**oye**, *entends* **oíd**	**oiga**, *que j'entende* **oigas** **oiga** **oigamos** **oigáis** **oigan**
Gérondif		
oyendo, *entendant*		

poder, *pouvoir*

Présent de l'indicatif	Impératif	Présent du subjonctif
puedo, *je peux* **puedes** **puede** **podemos** **podéis** **pueden**	**puede** **poded**	**pueda**, *que je puisse* **puedas** **pueda** **podamos** **podáis** **puedan**

Futur	Conditionnel
podré, *je pourrai* **podrás** **podrá** **podremos** **podréis** **podrán**	**podría**, *je pourrais* **podrías** **podría** **podríamos** **podríais** **podrían**

Passé simple	Imparfait du subjonctif	Futur du subjonctif
pude, *je pus* **pudiste** **pudo** **pudimos** **pudisteis** **pudieron**	**pudiera** et **pudiese** **pudieras** / **-ieses** **pudiera** / **-iese** **pudiéramos** / **-iésemos** **pudierais** / **-ieseis** **pudieran** / **-iesen**	**pudiere** **pudieres** **pudiere** **pudiéremos** **pudiereis** **pudieren**
Gérondif		
pudiendo, *pouvant*		

poner, *mettre*

Présent de l'indicatif	Impératif	Présent du subjonctif
pongo, *je mets* **pones** **pone** **ponemos** **ponéis** **ponen**	**pon**, *mets* **poned**	**ponga**, *que je mette* **pongas** **ponga** **pongamos** **pongáis** **pongan**

Futur	Conditionnel
pondré, *je mettrai* **pondrás** **pondrá** **pondremos** **pondréis** **pondrán**	**pondría**, *je mettrais* **pondrías** **pondría** **pondríamos** **pondríais** **pondrían**

Passé simple	Imparfait du subjonctif	Futur du subjonctif
puse, *je mis* **pusiste** **puso** **pusimos** **pusisteis** **pusieron**	**pusiera** et **pusiese** **pus ieras / -ieses** **pus iera / -iese** **pus iéramos / -iésemos** **pus ierais / -ieseis** **pus ieran / -iesen**	**pusiere** **pusieres** **pusiere** **pusiéremos** **pusiereis** **pusieren**

Participe passé
puesto, *mis*

querer, *vouloir*

Présent de l'indicatif	Impératif	Présent du subjonctif
quiero, *je veux* **quieres** **quiere** **queremos** **queréis** **quieren**	**quiere**, *veux (veuille)* **quered**	**quiera**, *que je veuille* **quieras** **quiera** **queramos** **queráis** **quieran**

Futur	Conditionnel
querré, *je voudrai* **querrás** **querrá** **querremos** **querréis** **querrán**	**querría**, *je voudrais* **querrías** **querría** **querríamos** **querríais** **querrían**

Passé simple	Imparfait du subjonctif	Futur du subjonctif
quise, *je voulus* **quisiste** **quiso** **quisimos** **quisisteis** **quisieron**	**quisiera** et **quisiese** **quis ieras** / **-ieses** **quis iera** / **-iese** **quis iéramos** / **-iésemos** **quis ierais** / **-ieseis** **quis ieran** / **-iesen**	**quisiere** **quisieres** **quisiere** **quisiéremos** **quisiereis** **quisieren**

saber, *savoir*

Présent de l'indicatif	Présent du subjonctif
sé, *je sais*	**sepa**, *que je sache*
sabes	sepas
sabe	sepa
sabemos	sepamos
sabéis	sepáis
saben	sepan

Futur	Conditionnel
sabré, *je saurai*	**sabría**, *je saurais*
sabrás	sabrías
sabrá	sabría
sabremos	sabríamos
sabréis	sabríais
sabrán	sabrían

Passé simple	Imparfait du subjonctif	Futur du subjonctif
supe, *je sus*	**supiera** et **supiese**	supiere
supiste	sup ieras / -ieses	supieres
supo	sup iera / -iese	supiere
supimos	sup iéramos / -iésemos	supiéremos
supisteis	sup ierais / -ieseis	supiereis
supieron	sup ieran / -iesen	supieren

ser, *être*

Voir conjugaison à la page 457

tener, *avoir* (sens de *posséder*)

Voir conjugaison à la page 456

traer, *apporter*

Présent de l'indicatif	Présent du subjonctif	
traigo, *j'apporte*	**traiga,** *que j'apporte*	
traes	**traigas**	
trae	**traiga**	
traemos	**traigamos**	
traéis	**traigáis**	
traen	**traigan**	
Passé simple	Imparfait du subjonctif	Futur du subjonctif
traje, *j'apportai*	**trajera** et **trajese**	**trajere**
trajiste	**traj eras / -eses**	**trajeres**
trajo	**traj era /-ese**	**trajere**
trajimos	**traj éramos / -ésemos**	**trajéremos**
trajisteis	**traj erais / -eseis**	**trajereis**
trajeron	**traj eran / -esen**	**trajeren**

venir, *venir*

Présent de l'indicatif	Impératif	Présent du subjonctif
vengo, *je viens* **vienes** **viene** **venimos** **venís** **vienen**	**ven**, *viens* **venid**	**venga**, *que je vienne* **vengas** **venga** **vengamos** **vengáis** **vengan**

Futur	Conditionnel	
vendré, *je viendrai* **vendrás** **vendrá** **vendremos** **vendréis** **vendrán**	**vendría**, *je viendrais* **vendrías** **vendría** **vendríamos** **vendríais** **vendrían**	

Passé simple	Imparfait du subjonctif	Futur du subjonctif
vine, *je vins* **viniste** **vino** **vinimos** **vinisteis** **vinieron**	**viniera** et **viniese** **vin ieras / -ieses** **vin iera / -iese** **vin iéramos / -iésemos** **vin ierais / -ieseis** **vin ieran / -iesen**	**viniere** **vinieres** **viniere** **viniéremos** **viniereis** **vinieren**

Gérondif		
viniendo, *venant*		

ver, *voir*

Présent de l'indicatif	Présent du subjonctif
veo, *je vois* **ves** **ve** **vemos** **veis** **ven**	**vea**, *que je voie* **veas** **vea** **veamos** **veáis** **vean**
Imparfait de l'indicatif	
veía, *je voyais* **veías** **veía** **veíamos** **veíais** **veían**	

	Participe passé	
	visto, *vu*	

Index grammatical

Abréviations et signes employés dans cet index alphabétique

franç.	français
ind.	indicatif (mode du verbe)
pers.	personne
plur.	pluriel
prés.	présent (temps du verbe)
subj.	subjonctif (mode du verbe)
~	Remplace le mot dont il est question.
→	Indique "traduit par" et "devient".

***

Le 1ᵉʳ chiffre renvoie à la note, le 2ᵉ à la leçon.
Les chiffres soulignés renvoient aux notes et leçons de révision.

***

A, préposition, devant le complément direct, 4, 4 ; ~ après un verbe indiquant un mouvement vers, 4, 17 ; 4, 27.
Acabar de, 2, 19.
Acaso, 4, 85.
Accent, orthographique et tonique, 2, 3 ; 5, 16 ; 2, 7 ; 1, 98 ; ~ grammatical, 4, 15 ; ~ sur les mots interrogatifs ou exclamatifs, 7, 16 ; ~ orthographique dans les monosyllabes, 4, 15.
-ada, suffixe, 1, 54 ; 2, 79.
Adjectif démonstratif, 3, 32 ; 5, 32 ; 3, 35.
Adjectif interrogatif, **¿qué... ?**, 5, 17.
Adjectifs numéraux, 1, 21.
Adjectif possessif, 3, 28 ; ~ emploi restreint, 2, 11 ; ~ **su**, 3, 58 ; 4, 63 ; 8, 81.
Adonde, 1, 5.
Adverbes, de lieu, **delante** et **detrás**, 1, 24 ; ~ de doute, 4, 85.
Agradecer, 5, 40.
Al + infinitif, idée de simultanéité, 6, 57 ; ~ → *quand*, 1, 58.
Alguno, à sens négatif, 9, 57 ; ~ apocope, 4, 59 ; ~ adjectif indéfini, 4, 59.
Andar, suivi du gérondif, 3, 79.

Apocope, 2, 14 ; ~ de **alguno**, 4, 59 ; ~ de **cualquiera**, 4, 36 ; ~ de **primero**, 4, 8 ; ~ de **recientemente**, 2, 9.
Ante, 3, 90.
Antes, (cuanto ~), 5, 59 ; ~ **de que**, conjonction, 5, 61.
¿A que…? → *je parie que… ou pas vrai que… ?* 3, 36.
¡Aquí tiene!, 4, 1 ; 1, 82 ; 3, 84.
Article contracté , 1, 14.
Article défini, 1, 4 ; 3, 7 ; ~ et les jours de la semaine, 5, 10 ; 4, 14 ; ~ et les noms de pays, 2, 97.
Article indéfini, 1, 1 ; 3, 7 ; 1, 50.
Aucun, 9, 57.
Aunque, 5, 86 ; 2, 87 ; 1, 91.
A ver si…, 6, 62.
Avoir, **haber** ou **tener**, 4, 6 ; 7, 7.
-azo, suffixe, 1, 54 ; 7, 64.
Bajo, 3, 90.
Bien que, 2, 87 ; 1, 91.
Bueno, apocope, 2, 14.
Caber, 12, 57.
Cada, 4, 47.
Caer, 7, 55.
Celui, celle, ceux…qui ou *de*, 7, 32.
Cerca, adverbe, 5, 54.
Certain, 8, 62.
Chaque, 4, 47.
Chez, 6, 27.
Cierto, 8, 62.
¡Claro!, 6, 3.
Coger, modification orthographique, 3, 6 ; ~ en Amérique Latine, 3, 6.
Combien → **lo… que**, 2, 66.
Comme, 8, 13.
Comment, 8, 13.
Como, 8, 13 ; ~ dans le comparatif d'égalité, 2, 42 ; ~ rendant *que* exprimant une idée de manière, 5, 100.
¿Cómo?, interrogatif et exclamatif, 8, 13.
Comparatifs, d'égalité, de supériorité et d'infériorité, 2, 42 ; ~ irréguliers, 6, 47 ; **mayor**, comparatif synthétique, 2, 93.
Complément de temps précédé de la préposition **por**, 6,10.
Con et le pronom complément, 5, 66.
Concordance des temps, 2 et 3, 81 ; 1, 83.

Conditionnel, formation, 11, 39 ; ~ remplacé par l'imparfait de l'indicatif, 2, 54.
Conditionnelle (la phrase), 2, 77.
Conmigo, 6, 12 ; 5, 66.
Contigo, 6, 12 ; 5, 66.
Contraction, **de** + **el**, 4, 9 ; 1, 14 ; **a** + **el**, 1, 14.
Couleurs (les), 2, 35.
Coup de (un), 1, 54 ; 7, 64 ; 2, 79.
Cualquiera, adjectif et pronom, 5, 70 ; ~ apocope, 4, 36 ; ~ pronom, 8, 48 ; ~ **que**, 6, 69 ; 5, 70 ; ~ → *n'importe quel*, 6, 69 ; ~ → *tout(e)*, 4, 99.
Cuanto, interrogatif se rapportant à un nom (accord) / à un verbe 3, 22 ; 3, 76 ; **en** ~ **a**, 5, 75 ; 5, 85 ; **en** ~, 1, 100.
Cuyo, accord, 10, 86 ; 2, 91.
Dans, devant un complément de durée, 2, 59.
Dar con, dar por et autres expressions, 2, 57 ; 7, 85 ; 5, 29 ; 3, 55.
De, devant les compléments de nom, 2, 30 ; 6, 75.
De, non traduit devant un infinitif, 6, 37 ; 2, 44.
Deber de, idée de probabilité, 8, 54.
Dejarse, traduisant **olvidar** / **olvidarse**, 4, 54 ; ~ suivi de **de**, 8, 79.
Derrière, 8, 57.
Des, pluriel indéfini omis, 6, 71.
Después, 1, 8.
Devenir → **ponerse**, 4, 43 ; → **volverse**, 2, 49 ; → **llegar a ser**, 6, 100.
Devoir → **tener que**, 5, 18 ; 5, 21 ; 4, 25 ; 8, 54 ; ~ et l'idée de probabilité, 8, 54.
Devolver, 8, 47.
Diminutifs, 5, 26 ; 1, 28 ; ~ des prénoms, 1, 36 ; 9, 62.
Diphtongues, et les voyelles faibles, 3, 3.
Doler → *avoir mal*, 2, 29.
Dónde, 1, 5 ; 5, 65.
Dont → **de quien, del que** ; ~ *le* → **cuyo**, 4, 81 ; 10, 86 ; 2, 91.
-ducir (verbes en ~), 5, 74 ; 3, 77.
Duquel, de laquelle, etc., 2, 91.
e → ie, 4, 70.
E, 9, 67.
Echar, 6, 34 ; 1, 41 ; 1, 99.
El, article défini, 1, 4 ; 3, 7.
El que, la que, etc. / **el de, la de**, etc., 7, 32 ; ~ remplacé par **quien**, 9, 40.

Estar, emploi, 6, 5 ; <u>8, 7</u> ; 5, 24 ; conjugaison, <u>8, 7</u> ; ~ suivi du gérondif, 2, 41 ; 6, 46 ; <u>2, 70</u> ; ~ → *il y a*, 4, 69.

Este, adjectif démonstratif, 5, 32 ; <u>3, 35.</u>

Esto, eso, pronoms démonstratifs 10, 33 ; <u>3, 35.</u>

Estos, esos / éstos, ésos, 3 et 6, 32 ; <u>3, 35.</u>

Et, 4, 2 ; 9, 67.

Être, **ser** ou **estar**, 6, 5 ; <u>8, 7</u> ; *être en train de* → **estar** suivi du gérondif, 2, 41 ; 6, 46.

Féminin, genre, 2, 1 ; <u>4, 7</u>.

Futur, formation, <u>3, 42</u> ; ~ précédé de *quand* → présent du subj., 4, 50 ; 8, 51 ; ~ du subj., 4, 95.

Genre des noms d'après la terminaison, <u>4, 7</u>.

Gérondif, formation et emploi, <u>2, 70</u> ; **estar** + ~, 2, 41 ; **andar** + ~, 3, 79, ~ et l'idée de manière, 2, 96.

Grande, apocope, <u>2, 14</u>.

Haber, emploi, 4, 6 ; <u>7, 7</u> ; 2, 8 ; conjugaison, 7, 7 ; ~ impersonnel, 1, 19 ; <u>3, 21</u> ; ~ et son participe passé, 6, 20.

Hace, devant un complément de durée, 2, 59 ; ~ et le temps qu'il fait, 3, 62 ; ~ **falta**, 7, 75 ; 3, 80 ; <u>2, 84</u>.

Hacer falta, 7, 75 ; 3, 80 ; <u>2, 84</u> ; 1, 90.

Hay, *il y a*, 1, 19.

Hay que, 4, 18 ; <u>4, 21</u> ; 6, 26 ; 1, 90.

Heure (l'expression de l'), 1, 17 ; 2, 17 ; 1 à 3, 18 ; note en fin de leçon, 17 ; <u>2, 21</u>.

¡Hombre!, 1, 16.

i, transcrivant *y*, 4, 2.

i → **ie**, <u>4,70</u>.

Igual, 6, 85.

Il faut, 4, 18 ; <u>5, 21</u> ; 4, 25 ; 6, 26 ; ~ + nom, 3, 80 ; ~ et les idées de besoin et de manque, <u>2, 84</u> ; 1, 90.

Imparfait de l'indicatif, des verbes en **-er** et des verbes en **-ir**, 8, 31 ; ~ remplaçant le conditionnel, 2, 54.

Imparfait du subjonctif, formation <u>1, 77</u> ; ~ dans la phrase conditionnelle, <u>2, 77</u> ; ~ dans l'expression du souhait, 3, 78 ; ~ dans la subordonnée, 2 et 3, 81 ; 1, 83 ; <u>1, 84</u>.

Impératif, 2ᵉ personne du pluriel, 4, 33 ; ~ et le pronom complément, 8, 16 ; 5, 33 ; <u>1, 35</u> ; <u>1, 42</u> ; formation et emploi, <u>1, 35</u> ; <u>1, 42</u> ; ~ et l'idée de défense, <u>1, 42</u>.

Il y a → **hay**, 1, 19 ; → **hace**, 2, 59.

Infinitif français, traduit par le subj., 3, 25 ; 3, 37 ; 4, 55 ; 2 et 3, 81 ; 1, 83 ; <u>1, 84</u> ; ~ précédé de *à*, 2, 96.

Ir / irse, 6, 4 ; 3, 27 ; ~ **por**, 9, 61 ; ~ + gérondif, 2, 70 ; 5, 87.
Jamais, 7, 13.
-illo, 5, 26 ; 1, 28.
-ito, 1, 22 ; 1, 28.
Jamás, sa place, 7, 13.
Jours de la semaine (les) et l'article, 4, 14.
La, article défini, 1, 4 ; 3, 7 ; ~ et l'heure, 1, 17.
Le, pronom personnel, remplaçant *vous*, 1 et 2, 25 ; ~ remplacé par **se**, 7, 48.
Llevar, + temps, 9, 55 ; ~ et l'idée de continuité, 1, 60.
Lo, suivi de **que** → *ce que, ce qui*, 3, 29 ; 9, 33 ; **lo… que** → *combien*, 2, 66.
Malo, apocope, 2, 14 ; **malísimo**, 3, 47.
Más… que, 2, 42.
Masculin, genre, 2, 1 ; 4, 7.
Mayor, comparatif synthétique, 2, 93.
Mientras, 2, 50.
Modifications orthographiques, 4, 77 ; ~ dans **coger**, 3, 6 ; ~ dans les verbes en **-car**, 6, 61 ; 4, 77 ; ~ dans les verbes en **-gar**, 5, 73 ; 4, 77.
Mucho, adjectif, son accord, 3, 23 ; ~ adverbe invariable, 3, 23.
Muy, 5, 8 ; 3, 14 ; 3, 51.
Nada, contraire de **algo**, 7 et 8, 50.
Nada más, devant un infinitif, 1, 44 ; 8, 50.
Necesitar, 7, 75 ; ~ et les idées de besoin et de manque, 2, 84 ; **se necesita**, 3, 80 ; 2, 84.
Négatifs (mots), 7, 13 ; 7, 20.
Ne… même pas (**ni siquiera**), rendu par **ni**, 10, 39 ; *Ne… que*, 7, 26 ; 3, 63 ; *Ne… plus*, 7, 58 ; 3, 63 ; *Ne… plus que*, 3, 63.
Négation, mots négatifs omis, 7, 13 ; 7, 20 ; **ni** → *ne… même pas*, 10, 39 ; *ne… que*, 7, 26 ; 3, 63 ; *Ne… plus*, 7, 58 ; 3, 63 ; *ne… plus que*, 3, 63 ; **ninguno**, 9, 57 ; **nunca**, 8, 32 ; *nullement*, 4, 60.
Ni, rendant *ne… même pas*, 10, 39.
N'importe quel, 6, 69 ; 5, 70.
N'importe qui, 5, 70.
Ninguno, 9, 57.
No, adverbe, omis, 7, 13 ; 7, 20 ; **no… más que**, 3, 63 ; **no… sino**, 3, 63.
Noms (les) de pays et l'article, 2, 97.
Numéraux, cardinaux, 1, 21 ; ordinaux, 1, 21.

Nunca, sa place, 7, 13 ; 7, 20 ; 8, 32.
ñ, 5, 2.
o → **ue**, 2, 49 ; 3, 53.
Obligation, personnelle, 4, 12 ; 5, 21 ; ~ impersonnelle, 4, 18 ; 4, 21.
Ojalá, 6, 62.
Olvidar / **olvidarse**, 5, 23 ; 9, 50 ; ~ remplacé par **dejarse**, 4, 54.
On, pronom indéfini, équivalent de *nous*, 2, 10 ; ~ traduit par la 3e pers. du plur., 1, 45 ; ~ traduction, 1, 49.
Où, adverbe de lieu 1, 5 ; 5, 65 ; 1, 70 ; ~ relatif ; 1, 70 ; 8, 90.
Parce que, 5, 12.
Para, et l'idée de but ; 1, 12.
Parecer, *sembler*, *"penser"*, *"dire"*, 4, 16 ; 4, 26 ; 4, 74 ; ~ irrégulier, 3e groupe, 7, 8 et 9, 71.
Participe passé, des verbes en **-ar**, 3, 4 et 6, 7 ; ~ des verbes en **-er** et en **-ir**, 6, 7 ; participes passés irréguliers, 5, 14 ; ~ avec **haber**, 8, 32.
Passé composé, 2, 8.
Passé simple, emploi, 6, 22 ; 4, 42 ; ~ et accent, 5, 58 ; ~ formation, 1, 63.
Pensar, 4, 70.
Perder, 6, 6.
¡Perdón! / **¡Perdone!**, 2, 5.
Pluriel, formation, 5, 4 ; 5, 7.
Ponctuation, point d'interrogation et point d'exclamation, 2, 2.
Ponerse, 4, 43.
Por, et le complément de cause, 1, 12 ; ~ et le complément de temps, 6, 10 ; **¿por qué?**, 5, 12 ; ~ et le lieu, 6, 48 ; **dar** ~, 7, 85 ; ~ dans les locutions concessives **por más que, por mucho que**, 3, 96 ; ~ suivi d'un infinitif, 5, 97.
Por favor, 3, 1.
Porque, 5, 12.
¿Por qué?, 5, 12 ; 7, 16 ; 5, 20.
Possessif, adjectif, 3, 28 ; 4, 63 ; ~ emploi restreint, 2, 11 ; ~ **su**, 3, 58 ; ~ pronom, 4, 63.
Pour → **para** (idée de but), 1, 12 ; → **por** (idée de cause), 1, 12 ; 5, 20 ; 5, 97.
Pourquoi ?, 5, 12.
Préposition, emploi, 1, 12 ; **ante** et **bajo**, 3, 90 ; **con** et le pronom complément, 5, 66 ; **de**, devant les compléments de nom, 2, 30 ; 6, 75 ; **en**, 4, 65 ; **para** et l'idée de but, 1, 12 ; **por** et l'idée de cause, 1, 12 ; **por** et le lieu, 6, 48 ; **por** → *dans*, 4, 78.

Près, adverbe, 5, 54.

Présent de l'ind. rendant le futur franç., 8, 88.

Présent du subj., formation, 1, 56 ; ~ dans la concordance des temps, 1, 83 ; ~ dans la subordonnée, 1, 84 ; ~ remplaçant le futur du subj. 4, 95.

Primero, apocope, 4, 8 ; 2, 14 ; **lo** ~, 9, 66.

Prononciation, 1, 7.

Pronom démonstratif, 10, 33 ; 6, 32 ; 3, 35.

Pronom indéfini, *on,* 2, 10.

Pronoms personnels compléments, place des pronoms, 6, 4 ; 8, 16 ; ~ précédés de la préposition **con**, 6, 12 ; ~ explétifs, 1, 26 ; ~ **le** et **les** → **se**, 7, 48 ; formes des ~, 3, 49 ; ~ et gérondif, 2, 70.

Pronoms personnels sujets, non exprimés, 1, 2.

Pronoms possessifs, 4, 63.

Pues, 5, 46.

Quand + futur → **cuando** + prés. du subj., 4, 50 ; 8, 51 ; 2, 56.

Que, traduit par **como**, 5, 100.

Que, conjonction, dans la proposition explicative, 5, 67 ; ~ relatif, 4, 81 ; **en** ~, 8, 90.

¿Qué...?, adjectif interrogatif, 5, 17.

¡Qué...!, exclamatif, 3, 19.

Quel... ?, adjectif interrogatif, 5, 17.

Quelque, 9, 57 ; 4, 59 ; 6, 71.

¿Qué pasa? 1, 20.

Querer, expression du souhait avec **quisiera**, 4, 19 ; 3, 78.

Qu'est-ce que... ? → **¿Qué...?**, 5, 37.

¿Qué tal?, 1, 3 ; 3, 8 ; 2, 16.

Quiconque, 5, 70 ;

Quien, à la place de **el que, la que**, etc., 9, 40 ; **de quien/nes**, 4, 81

Quisiera, 4, 19 ; 2, 56 ; 3, 78.

Quizá/ás, 2, 72 ; 4, 85 ; 8, 85.

Recientemente, apocope, 2, 9 ; 2, 14.

Salir, 1, 6 ; 9, 31 ; ~ → *aller chercher*, 9, 61 ; ~ verbe irrégulier 3, 91.

Seguir, rendu par *être* suivi de *toujours* ou *encore* 3, 41 ; ~ + gérondif, 2, 70.

Sentir, 4, 48.

Ser, emploi, 5, 5 ; 8, 7 ; 6, 15 ; 5, 24 ; conjugaison, 8, 7.

Si, expression de la condition (*si* + imparfait de l'ind. → **si** + imparfait du subj.), 2, 77.

Sí, pronom réfléchi, 8, 40.

Soit… soit, 3, 69 ; 3, 70.
Soler, 7, 43.
Sólo, adverbe, traduit par *ne… que*, 7, 26 ; 3, 63.
Subjonctif, traduit par l'infinitif précédé de *de*, 3, 25 ; 3, 37 ; 4, 55 ; 2, 56 ; 1, 83 ; ~ dans l'expression des demandes, prières et ordres, 3, 25 ; 3, 37 ; 4, 55 ; 2, 56 ; ~ à sens impératif, 1, 42 ; **cuando** + prés. du ~ → *quand* + futur français, 4, 50 ; 8, 51 ; formation du ~ présent, 1, 56 ; ~ prés. ou subj. imparfait dans la subordonnée, 1, 84 ; ~ emploi général, 2, 56 ; 1, 91 ; ~ et adverbes de doute, 4, 85 ; ~ prés. remplaçant le futur du subj., 4, 95.
Subjonctif français, traduction, 2, 56 ; 1, 91.
Suffixes, du superlatif, 3, 14 ; ~ diminutifs, 1, 22 ; 5, 26 ; 1, 28 ; 1, 81 ; ~ **-azo** et **-ada** → *un coup de*, 1, 54 ; 2, 79.
Superlatif, absolu, 5, 8 ; 3, 14 ; ~ de **malo** et de **bueno**, 3, 47 ; ~ de **caro** et **barato**, 5, 52 ; ~ avec l'indicatif 2, 56 ; 1, 91.
Su, 3, 28 ; ~ et ses différents sens, 3, 58.
Tal vez, 4, 85 ; 8, 85.
Tan → *si* / *tellement*, 10, 36 ; **tan… como**, 2, 42.
Tanto, apocope, 6, 11 ; 2, 14.
Tener, emploi, 4, 6 ; 7, 7 ; conjugaison, 7, 7 ; **tener que**, 4, 12 ; 5, 18 ; 5, 21 ; 4, 25 ; 1, 90.
Tocar, traductions, 3, et 4, 50 ; 5, 71 ; 2, 85 ; ~ sujet à des modifications orthographiques, 6, 61.
Tras, 8, 57.
Tratar, 3, 99.
Tú, pronom personnel, et **tu**, adjectif possessif, 6, 2 ; 4, 15.
-uelo, suffixe diminutif, 1, 81.
-uir, (verbes en ~), 5, 80.
Un, article indéfini, 1, 1 ; 3, 7 ; ~ → **algún**, 4, 59.
Un, una, article indéfini, 1, 1 ; 3, 7.
Usted, ustedes, 4, 5 ; note en fin de leçon, 5 ; 1, 25 ; 6, 50.
Valer, 3, 91 ; **¡Vale!**, 7, 10.
¡Vaya!, 5, 6.
Venir, 3, 31 ; ~ **por**, 9, 61.
Venir de, 2, 19.
Verbe, et pronom, 1, 2.
Verbes, en **-ar**, 3, 2 et 6, 7 ; présent des ~ en **-ar**, 6, 21 ; imparfait de l'ind. des ~ en **-er** et en **-ir**, 2, 22 ; ~ composés, 7, 66.

Verbes irréguliers, dérivation des irrégularités, 4, 84 ; ~ classés, **pensar**, 1er groupe (**e → ie**), 4, 70 ; **volver**, 2, 49 ; 2e groupe (**o → ue**), 3, 53 ; **conocer** et **conducir**, 3e et 4e groupes, 3, 77 ; **pedir**, 6e groupe, 7, 81 ; 4, 84 ; **reír**, 7e groupe, 2, 98 ; **divertirse** et **sentir**, 8e groupe, 3, 98 ; **jugar** et **adquirir**, 9e groupe, 4, 82 ; **construir**, 10e groupe, 5, 80 ; **salir** et **valer**, 12e groupe, 3, 91.

Voici / voilà, 4, 1 ; 1, 82 ; 3, 84 ; 4, 100.

Volver, 2 et 4, 49.

Volver a, idée de répétition, 10, 31 ; 2, 49.

Vous, 4, 5.

Y, conjonction, 4, 2 ; ~ avec la valeur de **i**, 4, 2 ; ~ avec les adjectifs numéraux, 1, 21 ; ~ remplacé par **e**, 9, 67.

Y, 2, 82.

Ya, 2, 33 ; 3, 44 ; **ya no** → *ne... plus*, 7, 58 ; 3, 63 ; **ya no...más que, ya sólo...** et **ya no... sino** → *ne... plus que*, 3, 63 ; **ya... ya**, 3, 69 ; 3, 70.

Lexiques

LEXIQUE, mode d'emploi :

Vous trouverez dans ce lexique l'ensemble des mots employés tout au long de cet ouvrage. Chaque mot est accompagné de sa traduction et du numéro de la leçon où il apparaît pour la première fois. Il ne s'agit en aucun cas d'un dictionnaire.

• La traduction proposée est celle qui a été adoptée dans la leçon concernée ; les autres acceptions possibles ne sont pas indiquées.
• Les mentions "P" et "A" renvoient au chapitre "prononciation" et à l'"appendice grammatical", respectivement.
• Certains mots renvoient à plus d'une leçon, indiquant ainsi, soit que ce mot réapparaît avec un nouveau sens, soit que nous estimons important de le revoir dans un contexte différent, soit encore que des explications supplémentaires y sont apportées dans une note.
• Les verbes sont présentés uniquement à l'infinitif ; les adjectifs au masculin singulier.
• Les noms dont le genre n'est pas le même en français (ne serait-ce que dans l'une des acceptions proposées) sont généralement suivis, entre parenthèses, de l'article déterminé.
• Les noms et adjectifs qui sont invariables en espagnol mais qui ont un masculin et un féminin en français sont suivis de l'indication (inv.).
• Les noms ou adjectifs espagnols dont nous indiquons la terminaison au féminin correspondent à des noms ou à des adjectifs invariables en français.
• L'astérisque (*), après certains noms féminins suivis de l'article masculin entre parenthèses, rappelle que devant un nom féminin singulier qui commence par un **a** (ou **ha**) portant l'accent tonique, on emploie l'article **el**, *le* (voir à la note 2 de la leçon 68).
• Notez que le **ñ** reste une lettre à part entière et qu'elle est placée, dans l'ordre alphabétique, entre le **n** et le **o**.

Lexique espagnol-français

A

a	à	4, 14
abandonar	abandonner	37, 86, 90
abeja	abeille	68
abogado	avocat (profession)	100
abonado	abonné	89
abrigo	manteau	38, 40, 67
abrir	ouvrir	14, 34, 35, 42, 67, 82
abrochar	attacher, boutonner	38, 83
absolutamente	absolument	83
absorber	absorber	A
abstraer	abstraire	A
abuelo	grand-père	24
aburrirse	s'ennuyer	87
acabar	finir, terminer	13, 42
acabar de	venir de	19, 72, 94
acaso	il se peut que, peut-être	85
accidentado	accidenté	97
accidente	accident	38
acción	action	64
acelerador	accélérateur	45
acento	accent	P
acentuación	accentuation	7
acera (la)	trottoir	54
acercarse	s'approcher	37, 65
acompañar	accompagner	69, 76, 84, 100
acomplejado	complexé	53
acondicionar	aménager	85
aconsejar	conseiller	56, 78
acontecimiento	événement	69
acordarse	se souvenir	63
acostarse	se coucher	60
actitud	attitude	57, 96
actividad	activité	78
acto	acte	8
actorzuelo	acteur sans importance	81
acudir	se rendre	57
acuerdo	accord	10
adelantar	dépasser	38
adelgazar	maigrir	77
además	en plus	44
adhesivo	adhésif	33
adiós	au revoir	1, 7, 98
administrativamente	administrativement	97
admirar	admirer	90
adonde / a donde	où (vers où)	5, 70
adoptar	adopter	25
adquirir	acquérir	82
aduana	douane	34
adulto	adulte	22

advertencia (la)	avertissement, mise en garde	48
advertir	avertir, signaler, prévenir, remarquer, faire remarquer	48, 98
aeropuerto	aéroport	18
afición (la)	goût, hobby, passe-temps	16, 46, 80, 89
aficionado	passionné, amateur	89, 93
afilado	aiguisé	68
afiliado	affilié, sociétaire, adhérent	89
africano	africain	97
afrontar	affronter, faire front / face	100
agarrar	saisir, attraper, prendre	6, 33
agencia	agence	25
agitación	agitation	67
aglomeración	agglomération	69, 93
agradable	agréable	82
agradecer	être reconnaissant, remercier	40, 82
agreste	sauvage, agreste, champêtre	93
agua* (el)	eau	34, 68, 74, P
agua mineral	eau minérale	68
aguantar	tenir, endurer, supporter	27
agudo	aigu	98
águila* (el)	aigle	93
agujero	trou	6, 95
ahí	là	33, 71
ahijado	filleul	P
ahora	maintenant	1
ahora mismo	tout de suite	1, 31, 59
aire	air	P
aislar	isoler	P
ajedrez (el)	échecs (jeu)	79
al	au	4, 14
alba* (el)	aube	65
albergar	abriter	93
albergue (el)	auberge	80
albor (el)	aube, point du jour, début	92
alcalde	maire	37, 81
alcaldía	mairie	37
alcanzar	atteindre	95, 100
alcohol	alcool	31
alcohólico	alcoolisé	65
aldea (la)	hameau	69
aldeano	villageois	81
alegre (inv.)	joyeux	65
alegría	joie	95
algazara (la)	brouhaha	67
algo	quelque chose	34, 88
algodón	coton	76
alguien	quelqu'un	47, 51, 57
algún	quelque, un/une, quelques-uns/unes	57, 59
algunos/nas	quelques-uns/unes	57
allí	là	41, 71
alma* (el)	âme	24, 95

almohada (la)	oreiller	53
alquilar	louer	26, 49, 78
alquiler (el)	location	26, 78
alrededor	autour, tout autour	52, 78, P
alrededor de	autour, environ, à peu près	52, 75, 78
alrededores	alentours, environs	78
alta	haute	83
alterarse	s'émouvoir	90
alto	haut, grand, élevé	60, 75, 90, 95, 100
altura	hauteur	100
alma* (el)	âme	68
alumno	élève	97
alza* (el)	hausse	67
amable	aimable	43
amante	amoureux, -euse ; amant, maîtresse	93
amargar	être amer, rendre amer	51
amargarse	se gâcher	51
amarillo/lla	jaune	32, 35
ambulancia	ambulance	31
americano	Américain	40
amigo	ami	4, 14, 98
amistad	amitié	98
amonestación	admonestation	48
amor	amour	9
amplitud	ampleur	100
analfabeto/ta	analphabète	81
andaluz	andalou	95
andante (inv.)	errant	32
andar	marcher	44, 57, 79
anfetamina	anphétamine	34
animar	encourager	89
ánimo	courage	20
aniversario	anniversaire	23
anochecer	faire nuit	61
ante	devant	81, 90, 99
antelación (con ~)	avance (à l')	98
antes	avant	13
antes de que	avant que… ne	61
antigua	vieille (ancienne)	58
antigüedad	ancienneté	86
antivirus	antivirus	94
anular	annuler	47
anuncio (el)	annonce	41
anzuelo	hameçon	46
añadir	ajouter	69, 81
año (el)	an, année	16, 23, 42, 80, 96
apaciguar	apaiser	77
apagar	éteindre	73
aparador	buffet	68
aparato	appareil	83
aparato de radio	poste de radio	45
aparcar	stationner, se garer	44

aparecer	apparaître, paraître, se présenter, se montrer, arriver, venir	71
apartado de correos (el)	boîte postale	50
apellido	nom de famille	30
aperitivo	apéritif	1, 14
apertura	ouverture	82
apetecer	avoir envie, "dire"	85
apilar	empiler	65
aplaudir	applaudir	P
apostar	parier	36
apreciación	appréciation	11
apreciar	apprécier	86, 100
aprender	apprendre	46
apretar	serrer, appuyer	29
aprovechar	profiter	26, 76, 99
apuesta (la)	pari	53
apuntes (los)	annotations, notes	97
aquél, aquélla	celui-là, celle-là… (là-bas)	35
aquel, aquella…	ce, cet, cette… (là-bas)	35
aquello	cela (là-bas)	35
aquí	ici	7, 71, P
aquí está	voici, voilà	84
árabe	arabe	92, 95
aragonés	dialecte d'Aragon	72
árbol	arbre	41, 90, 98, P
archipiélago	archipel	97
arena (la)	sable	65,
argüir	arguer	P
arrancar	démarrer	45, 90
arreglar	réparer, retoucher	26
arreglarse	s'arranger, se préparer, s'habiller	59, 75
arreglárselas	se débrouiller	75
arreglo (el)	réparation, retouche	26
arroz	riz	49
arte	art	82, 100
artículo	article	7, 94
artista	artiste	95
artístico	artistique	95
asar a la plancha	griller (viande, etc.)	62
asar	rôtir, griller	62
ascensor	ascenseur	57
así	ainsi, comme ça	30, 34, 92, 93, 96
así como	ainsi que	82
así mismo	de même, aussi	100
así pues	ainsi donc, alors, donc	66
así que	ainsi donc, alors, donc	66
asiduo	assidu (suivi)	100
asiento (el)	place, banquette, siège	43, 45, 83
asociado	associé	95
aspecto (el)	mine, allure, aspect	11, 77
astilla (la)	éclat, petit bout de bois	27
asunto (el)	sujet, thème, affaire	11, 49, 81

cuatrocientos noventa • 490

atar	attacher	38
atasco	bouchon, embouteillage	18, 21
atención	attention	38
atender a	s'occuper de	32, A
aterrizar	atterrir	27, 83
atracción	attraction, attirance	64
atraer	attirer	64
atrás	derrière, en arrière	57, 72
atravesar	traverser	48, 83
aumento (el)	augmentation	92
aunque	bien que, quoique, même si	86, 87, 90
autobús	autobus	6, 14
autocar	autocar	89
automóvil (el)	automobile	20
autónomo	autonome	83, 97
autopista	autoroute	38
autor	auteur	14, 90, P
autoridad	autorité	90, 93
autorradio	autoradio	45
autovía	voie rapide	38
auxiliar de vuelo	steward	83
ave* (el)	oiseau	93
aventura	aventure	80
avión	avion	18, 21
avisar	avertir, prévenir	48, 58, 66, 71, 90
ayer	hier	39, 42, 64, 94
ayuda	aide	12, 63, 75
ayudar	aider	53, 100
ayunar	jeûner	3
ayuntamiento (el)	commune, mairie, hôtel de ville	37
ayuntar	unir, assembler	37
azafata	hôtesse	83
azteca	aztèque	88
azul (inv.)	bleu	32, 35, 38, 65, 75

B

bable	dialecte des Asturies	72
bailaor	danseur de flamenco	95
bailar	danser	95
baile (el)	bal, danse	95
bajada de bandera	prise en charge (taxi)	21
bajar	descendre	27, 61
bajo cero	en dessous de zéro (température)	97
bajo	petit, bas, sous	75, 90
balear	baléare (des Baléares)	97
balompié	football	89
baloncesto	basket	89
balonmano	hand-ball	89
balonvolea	volley-ball	89
bamboleante (inv.)	branlant	65
banco (el)	banque	15, 21
banco	banc	65

bañarse	se baigner	46
bañista	baigneur	37
baño (el)	salle de bain	59
bar	bar	54, 71
barato/ta	bon marché	52
barbaridad	cruauté, barbarie, atrocité, énormité, énormément	52
bárbaro	barbare	52
barrio	quartier	63
bastante	assez	40
beber	boire	35, 74, P
bebida	boisson	61, 65
bendecir	bénir	A
besarse	s'embrasser	91
beso (el)	bise, bisou	19
biblioteca	bibliothèque	94
bici (la)	vélo	57, 58
bicicleta	bicyclette	57
bien	bien	3, P
bien… bien	soit… soit	70
bigote (el)	moustache	73, 75
bilingüe	bilingue	92
billete	billet	6, 49, 63, 85
blanco	blanc	32, 74, 75
bloquearse	planter, se bloquer	90
bobada	bêtise	79
boda (la)	mariage	23
boina (la)	béret	75
bolígrafo	stylo bille	50
bolsa (la)	sac	33
bolsillo (el)	poche	6
bombón	chocolat (bonbon au)	64
bonito	joli	36
bordo (a ~)	bord (à ~)	83
bosque (el)	bois, forêt	48, 90, 93
botella	bouteille	68, 74
braga	culotte	87
brasileño	Brésilien	40
breves instantes (en)	quelques instants (dans)	83
bribonzuelo	petit coquin	81
brisa	brise	62
broma	plaisanterie, farce	71
bromista	farceur	54
bronca (la)	engueulade, huée, chahut	55
broncear	bronzer	62
buenísimo	excellent, très bon	8, 14
bueno	beau	62
bueno	bon	4, 9,14
bufanda (la)	écharpe	67
buscar	chercher	40, 42, 61, 91, 100
butaca (la)	fauteuil	90
buzón (el)	boîte à lettres	50, 57

C

cabalgar	chevaucher	67
cabalgata (la)	défilé	67
caballero	chevalier, monsieur, gentilhomme	32
caballo	cheval	32
cabello	cheveu	71
caber	tenir dans, rentrer entrer, contenir	57
cabeza	tête	6, 49, 52
cabina	cabine	54
cada	chaque	30, 87, 93
cada día más	chaque jour plus, de plus en plus	36
cada uno	chacun	47
cada vez más	chaque fois plus, de plus en plus	36, 47, 100
cada vez mejor	de mieux en mieux	47
cada vez menos	de moins en moins	47
cada vez peor	de pire en pire	47
cadena	chaîne	75, 99
caducado	périmé	18
caer	tomber	55, 71, 90
café	café	14, 28, 71, P
caja	caisse	76
cajera	caissière	61
cajón	tiroir	68, 79
calcetín (el)	chaussette	87
calle	rue	5, 7
calor (el)	chaleur	35, 86
calor (hace ~)	chaud (il fait ~)	62
calzada	chaussée	32
calzar	chausser	32
calzoncillo	slip	87
cama (la)	lit	59, 90
cama de matrimonio (la)	grand lit, lit à deux places	59
camarero	serveur, garçon de café	41
cambiar	changer	26, 28, 85
camello	chameau	67
caminante (inv.)	voyageur à pied	57
caminar	marcher	57
camino	chemin	57, 80
camisa	chemise	35, 75
camiseta (la)	maillot de corps	87
campana	cloche	54
campanada (la)	coup de cloche	54
campeón	champion	89
campestre	champêtre	93
campo	domaine, champ	93
canadiense (inv.)	Canadien	40
canario	canarien (des Canaries)	97
candidato	candidat	41
canela	cannelle	86
canoso	grisonnant	75
cansado	fatigué	7
cantar	chanter	21, 98, P

Spanish	French	Page
cante	chant (chanson andalouse)	95
canto	chant	60, 95
caña	canne	46
capital	capitale	69
cara (la)	figure, face, mine, visage	11, 41
carácter	caractère	69, 80, 88, 97
caracterizar	caractériser	86
caramelo	bonbon	64
cargar	charger	67
carnaval	carnaval	69
carne	viande	61
carne asada	viande rôtie	62
carne picada	viande hachée	61
carnicería	boucherie	52
caro	cher	52, 76
carpintero	menuisier	100
carrera	course	89
carrete (el)	moulinet bobine, pellicule photo	46
carretera	route	58
carro	caddy	61
carroza (la)	char (de carnaval)	67
carta	carte (restaurant)	74
carta	lettre (courrier)	50, 67, 81
carta certificada	lettre recommandée	50
cartas	cartes (jeu)	89
cartera (la)	portefeuille	11
casa	maison	1, 82
casa central	maison mère	75
casa consistorial / de la villa	hôtel de ville	37
casa de (a, en ~)	chez	28
casa rural (la)	gîte rural	78
casa rústica	ferme	78
casado	marié	9
casarse	se marier	12, 14, 66
casi	presque	41, 81
caso	cas	72
castaña (la)	châtaigne, marron	62
castaño	châtain	75
castañuela	castagnette	95
castellano	Castillan	72
casualidad (por)	hasard (par)	62
catalán	catalan	72
catálogo	catalogue	82
cava (el)	champagne	74
caza	chasse	P
cebolla (la)	oignon	52
cederrón	cédérom	47
celebración	célébration	69
celebrar	célébrer, fêter	23
cena (la)	dîner	8
cenar	dîner	16, P
centro	centre	97

centro comercial	centre commercial	61
cerca	près	54
cereal	céréale	61
cereza	cerise	50
cero	zéro	54
cerrar	fermer, clôturer	52, 67, 90
cesar	cesser	92
chaqueta	veste	38, 75
charcutería	charcuterie	52
charlar	bavarder	30, 88
chica	femme de ménage	65
chico	garçon, jeune homme, coursier, petit	46, 65, 71
chileno	chilien	40
chino	Chinois	30, 92
chiringuito	"chiringuito"	65
chocolate	chocolat	P
chocolate con churros	chocolat avec "churros"	3
chollo (el)	aubaine	26
chorizo	chorizo	52
cielo	ciel	41
ciento, cien	cent	21, 31
cierre (el)	fermeture	61, 82
cierto	certain, certainement, certes, vrai	36, 62
cigarro (el)	cigarette	44
cine	cinéma	4, 7, 14, 28, 42, 49, P
cinta (la)	ruban, bande	33
cinta de vídeo	vidéocassette	33
cinturón (el)	ceinture	38, 83
circuito	circuit	P
circulación	circulation	94
circular	circuler, rouler	38, 42
circunstancia	circonstance	26
cita (la)	rendez-vous	10, 50
ciudad	ville	38, 89
claridad	clarté	90
claro	clair	3
clase (la)	cours	95
claustro	cloître	82
cliente	client	47
clima	climat	97
club	club	87, 89
cocer	cuire	87
coche (el)	voiture	26, 42
cocina	cuisine	86
codazo	coup de coude	54
código postal	code postal	50
codo	coude	54
coger	prendre, emprunter	6, 7, 21, 58
cola	queue	39, 61
colegio (el)	école	25, 58, 89
colgar	raccrocher	54
colonia	colonie	93

color (el)	couleur	35, 85, 86
combinar	combiner	95
comer	manger	8, 14, 35, 42, 49, P
comercio	commerce	61
comestibles (tienda de ~)	épicerie	52
cometido (el)	mission	65
comida (la)	nourriture, repas	34
comisaría (la)	commissariat	45
como	comme, que	13, 100
cómo	comment	2, 30, 96, P
cómodo/da	confortable, à l'aise	40, 42
compañero/ra	camarade, collègue	58, 71
compañía	compagnie	40
comparar	comparer	53
compensar	compenser	60
competente (inv.)	compétent	90
complacer	complaire, plaire, être agréable	83
complacerse	se complaire, avoir plaisir à / le plaisir de	83
complejo	complexe	83
completamente	complètement	83
completar	compléter	1, A
completo	complet	98
complicado	compliqué	72, 75
comportamiento (el)	comportement, attitude	69
compra (la)	achat, course	76
comprar	acheter	25, 42, 49, 94
comprender	comprendre	43, 96
comprensión	compréhension	90
comunicación	communication	92
comunicar	communiquer	54
comunidad	communauté	97
comunidad autónoma	région (communauté) autonome	46, 93
comunión	communion	95
con	avec	3
conceder	accorder	59
concejo (el)	commune, conseil municipal	37
concentrado	concentré	61
concentrarse	se concentrer	61
concluir	conclure	A
concordancia	concordance	81
concretar	concrétiser	A
condición	condition	100
conducir	conduire	74, 77
confesar	confesser, avouer	A
confirmar	confirmer	59
conformar	former	93
confundir	confondre	9, A
confundirse	se tromper	54
confuso	confus	81
congelador	congélateur	61
congelados	surgelés	61
congelar	congeler, surgeler	61

conjugación	conjugaison	7, 100
conllevar	entraîner	66
conmemoración	commémoration	69
conmigo	avec moi	12
con motivo de	à l'occasion de, "au détour de"	99
conocer	connaître	40, 49
conocimiento (el)	connaissance	100
conque	ainsi donc, alors, donc	66
con respecto a	au sujet de, par rapport à, quant à, à l'égard de	85
conseguir	obtenir, réussir à	81, 96
consejo	conseil	56, 59
consistir	consister	81
constante (inv.)	constant	86, 92
constelar	consteller	80
constituir	constituer	80
construir	construire	80
consulta	recherche, consultation	94
consulta (la)	cabinet, consultation	29, 53
consulta previa petición de hora	consultation sur R.-V.	53
consultar	consulter	94, 100
consumición	consommation	38
contacto	contact	19, 78, 99, 100
contar	compter, raconter	29, 53, 93, 98
contentarse	se contenter	74
contento	content	9, 66
contestar	répondre	44
contigo	avec toi	12, 66
continente	continent	93, 97
continuar	continuer	34
contrario	contraire	53
contrato	contrat	40
contribuir	contribuer	80
convencer	convaincre	81
conversación	conversation	99
convertir	convertir	A
convocado	convoqué	40
convocar	convoquer	49
copa (la)	coupe, verre à pied	16
corazón	cœur	29
coronilla (la)	sommet de la tête	87
corral (de)	fermier	93
corral (el)	basse-cour	93
correcto	correct	30
corregir	corriger	A
correo	courrier	50
correo electrónico	courriel, e-mail	50, 59
correos	poste (la)	50
correo urgente	courrier express	50
correr	courir	38, 42, 65, 89
corretear	courir un peu dans tous les sens (enfants)	65

corriente (inv.)	courant	13
cortar	couper	41
cortarse	se couper	71
corte (el)	coupe	76
cortina (la)	rideau	85
corto	court	P
cosa	affaire	79
cosa	chose	13, P
cosecha	récolte	69, 74
coser	coudre	30
costar	coûter	22, 76, 94
coto (el)	réserve	46
creación	création	86
crecer	augmenter, grandir, croître	38
crédito	crédit	61
creer	croire	11, 94
crema	crème	62
crema protectora	crème solaire	62
cretino	crétin	30
crianza	vin "de crianza"	74
cristiano	chrétien	95
cruce	croisement, carrefour	38
cruzarse	se croiser	57, 58
cruz	croix	41
cuadrado	carré	97
cuadro	tableau	82
cuál	quel, quelle	2, 15, 45
cualquier	n'importe qui / quoi / quel	36
cualquier	toute	99
cualquiera que	quel que, quelle que…	48, 69, 70, 95
cualquiera	n'importe quel, quelle, lequel, n'importe qui, quiconque, etc.	36, 48, 69, 70
cuando	quand, alors que	29, 31, 95
cuánto	combien	10
cuanto antes	au plus vite, dès / aussitôt que possible	59
cuarenta	quarante	23
cuarto	quart	17, 21, 71
cubierto	couvert (ustensile de table)	41, 68
cubierto	menu (liste de mets)	68
cubrirse	se couvrir	68
cuchara	cuiller	68
cucharilla	petite cuiller	68
cuchillo	couteau	68
cuenta (la)	addition, note, compte	13, 53
cuenta corriente (la)	compte courant	13
cuento (el)	conte, histoire	53
cuerno	corne	99
cuerpo	corps	29, P
cuestión (la)	question, affaire, problème	11, 79
cuestión de vida o muerte	question de vie ou de mort	11
cuidado	attention	38
cultivar	cultiver	49, A

cuatrocientos noventa y ocho • 498

cultura	culture	95
cultural (inv.)	culturel	92
cumpleaños	anniversaire (de naissance)	23
cumplir	accomplir, remplir	23, 65
cuñada	belle-sœur	63
curiosidad	curiosité	22
curioso	curieux	29, 86, 88
curso	cours	40
cuyo, cuya, cuyos, cuyas	dont le, dont la... de qui, duquel…	86, 91

D

dactilar (inv.)	digital	65
damas	jeu de dames	89
danzar	danser	95
dar	donner	29, 35, 42, P
dar con	trouver	57
dar las gracias	remercier	63
dar pruebas / muestras de	faire preuve de	90
darse cuenta	se rendre compte	87
darse la mano	se donner la main, se serrer la main	29
darse la vuelta	se retourner	29
dar vueltas	tourner	96
dátil (el)	datte	67
dato (el)	donnée	78
de	de	1, 14
debajo de	sous	90
decidir	décider	70
decir	dire	14, 22, 28, 42, 49
decisión	décision	48
declarar	déclarer	34, 93
decorar	décorer	85
dedicar	dédier, dédicacer	15, 69
dedicarse	se consacrer, s'adonner, s'occuper	15, 28
de dónde	d'où	82
de espaldas a	le dos tourné à	43
de espaldas	de dos	43
deficiente (inv.)	déficient	40
dejar	laisser	31, 35, 42
dejarse	laisser (par mégarde)	54
del	du	7, 14
del que	dont	81
delante	devant	24, 70
delante de	devant	90, 91
delatar	dénoncer	57
deleitarse	se délecter, aimer beaucoup	86
delinquir	commettre un délit	77
de manera que	ainsi donc, alors, donc	66
de maravilla	à merveille	49
demás	autres	93
demasiado	trop	33
de modo que	ainsi donc, alors, donc	66
demostrar	faire preuve de	90

denominación	appellation	74
dentro de + temps	dans + temps	59, 71
de nuevo	à nouveau	49
de ocasión	d'occasion	26
de otra manera	autrement	90
deporte	sport	89, 93
deportista (inv.)	sportif	86
deprimirse	déprimer	85
deprisa	vite	6
de quien	dont	81
derecha	droite	5
derecho	droit	79
de regreso	de retour	49
desafiar	défier, braver, affronter	85
desafío	défi	100
desastre	désastre	39
desatar	déchaîner	67
desayunar	prendre le petit déjeuner	3, 7, 14
desayuno	petit déjeuner	3, 7
descansar	se reposer	65
descarado	effronté	44
descifrar	déchiffrer	81
desconfianza	méfiance	73
descriptivo	descriptif	82
desde	depuis	37, 67, 83
desear	désirer, souhaiter	50, 82
desenlace	dénouement	39
desfile	défilé	67
desgarrador	déchirant	95
desmontar	démonter	55
desnudarse	se déshabiller, se dévêtir	46
desnudo	nu, tout nu	46
desocupado	désœuvré	62
despabilado	débrouillard	81
despacho	bureau (pièce), bureau (table)	59, 79
despacio	lentement	38, 57
despedirse	dire au revoir	94
despertar	réveiller, éveiller	39, A
después	après	8, 14
destacar	détacher, souligner, faire ressortir, se distinguer, briller	88
destino (el)	destination	95
detalle	détail	78
de todas formas	de toute façon	46
detrás / detrás de	derrière	24, 57
deuda	dette	P
devolver	retourner, rendre, rembourser	47
de vuelta	de retour	49
día	jour	3, 14, 21
día (al ~ siguiente)	lendemain (le)	58
día festivo	jour de fête, férié, chômé	69
diálogo	dialogue	7, 14

diario	par jour (journalier)	80
diccionario	dictionnaire	53, 94
dicho	dit	14
dictar	dicter	81
diente (de ajo) (el)	gousse (d'ail)	52
diferencia	différence	68
difícil	difficile	88
dificultad	difficulté	40, 99, 100
difundir	répandre, diffuser	A
difusión	diffusion	92
digital	digital	65
dinámico	dynamique	30
dinero suelto	petite monnaie	6, 54
dinero	argent	6, 7
dios	dieu	36
dirección	adresse, coordonnées	57
directo	direct	99
director	directeur	40, 59, 75
dirigir	diriger, adresser	40, 77, 81
dirigirse	s'adresser	44, 51, 81
disco compacto	compact-disque	47
disco duro	disque dur	94
disco	disque	47
discoteca	discothèque	95
disculpar	excuser, disculper	44, 81
discurso	discours	88
discutir	se disputer, discuter	27, 85
disfrutar	s'amuser	89
disponer	disposer, dresser	31, 65, 66, 93
disponerse	s'apprêter	83
disquete (el)	disquette	94
distinguir	distinguer	77, A
distraído	distrait	45
distribuir	distribuer	80
diversidad	diversité	88, 93
diverso	divers	78
divertir(se)	s'amuser	88, 89, 98, A
dividir	diviser	97, A
docena	douzaine	52, 93
doctor	médecin	29
doler	avoir mal à	29
dolor (el)	douleur	29
doméstico	domestique	34
domicilio	domicile	53, 90
domingo	dimanche	14
dominó	domino	89
dónde / donde	où	5, 7, 51, 70
donde, en donde	où	65
dormir	dormir	7
dos	deux	1
droga	drogue	31
droite	derecha	5

drone	drone	83
ducharse	prendre une douche	84
duda (la)	doute	57, 81
dudar	douter, hésiter	86, 99
duende	lutin, esprit follet	95
dueño	maître	100
durante	pendant	78
duro	dur	51

E

e	et	67
echar	jeter, verser (voir expressions)	34, 79
echar a cara o cruz	jouer à pile ou face	41
echar marcha atrás	faire marche arrière	57
echarse	descendre, se jeter	99
echarse una crema / una pomada	se passer une crème / une pommade	62
echar una ojeada	jeter un coup d'œil	100
económico/ca	économique	92
ecosistema	écosystème	93
edad (la)	âge	22, 95, P
efecto	effet	24, 92, P
efectuar	efectuer	83, 95
egipcio	Égyptien	88
Egipto	Égypte	88, 97
egoísta	égoïste	40
ejemplo	exemple	49, 85
ejercer	exercer	77
ejercicio	exercice	1, 100
el (article)	le	3, 7
él	il, lui	7, 12
elección	élection	37
electrónico/ca	électronique	50, 83
elegir	choisir, élire	68, 81, A
eliminado	éliminé	89
ella	elle	7
ellos	ils, eux	7
el que	celui qui, celui que	32
e-mail	e-mail	59
embarcar	embarquer, prendre la mer	14
embrague	embrayage	45
emergencia	émergence, urgence	31
emigrar	émigrer	81
emir	émir	62
empatar	faire match nul	89
empezar	commencer	22
empleado	employé	30
empleo	emploi	41
empresa	entreprise	30
empujar	pousser	64
en	en, comme	5, 86
en absoluto	pas du tout, nullement	40, 60

en adelante	désormais	100
enamorarse	tomber amoureux	81
en calidad de	en tant que, à / au titre de	86
encantado	enchanté, ravi	36, 82
encantador	charmant	36
encantar	charmer, ravir	36
encanto	charme, enchantement	36, 95
en casa de	chez	27
encender	allumer	45
encendido	allumé	44
encima	dessus, par-dessus le marché	44
encontrar	trouver, retrouver	12, 57, 96
encontrarse con	rencontrer, retrouver, trouver	57
en cuanto	dès que	100
en cuanto a	quant à, en ce qui concerne, pour ce qui est de	75
energía	énergie	99
enfermo	malade	43, 51
enfrente	en face	54
enganchado	accroché, "accro"	31
enganchar	accrocher	31
enhorabuena	félicitations !	49
en lo que concierne a	en ce qui concerne	85
enorme	énorme	39, 61
en punto	pile (heure)	18
en que, en el que…	où	65, 70
enrocar	roquer (jeu d'échecs)	79
ensalada	salade	68
enseguida / en seguida	tout de suite	13, 62
enseñar	enseigner, apprendre, montrer	46, 88
ensuciar	salir	6
entender	comprendre, entendre	96, 100
entonces	alors	25
en torno a	autour de	69
entrada	entrée	82
entrar	entrer	27, 99
entrar en liza	entrer en lice	99
entre	entre	92, 95
entretanto	pendant ce temps, entre-temps	50
entusiasmo	enthousiasme	67
enviar	envoyer	31, 59
época	époque	86
equipaje (el)	bagages (les)	33
equis	x	23
equivocado	erroné	78
equivocarse	se tromper	54, 72
error (el)	erreur	90
ésa	celle-là	33
escáner	scanner	94
escapar	échapper	99
esconder	cacher	79
escribir	écrire	14, 39, 42, 70, 81
escrito	écrit	14

escritor	écrivain	15
escuchar	écouter	24
escuela	école	40, 81, 92
escupir	cracher	44
ese, esa…	ce, cet, cette…(ci)	32, 35
ése, ésa…	celui-là, celle-là…	32, 33, 35
eso	cela	29, 33, 35
espacial	spatiale	83
espalda (la)	dos	43
español	espagnol	2, 7, 26
esparcir	éparpiller, répandre	77
especialidad	spécialité	1
especialista	spécialiste	53
especie	espèce	64
específico/ca	spécifique	69
espectador	spectateur	39
espejo	miroir	24
espera	attente	67, 90
esperar	attendre	6, 21, 43, 71
espiritual (inv.)	spirituel	80
espontáneo	spontané	95
esquí	ski	65
ésta	celle-ci	P
estación	gare, station	6, 83
estación de autobuses	gare routière	89
estadounidense	états-unien	40
estanco	bureau de tabac	50
estar	être	5, 7, 14, 21
estar cómodo	être à l'aise	76
estar mareado	avoir le tournis	76
este	est (point cardinal)	97
éste es	voici, voilà	84
éste, ésta, éstos…	celui-ci, celle-ci, ceux-ci…	32, 33, 35
este, esta…	ce, cet, cette…(ci)	10, 16, 32, 35
estela (la)	sillage	58
estilo	style	2, 75
estilo de (al)	manière de (à la)	75
estimar	estimer	57, 100
esto	ceci	33, 35
estrecho	étroit, détroit	97
estrella	étoile	48, 59
estrés	stress	60
estudiar	étudier	22, 98, P
estupendamente	très bien, merveilleusement	47
estupendo	excellent, formidable, chic, super	4, 59, 88, 73
etapa	étape	80
etcétera, etc.	etc.	82
etiqueta	étiquette	76
euro	euro	1, 7, 21, P
Europa	Europe	93, 97
europeo	Européen	80
eusquera / euskera	basque (langue)	72

evaluar	évaluer, mesurer	100
eventos	événements	69
evidente (inv.)	évident	96
exactamente	exactement	68
exagerar	exagérer	52
examinar	examiner	29
excelente (inv.)	excellent	60
excepcionalmente	exceptionnellement	86
exceptuar	excepter	A
exceso	excès	38
excitado	excité	89
excusa	excuse	69
existencia	existence	95
éxito	succès	99
experiencia	expérience	41, 80
explicar	expliquer	45
exponer	exposer	82
exposición	exposition	82
expresar	exprimer	95, A
expresión	expression	88, 95
extender	étendre, étaler	62, A
exterior (inv.)	extérieur	P
extra	extra	P
extranjero	étranger	15
extrañado	étonné	58
extraordinario	extraordinaire, extrême	53, 85
extremo	extrême	65, 97

F

fácil	facile	75, 98
factura	facture	90
faena (la)	sale tour	72
falda	jupe	35
falta (la)	manque (le)	90
falta	faute	100
faltar	manquer	61, 72, 79
familia	famille	14, 30, 98, P
familia numerosa	famille nombreuse	25
familiar (inv)	familial, familier	25, 100
fanático/ca	fanatique, "fana"	31
farmacia	pharmacie	29, P
fastidiar	ennuyer, fatiguer, enquiquiner, barber	73
fauna	faune	93
favor	service	49, 75
favorito	favori	89
fax	fax	59
febrilidad	fébrilité	67
fecha	date	69
Federación Española de Pesca	Fédération Espagnole de Pêche	46
felicidad (la)	bonheur	23

feliz (inv.)	agréable, heureux	23, 66, 83, P
felpudo	paillasson	90
fenómeno	phénomène	86, 94
feo	laid	53
ferretería	quincaillerie	78
ferrocarril	chemin de fer	43
festejar	festoyer, fêter	69
festivo	festif, joyeux	69
ficha (la)	jeton	61
fiera (la)	fauve	60
fiesta	fête	23, 67, 69, P
fijar	fixer	A
fijo	fixe	53
filete	filet, bifteck	68
filme	film	39
fin (el)	fin (la)	10
fin de semana	week-end	10, 87
final	final	89
fino	fin	44, 86, 99
firma	firme, société, signature	40
firmar	signer	25
física	physique (science)	2
físico	physique (aspect)	19
flamenco	flamenco	95
flechazo	coup de foudre, coup de flèche	64
flor	fleur	28, 35, 86, P
flora	flore	93
folleto (el)	brochure	82
fontanero	plombier	100
forma	forme	10, 95
formación	formation	7
forma de andar	démarche	57
formar	former	97
fortuna	chance	85
foto	photo	88
fotografía	photographie	P
francamente	franchement, très, carrément, vraiment	40, 53
francés	français	2, 72, 80
franqueza	franchise	53
frase	phrase	26, 100
fraudulenta	frauduleuse	34
frecuentar	fréquenter	80
freír	frire, faire frire	98
freno	frein	45
frente a	face à	90
fresco	frais	62, 74
frío	froid	12, 62
frita	frite	68
fuegos artificiales	feux d'artifice	67
fuera	hors, dehors	60, 72, 99
fuerte (inv.)	fort	42, P
fuerza	force	100

Spanish	French	Page
fútbol	football	89
fumador	fumeur	44
fumar	fumer	44, 63
funcionar	fonctionner	41
futuro	futur	12

G

Spanish	French	Page
gafas	lunettes	72
gallego	galicien (de Galice)	72
gallina	poule	52, 60, 93
gallo	coq	60
gana	envie	51
ganar	gagner	97
ganarse la vida	gagner sa vie	26
ganga	aubaine	26
garabateo	gribouillis	81
garantizado	garanti	83
gas (agua con ~)	gazeuse (eau ~)	68
gaseosa	limonade	74
gastrónomo	gourmet, gastronome	86
gato	chat	34, 35, P
gaviota	mouette	65
gemir	geindre	A
género	genre	7
generoso	généreux	64
gente (la)	gens (les), monde	39, 87
geografía	géographie	97
gitano	gitan	95
golfo	golfe	97
golondrina	hirondelle	93
golosina	friandise	65
gordo	gros lot	85
gorrión	moineau	93
gota	goutte	P
gozar	jouir	66
gracias	merci	1, 7
gramática	grammaire	100
grande, gran (inv.)	grand	14, 42
granizado	glace pilée	76
gratis	gratis	71
gratuito	gratuit	82
grave	grave	11, 14
gris (inv.)	gris	35
grito	cri	43, 95
grúa	grue	38
grúa municipal	auto-grue, camion de la fourrière	38
grupo	groupe	65
guante	gant	46
guapo	beau	12
guerra	guerre	P
guía (la)	bottin, guide (livre)	54, 62
guía	guide (personne)	82, P

Guinea	Guinée	88
guineano	Guinéen	88
guitarra	guitare	95, P
gusano	ver	46
gustar	plaire, aimer	9, 14, 19, 28, 88
gusto	goût	9, 69, 80, 96

H

haba* (el)	fève	87
haber	avoir (auxiliaire)	3, 4, 6, 7, 14, 21, 28, 42, P
habitación	chambre	49, 59, 96
habitante	habitant	97
hablar	parler	14, 42, P
hace + temps	il y a + temps	59, 71, 87
hace falta	il faut	80
hacer	faire	8, 12, 14
hacer falta	être nécessaire, falloir	75, 80
hacer frente	affronter, faire face / front	100
hacer las compras	faire ses courses, son marché, ses emplettes	76
hacer un favor	rendre un service	75
hacha* (el)	hache	68
hacia	vers	80
hall	hall	48
hallar	trouver	57
hartar	rassasier	A
hasta	jusqu'à	39, 82, 87
hay	il y a	9, 21
hay que	il faut	21, 90
he aquí	voici, voilà	84
hechizo	envoûtement	95
hecho	fait	14
helado (el)	glace	49, 65, 85
henchir	emplir	A
hermana	sœur	63
hermoso	beau, joli	30
hidalgo	gentilhomme	5
hielo (el)	glace	67
higo (el)	figue	67
hijo	fils	10
hindi	hindi	92
hipermercado	hypermarché	61
hipertensión	hypertension	60
hispanohablante	hispanophone	88, 99
historia	histoire	82
histórico/ca	historique	69
hoja	feuille	90, 98
hombre	homme	12, 14, P
hombrezuelo	petit bonhomme	81
hombro (el)	épaule	43
hondo	profond	29, 95
honor	honneur	40
honrado/da	honnête	57, P

hora	heure	2, 10, 14, 21, 28, 61
hora insular	heure des Îles Canaries	17
hora punta	heure de pointe	2
horario de apertura	horaire d'ouverture	61
horario	horaire	82
horchata	"horchata"	76
horita	petite heure	22
horror (el)	horreur	85
hospital	hôpital	29
hotel	hôtel	48, 70
hoy día, hoy en día	de nos jours	80
hoy	aujourd'hui	6, 14, P
huelga	grève	7
huella	trace, empreinte	65
hueso	os	34
huevo	œuf	52
humedal	marécage	93
humor (el)	humeur	35, 98

I

ibérico/ca	ibérique	52, 97
ida (la)	aller (l')	9
ida y vuelta (la)	aller-retour (l')	9, 49
idas y venidas	allées et venues	9
idea	idée	4, 7, 14
idioma (el)	langue	40, 92
ignorar	ignorer	P
igual	égal, peut-être, si ça se trouve	68, 85, 96
imaginar	imaginer	66, 73
imitación	imitation	34
importa (no ~)	ce n'est pas grave, n'importe, ça n'a pas d'importance	67
importancia	importance	92
importante (inv.)	important	26, 93
importar	importer	71, P
importe	prix	47
imposible	impossible	45
impresionante (inv.)	impressionnant	88
impreso	formulaire, imprimé	29, 50
impresora	imprimante	94
imprevisto	imprévu	100
imprimir	imprimer	A
incluido	inclu	97
incluir	inclure	A
incluso	même, inclus	40, 85
incomprensión	incompréhension	96
inconveniente	inconvénient	72
indecisión	hésitation	41
indicación	indication	82
indicar	indiquer	50, 77
INEM	"ANPE"	41
infinidad	infinité	69

influencia	influence	38
información (la)	renseignement, accueil, information	82
informar	informer	7
informática	informatique	49, 84
infusión	infusion	43
inglés	anglais	40, 92
iniciático/ca	initiatique	80
injusticia	injustice	95
inmediatamente	immédiatement	31
inmóvil	immobile	90
inmueble	immeuble	57
inocencia	innocence	71
inocentada (la)	poisson d'avril	71
inocente (inv.)	innocent	71
inolvidable	inoubliable	80
insistir	insister	44
instalarse	s'installer	95
instante	instant	41, 83
instituto	institut	41, 92
instrucción	instruction	84
insular	insulaire	17
intelectualillo	petit intellectuel	26
inteligencia	intelligence	88
inteligente (inv.)	intelligent	67, 74
intensidad	intensité	98
intensivo	intensif	40
interesado	intéressé	66
interesante (inv.)	intéressant	41
internacional (inv.)	international	30, 92
internet	internet	94, 99
íntimo/ma	intime	95
introducir	introduire	74
inverosímil	invraisemblable	73
invertir	investir	A
invierno	hiver	97
invitación	invitation	90
invitado	invité	70
invitar	inviter	4, 7, 28
ir	aller	6, 7, 14, 28, 42
Irak	Irak	88
iraquí (inv.)	Irakien	88
ir de acampada	aller faire du camping	63
ir de compras	aller faire des achats (dans les boutiques)	76
ir de escaparates	faire du lèche-vitrines	76
irónicamente	ironiquement	98
ir por	aller chercher	61
irse	s'en aller, partir	4, 27
isla	île	72, 93
Israel	Israël	P
italiano	Italien	19
izquierda	gauche	32

J

jaleo	chahut, tapage	39
jalonar	jalonner	80
jamás	jamais	13
jamón	jambon	52
jamón serrano	jambon de pays	52
jamón york	jambon blanc	52
japonés	japonais	92
jardín	jardin	12
jarra	carafe	68
jerez	xérès	74
jersey	pull	45
Jordania	Jordanie	97
jornada continua	journée continue	10
joven	jeune	81
judío	juif	95
juego de prendas	strip-poker	87
jueves	jeudi	14
jugar	jouer	41, 82, P
julio	juillet	63
juntar	réunir, joindre, unir	A
junto a	près de, à côté de	30, 63
juntos/tas	ensemble	16
jurar	jurer	72
justo	juste	32
juzgar	juger	57

K

kilo	kilo	75
kilómetro	kilomètre	65, 80, 97

L

la	la (article)	4, 7, 21
la	la (pronom)	49
labio (el)	lèvre	24
ladera (la)	versant	90
lado	côté	32, 71, 81
lado (al ~)	à côté	32
ladrón	voleur	57
lago	lac	97
lana	laine	75
lanzar	lancer	94
lápiz	crayon	98
largo	long	67, P
láser	laser	83
latinoamericano	latino-américain	40
lavar	laver	41, P
le / les	le, lui, leur	13, 37, 49
lección	leçon	1, 7, 21, 28
leer	lire	16, 42, 81, 94, 96, 99
lejos	loin	65
lengua	langue	72, 88, 92, 99, 100

leñador	bûcheron	41
letrero	écriteau	44, 46
levantarse	se lever	60, 65, 67
léxico	lexique	100
ley	loi	P
libanés	Libanais	88, 98
Líbano	Liban	88
libre	libre	15, 21
libro	livre	47, 98, P
licencia de pesca (la)	permis de pêche	46
licor (el)	liqueur	74
liga	ligue	89
ligar	lier, attacher	62
ligar con	draguer	62
lila (la)	lilas	32
limitar	limiter	97
limón	citron	52
limpieza (la)	propreté, nettoyage	61
limpieza en seco (la)	nettoyage à sec	61
lista	liste	61, 82
lista de correos	poste restante	50
listo	prêt, malin, intelligent, vif	18, 74
literatura	littérature	86
liza	lice	99
llamada (la)	appel	54, 71, 78
llamada a cobro revertido	appel en P.C.V.	54
llamado	appelé	4
llamar	appeler, sonner, frapper	4, 7, 28, 35, 49, 100, P
llamarse	s'appeler	2
llamativo	voyant, frappant	75, 88
llana (palabra)	grave (mot)	98
llave	clé	81
llegada	arrivée	33
llegado	arrivé, arrivant	44
llegar	arriver	10, 71, 100
llegar a ser	devenir	100
llevar	porter, apporter, emporter, mener, emmener	18, 26, 55, 60, 89, 94
llorar	pleurer	51
llover	pleuvoir	64, 77
lo	le (pronom)	48, 49
local	local (lieu)	57
local (inv.)	local	54
localidad	localité	69
loco	fou	36, 49
locura	folie	36, 85
locutorio	local avec cabines téléphoniques	54
lógica	logique	44
lograr	réussir	81
lombriz (la)	ver de terre	46
loncha	tranche	52
lo primero	la première chose	41

lo que	ce que, ce qui	29
los	les (article)	4, 7
lotería	loterie	85
lucidez	lucidité	53
luego	après, ensuite	16, 34, 81, 85
lugar (el)	place, lieu	60, 61, 97
luna	lune	38
lunes	lundi	10, 14

M

madera (la)	bois (matière)	68
madre	mère	27, 98
madrugada (la)	petit matin, petit jour, aube	65
madrugar	se lever de bonne heure	65, 67
maestro	maître	10, 81
magia	magie	95
mago	mage	67
mal	mal, mauvais	10, 14, 47
maldecir	maudire	A
malecón (el)	jetée	65
maleta	valise	18, 42, 57
maletero	coffre à bagages (voiture)	57
malísimo	très mauvais	8, 47
mallorquín	"majorquin" (dialecte)	72
malo/la	malade	43
malo, mal	mauvais	8, 14, 62
manchar	salir, tacher	6, 90
mando (el)	commande	31
mando	commandement	90
manera	manière, façon	57, 88, 100
mango	manche	68
manifestación	manifestation	69
manifestar	manifester, faire preuve de	90, A
mano	main	19, 26, 35, 42, P
mantener	entretenir, maintenir, tenir, garder	66, 99
mantequilla (la)	beurre	61
mañana	demain	30, 49
mañana (de la)	matin (du)	21
mañana (la)	matin (la matinée)	10
mañana (por la)	matin (le)	21, 61
mañana por la mañana	demain matin	30
maquillar	maquiller	24, 28
máquina	machine	30, 65
máquina tragaperras	machine à sous	85
mar (el / la)	mer	97
maravilla	merveille	19, 49, 82
marcar	marquer, faire le numéro	54
marcha	marche (fonctionement)	33, 43
marchar	marcher, fonctionner	94
marea	marée	65
marearse	avoir mal au cœur, avoir le mal de mer	43
marido	mari	25, 56

marisco (el)	fruits de mer	46
marmota	marmotte	60
martes	mardi	14, 42
martillazo	coup de marteau	54
martillo	marteau	54
más	plus, davantage	33, 42, 75
más bien	plutôt	75
más o menos	à peu de chose près, plus ou moins	75
matanza (la)	abattage (du cochon)	86
matar	tuer	89, 94
materna	maternelle	92
matrimonio	couple marié	59
matrimonio joven	jeune ménage	59
matutino	matinal	65
mayo	mai	69
mayor (inv.)	plus grand, majeur, âgé, aîné	38, 47, 86, 93
me	me	2, 49
mear	uriner, pisser	37
media (la)	bas (pour les jambes)	87
media (y ~)	demie (et ~)	17, 21
médico/ca	médecin	29
medio ambiente	environnement	93
medio	moyen	66
medir	mesurer	75, 100
mejicano	Mexicain	88
Méjico	Mexique	88
mejor (inv.)	meilleur, mieux	47, 85
melón	melon	52
menor (inv.)	plus petit, mineur, moindre	47
menos	moins	17, 42, 96
mentir	mentir	22, 98
menú	menu	68
menudo	menu, petit	39, 72
merendar	goûter	4
merendero	"merendero"	86
merienda (la)	goûter	7
mes	mois	14, 59, 80, P
mesa de despacho (la)	bureau (table)	59
mesa	table	14
mesilla	table de nuit	69
metálico (en ~)	espèces (en ~)	61
metro	métro, mètre	6, 75
mezcla (la)	mélange	95
mí	moi	33
mi	mon, ma	10, 14, 28, 42, 63, 81
miedo (el)	peur	100
miembro	membre	33, 83
mientras	entre-temps, pendant que, pendant ce temps	50, 71
mientras tanto	pendant ce temps, entre-temps	50
miércoles	mercredi	14
milagro	miracle	58
militar	militaire	67

quinientos catorce • 514

millón	million	92, 97
ministerio	ministère	59
mineral	minéral(e)	68
Ministerio de Asuntos Exteriores	Ministère des Affaires Étrangères	47
Ministerio de Medio Ambiente	Ministère de l'Environnement	93
ministro	ministre	15
minuto (el)	minute	11, 21
mío, a, os, as	mien, mienne, à moi, etc.	36, 63, 81
mirar	regarder	24, 96
mis	mes	10
mismo (lo)	même chose (la)	87
mismo/ma	même	31, 94
mochila (la)	sac à dos	33
moda	mode	76
modelo	modèle	32
moderno	moderne	76
mojar	mouiller	38
molestar	déranger, gêner	45, 69, 71, 79, A
momento	instant, moment	17, 62
moneda	pièce de monnaie	6
monedero	porte-monnaie	6, 7
montaña	montagne	90, 93
montañoso	montagneux	93
montar	monter (à cheval)	71
monumento	monument	82
moreno	brun, bronzé	62, 88
morir	mourir	39
mostrar	faire preuve de	90
mostrarse	se montrer	90
motivo (el)	motif, raison	46, 99
motor	moteur	26
moverse	bouger, remuer	88
móvil	portable	20, 21
muchísimo	énormément	25
mucho	beaucoup	9, 14
mueble	meuble	26
muerte	mort	11
mujer	femme	14, 100
mujer de la limpieza	femme de ménage	61
mula	mule	60
multa	amende	38
multinacional	multinationale	30
multiplicación	multiplication	86
mundo	monde	30, 67, 92
municipal (inv.)	municipal	37
municipio (el)	commune	37
museo	musée	82
música	musique	95
muy	très	3, 14

N

nacer	naître	30, 70, 90
nacido	né	9
nacional (inv.)	national	41, 59, 69, 93
nada más	rien d'autre, rien de plus, à peine	44
nada	rien	5
nadar	nager	46
nadie	personne	43
nariz (la)	nez, narine	87
natación	natation	89
natalidad	natalité	25
natural (inv.)	naturel	93
naturaleza	nature	80, 93
nave	nef	83
Navidad (la)	Noël	67, 69
necesario/ria	nécessaire	82
necesidad (la)	besoin	100
necesitar	avoir besoin de, nécessiter	12, 14, 49, 75
neerlandés	néerlandais	92
negar	nier, refuser	90
negarse	se refuser	90
negociación	négociation	40
negociar	négocier	40
negocio (el)	affaire	26
negro	noir	35, 75
nevar	neiger	74, 91
ni	ni	39
nieto	petit-fils	38
nieve	neige	63, 67, 75, P
ninguno, ningún	aucun	29, 51, 57
niña	petite fille	63
niño	enfant	4, 7, 21, 25
ni siquiera	même pas	39, 75
nivel	niveau	92, 100
no	non	6
noche	nuit	10, 21
noche (de la ~)	soir (du)	21
nombrar	nommer	81
nombre	prénom, nom	30, 63, 90
norte	nord	86, 95, 97
norteamericano	américain du nord	40
nos	nous	10, 49
nosotros	nous	7
nota	note	97, 100
noticia	nouvelle	81, 82
novela (la)	roman	16, 90, 96
nudista	nudiste	87
nuestro/a/os/as	notre, nos	33, 49, 63
Nueva Zelanda	Nouvelle-Zélande	100
nuevo	nouveau, neuf	26, 94, 100
número	numéro	2, 7, 68
numeroso/sa	nombreux / nombreuse	25, 80

nunca	jamais	13
nunca jamás	plus jamais	13

O

o	ou	11
obedecer	obéir	90
obra	pièce, œuvre	8, 82
observación	observation	52
obsesionar	obséder	53
ocasión	occasion	26, 100
occidental (inv.)	occidental	93
occidente	occident	93
océano	océan	97
ocio (el)	loisir, oisiveté	62
ocioso	oisif, désœuvré	62
ocultar	cacher	A
ocupar	occuper, tenir	97
ocuparse	s'occuper	81
ocurrir	arriver, survenir, advenir, se passer, avoir lieu	55, 71
ocurrirse	venir à l'esprit ou à l'idée, passer par la tête	71
oeste	ouest	97
oficial (inv.)	officiel	72
oficina (la)	bureau (lieu)	41, 54, 59
oficina de correos	bureau de poste	50
oficina de "Telefónica"	bureau de "France Télécom"	54
oficina de turismo (la)	office de tourisme	59, 78
oficio	métier	15
oír	entendre, écouter	46, 96
ojalá	vivement, plaise à Dieu	62, 91
ojeada (la)	coup d'œil	79, 100
ojo	œil	24
ojos	yeux	75
ola	vague	49, 65
oler (bien o mal)	sentir (bon ou mauvais)	48
olor (el)	odeur	86
olvidar	oublier	6, 7, 21, 28, 50, 67, 81
omitir	omettre	A
ópera (la)	opéra	62
oportunidad	occasion, opportunité	99
oportuno	opportun	P
óptimamente	très bien	47
órbita	orbite	23
orden (el)	ordre	80
orden (la)	ordre (à donner / à suivre)	90
ordenador	ordinateur	90, 94
organizar	organiser	69, 89
oriental (inv.)	oriental	86, 93
orientarse	s'orienter	82
Oriente Próximo	Proche-Orient	97
oriente	orient	93, 97
origen (el)	origine	69, 74, 95
original (inv.)	original	99

oro	or (métal)	86
os	vous	49
otra vez	encore une fois, une autre fois	49
otro, a	autre	29, 93
oveja (la)	mouton	90

P

paciencia	patience	90
padre	père	27, 98
pagar	payer	13, 46, 77, 82
página	page	40
país	pays	92, 93, 97, P
paisaje	paysage	93
pájaro	oiseau	34, 93, 94, 98
palabra (la)	mot	98, 99, P
paladar	palais, goût	86
paladear	déguster, savourer	86
palanca de cambio (la)	levier de vitesse	45
pálido	pâle	43
palmas (las)	battements des mains	95
palo	bâton, bout de bois	27
palomita de maíz (la)	pop-corn	62
pan	pain	28, 61
pana (la)	velours	75
panadería	boulangerie	17
panadero	boulanger	15
pan de molde	pain de mie	61
panecillo	petit pain	28
pantalón, pantalones	pantalon	76
pañuelo	foulard, fichu, mouchoir	34, 35, 81
Papá Noel	Père Noël	67
papel	papier	34, 98
par (el)	paire	32
para	pour	10, 42
parada (la)	arrêt	19, 57
paradójicamente	paradoxalement	98
parador	"parador"	59
paraguas	parapluie	46, 57
paraíso	paradis	93
parar(se)	s'arrêter	70, 96
parecer	sembler, paraître, avoir l'air	10, 14, 16, 26, 71
parece (ser) que	il semble que, il paraît que…	74
parecer (al ~)	à ce qu'il semble, apparemment	83
parecerse	ressembler	73
parecido	ressemblance	73
paréntesis (el)	parenthèse	67
paro	chômage	41
paroxismo	paroxysme	95
parque	parc	70, 78, 93
parquímetro	parcmètre	38
parrillada	grillade	86
parte	part	29

particular	particulier	38
particularmente	particulièrement	86, 95
partida	partie (jeu)	89
partido	match	89
pasado	dernier, passé	10, 14, 42, 62
pasajero	passager	83
pasaporte	passeport	18
pasar	arriver, passer	20, 30, 36, 42, 43, 87, 94, 96
pasár(se)lo bien	s'amuser	88, 89
pasárselo mal	s'ennuyer	88
pasatiempo	passe-temps	44
pascua	pâque	23
pasear(se)	se promener	70, 90
pasta (la)	gâteau sec	71
pastar	paître	90
pastel	gâteau	86
pata (la)	patte, pied	11, 52
patada (la)	coup de pied	54
patán	ignare	81
patata	pomme de terre	68, 98, P
patito	caneton	P
patrimonio	patrimoine	82
patrón	patron	69
patronal	du saint patron	69
paz	paix	P
peaje	péage	38
pedal (el)	pédale	45
pedir	demander (solliciter)	13, 49, 64, 66, 77, 81, 84, 98
pedir disculpas	demander des excuses	44
pedir la cuenta	demander la note	84
pedrada (la)	coup de pierre	54
pegar	coller, serrer	38
pegarse	se coller	39
película (la)	film	39, 99
peligro	danger	38
peligroso	dangereux	85
pelo	cheveu, poil	38, 71
pelo (a ~)	cru (à ~)	71
pelo (el) (sing.)	cheveux (les)	71, 75
peluquería (la)	salon de coiffure	71
pena	peine	88
pendiente (el)	boucle d'oreille	44, 69
península	péninsule	97
peninsular	péninsulaire	97
pensar	penser	40
pensar en	penser à	48
peor	pire	8, 47
pequeño	petit	25
percatarse	réaliser	58
percibir	percevoir	90
perder	perdre	6, 14
pérdida	perte	6

perdón	pardon	5
perdonar	pardonner	5
peregrinación (la)	pèlerinage	69
peregrino	pèlerin	80
pereza	paresse	90
perfectamente	parfaitement	72
perfecto	parfait	71
periódico	journal	39, 61, 94, 99
períodos	périodes	69
permanecer	rester	83
permiso (el)	permis, congé, permission,	48, 59
pero	mais	13, P
perro	chien	34, P
perseverancia	persévérance	99
persona (la)	personne (la)	30, 56, 92, 93
persona mayor	personne âgée	38
Perú	Pérou	88
peruano	Péruvien	88
pervertir	pervertir	A
pesar	peser	33, 75
pesca	pêche	46
pescadería	poissonnerie	61
pescadero	poissonnier	61
pescado	poisson	46, 61
pescar	pêcher	46
peseta	peseta	6
petición	demande, requête, pétition	66
petróleo	pétrole	62
pie	pied	29, 90
piedra	pierre	54
piel	peau	62
pierna	jambe	29
pijama	pyjama	48
pila	pile	31
pilotaje	pilotage	83
piloto	pilote	83, 100
pincho (el)	petite brochette	13
pintar	peindre	82, 85
pintarse	se peindre, se maquiller, se farder	24, 28
pintarse los labios	mettre du rouge à lèvres	24
pirámide	pyramide	88
pis	pipi	37
pisar	marcher sur qqch., fouler	58
piscina	piscine	27
pisito	petit appartement	28
piso	appartement, étage	21, 25, 28, 85
placer	plaisir	80
plano	plan	92
planta	plante	38, 93
plantar	planter, débarquer	90
plato (el)	assiette, plat	68
plato combinado (el)	"assiette variée"	68

playa	plage	16, 62, 65, 99
plaza	place	67
plaza mayor	plaza mayor (grande place)	67
plazo	délai	59
plural	pluriel	7
población	population	97
poblar	peupler	53
pobre	pauvre	64
poco	peu	11
poco más o menos	à peu de chose près, à peu près, plus ou moins	75
poder	pouvoir	4, 7, 28, 96
policía	police	38
políticamente	politiquement	30
político/ca	politique	92
pollo	poulet	93, P
pomada	pommade	62
poner	mettre	11, 14
ponerse moreno	bronzer	62
ponerse una crema / una pomada	se passer une crème / une pommade	62
ponerse	enfiler, passer, mettre,	67, 40, 42
por	dans, à	78
por	pour, par	4
por aquí, por aquí cerca	par ici	54
por cierto	à propos	62
por la mañana	le matin	30
por medio de	au moyen de	83
por otra parte	d'un autre côté	81
por poco	pour un peu, de peu	11
porque	parce que	12, 14
por si acaso	au cas où	75
por supuesto	bien sûr	66
portal (el)	entrée (l' ~) de l'immeuble	57
portal (web)	portail (web)	94
portátil (ordenador)	portable (ordinateur)	94
portero	concierge, gardien	49, 57
Portugal	Portugal	97
poseer	posséder	A
posible	possible	96
postal	carte (postale)	61
postre	dessert	68
poyo	banc de pierre adossé au mur	P
práctica	pratique	99
practicar	pratiquer	70, 89, 100
práctico/ca	pratique	20, 82
pradera	prairie	35
precaución	précaution	84
precavido	averti, prévoyant	13
precio	prix	38, 67, 68, 76, 78
precisar	préciser	A
preferencia	préférence	38
preferir	préférer	74, 98, A

pregunta	question	11
preguntar	demander (poser une question)	17, 21, 64
preguntarse	se demander	96
premio	prix	68
prenda (la)	gage	87
prenda de vestir (la)	objet d'habillement, vêtement	87
preocuparse	se préoccuper, s'en faire	31
presa	proie	93
presentar	présenter	41
presentarse	se présenter	92, 99, 100
prestado	emprunté	47
prestar	prêter	94
previsto	prévu	46
primavera (la)	printemps	69
primera	première	94
primero	d'abord	54
primero (lo)	première chose (la)	41, 66
primero, primer	premier	1, 14, 41
principal (inv.)	principal	82, 97
principalmente	principalement	41
principio	principe, début	79, 92
prisa	hâte	38
probablemente	probablement	85
probar	goûter, prouver, essayer, tenter	32, 74, 85, 94
probarse	essayer (un vêtement)	74, 76
problema (el)	problème, question	11, 94
procedente	originaire	95
procedente de	originaire de, en provenance de	95
producción	production	86
producir	produire	74, 94
producto	produit	61
producto de limpieza	produit d'entretien	61
profesión	profession	15
profesor	professeur	15
programa	programme	94
prohibido	interdit	37
prohibir	interdire	P
pronto	bientôt	40
pronunciación	prononciation	1, 7
propietario	propriétaire	78
propina (la)	pourboire	21
propio	propre	33, 95
proponer	proposer	25, 28, 87
proporcionar	proportionner	78
protagonista	personnage principal, protagoniste	39
proteger	protéger	93
proveer	pourvoir	A
provincia	province	97
provocación	provocation	90
próximo	prochain	14, 49
proyecto	projet	9, 86
psicoanalista	psychanalyste	53

público/ca	public/publique	21, 95
pueblo	village	69, 86, 92
puede ser que	il se peut que	85
puente	pont	69
puerta	porte	45, 49, P
puesto	poste	41
punta	pointe	2, 65
punto	point	71, 89, 100
puntual (inv.)	ponctuel (heure)	18
puñado (un)	poignée (quantité)	65

Q

que	que	9, 42
qué	que, quoi	4, 60
quedar	rester, prendre, avoir rendez-vous	10, 14, 57, 65, 100
quedarse con algo	prendre, garder quelque chose par devers soi	76
queja	plainte	95
quejarse	se plaindre	66, 89
quemar, quemarse	brûler, se brûler	62
quemarse la espalda	avoir un coup de soleil (au dos)	62
querer	vouloir, aimer	3, 7, 14, 51, 66
queso	fromage	78, P
quien, quienes	qui	40, 51, P
quiniela (la)	pari sportif (football)	85
quiosco	kiosque	54, P
quitando…	à l'exception de…, mis à part…, sans compter…	73
quitar	ôter, prendre	40, 45
quitarse	enlever, ôter (un vêtement)	87
quizá(s)	peut-être	68, 72, 85

R

ración	portion	13
radio	radio	45
raja	tranche	52
rarísimo	très rare, rarissime	14, 93, 94
raro	rare, bizarre, étrange, curieux	94
ratito	petit moment	22
rato	moment	15, 28, 62, 71
ratón (el)	souris	94
raya	rayure	32, 35, 75
rayo	rayon	83
razón	raison	80
reaccionar	réagir	90
Real Academia Española	Académie Royale Espagnole	49
realizar	accomplir	99
rebanada	tranche, tartine	52
recapitulativo	récapitulatif	7, 14
receta	recette	86
recibo	reçu	21
recientemente, recién	récemment, nouveau	9, 14, 44
recinto (el)	enceinte, lieu	37
recomendar	recommander	68, 84

reconocer	reconnaître	60, 75
reconstitución	reconstitution	69
recordar	se souvenir, rappeler	53, 83
recorrer	parcourir	80
recorrido	parcours	67, 80
recuerdo	souvenir	53
red (la)	réseau	59
red de carreteras españolas	réseau routier español	38
redactar	rédiger	55
reducir	réduire	38
refresco (el)	boisson rafraîchissante	65
refugio	refuge	80
regalar	offrir	49
regalo	cadeau	23, 67
región	région	69, 78, 86
regional (inv.)	régional	86
registrar	enregistrer, fouiller	69, 79
regresar	retourner, rentrer, revenir	49
regreso	retour	40, 49
rehuir	fuir	100
reír / reírse	rire	98
relación	rapport, relation	92, 99
relativo	relatif	11
releer	relire	81, 100
relieve	relief	97
religión	religion	48
religioso	religieux	69
rellenar	remplir	50
reloj (el)	montre	17, 54, P
remitir	remettre	A
rendir	rendre	A
reñir	gronder	81, 98
reparar	réparer	94
repasar	réviser	100
repaso (el)	révision	7, 21
repetir	répéter	26, 96, P, A
reponer fuerzas	reprendre des forces	100
resbalar	glisser	57
reserva	réservation, millésime, réserve	59, 74
reserva	réserve	22
reservado	réservé	22, 44
reservar	réserver	56, 78
resistir	résister	64
respetar	respecter	38, 79
respirar	respirer	29
responder	répondre	57
responsabilidad	responsabilité	66
respuesta	réponse	90
restaurante	restaurant	44, 49
resultar	résulter	88
retirar	retirer, enlever	52
retraso	retard	18, 21

quinientos veinticuatro • 524

reunión	réunion	63
revista	revue	99
revolotear	voltiger	65
rey	roi	62, 67
Reyes Magos	Rois Mages	67
rico	riche	12, 14, 72, 86
rinitis	rhinite	P
río (el)	rivière, fleuve	97
riquísimo	très riche, richissime	14
ritmo	rythme	80
rito	rite	P
robar	voler	45
rodaja	tranche, rondelle	52
rodar	rouler	38
rogar	prier	37, 49
rojo/ja	rouge	5, 35, 75
rollo (el)	rouleau, bobine	39
romería (la)	pèlerinage	69
rompecabezas	casse-tête, puzzle	72
romper	rompre, casser, briser	20, 72
ropa (la)	linge, vêtement, vêtements, habits	55
ropa interior (la)	linge de corps (le)	55
rosado	rosé	74
roscón de Reyes (el)	galette des Rois	67
roto	cassé	29
rozar	côtoyer	97
rubio	blond	62
ruedo	rond, arène	99
ruido	bruit	43, 50, 65, P
ruina	ruine	P
rural (inv.)	rural	78
Rusia	Russie	97
ruta	route	80

S

sábado	samedi	10, 14
saber de	connaître	78
saber	savoir	5, 7, 21, P
sabor (el)	saveur, goût	35, 86
saborear	déguster	86
sacar	sortir, retirer, prendre	61, 82
sacar tiempo	trouver le temps	82
sala	salle	84
salida (la)	départ, sortie	43
salir	partir, sortir	6, 12, 21, 35
salpicadero	tableau de bord	45
salsa	sauce	8
saltar	sauter	38
salud	santé	89, 98
saludar	saluer	57, 86
saludo	salut	67
salvaje	sauvage	93

sangre (la)	sang	90
sangría	sangria	74
santo	saint	69
sarta (la)	kyrielle, ribambelle, chapelet	52
sastre	tailleur	100
satélite	satellite	23
se	on	41, 49
se	se, lui, leur, vous	12, 45, 48, 49
sección (la)	section, rayon	32, 61
secreto	secret	100
sedal (el)	ligne	65
seducir	séduire	74
seguir	continuer, suivre	41, 70, 84, A
segundo (el)	seconde (unité de temps)	11, 21
segundo/da	second	2, 50, 93
segundo	plat de résistance	68
seguramente	sûrement	85
seguridad	sécurité	38, 83
seguridad social	sécurité sociale	29
seguro	sûr	40, 81
sello	timbre	14, P
semáforo	feu rouge	5, 14
semana	semaine	10
sencillo/lla	simple	72, 86
senda (la)	sentier	57, 90
senderismo (el)	randonnée (pédestre)	80, 93
se necesita	il faut	80
sentado	assis	24
sentar bien	réussir, convenir, faire du bien	43
sentarse	s'asseoir	40, 42, 88
sentido	sens	20
sentimiento	sentiment	95
sentir	regretter, être désolé, ressentir, éprouver	48, 98, 100
sentirse	se sentir	53, 85
señal (la)	signal (le), signe (le), arrhes (les)	72
señales de tráfico (la)	panneau de circulation / de signalisation	38, 72
señalización	signalisation	72
señor	monsieur	32
señora	madame	17
señorita	mademoiselle	31
separar	séparer	80, 97
ser	être	1, 7
serie	série	82
serio	sérieux	46
servicio	service	21, 31
servidor	serveur	94
servilismo (el)	servilité	90
servilleta	serviette (de table)	62, 68
servir	servir	13, 98
seta (la)	champignon	13
si	si	12
sí	oui	1

sí	soi	40
si no	sinon, autrement	18
siempre	toujours	10, 87
sierra	scie, chaîne de montagnes, cordillère	52
siesta	sieste	28
siglo	siècle	21, 86, 92
significar	signifier	55
signo	signe	2
sílaba	syllabe	2, 98, P
silbotear	siffloter	65
silla	chaise	65, 90
simpático	sympathique	56
simple	simple	80
sin	sans	57, 71, 81
sin gas (agua ~)	plate (eau)	68
sinfín	infinité	69
singular (inv.)	singulier	97
sinnúmero (un)	infinité	69, 86
sistema	système	83
sitio (el)	place (lieu)	29, 43, 59
sitio (web)	site (web)	94
situación	situation	43, 66
situar	situer	97
situarse	se situer, remonter	95
sobre todo	surtout	86
sociedad	société	40, 86, 94
socio	membre, sociétaire, associé	89
socorrista	secouriste, maître nageur	37
socorro	secours	43
sofá	canapé	40
sofisticado	sophistiqué	86
sol	soleil	65
soler	avoir l'habitude de, avoir coutume de	43, 87
solera	solive, tradition	86
sólo	seulement	26, 69
solsticio	solstice	69
soltar	lâcher	31, 41, A
sombra	ombre	98
sombrero	chapeau	75
sonámbulo	somnambule	48
sonar	sonner	31
sonreír	sourire	98
sonriente (inv.)	souriant	9
soportar	supporter	27, 28
sorprender	surprendre	90
sorprendido	surpris	41, 100
sorteo	tirage (au sort)	85
sospecha (la)	soupçon	57
sospechar	soupçonner	57
su, sus	son, sa, ses, leur, leurs	20, 28, 63, 81
subir	monter	56
sublevarse	s'insurger	90

subordinado	subordonné	40
subrayar	souligner	88
sustituir	substituer	A
sucesivamente	successivement	87
sudamericano	sud-américain	40
Suecia	Suède	88
suelto (dinero)	petite monnaie	6
sueño	sommeil	55
suerte	chance	85, 94
suficiente (inv.)	suffisant	66
sufrimiento (el)	souffrance	95
Suiza	Suisse	93
sujetador	soutien-gorge	87
suma (en ~)	somme (en ~)	99
sumar	additionner	97
superar	dépasser	97
superficie	superficie	93, 97
supermercado	supermarché	52, 61
suplemento	supplément	21
suplicar	supplier	55
suponer	supposer, présumer	52, 66
sur	sud	97
surgir	surgir	95
suscriptor	abonné	89
suspender	suspendre	A
suyo, a, os, as	sien, sienne, etc.	57, 63

T

tal vez	peut-être, il se peut que	85
talla	taille	76
también	aussi	25, 98
tampoco	non plus	52
tan... como	aussi... que	42
tanto, tan	aussi, tant, tellement, autant, si	11, 14
tapa	"tapa"	1, 14
tardar	tarder, mettre du temps, être long	24, 61
tarde	après-midi	10, 21, 89, 96
tarde	tard	50, 71
tarde (de la ~)	après-midi (de l'~)	21
tarde (por la ~)	après-midi (l'~)	61
tarea	tâche	75
tarjeta de crédito	carte de crédit	61
tarjeta de visita	carte de visite	61
tarjeta postal	carte postale	61
tarjeta telefónica	télécarte, carte téléphonique	61
tarjeta	carte	54, 61
taxi	taxi	18, 19, 21, P
taxista	chauffeur de taxi	19
te	te	2, 49
té	thé	13, P
teatro	théâtre	8, 14, P
teclado	clavier	94

técnico	technicien	49, 94
tecnología	technologie	83
tele	télé	31
telediario	journal télévisé	82
teledirigido	téléguidé	83
telefonazo	coup de téléphone	54
telefonear	téléphoner	4
teléfono	téléphone	2, 7
televisión	télévision	31, 99
tema	thème, sujet	11
temer	craindre	27, 28
temporada alta	haute saison	60
temporada baja	basse saison	60
temporada	saison, période, époque	60, 68, 78, 99
temprano	bonne heure (de), tôt	65
ten	tiens, voici, voilà	82
tenacidad	ténacité	99
tender la ropa	étendre le linge	55
tenedor (el)	fourchette	68
tener	avoir	1, 7, 14, 21
tener cuidado	faire attention	38, 94
tener encanto	avoir du charme	36
tener ganas	avoir envie	58
tener prisa	avoir hâte, être pressé	38
tener que	devoir	21
tenga	tenez, voici, voilà	82
tenis	tennis	89
tensión	tension	60
tercera edad (la)	troisième âge	22
terminal	terminal	33
término (el)	fin, terme	67
termómetro	thermomètre	97
tesoro	trésor	82
test	test	99
Tíbet	Tibet	27
tiempo	temps	10, 49, 88
tienda (la)	magasin, boutique	47, 61, 82, 91, 94
tienda de comestibles / de ultramarinos	épicerie	52
tilde	tilde, accent écrit	2, 58
tinto	rouge (vin)	74
tío	oncle, type, mec	73, 81
típicamente	typiquement	86
tipo	type, sorte, genre	43, 69, 87
tirarse	se jeter	68
tiro (el)	tir, balle, coup	39, 94
toalla	serviette (de bain)	62
tobogán	toboggan	63
tocar	toucher, être le tour, gagner à la loterie	29, 50, 85
tocar el gordo	gagner le gros lot	85
tocino	lard	9
todavía	encore	8, 49

todo	tout	10, 14
Todos los Santos	Toussaint	69
tolerante	tolérant	90
tomar	prendre	6, 10, 97
tomate (el)	tomate	61, P
tomate concentrado	concentré de tomates	61
tonto	bête	12
toro	taureau	99, P
torre	tour	79
tortilla	omelette	1, 7
trabajar	travailler	10, 15, 42
trabajo	travail	8, 15, 28, 49, 82
tradición	tradition	86
tradicional (inv.)	traditionnel	86
traducir	traduire	1, 74
traer	apporter	13, 28, 67
tráfico (el)	circulation, trafic	38
tragar	avaler	31, 73
trampolín	plongeoir	37
tranquilidad	tranquillité	100
tranquilizante	tranquillisant	31
tranquilizar	tranquilliser, rester calme, ne pas s'en faire	31
tranquilo	calme, tranquille	25
transportador	transporteur	33
tras	après, derrière	41, 57, 93
trasero	arrière	45
trasnochar	passer une nuit blanche, se coucher tard	16
tratar de	essayer de	99
tratarse de	s'agir de	79, 96, 99
través	travers	95, 100
trayecto	trajet	80
tren	train	11
tripulación (la)	équipage	33, 83
tristeza	tristesse	95
trofeo	trophée	97
tu	ton, ta	2, 28, 63, 81
tú	tu, toi	2, 7
tumbarse	s'allonger	65
tumbona (la)	transat	65
turbulencia	turbulence	83
turismo	tourisme	59, 78
turístico/ca	touristique	68
turno	tour	50
tuyo/a/os/as	tien, tienne, etc.	42, 63

U

último	dernier	14, 90
ultramarinos (tienda de ~)	épicerie	52
un	un	1, 7, 14, 21
único (el)	seul (le)	37, 53, 56, 90
universalmente	universalement	95
universidad	université	46

Spanish	French	Pages
uno, un	un	1, 7, 8, 14, 21
unos	quelque(s)	71, 80
urgencia	urgence	31
urgencias	urgences (service des)	29, 31
Uruguay	Uruguay	34
usted	vous	5, 49
útil	outil	P

V

Spanish	French	Pages
vacío	vide	43, 90
valenciano	valencien (de Valence)	72
valer	valoir	88
valor (el)	valeur	35
variado	varié	86
variante	variante	95
vasco/ca	basque	72
vaso	verre	34, 68, 80
vecino	voisin	59
vehículo	véhicule	P
velocidad	vitesse	9
vencedor	vainqueur	86
vendedor	vendeur, démarcheur	90
vender	vendre	34, 94
venenoso	vénéneux	13
venida	venue	9
venir	venir	8
ventaja (la)	avantage	72
ventana	fenêtre	28
ventanilla (la)	guichet, vitre, glace de voiture	28, 50
ver	voir	9, 14, 49
verano	été	40, 49, 62, 69
verdad	vérité, vrai	9, 98
verdaderamente	vraiment	53
verdadero/ra	vrai, véritable	99, 100
verde (inv.)	vert	32, 35
ver la televisión	regarder la télévision	99
versión	version	99
vestíbulo	vestibule, hall	48
vestir	habiller	37, 75, A
vez (la)	fois, tour	36, 49, 71, 87, 93
viaje	voyage	P
vida	vie	11
vídeo	vidéo	47
viejo	vieux	6
viento	vent	62
vientre	ventre	29
viernes	vendredi	14
vietnamita	vietnamien	92
vino	vin	16, 68
viña	vigne	P
virus	virus	94
visera	casquette	65

visita	visite	82
víspera	veille	67
vista	vue	100
visto	vu	14
viuda	veuve	P
vivir	vivre	49
vivir en	habiter	21
vivo	vif	74
Vizcaya	Biscaye	97
volante	volant	45
volar	voler	83
volcánico/ca	volcanique	93
voluntario/ria	volontaire	49
volver a empezar	recommencer	49
volver a hacer	refaire	100
volver loco	rendre fou	36
volver	rentrer, tourner, revenir, retourner, rendre, devenir	9, 31, 36, 49
vosotros, vosotras	vous	7
voz	voix	31, 95, 100
vuelta (la)	retour, tour	9, 29, 49
vuestra merced	votre grâce	5
vuestro/a/os/as	votre, vos	63

W

walkiria	walkyrie	P
web	web	94
whisky	whisky	P

X

xilófono	xylophone	P

Y

y	et	2, 21, P
ya	déjà	18, P
ya no	ne… plus	58, 63
ya que	puisque	83
ya sea… o ya sea	soit… soit	70, 80
ya… ya	soit… soit	70
yo	je, moi	2
yogur	yaourt	61
yunta (la)	attelage de bœufs	37

Z

zapatillas de deporte	chaussures de sport	75
zapato (el)	chaussure, soulier	32, 35, 44
zar	tsar	97
zona azul	zone de stationnement payant	38
zona	zone	38, 44, 78, 83
zumo	jus (de fruit pressé)	P

quinientos treinta y dos • 532

Lexique français-espagnol

A

à	a, por	4, 14, 78
à / au titre de	en calidad de	86
accent écrit	tilde	2, 58
à ce qu'il semble	al parecer	83
à côté	al lado	32
à côté de	junto a	30, 63
à l'aise	cómodo/da	40, 42
à l'égard de	con respecto a	85
à l'exception de	quitando	73
à l'occasion de	con motivo de	99
à merveille	de maravilla	49
à nouveau	de nuevo	49
à peine	nada más	44
à peu de chose près	poco más o menos, más o menos	75
à peu près	alrededor de, poco más o menos	52, 75, 78
à propos	por cierto	62
abandonner	abandonar	37, 86, 90
abattage (du cochon)	matanza (la)	86
abeille	abeja	68
abonné	abonado, suscriptor	89
abriter	albergar	93
absolument	absolutamente	83
absorber	absorber	A
abstraire	abstraer	A
accélérateur	acelerador	45
accent	acento	P
accentuation	acentuación	7
accident	accidente	38
accidenté	accidentado	97
accompagner	acompañar	69, 76, 84, 100
accomplir	cumplir, realizar	23, 65, 99
accord	acuerdo	10
accorder	conceder	59
accroché, "accro"	enganchado	31
accrocher	enganchar	31
accueil	información (la)	82
achat	compra (la)	76
acheter	comprar	25, 42, 49, 94
acquérir	adquirir	82
acte	acto	8
acteur sans importance	actorzuelo	81
action	acción	64
activité	actividad	78
addition	cuenta (la)	13, 53
additionner	sumar	97
adhérent	afiliado	89
adhésif	adhesivo	33

administrativement	administrativamente	97
admirer	admirar	90
admonestation	amonestación	48
adonner (s'~)	dedicarse	15, 28
adopter	adoptar	25
adresse	dirección	57
adresser	dirigir	40, 77, 81
adresser (s'~)	dirigirse	44, 51, 81
adulte	adulto	22
advenir	ocurrir	55, 71
aéroport	aeropuerto	18
affaire	asunto (el), cuestión (la), negocio (el), cosa	11, 26, 49, 79, 81
affilié	afiliado	89
affronter	desafiar, hacer frente, afrontar	85, 100
africain	africano	97
âge	edad (la)	22, 95, P
âgé	mayor (inv.)	38, 47, 86, 93
agence	agencia	25
agglomération	aglomeración	69, 93
agir (s'~ de)	tratarse de	79, 96, 99
agitation	agitación	67
agréable	agradable, feliz (inv.)	23, 66, 82, 83, P
agreste	agreste	93
aide	ayuda	12, 63, 75
aider	ayudar	53, 100
aigle	águila* (el)	93
aigu	agudo	98
aiguisé	afilado	68
aimable	amable	43
aimer	querer, gustar	3, 7, 9, 14, 19, 28, 51, 66, 88
aimer beaucoup	deleitarse	86
aîné	mayor (inv.)	38, 47, 86, 93
ainsi	así	30, 34, 92, 93, 96
ainsi donc	así pues, así que, conque, de manera que, de modo que	66
ainsi que	así como	82
air	aire	P
ajouter	añadir	69, 81
alcool	alcohol	31
alcoolisé	alcohólico	65
alentours	alrededores	78
allées et venues	idas y venidas	9
aller	ir	6, 7, 14, 28, 42
aller (l')	ida (la)	9
aller chercher	ir por	61
aller faire des achats (dans les boutiques)	ir de compras	76
aller faire du camping	ir de acampada	63
aller-retour (l')	ida y vuelta (la)	9, 49
allonger (s'~)	tumbarse	65

allumé	encendido	44
allumer	encender	45
allure	aspecto (el)	11, 77
alors	entonces, así pues, así que, conque, de manera que, de modo que	25, 66
alors que	cuando	29, 31, 95
amant	amante	93
amateur	aficionado	89, 93
ambulance	ambulancia	31
âme	alma* (el)	24, 68, 95
aménager	acondicionar	85
amende	multa	38
amer (rendre ~)	amargar	51
Américain	americano	40
américain du nord	norteamericano	40
ami	amigo	4, 14, 98
amitié	amistad	98
amour	amor	9
amoureux/euse	amante	93
ampleur	amplitud	100
amuser (s'~)	disfrutar, divertir(se), pasár(se)lo bien	88, 89, 98, A
an, année	año (el)	16, 23, 42, 80, 96
analphabète	analfabeto/ta	81
ancienneté	antigüedad	86
andalou	andaluz	95
anglais	inglés	40, 92
anniversaire	aniversario, cumpleaños	23
annonce	anuncio (el)	41
annotations	apuntes (los)	97
annuler	anular	47
"ANPE"	INEM	41
anphétamine	anfetamina	34
antivirus	antivirus	94
apaiser	apaciguar	77
apéritif	aperitivo	1, 14
apparaître	aparecer	71
appareil	aparato	83
apparemment	al parecer	83
appartement	piso	21, 25, 28, 85
appel	llamada (la)	54, 71, 78
appel en PC.V.	llamada a cobro revertido	54
appelé	llamado	4
appeler	llamar	4,7, 28, 35, 49 100, P
appeler (s'~)	llamarse	2
appellation	denominación	74
applaudir	aplaudir	P
apporter	traer, llevar	13, 18, 26, 28, 55, 60, 67, 89, 94
appréciation	apreciación	11
apprécier	apreciar	86, 100
apprendre	aprender , enseñar	46, 88
apprêter (s'~)	disponerse	83

approcher (s'~)	acercarse	37, 65
appuyer	apretar	29
après	después, tras, luego	8, 14, 16, 34, 41, 57, 81, 85, 93
après-midi	tarde	10, 21, 89, 96
après-midi (de l'~)	tarde (de la ~)	21
après-midi (l'~)	tarde (por la ~)	61
arabe	árabe	92, 95
arbre	árbol	41, 90, 98, P
archipel	archipiélago	97
arène	ruedo	99
argent	dinero	6, 7
arguer	argüir	P
arranger (s'~)	arreglarse	59, 75
arrêt	parada (la)	19, 57
arrêter (s'~)	parar(se)	70, 96
arrhes (les)	señal (la)	72
arrière	trasero	45
arrivant	llegado	44
arrivé	llegado	44
arrivée	llegada	33
arriver	llegar, pasar , aparecer, ocurrir	10, 20, 30, 36, 42, 43, 55, 71, 87, 94, 96,100
art	arte	82, 100
article	artículo	7, 94
artiste	artista	95
artistique	artístico	95
ascenseur	ascensor	57
aspect	aspecto (el)	11, 77
assembler	ayuntar	37
asseoir (s'~)	sentarse	40, 42, 88
assez	bastante	40
assidu (suivi)	asiduo	100
assiette	plato (el)	68
assiette variée	plato combinado (el)	68
assis	sentado	24
associé	socio, asociado	89, 95
atrocité	barbaridad	52
attacher	abrochar, atar, ligar	38, 62, 83
atteindre	alcanzar	95, 100
attelage de bœufs	yunta (la)	37
attendre	esperar	6, 21, 43, 71
attente	espera	67, 90
attention	atención, cuidado	38
atterrir	aterrizar	27, 83
attirance	atracción	64
attirer	atraer	64
attitude	actitud, comportamiento (el)	57, 69, 96
attraction	atracción	64
attraper	agarrar	6, 33
au	al	4,14
au cas où	por si acaso	75

"au détour de"	con motivo de	99
au moyen de	por medio de	83
au plus vite	cuanto antes	59
au sujet de	con respecto a	85
aubaine	ganga, chollo (el)	26
aube	alba* (el), madrugada (la), albor (el)	65, 92
auberge	albergue (el)	80
aucun	ninguno, ningún	29,51,57
augmentation	aumento (el)	92
augmenter	crecer	38,
aujourd'hui	hoy	6, 14, P
au revoir	adiós	1, 7, 98
au revoir (dire ~)	despedirse	94
aussi	tanto, tan, también, así mismo	11, 14, 25, 98, 100
aussi... que	tan... como	42
autant	tanto, tan	11, 14
auteur	autor	14, 90, P
autobus	autobús	6, 14
autocar	autocar	89
auto-grue de la fourrière	grúa municipal	38
automobile	automóvil (el)	20
autonome	autónomo	83, 97
autoradio	autorradio	45
autorité	autoridad	90, 93
autoroute	autopista	38
autour	alrededor de	52, 75, 78, P
autour de	en torno a	69
autre	otro, a	29, 93
autrement	si no, de otra manera	18, 90
autres	demás	93
avaler	tragar	31, 73
avance (à l')	antelación (con ~)	98
avant	antes	13
avant que	antes de que	61
avantage	ventaja (la)	72
avec	con	3
avec moi	conmigo	12
avec toi	contigo	12, 66
aventure	aventura	80
averti	precavido	13
avertir	avisar, advertir	48, 58, 66, 71, 90, 98
avertissement	advertencia (la)	48
avion	avión	18, 21
avocat (profession)	abogado	100
avoir	tener	1, 7, 14, 21
avoir (auxiliaire)	haber	3, 4, 6, 7, 14, 21, 28, 42, P
avoir besoin de	necesitar	12, 14, 49, 75
avoir coutume de	soler	43, 87
avoir du charme	tener encanto	36
avoir envie	tener ganas, apetecer	58, 85
avoir hâte	tener prisa	38

avoir l'air	parecer	10, 14, 16, 26, 71
avoir l'habitude de	soler	43, 87
avoir le mal de mer	marearse	43
avoir le plaisir de	complacerse	83
avoir le tournis	estar mareado	76
avoir lieu	ocurrir	55, 71
avoir mal à	doler	29
avoir mal au cœur	marearse	43
avoir plaisir à	complacerse	83
avoir rendez-vous	quedar	10, 14, 57, 65, 100
avoir un coup de soleil (au dos)	quemarse (la espalda)	62
aztèque	azteca	88

B

bagages (les)	equipaje (el)	33
baigner (se)	bañarse	46
baigneur	bañista	37
bal	baile (el)	95
baléare (des Baléares)	balear	97
balle	tiro (el)	39, 94
banc	banco	65
banc de pierre adossé au mur	poyo	P
bande	cinta (la)	33
banque	banco (el)	15, 21
banquette	asiento (el)	43, 45, 83
bar	bar	54, 71
barbare	bárbaro	52
barbarie	barbaridad	52
barber	fastidiar	73
bas	bajo	75, 90
bas (habillement)	media (la)	87
basket (sport)	baloncesto	89
basque	vasco/ca	72
basque (langue)	eusquera / euskera	72
basse saison	temporada baja	60
basse-cour	corral (el)	93
bâton	palo	27
battements des mains	palmas (las)	95
bavarder	charlar	30, 88
beau	bueno, guapo, hermoso	12, 30, 62
beaucoup	mucho	9, 14
belle-sœur	cuñada	63
bénir	bendecir	A
béret	boina (la)	75
besoin	necesidad (la)	100
besoin (avoir ~)	necesitar	12, 14, 49, 75
bête	tonto	12
bêtise	bobada	79
beurre	mantequilla (la)	61
bibliothèque	biblioteca	94

bicyclette	bicicleta	57
bien	bien	3, P
bien que	aunque	86, 87, 90
bien sûr	por supuesto	66
bientôt	pronto	40
bifteck	filete	68
bilingue	bilingüe	92
billet	billete	6, 49, 63, 85
Biscaye	Vizcaya	97
bise, bisou	beso (el)	19
bizarre	raro	94
blanc	blanco	32, 74, 75
bleu	azul (inv.)	32, 35, 38, 65, 75
blond	rubio	62
bloquer (se)	bloquearse	90
bobine	rollo (el), carrete (el)	39, 46
boire	beber	35, 74, P
bois	bosque (el)	48, 90, 93
bois (matière)	madera (la)	68
boisson	bebida	61, 65
boisson rafraîchissante	refresco (el)	65
boîte à lettres	buzón (el)	50, 57
boîte postale	apartado de correos (el)	50
bon	bueno, buen	4, 9, 14
bon marché	barato/ta	52
bonbon	caramelo	64
bonheur	felicidad (la)	23
bonne heure (de)	temprano	65
bord (à ~)	bordo (a ~)	83
bottin	guía (la)	54, 62
boucherie	carnicería	52
bouchon	atasco	18, 21
boucle d'oreille	pendiente (el)	44, 69
bouger	moverse	88
boulanger	panadero	15
boulangerie	panadería	17
bout de bois	palo	27
bouteille	botella	68, 74
boutique	tienda (la)	47, 61, 82, 91, 94
boutonner	abrochar	38, 83
branlant	bamboleante (inv.)	65
braver	desafiar	85
Brésilien	brasileño	40
briller	destacar	88
brise	brisa	62
briser	romper	20, 72
brochure	folleto (el)	82
bronzé	moreno	62, 88
bronzer	broncear, ponerse moreno	62
brouhaha	algazara (la)	67
bruit	ruido	43, 50, 65, P

brûler, brûler (se)	quemar, quemarse	62
brun	moreno	62, 88
bûcheron	leñador	41
buffet	aparador	68
bureau (lieu)	oficina (la)	41, 54, 59
bureau (pièce)	despacho	59, 79
bureau (table)	despacho, mesa de despacho (la)	59, 79
bureau de "France Télécom"	oficina de "Telefónica"	54
bureau de poste	oficina de correos	50
bureau de tabac	estanco	50

C

cabine	cabina	54
cabinet	consulta (la)	29, 53
cacher	esconder, ocultar	79, A
caddy	carro	61
cadeau	regalo	23, 67
café	café	14, 28, 71, P
caisse	caja	76
caissière	cajera	61
calme	tranquilo	25
camarade	compañero/ra	58, 71
camion de la fourrière	grúa municipal	38
Canadien	canadiense (inv.)	40
canapé	sofá	40
canarien (des Canaries)	canario	97
candidat	candidato	41
caneton	patito	P
canne	caña	46
cannelle	canela	86
capitale	capital	69
caractère	carácter	69, 80, 88, 97
caractériser	caracterizar	86
carafe	jarra	68
carnaval	carnaval	69
carré	cuadrado	97
carrefour	cruce	38
carrément	francamente	40, 53
carte	tarjeta	54, 61
carte (postale)	postal	61
carte (restaurant)	carta	74
carte de crédit	tarjeta de crédito	61
carte de visite	tarjeta de visita	61
carte postale	tarjeta postal	61
carte téléphonique	tarjeta telefónica	61
cartes (jeu)	cartas	89
cas	caso	72
casquette	visera	65
cassé	roto	29
casser	romper	20, 72
casse-tête	rompecabezas	72

castagnette	castañuela	95
Castillan	castellano	72
catalan	catalán	72
catalogue	catálogo	82
ce, cet, cette… (là-bas)	aquel, aquella…	35
ce, cet, cette…(ci)	este, esta…, ese, esa…	10, 16, 32, 35
ceci	esto	33, 35
cédérom	cederrón	47
ceinture	cinturón (el)	38, 83
cela	eso	29, 33, 35
cela (là-bas)	aquello	35
célébration	celebración	69
célébrer	celebrar	23
celle-ci	ésta	P
celle-là	ésa	33
celui qui, celui que	el que	32
celui-ci, celle-ci, ceux-ci…	éste, ésta, éstos…	32, 33, 35
celui-là, celle-là…	ése, ésa…	32, 33, 35
celui-là, celle-là… (là-bas)	aquél, aquélla	35
ce n'est pas grave	no importa	67
cent	ciento, cien	21, 31
centre	centro	97
centre commercial	centro comercial	61
ce que, ce qui	lo que	29
céréale	cereal	61
cerise	cereza	50
certain	cierto	36, 62
certainement	cierto	36, 62
certes	cierto	36, 62
cesser	cesar	92
chacun	cada uno	47
chahut	jaleo, bronca (la)	39, 55
chaîne	cadena	75, 99
chaîne de montagnes	sierra	52
chaise	silla	65, 90
chaleur	calor (el)	35, 86
chambre	habitación	49, 59, 96
chameau	camello	67
champ	campo	93
champagne	cava (el)	74
champêtre	campestre, agreste	93
champignon	seta (la)	13
champion	campeón	89
chance	fortuna, suerte	85, 94
changer	cambiar	26, 28, 85
chant	canto, cante	60, 95
chanter	cantar	21, 98, P
chapeau	sombrero	75
chapelet	sarta (la)	52
chaque	cada	30, 87, 93
chaque fois plus	cada vez más, cada día más	36, 47, 100

char (de carnaval)	carroza (la)	67
charcuterie	charcutería	52
charger	cargar	67
charmant	encantador	36
charme	encanto	36, 95
charmer	encantar	36
chasse	caza	P
chat	gato	34, 35, P
châtaigne	castaña (la)	62
châtain	castaño	75
chaud (il fait ~)	calor (hace ~)	62
chauffeur de taxi	taxista	19
chaussée	calzada	32
chausser	calzar	32
chaussette	calcetín (el)	87
chaussure	zapato (el)	32, 35, 44
chaussures de sport	zapatillas de deporte	75
chemin	camino	57, 80
chemin de fer	ferrocarril	43
chemise	camisa	35, 75
cher	caro	52, 76
chercher	buscar	40, 42, 61, 91, 100
cheval	caballo	32
chevalier	caballero	32
chevaucher	cabalgar	67
cheveu	pelo, cabello	38, 71
cheveux (les)	pelo (el) (sing.)	71, 75
chez	a / en casa de	27, 28
chic	estupendo	4, 59, 73, 88
chien	perro	34, P
chilien	chileno	40
Chinois	chino	30, 92
"chiringuito"	chiringuito	65
chocolat	chocolate	P
chocolat (bonbon au)	bombón	64
chocolat avec "churros"	chocolate con churros	3
choisir	elegir	68, 81, A
chômage	paro	41
chômé (jour~)	día festivo	69
chorizo	chorizo	52
chose	cosa	13, P
chrétien	cristiano	95
ciel	cielo	41
cigarette	cigarro (el)	44
cinéma	cine	4, 7, 14, 28, 42, 49, P
circonstance	circunstancia	26
circuit	circuito	P
circulation	tráfico (el), circulación	38, 94
circuler	circular	38, 42
citron	limón	52
clair	claro	3

quinientos cuarenta y dos • 542

clarté	claridad	90
clavier	teclado	94
clé	llave	81
client	cliente	47
climat	clima	97
cloche	campana	54
cloître	claustro	82
clôturer	cerrar	52, 67, 90
club	club	87, 89
code postal	código postal	50
cœur	corazón	29
cœur (avoir mal au ~)	marearse	43
coffre à bagages (voiture)	maletero	57
collègue	compañero/ra	58, 71
coller	pegar	38
coller (se ~)	pegarse	39
colonie	colonia	93
combien	cuánto	10
combiner	combinar	95
comissariat	comisaría (la)	45
commande	mando (el)	31
commandement	mando	90
comme	en, como	5, 13, 86, 100
comme ça	así	30, 34, 92, 93, 96
commémoration	conmemoración	69
commencer	empezar	22
comment	cómo	2, 30, 96, P
commerce	comercio	61
commettre un délit	delinquir	77
communauté	comunidad	97
commune	municipio (el), concejo (el), ayuntamiento (el)	37
communication	comunicación	92
communion	comunión	95
communiquer	comunicar	54
compact-disque	disco compacto	47
compagnie	compañía	40
comparer	comparar	53
compenser	compensar	60
compétent	competente (inv.)	90
complaire	complacer	83
complet	completo	98
complètement	completamente	83
compléter	completar	1, A
complexe	complejo	83
complexé	acomplejado	53
compliqué	complicado	72, 75
comportement	comportamiento (el)	69
compréhension	comprensión	90
comprendre	comprender, entender	43, 96, 100
compte	cuenta (la)	13, 53
compte courant	cuenta corriente (la)	13

compter	contar	29, 53, 93, 98
concentré	concentrado	61
concentré de tomates	tomate concentrado	61
concentrer (se~)	concentrarse	61
concierge	portero	49, 57
conclure	concluir	A
concordance	concordancia	81
concrétiser	concretar	A
condition	condición	100
conduire	conducir	74, 77
confesser	confesar	A
confirmer	confirmar	59
confondre	confundir	9, A
confortable	cómodo/da	40, 42
confus	confuso	81
congé	permiso (el)	48, 59,
congélateur	congelador	61
congeler	congelar	61
conjugaison	conjugación	7, 100
connaissance	conocimiento (el)	100
connaître	conocer, saber de	40, 49, 78
consacrer (se ~)	dedicarse	15, 28
conseil	consejo	56, 59
conseil municipal	concejo (el)	37
conseiller	aconsejar	56, 78
consister	consistir	81
consommation	consumición	38
constant	constante (inv.)	86, 92
consteller	constelar	80
constituer	constituir	80
construire	construir	80
consultation	consulta (la)	29, 53, 94
consultation sur R.V.	consulta previa petición de hora	53
consulter	consultar	94, 100
contact	contacto	19, 78, 99, 100
conte	cuento (el)	53
contenir	caber	57
content	contento	9, 66
contenter (se ~)	contentarse	74
continent	continente	93, 97
continuer	continuar, seguir	34, 41, 70, 84, A
contraire	contrario	53
contrat	contrato	40
contribuer	contribuir	80
convaincre	convencer	81
convenir	sentar bien	43
conversation	conversación	99
convertir	convertir	A
convoqué	convocado	40
convoquer	convocar	49
coordonnées	dirección	57

coq	gallo	60
cordillère	sierra	52
corne	cuerno	99
corps	cuerpo	29, P
correct	correcto	30
corriger	corregir	A
côté	lado	32, 71, 81
coton	algodón	76
côtoyer	rozar	97
coucher (se ~)	acostarse	60
coucher (se ~ tard)	trasnochar	16
coude	codo	54
coudre	coser	30
couleur	color (el)	35, 85, 86
coup	tiro (el)	39, 94
coup d'œil	ojeada (la)	79, 100
coup de cloche	campanada (la)	54
coup de coude	codazo	54
coup de flèche	flechazo	64
coup de foudre	flechazo	64
coup de marteau	martillazo	54
coup de pied	patada (la)	54
coup de pierre	pedrada (la)	54
coup de téléphone	telefonazo	54
coupe	copa (la), corte (el)	16, 76
couper	cortar	41
couper (se ~)	cortarse	71
couple marié	matrimonio	59
courage	ánimo	20
courant	corriente (inv.)	13
courir	correr	38, 42, 65, 89
courir un peu dans tous les sens (enfants)	corretear	65
courriel	correo electrónico	50, 59
courrier	correo	50
courrier express	correo urgente	50
cours	curso, clase (la)	40, 95
course	compra (la), carrera	76, 89
coursier	chico	46, 65, 71
court	corto	P
couteau	cuchillo	68
coûter	costar	22, 76, 94
couvert (ustensile de table)	cubierto	41, 68
couvrir (se ~)	cubrirse	68
cracher	escupir	44
craindre	temer	27, 28
crayon	lápiz	98
création	creación	86
credit	crédito	61
crème	crema	62
crème solaire	crema protectora	62

crétin	cretino	30
cri	grito	43, 95
croire	creer	11, 94
croisement	cruce	38
croiser (se ~)	cruzarse	57, 58
croître	crecer	38,
croix	cruz	41
cru (à ~)	a pelo	71
cruauté	barbaridad	52
cuiller	cuchara	68
cuire	cocer	87
cuisine	cocina	86
culotte	braga	87
cultiver	cultivar	49, A
culture	cultura	95
culturel	cultural (inv.)	92
curieux	curioso, raro	29, 86, 88, 94
curiosité	curiosidad	22

D

d'abord	primero	54
d'occasion	de ocasión	26
d'où	de dónde	82
d'un autre côté	por otra parte	81
dames (jeu de ~)	damas	89
danger	peligro	38
dangereux	peligroso	85
dans	por	78
dans + *temps*	dentro de + *temps*	59, 71
danse	baile (el)	95
danser	bailar, danzar	95
danseur de flamenco	bailaor	95
date	fecha	69
datte	dátil (el)	67
davantage	más	33, 42, 75
de	de	1, 14
de dos	de espaldas	43
de même	así mismo	100
de mieux en mieux	cada vez mejor	47
de moins en moins	cada vez menos	47
de nos jours	hoy día, hoy en día	80
de pire en pire	cada vez peor	47
de plus en plus	cada vez más, cada día más	36, 47, 100
de retour	de vuelta, de regreso	49
de toute façon	de todas formas	46
débarquer	plantar	90
débrouillard	despabilado	81
débrouiller (se ~)	arreglárselas	75
début	albor (el), principio	92
déchaîner	desatar	67
déchiffrer	descifrar	81

déchirant	desgarrador	95
décider	decidir	70
décision	decisión	48
déclarer	declarar	34, 93
décorer	decorar	85
dédicacer	dedicar	15, 69
dédier	dedicar	15, 69
défi	desafío	100
déficient	deficiente (inv.)	40
défier	desafiar	85
défilé	desfile, cabalgata (la)	67
déguster	saborear, paladear	86
dehors	fuera	60, 72, 99
déjà	ya	18, P
délai	plazo	59
délecter (se ~)	deleitarse	86
demain	mañana	30, 49
demain matin	mañana por la mañana	30
demande	petición	66
demander (poser une question)	preguntar	17, 21, 64
demander (se ~)	preguntarse	96
demander (solliciter)	pedir	13, 49, 64, 66, 77, 81, 84, 98
demander des excuses	pedir disculpas	44
demander la note	pedir la cuenta	84
démarche (la)	forma de andar (la)	57
démarcheur	vendedor	90
démarrer	arrancar	45, 90
demie (et ~)	media (y ~)	17, 21
démonter	desmontar	55
dénoncer	delatar	57
dénouement	desenlace	39
départ	salida (la)	43
dépasser	adelantar, superar	38, 97
déprimer	deprimirse	85
depuis	desde	37, 67, 83
déranger	molestar	45, 69, 71, 79, A
dernier	pasado, último	10, 14, 42, 62, 90
derrière	detrás / detrás de, tras, atrás	24, 41, 57, 72, 93
dès / aussitôt que possible	cuanto antes	59
dès que	en cuanto	100
désastre	desastre	39
descendre	bajar, echarse	27, 61, 99
descriptif	descriptivo	82
déshabiller (se ~)	desnudarse	46
désirer	desear	50, 82
désœuvré	desocupado, ocioso	62
désolé (être ~)	sentir	48, 98, 100
désormais	en adelante	100
dessert	postre	68
dessus	encima	44
destination	destino (el)	95

détacher	destacar	88
détail	detalle	78
détroit	estrecho	97
dette	deuda	P
deux	dos	1
devant	ante, delante, delante de	24, 70, 81, 90, 91, 99, 100
devenir	volver, llegar a ser	9, 31, 36, 49
dévêtir (se ~)	desnudarse	46
devoir	tener que	21
dialecte d'Aragon	aragonés	72
dialecte des Asturies	bable	72
dialogue	diálogo	7, 14
dicter	dictar	81
dictionnaire	diccionario	53, 94
dieu	dios	36
différence	diferencia	68
difficile	difícil	88
difficulté	dificultad	40, 99, 100
diffusion	difusión	92
diffuser	difundir	A
digital	digital, dactilar (inv.)	65
dimanche	domingo	14
dîner (le)	cena (la)	8
dîner	cenar	16, P
dire	decir	14, 22, 28, 42, 49
"dire"	apetecer	85
dire au revoir	despedirse	94
direct	directo	99
directeur	director	40, 59, 75
diriger	dirigir	40, 77, 81
discothèque	discoteca	95
discours	discurso	88
disculper	disculpar	44, 81
discuter	discutir	27, 85
disposer	disponer	31, 65, 66, 93
disputer (se ~)	discutir	27, 85
disque	disco	47
disque dur	disco duro	94
disquette	disquete (el)	94
distinguer	distinguir	77, A
distinguer (se ~)	destacar	88
distrait	distraído	45
distribuer	distribuir	80
dit	dicho	14
divers	diverso	78
diversité	diversidad	88, 93
diviser	dividir	97, A
docteur	doctor	29
domaine	campo	93
domestique	doméstico	34
domicile	domicilio	53, 90

domino	dominó	89
donc	así pues, así que, conque, de manera que, de modo que	66
donnée	dato (el)	78
donner	dar	29, 35, 42, P
donner la main (se ~)	darse la mano	29
dont	de quien, del que	81
dont le, dont la, de qui, duquel	cuyo, cuya, cuyos, cuyas	86, 91
dormir	dormir	7
dos	espalda (la)	43
dos (de ~)	de espaldas	43
douane	aduana	34
douleur	dolor (el)	29
doute	duda (la)	57, 81
douter	dudar	86, 99
douzaine	docena	52, 93
draguer	ligar con	62
dresser	disponer	31, 65, 66, 93
drogue	droga	31
droit	derecho	79
droite	derecha	5
du	del	7, 14
dur	duro	51
dynamique	dinámico	30

E

eau	agua* (el)	34, 68, 74, P
eau minérale	agua mineral	68
échapper	escapar	99
écharpe	bufanda (la)	67
échecs (jeu)	ajedrez (el)	79
éclat	astilla (la)	27
école	colegio (el), escuela	25, 40, 58, 81, 89, 92
économique	económico/ca	92
écosystème	ecosistema	93
écouter	escuchar, oír	24, 46, 96
écrire	escribir	14, 39, 42, 70, 81
écrit	escrito	14
écriteau	letrero	44, 46
écrivain	escritor	15
effectuer	efectuar	83, 95
effet	efecto	24, 92, P
effronté	descarado	44
égal	igual	68, 85, 96
égoïste	egoísta	40
Égyptien	egipcio	88
Égypte	Egipto	88, 97
élection	elección	37
électronique	electrónico/ca	50, 83
élève	alumno	97

élevé	alto	60, 75, 90, 95, 100
éliminé	eliminado	89
élire	elegir	68, 81, A
elle	ella	7
e-mail	correo electrónico, e-mail	50, 59
embarquer	embarcar	14
embouteillage	atasco	18, 21
embrasser (s'~)	besarse	91
embrayage	embrague	45
émergence	emergencia	31
émigrer	emigrar	81
émir	emir	62
emmener	llevar	18, 26, 55, 60, 89, 94
émouvoir (s'~)	alterarse	90
empiler	apilar	65
emplir	henchir	A
emploi	empleo	41
employé	empleado	30
emporter	llevar	18, 26, 55, 60, 89, 94
empreinte	huella	65
emprunté	prestado	47
emprunter	coger	6, 7, 21, 58
en	en	5, 86
en arrière	atrás	57, 72
en ce qui concerne	en cuanto a, en lo que concierne a	75, 85
en dessous de zéro	bajo cero	97
en face	enfrente	54
en plus	además	44
en provenance de	procedente de	95
en tant que	en calidad de	86
enceinte (lieu)	recinto (el)	37
enchanté	encantado	36, 82
enchantement	encanto	36, 95
encore	todavía	8, 49
encore une fois	otra vez	49
encourager	animar	89
endurer	aguantar	27
énergie	energía	99
enfant	niño	4, 7, 21, 25
enfiler	ponerse	67, 40, 42
engueulade	bronca (la)	55
enlever	quitarse, retirar, fastidiar	52, 73, 87
ennuyer (s'~)	aburrirse, pasárselo mal	87, 88
énorme	enorme	39, 61
énormement	muchísimo, barbaridad	25, 52
énormité	barbaridad	52
enquiquiner	fastidiar	73
enregistrer	registrar	69, 79
enseigner	enseñar	46, 88
ensemble	juntos/tas	16
entendre	oír, entender	46, 96, 100

enthousiasme	entusiasmo	67
entraîner	conllevar	66
entre	entre	92, 95
entrée	entrada	82
entrée (l'~ de l'immeuble)	portal (el)	57
entreprise	empresa	30
entrer	entrar, caber	27, 57, 99
entrer en lice	entrar en liza	99
entre-temps	entretanto, mientras tanto, mientras	50, 71
entretenir	mantener	66, 99
envie	gana	51
envie (avoir ~)	tener ganas, apetecer	58, 85
environ	alrededor de	52, 75, 78
environnement	medio ambiente	93
environs	alrededores	78
envoûtement	hechizo	95
envoyer	enviar	31, 59
éparpiller	esparcir	77
épaule	hombro (el)	43
épicerie	tienda de comestibles / de ultramarinos	52
époque	temporada, época	60, 68, 78, 86, 99
éprouver	sentir	48, 98, 100
équipage	tripulación (la)	33, 83
errant	andante (inv.)	32
erreur	error (el)	90
erroné	equivocado	78
espagnol	español	2, 7, 26
espèce	especie	64
espèces (en ~)	metálico (en ~)	61
esprit follet	duende	95
essayer	probar	32, 74, 85, 94
essayer (un vêtement)	probarse	74, 76
essayer de	tratar de	99
est (point cardinal)	este	97
estimer	estimar	57, 100
et	y, e	2, 21, 67, P
et demie	y media	17, 21
étage	piso	21, 25, 28, 85
étaler	extender	62, A
étape	etapa	80
états-unien	estadounidense	40
etc.	etcétera, etc.	82
été	verano	40, 49, 62, 69
éteindre	apagar	73
étendre	extender	62, A
étendre le linge	tender la ropa	55
étiquette	etiqueta	76
étoile	estrella	48, 59
étonné	extrañado	58
étrange	raro	94
étranger	extranjero	15

être	ser, estar	1, 5, 7, 14, 21
être à l'aise	estar cómodo	76
être agréable	complacer	83
être amer, rendre amer	amargar	51
être désolé	sentir	48, 98, 100
être long (durée)	tardar	24, 61
être nécessaire	hacer falta	75, 80
être pressé	tener prisa	38
être reconnaissant	agradecer	40, 82
étroit	estrecho	97
étudier	estudiar	22, 98, P
euro	euro	1, 7, 21, P
Europe	Europa	93, 97
Européen	europeo	80
eux	ellos	7
évaluer	evaluar	100
éveiller	despertar	39, A
événement	acontecimiento	69
événements	eventos	69
evident	evidente (inv.)	96
exactement	exactamente	68
exagérer	exagerar	52
examiner	examinar	29
excellent	estupendo, buenísimo, excelente (inv.) 4, 8, 59, 60, 88,73
excepter	exceptuar	A
exceptionnellement	excepcionalmente	86
excès	exceso	38
excité	excitado	89
excuse	excusa	69
excuses (demander des ~)	pedir disculpas	44
excuser	disculpar	44, 81
exemple	ejemplo	49, 85
exercer	ejercer	77
exercice	ejercicio	1, 100
existence	existencia	95
expérience	experiencia	41, 80
expliquer	explicar	45
exposer	exponer	82
exposition	exposición	82
expression	expresión	88, 95
exprimer	expresar	95, A
extérieur	exterior (inv.)	P
extra	extra	P
extraordinaire	extraordinario	53, 85
extrême	extraordinario, extremo	53, 65, 85, 97

F

face	cara (la)	11, 41
face à	frente a	90
facile	fácil	75, 98

façon	manera	57, 88, 100
facture	factura	90
faire	hacer	8, 12, 14
faire attention	tener cuidado	38, 94
faire du bien	sentar bien	43
faire du lèche-vitrines	ir de escaparates	76
faire front / face	hacer frente, afrontar	100
faire le numéro	marcar	54
faire marche arrière	echar marcha atrás	57
faire match nul	empatar	89
faire nuit	anochecer	61
faire preuve de	manifestar, mostrar, demostrar, dar pruebas / muestras de	90, A
faire remarquer	advertir	48, 98
faire ressortir	destacar	88
faire ses courses, son marché, ses emplettes	hacer las compras	76
fait	hecho	14
falloir	hacer falta	75, 80
familial	familiar (inv.)	25, 100
familier	familiar (inv.)	25, 100
famille	familia	14, 30, 98, P
famille nombreuse	familia numerosa	25
fanatique, "fana"	fanático/ca	31
farce	broma	71
farceur	bromista	54
farder (se ~)	pintarse	24, 28
fatigué	cansado	7
fatiguer	fastidiar	73
faune	fauna	93
faute	falta	100
fauteuil	butaca (la)	90
fauve	fiera (la)	60
favori	favorito	89
fax	fax	59
fébrilité	febrilidad	67
Fédération Espagnole de Pêche	Federación Española de Pesca	46
félicitations !	¡enhorabuena!	49
femme	mujer	14, 100
femme de ménage	mujer de la limpieza, chica	61, 65
fenêtre	ventana	28
ferme	casa rústica	78
fermer	cerrar	52, 67, 90
fermeture	cierre (el)	61, 82
fermier	corral (de)	93
festif	festivo	69
festoyer	festejar	69
fête	fiesta	23, 67, 69, P
fêter	celebrar, festejar	23, 69
feu rouge	semáforo	5, 14
feuille	hoja	90, 98

feux d'artifice	fuegos artificiales	67
fève	haba* (el)	87
figue	higo (el)	67
figure	cara (la)	11, 41
filet	filete	68
filleul	ahijado	P
film	filme, película (la)	39
fils	hijo	10
fin	fino	44, 86, 99
fin (la)	fin (el), término (el)	10, 67
final	final	89
finir	acabar	13, 42
firme	firma	40
fixe	fijo	53
fixer	fijar	A
flamenco	flamenco	95
fleur	flor	28, 35, 86, P
fleuve	río (el)	97
flore	flora	93
fois	vez (la)	36, 49, 71, 87, 93
folie	locura	36, 85
fonctionner	funcionar, marchar	41, 94
football	fútbol, balompié	89
force	fuerza	100
forêt	bosque (el)	48, 90, 93
formation	formación	7
forme	forma	10, 95
former	conformar, formar	93, 97
formidable	estupendo	4, 59, 88, 73
formulaire	impreso	29, 50
fort	fuerte (inv.)	42, P
fou	loco	36, 49
fouiller	registrar	69, 79
foulard, fichu	pañuelo	34, 35, 81
fourchette	tenedor (el)	68
frais	fresco	62, 74
français	francés	2, 72, 80
franchement	francamente	40, 53
franchise	franqueza	53
frappant	llamativo	75, 88
frapper	llamar	4, 7, 28, 35, 49 100, P
frauduleuse	fraudulenta	34
frein	freno	45
fréquenter	frecuentar	80
friandise	golosina	65
frire, faire frire	freír	98, A
frite	frita	68
froid	frío	12, 62
fromage	queso	78, P
fruit de mer	marisco (el)	46
fuir	rehuir	100

quinientos cincuenta y cuatro • 554

fumer	fumar	44, 63
fumeur	fumador	44
futur	futuro	12

G

gâcher (se ~)	amargarse	51
gage	prenda (la)	87
gagner	ganar	97
gagner à la loterie	tocar	29, 50, 85
gagner le gros lot	tocar el gordo	85
gagner sa vie	ganarse la vida	26
galette des Rois	roscón de Reyes (el)	67
galicien (de Galice)	gallego	72
gant	guante	46
garanti	garantizado	83
garçon	chico	46, 65, 71
garçon de café	camarero	41
garder	mantener	66, 99
garder quelque chose par devers soi	quedarse con algo	76
gardien	portero	49, 57
gare	estación	6, 83
gare routière	estación de autobuses	89
garer (se ~)	aparcar	44
gastronome	gastrónomo	86
gâteau	pastel	86
gâteau sec	pasta (la)	71
gauche	izquierda	32
gazeuse (eau ~)	agua con gas	68
geindre	gemir	A
gêner	molestar	45, 69, 71, 79, A
généreux	generoso	64
genre	género	7
genre	tipo	43, 69, 87
gens (les)	gente (la)	39, 87
gentilhomme	hidalgo, caballero	5, 32
géographie	geografía	97
gitan	gitano	95
gîte rural	casa rural (la)	78
glace	helado (el), hielo (el)	49, 65, 67, 85
glace de voiture	ventanilla (la)	28, 50
glace pilée	granizado	76
glisser	resbalar	57
golfe	golfo	97
gourmet	gastrónomo	86
gousse (d'ail)	diente (de ajo) (el)	52
goût	gusto, afición (la), paladar, sabor (el)	9, 16, 35, 46, 69, 80, 86, 89, 96
goutte	gota	P
goûter (le)	merienda (la)	7
goûter	probar	32, 74, 85, 94

goûter (prendre le ~)	merendar	4
grammaire	gramática	100
grand	grande, gran (inv.), alto	14, 42, 60, 75, 90, 95, 100
grand lit	cama de matrimonio (la)	59
grandir	crecer	38,
grand-père	abuelo	24
gratis	gratis	71
gratuit	gratuito	82
grave	grave	11, 14
grave (ce n'est pas ~)	no importa	67
grave (mot)	llana (palabra)	98
grève	huelga	7
gribouillis	garabateo	81
grillade	parrillada	86
griller	asar	62
griller (viande, etc.)	asar a la plancha	62
gris	gris (inv.)	35
grisonnant	canoso	75
gronder	reñir	81, 98
gros lot	gordo	85
groupe	grupo	65
grue	grúa	38
guerre	guerra	P
guichet	ventanilla (la)	28, 50
guide (livre)	guía (la)	54, 62
guide (personne)	guía	82, P
Guinée	Guinea	88
Guinéen	guineano	88
guitare	guitarra	95, P

H

habiller	vestir	37, 75, A
habiller (s'~)	arreglarse	59, 75
habitant	habitante	97
habiter	vivir en	21, A
habits	ropa (la)	55
habitude (avoir l'~ de)	soler	43, 87
hache	hacha* (el)	68
hall	hall, vestíbulo	48
hameau	aldea (la)	69
hameçon	anzuelo	46
hand-ball	balonmano	89
hasard (par ~)	casualidad (por)	62
hâte	prisa	38
hausse	alza* (el)	67
haut	alto	60, 75, 90, 95, 100
haute	alta	83
haute saison	temporada alta	60
hauteur	altura	100
hésitation	indecisión	41
hésiter	dudar	86, 99

heure	hora	2, 10, 14, 21, 28, 61
heure de pointe	hora punta	2
heure des Îles Canaries	hora insular	17
heureux	feliz (inv.)	23, 66, 83, P
hier	ayer	39, 42, 64, 94
hindi	hindi	92
hirondelle	golondrina	93
hispanophone	hispanohablante	88, 99
histoire	cuento (el), historia	53, 82
historique	histórico/ca	69
hiver	invierno	97
hobby	afición (la)	16, 46, 80, 89
homme	hombre	12, 14, P
honnête	honrado/da	57, P
honneur	honor	40
hôpital	hospital	29
horaire	horario	82
horaire d'ouverture	horario de apertura	61
"horchata"	horchata	76
horreur	horror (el)	85
hors	fuera	60, 72, 99
hôtel	hotel	48, 70
hôtel de ville	ayuntamiento (el), casa consistorial / de la villa	37
hôtesse	azafata	83
huée	bronca (la)	55
humeur	humor (el)	35, 98
hypermarché	hipermercado	61
hypertension	hipertensión	60

I

ibérique	ibérico/ca	52, 97
ici	aquí	7, 71, P
idée	idea	4, 7, 14
ignare	patán	81
ignorer	ignorar	P
il faut	hay que, hace falta, se necesita	21, 80, 90
il paraît que	parece (ser) que	74
il se peut que	puede ser que, acaso, tal vez	85
il semble que	parece (ser) que	74
il y a	hay	9, 21
il y a + *temps*	hace + *temps*	59, 71, 87
il	él	7, 12
île	isla	72, 93
ils	ellos	7
imaginer	imaginar	66, 73
imitation	imitación	34
immédiatement	inmediatamente	31
immeuble	inmueble	57
immobile	inmóvil	90
importance	importancia	92
importance (ça n'a pas d'~)	no importa	67

important	importante (inv.)	26, 93
importer	importar	71, P
impossible	imposible	45
impressionnant	impresionante (inv.)	88
imprévu	imprevisto	100
imprimante	impresora	94
imprimé	impreso	29, 50
imprimer	imprimir	A
inclu	incluido	97
inclure	incluir	A
inclus	incluso	40, 85
incompréhension	incomprensión	96
inconvénient	inconveniente	72
indication	indicación	82
indiquer	indicar	50, 77
infinité	sinnúmero (un), sinfín, infinidad	69, 86
influence	influencia	38
information	información (la)	82
informatique	informática	49, 84
informer	informar	7
infusion	infusión	43
initiatique	iniciático/ca	80
injustice	injusticia	95
innocence	inocencia	71
innocent	inocente (inv.)	71
inoubliable	inolvidable	80
insister	insistir	44
installer (s'~)	instalarse	95
instant	instante, momento	17, 41, 62, 83
institut	instituto	41, 92
instruction	instrucción	84
insulaire	insular	17
insurger (s'~)	sublevarse	90
intelligence	inteligencia	88
intelligent	inteligente (inv.), listo	18, 67, 74
intensif	intensivo	40
intensité	intensidad	98
interdire	prohibir	P
interdit	prohibido	37
intéressant	interesante (inv.)	41
intéressé	interesado	66
international	internacional (inv.)	30, 92
internet	internet	94, 99
intime	íntimo/ma	95
introduire	introducir	74
investir	invertir	A
invitation	invitación	90
invité	invitado	70
inviter	invitar	4, 7, 28
invraisemblable	inverosímil	73
Irak	Irak	88

Irakien	iraquí (inv.)	88
ironiquement	irónicamente	98
isoler	aislar	P
Israël	Israel	P
Italien	italiano	19

J

jalonner	jalonar	80
jamais	jamás, nunca	13
jambe	pierna	29
jambon	jamón	52
jambon blanc	jamón york	52
jambon de pays	jamón serrano	52
japonais	japonés	92
jardin	jardín	12
jaune	amarillo/lla	32, 35
je	yo	2
jetée	malecón (el)	65
jeter	echar	34, 79
jeter (se ~)	tirarse	68
jeter un coup d'œil	echar una ojeada	100
jeton	ficha (la)	61
jeudi	jueves	14
jeune	joven	81
jeune homme	chico	46, 65, 71
jeune ménage	matrimonio joven	59
jeûner	ayunar	3
joie	alegría	95
joindre	juntar	A
joli	hermoso, bonito	30, 36
Jordanie	Jordania	97
jouer	jugar	41, 82, P
jouer à pile ou face	echar a cara o cruz	41
jouir	gozar	66
jour	día	3, 14, 21
jour de fête / férié / chômé	día festivo	69
journal	periódico	39, 61, 94, 99
journal télévisé	telediario	82
journée continue	jornada continua	10
joyeux	alegre (inv.), festivo	65, 69
juger	juzgar	57
juif	judío	95
juillet	julio	63
jupe	falda	35
jurer	jurar	72
jus de fruit pressé	zumo	P
jusqu'à	hasta	39, 82, 87
juste	justo	32

K

kilo	kilo	75
kilomètre	kilómetro	65, 80, 97

kiosque	quiosco	54, P
kyrielle	sarta (la)	52

L

là	ahí, allí	33, 41, 71
la (article)	la	4, 7, 21
la (pronom)	la	49
la première chose	lo primero	41
lac	lago	97
lâcher	soltar	31, 41, A
laid	feo	53
laine	lana	75
laisser	dejar	31, 35, 42
laisser par mégarde	dejarse	54
lancer	lanzar	94
langue	idioma (el), lengua	40, 72, 88, 92, 99, 100
lard	tocino	9
laser	láser	83
latino-américain	latinoamericano	40
laver	lavar	41, P
le	el (article), lo	3, 7, 48, 49
lèche-vitrines (faire du ~)	ir de escaparates	76
le, lui, leur	le, les	13, 37, 49
leçon	lección	1, 7, 21, 28
lendemain (le)	día (al ~ siguiente)	58
lentement	despacio	38, 57
les (article)	los	4, 7
lettre (courrier)	carta	50, 67, 81
lettre recommandée	carta certificada	50
leur, leurs	su, sus	20, 28, 63, 81
lever (se ~)	levantarse	60, 65, 67
lever de bonne heure (se ~)	madrugar	65, 67
levier de vitesse	palanca de cambio (la)	45
lèvre	labio (el)	24
lexique	léxico	100
Liban	Líbano	88
Libanais	libanés	88, 98
libre	libre	15, 21
lice	liza	99
lier	ligar	62
lieu	recinto (el), lugar (el)	37, 60, 61, 97
lieu (avoir ~)	ocurrir	55, 71
ligne	sedal (el)	65
ligue	liga	89
lilas	lila (la)	32
limiter	limitar	97
limonade	gaseosa	74
linge	ropa (la)	55
linge de corps (le)	ropa interior (la)	55
liqueur	licor (el)	74
lire	leer	16, 42, 81, 94, 96, 99

liste	lista	61, 82
lit	cama (la)	59, 90
littérature	literatura	86
livre	libro	47, 98, P
local	local (inv.)	54
local (lieu)	local	57
local avec cabines téléphoniques	locutorio	54
localité	localidad	69
location	alquiler (el)	26, 78
logique	lógica	44
loi	ley	P
loin	lejos	65
loisir	ocio (el)	62
long	largo	67, P
loterie	lotería	85
louer	alquilar	26, 49, 78
lucidité	lucidez	53
lui	él	7, 12
lui	le, les	37, 49
lundi	lunes	10, 14
lune	luna	38
lunettes	gafas	72
lutin	duende	95

M

ma	mi	10, 14, 28, 42, 63, 81
machine	máquina	30, 65
machine à sous	máquina tragaperras	85
madame	señora	17
mademoiselle	señorita	31
magasin	tienda (la)	47, 61, 82, 91, 94
mage	mago	67
magie	magia	95
mai	mayo	69
maigrir	adelgazar	77
maillot de corps	camiseta (la)	87
main	mano	19, 26, 35, 42, P
main (se donner la ~)	darse la mano	29
maintenant	ahora	1
maintenir	mantener	66, 99
maire	alcalde	37, 81
mairie	ayuntamiento (el), alcaldía	37
mais	pero	13, P
maison	casa	1, 82
maison mère	casa central	75
maître	maestro, dueño	10, 81, 100
maître nageur	socorrista	37
maîtresse	amante	93
majeur	mayor (inv.)	38, 47, 86, 93
"majorquin" (dialecte)	mallorquín	72

mal	mal	10, 14, 47
mal (avoir ~ à)	doler	29
malade	enfermo, malo/la	43, 51
mal de mer (avoir le ~)	marearse	43
malin	listo	18, 74
manche	mango	68
manger	comer	8, 14, 35, 42, 49, P
manière	manera	57, 88, 100
manière de (à la)	estilo de (al)	75
manifestation	manifestación	69
manifester	manifestar	90, A
manque (le)	falta (la)	90
manquer	faltar	61, 72, 79
manteau	abrigo	38, 40, 67
maquiller	maquillar	24, 28
maquiller (se ~)	pintarse	24, 28
marche (fonctionnement)	marcha	33, 43
marche arrière (faire ~)	echar marcha atrás	57
marcher	andar, caminar, marchar	44, 57, 79, 94
mardi	martes	14, 42
marécage	humedal	93
marée	marea	65
mari	marido	25, 56
mariage	boda (la)	23
marié	casado	9
marier (se ~)	casarse	12, 14, 66
marmotte	marmota	60
marquer	marcar	54
marron	castaña (la)	62
marteau	martillo	54
match	partido	89
match nul (faire ~)	empatar	89
maternelle	materna	92
matin (du ~)	mañana (de la)	21
matin (la matinée)	mañana (la)	10
matin (le)	mañana (por la)	21, 61
matinal	matutino	65
maudire	maldecir	A
mauvais	malo, mal	8, 10, 14, 47, 62
me	me	2, 49
mec	tío	73, 81
médecin	médico/ca	29
méfiance	desconfianza	73
meilleur	mejor (inv.)	47, 85
mélange	mezcla (la)	95
melon	melón	52
membre	miembro, socio	33, 83, 89
même	mismo/ma, incluso	31, 40, 85, 94
même chose (la)	mismo (lo)	87
même pas	ni siquiera	39, 75
même si	aunque	86, 87, 90

mener	llevar	18, 26, 55, 60, 89, 94
mentir	mentir	22, 98
menu	menudo	39, 72
menu (liste de mets)	menú , cubierto	68
menuisier	carpintero	100
mer	mar (el / la)	97
mer (avoir le mal de ~)	marearse	43
merci	gracias	1, 7
mercredi	miércoles	14
mère	madre	27, 98
"merendero"	merendero	86
merveille	maravilla	19, 49, 82
merveilleusement	estupendamente	47
mes	mis	10
mesurer	medir, evaluar	75, 100
métier	oficio	15
mètre	metro	6, 75
métro	metro	6, 75
mettre	poner, ponerse	11, 14, 40, 42, 67
mettre (se ~)	ponerse	67, 40, 42
mettre du rouge à lèvres	pintarse los labios	24
mettre du temps	tardar	24, 61
meuble	mueble	26
Mexicain	mejicano	88
Mexique	Méjico	88
mien, mienne, à moi, etc.	mío/a/os/as	36, 63, 81
mieux	mejor (inv.)	47, 85
mieux (de ~ en ~)	cada vez mejor	47
militaire	militar	67
millésime	reserva	59, 74,
million	millón	92, 97
mine	cara (la), aspecto (el)	11, 41, 77
minérale	mineral	68
mineur	menor (inv.)	47
ministère	ministerio	59
Ministère de l'Environnement	Ministerio de Medio Ambiente	93
Ministère des Affaires Étrangères	Ministerio de Asuntos Exteriores	47
ministre	ministro	15
minute	minuto (el)	11, 21
miracle	milagro	58
miroir	espejo	24
mis à part	quitando	73
mise en garde	advertencia (la)	48
mission	cometido (el)	65
mode	moda	76
modèle	modelo	32
moderne	moderno	76
moi	yo	2
moindre	menor (inv.)	47
moineau	gorrión	93

moins	menos	17, 42, 96
moins (de ~ en ~)	cada vez menos	47
mois	mes	14, 59, 80, P
moment	momento	17, 62
moment	rato	15, 28, 62, 71
mon	mi	10, 14, 28, 42, 63, 81
monde	mundo, gente (la)	30, 39, 67, 87, 92
monsieur	señor, caballero	32
montagne	montaña	90, 93
montagneux	montañoso	93
monter	subir	56
monter (à cheval)	montar	71
montre	reloj (el)	17, 54, P
montrer	enseñar	46, 88
montrer (se ~)	aparecer, mostrarse	71, 90
monument	monumento	82
mort	muerte	11
mot	palabra (la)	98, 99, P
moteur	motor	26
motif	motivo (el)	46, 99
mouchoir	pañuelo	34, 35, 81
mouette	gaviota	65
mouiller	mojar	38
moulinet	carrete (el)	46
mourir	morir	39
moustache	bigote (el)	73, 75
mouton	oveja (la)	90
moyen	medio	66
mule	mula	60
multinationale	multinacional	30
multiplication	multiplicación	86
municipal	municipal (inv.)	37
musée	museo	82
musique	música	95

N

n'importe	importa (no ~)	67
n'importe quel / quelle / lequel	cualquiera	36, 48, 69, 70
n'importe qui	cualquiera	36, 48, 69, 70
n'importe qui / quoi / quel	cualquier	36
nager	nadar	46
naître	nacer	30, 70, 90
narine	nariz (la)	87
natalité	natalidad	25
natation	natación	89
national	nacional (inv.)	41, 59, 69, 93
nature	naturaleza	80, 93
naturel	natural (inv.)	93
né	nacido	9
ne pas s'en faire	tranquilizar	31

ne… plus	ya no	58, 63
nécessaire	necesario/ria	82
nécessaire (être ~)	hacer falta	75, 80
nécessiter	necesitar	12, 14, 49, 75
néerlandais	neerlandés	92
nef	nave	83
négociation	negociación	40
négocier	negociar	40
neige	nieve	63, 67, 75, P
neiger	nevar	74, 91
nettoyage	limpieza (la)	61
nettoyage à sec	limpieza en seco (la)	61
neuf	nuevo	26, 94, 100
nez	nariz (la)	87
ni	ni	39
nier	negar	90
niveau	nivel	92, 100
Noël	Navidad (la)	67, 69
noir	negro	35, 75
nom	nombre	30, 63, 90
nom de famille	apellido	30
nombreux	numeroso	25, 30, 80
nommer	nombrar	81
non	no	6
non plus	tampoco	52
nord	norte	86, 95, 97
note	cuenta (la), nota	13, 53, 97, 100
note (demander la ~)	pedir la cuenta	84
notes	apuntes (los)	97
notre, nos	nuestro/a/os/as	33, 49, 63
nourriture	comida (la)	34
nous	nosotros, nos	7, 10, 49
nouveau	recientemente, recién, nuevo	9, 14, 26, 44, 94, 100
nouvelle	noticia	81, 82
Nouvelle-Zélande	Nueva Zelanda	100
nu, tout nu	desnudo	46
nudiste	nudista	87
nuit	noche	10, 21
nuit (faire ~)	anochecer	61
nullement	en absoluto	60
numéro	número	2, 7, 68
numéro (faire un / le ~)	marcar	54

O

obéir	obedecer	90
obséder	obsesionar	53
observation	observación	52
obtenir	conseguir	81, 96
occasion	ocasión, oportunidad	26, 99, 100
occident	occidente	93
occidental	occidental (inv.)	93

occuper	ocupar	97
occuper (s' ~ de)	atender a	32, A
occuper (s'~)	dedicarse, ocuparse	15, 28, 81
océan	océano	97
odeur	olor (el)	86
œil	ojo	24
œuf	huevo	52
œuvre	obra	8, 82
office de tourisme	oficina de turismo (la)	59, 78
officiel	oficial (inv.)	72,
offrir	regalar	49
oignon	cebolla (la)	52
oiseau	pájaro, ave* (el)	34, 93, 94, 98
oisif	ocioso	62
oisiveté	ocio (el)	62
ombre	sombra	98
omelette	tortilla	1, 7
omettre	omitir	A
on	se	41, 49
oncle	tío	73, 81
opéra	ópera (la)	62
opportun	oportuno	P
opportunité	oportunidad	99
or (métal)	oro	86
orbite	órbita	23
ordinateur	ordenador	90, 94
ordre	orden (el)	80
ordre (à donner / à suivre)	orden (la)	90
oreiller	almohada (la)	53
organiser	organizar	69, 89
orient	oriente	93, 97
oriental	oriental (inv.)	86, 93
orienter (s'~)	orientarse	82
originaire de	procedente de	95
original	original (inv.)	99
origine	origen (el)	69, 74, 95
os	hueso	34
ôter	quitar	40, 45
ôter (un vêtement)	quitarse	87
ou	o	11
où	dónde / donde, en donde, en que, en el que…	5, 7, 51, 65, 70
où (vers où)	adonde / a donde	5, 70
oublier	olvidar	6, 7, 21, 28, 50, 67, 81
ouest	oeste	97
oui	sí	1
outil	útil	P
ouverture	apertura	82
ouvrir	abrir	14, 34, 35, 42, 67, 82

P

page	página	40

paillasson	felpudo	90
pain	pan	28, 61
pain de mie	pan de molde	61
paire	par (el)	32
paître	pastar	90
paix	paz	P
palais	paladar	86
pâle	pálido	43
panneau de circulation / de signalisation	señal de tráfico (la)	38, 72
pantalon	pantalón, pantalones	76
papier	papel	34, 98
Pâque	Pascua	23
par	por	4
par ici	por aquí, por aquí cerca	54
par jour (journalier)	diario	80
par rapport à	con respecto a	85
paradis	paraíso	93
"parador"	parador	59
paradoxalement	paradójicamente	98
paraître	parecer, aparecer	10, 14, 16, 26, 71
parapluie	paraguas	46, 57
parc	parque	70, 78, 93
parce que	porque	12, 14
parcmètre	parquímetro	38
parcourir	recorrer	80
parcours	recorrido	67, 80
par-dessus le marché	encima	44
pardon	perdón	5
pardonner	perdonar	5
parenthèse	paréntesis (el)	67
paresse	pereza	90
parfait	perfecto	71
parfaitement	perfectamente	72
pari	apuesta (la)	53
pari sportif (football)	quiniela (la)	85
parier	apostar	36
parler	hablar	14, 42, P
paroxysme	paroxismo	95
part	parte	29
particulier	particular	38
particulièrement	particularmente	86, 95
partie (jeu)	partida	89
partir	irse, salir	4, 6, 12, 21, 27, 35
pas du tout	en absoluto	60
passager	pasajero	83
passé	pasado	10, 14, 42, 62
passeport	pasaporte	18
passer	pasar, ponerse	20, 30, 36, 40, 42, 43, 67, 87, 94, 96
passer (se ~)	ocurrir	55, 71
passer (se ~ une crème / une pommade)	echarse una crema / una pomada	62

passer par la tête	ocurrirse	71
passer une nuit blanche	trasnochar	16
passe-temps	afición (la), pasatiempo	16, 44, 46, 80, 89
passionné	aficionado	89, 93
patience	paciencia	90
patrimoine	patrimonio	82
patron	patrón	69
patte	pata (la)	11, 52
pauvre	pobre	64
payer	pagar	13, 46, 77, 82
pays	país	92, 93, 97, P
paysage	paisaje	93
péage	peaje	38
peau	piel	62
pêche	pesca	46
pêcher	pescar	46
pédale	pedal (el)	45
peindre	pintar	82, 85
peindre (se ~)	pintarse	24, 28
peine	pena	88
pèlerin	peregrino	80
pèlerinage	peregrinación (la), romería (la)	69
pellicule photo	carrete (el)	46
pendant	durante	78
pendant ce temps	mientras, entretanto, mientras tanto	50
pendant que	mientras	50, 71
péninsulaire	peninsular	97
péninsule	península	97
penser	pensar	40
penser à	pensar en	48
percevoir	percibir	90
perdre	perder	6, 14
père	padre	27, 98
Père Noël	Papá Noel	67
périmé	caducado	18
période	temporada	60, 68, 78, 99
périodes	períodos	69
permis	permiso (el)	48, 59
permis de pêche	licencia de pesca (la)	46
permission	permiso (el)	48, 59
Pérou	Perú	88
persévérance	perseverancia	99
personne	nadie	43
personne (la)	persona (la)	30, 56, 92, 93
personne âgée	persona mayor	38
perte	pérdida	6
Péruvien	peruano	88
pervertir	pervertir	A
peser	pesar	33, 75
peseta	peseta	6
petit	pequeño, menudo, chico, bajo	25, 39, 46, 65, 71, 72, 75, 90

petit appartement	pisito	28
petit bonhomme	hombrezuelo	81
petit coquin	bribonzuelo	81
petit déjeuner	desayuno	3, 7
petit matin	madrugada (la)	65
petit moment	ratito	22
petit pain	panecillo	28
petite brochette	pincho (el)	13
petite cuiller	cucharilla	68
petite fille	niña	63
petite heure	horita	22
petite monnaie	dinero suelto	6, 54
petit-fils	nieto	38
pétition	petición	66
pétrole	petróleo	62
peu	poco	11
peupler	poblar	53
peur	miedo (el)	100
peut-être	igual, acaso, quizá/s, tal vez	68, 72, 85, 96
pharmacie	farmacia	29, P
phénomène	fenómeno	86, 94
photo	foto	88
photographie	fotografía	P
phrase	frase	26, 100
physique (aspect)	físico	19
physique (science)	física	2
pièce	obra	8, 82
pièce de monnaie	moneda	6
pied	pata (la), pie	11, 29, 52, 90
pierre	piedra	54
pile	en punto, pila	18, 31
pilotage	pilotaje	83
pilote	piloto	83, 100
pipi	pis	37
pire	peor	8, 47
pire (de ~ en ~)	cara vez peor	47
piscine	piscina	27
pisser	mear	37
place	plaza, asiento (el), lugar (el)	43, 45, 60, 61, 67, 83, 97
place (lieu)	sitio (el)	29, 43, 59
plage	playa	16, 62, 65, 99
plaindre (se ~)	quejarse	66, 89
plainte	queja	95
plaire	gustar, complacer	9, 14, 19, 28, 83, 88
plaisanterie	broma	71
plaise à Dieu	ojalá	62, 91
plaisir	placer	80
plaisir (avoir ~ à)	complacerse	83
plan	plano	92
plante	planta	38, 93
planter	bloquearse, plantar	90

plat	plato (el)	68
plat de résistance	segundo	68
plate (eau ~)	agua sin gas	68
plaza mayor (grande place)	plaza mayor	67
pleurer	llorar	51
pleuvoir	llover	64, 77
plombier	fontanero	100
plongeoir	trampolín	37
pluriel	plural	7
plus	más	33, 42, 75
plus (de ~ en ~)	cada vez más, cada día más	36, 47, 100
plus grand	mayor (inv.)	38, 47, 86, 93
plus jamais	nunca jamás	13
plus ou moins	poco más o menos, más o menos	75
plus petit	menor (inv.)	47
plutôt	más bien	75
poche	bolsillo (el)	6
poignée (quantité)	puñado (un)	65
poil	pelo	38, 71
point	punto	71, 89, 100
point du jour	albor (el)	92
pointe	punta	2, 65
poisson	pescado	46, 61
poisson d'avril	inocentada (la)	71
poissonnerie	pescadería	61
poissonnier	pescadero	61
police	policía	38
politique	político/ca	92
politiquement	políticamente	30
pommade	pomada	62
pomme de terre	patata	68, 98, P
ponctuel (heure)	puntual (inv.)	18
pont	puente	69
pop-corn	palomita de maíz (la)	62
population	población	97
portable (téléphone)	móvil	20, 21
portable (ordinateur)	portátil (ordenador)	94
portail (web)	portal (web)	94
porte	puerta	45, 49, P
portefeuille	cartera (la)	11
porte-monnaie	monedero	6, 7
porter	llevar	18, 26, 55, 60, 89, 94
portion	ración	13
Portugal	Portugal	97
posséder	poseer	A
possible	posible	96
poste	puesto	41
poste (la)	correos	50
poste de radio	aparato de radio	45
poste restante	lista de correos	50
poule	gallina	52, 60, 93

poulet	pollo	93, P
pour	por, para	4, 10, 42
pour ce qui est de	en cuanto a	75
pour un peu	por poco	11
pourboire	propina (la)	21
pourvoir	proveer	A
pousser	empujar	64
pouvoir	poder	4, 7, 28, 96
prairie	pradera	35
pratique (nom)	práctica	99
pratique (adjectif)	práctico/ca	20, 82
pratiquer	practicar	70, 89, 100
précaution	precaución	84
préciser	precisar	A
préférence	preferencia	38
préférer	preferir	74, 98, A
premier	primero, primer	1, 14, 41
première	primera	94
première chose (la)	primero (lo)	41, 66
prendre	coger, tomar, agarrar, quedar, quitar, sacar	6, 7, 10, 14, 21, 33, 40, 45, 57, 58, 61, 65, 82, 97, 100
prendre la mer	embarcar	14
prendre le petit déjeuner	desayunar	3, 7, 14
prendre quelque chose par devers soi	quedarse con algo	76
prendre une douche	ducharse	84
prénom	nombre	30, 63, 90
préoccuper (se ~)	preocuparse	31
préparer (se ~)	arreglarse	59, 75
près	cerca	54
près de	junto a	30, 63
présenter	presentar	41
présenter (se ~)	aparecer, presentarse	71, 92, 99, 100
presque	casi	41, 81
pressé (être ~)	tener prisa	38
présumer	suponer	52, 66
prêt	listo	18, 74
prêter	prestar	94
prévenir	avisar, advertir	48, 58, 66, 71, 90, 98
prévoyant	precavido	13
prévu	previsto	46
prier	rogar	37, 49
principal	principal (inv.)	82, 97
principalement	principalmente	41
principe	principio	79, 92
printemps	primavera (la)	69
prise en charge (taxi)	bajada de bandera	21
prix	precio, importe, premio	38, 47, 67, 68, 76, 78
probablement	probablemente	85
problème	cuestión (la), problema (el)	11, 79, 94
prochain	próximo	14, 49

Proche-Orient	Oriente Próximo	97
production	producción	86
produire	producir	74, 94
produit	producto	61
produit d'entretien	producto de limpieza	61
professeur	profesor	15
profession	profesión	15
profiter	aprovechar	26, 76, 99
profond	hondo	29, 95
programme	programa	94
proie	presa	93
projet	proyecto	9, 86
promener (se ~)	pasear(se)	70, 90
prononciation	pronunciación	1, 7
proposer	proponer	25, 28, 87
propre	propio	33, 95
propreté	limpieza (la)	61
propriétaire	propietario	78
protagoniste	protagonista	39
protéger	proteger	93
prouver	probar	32, 74, 85, 94
province	provincia	97
provocation	provocación	90
psychanalyste	psicoanalista	53
public/que	público/ca	21, 95
puisque	ya que	83
pull	jersey	45
puzzle	rompecabezas	72
pyjama	pijama	48
pyramide	pirámide	88

Q

quand	cuando	29, 31, 95
quant à	en cuanto a, con respecto a	75, 85
quarante	cuarenta	23
quart	cuarto	17, 21, 71
quartier	barrio	63
que	que, como	9, 13, 42, 100
que, quoi	qué	4, 60
quel que, quelle que…	cualquiera que	48, 69, 70, 95
quel, quelle	cuál	2, 15, 45
quelqu'un	alguien	47, 51, 57
quelque chose	algo	34, 88
quelque, quelques-uns/unes	algún	57, 59
quelque(s)	unos	71, 80
quelques instants (dans ~)	en breves instantes	83
quelques-uns/unes	algunos/nas	57
question	pregunta , cuestión (la), problema (el)	11, 79, 94
question de vie ou de mort	cuestión de vida o muerte	11
queue	cola	39, 61
qui	quien, quienes	40, 51, P

quiconque	cualquiera	36, 48, 69, 70
quincaillerie	ferretería	78
quoique	aunque	86, 87, 90

R

raccrocher	colgar	54
raconter	contar	29, 53, 93, 98
radio	radio	45
raison	motivo (el), razón	46, 80, 99
randonnée (pédestre)	senderismo (el)	80, 93
rappeler	recordar	53, 83
rapport	relación	92, 99
rare	raro	94
rassasier	hartar	A
ravi	encantado	36, 82
ravir	encantar	36
rayon	sección (la), rayo	32, 61, 83
rayure	raya	32, 35, 75
réagir	reaccionar	90
réaliser	percatarse	58
récapitulatif	recapitulativo	7, 14
récemment	recientemente, recién	9, 14, 44
recette	receta	86
recherche	consulta	94
récolte	cosecha	69, 74
recommander	recomendar	68, 84
recommencer	volver a empezar	49
reconnaissant (être ~)	agradecer	40, 82
reconnaître	reconocer	60, 75
reconstitution	reconstitución	69
reçu	recibo	21
rédiger	redactar	55
réduire	reducir	38
refaire	volver a hacer	100
refuge	refugio	80
refuser	negar	90
refuser (se ~)	negarse	90
regarder	mirar	24, 96
regarder la télévision	ver la televisión	99
région	región	69, 78, 86
région (communauté) autonome	comunidad autónoma	46, 93
régional	regional (inv.)	86
regretter	sentir	48, 98, 100
relatif	relativo	11
relation	relación	92, 99
relief	relieve	97
religieux	religioso	69
réligion	religión	48
relire	releer	81, 100
remarquer	advertir	48, 98

rembourser	devolver	47
remercier	agradecer, dar las gracias	40, 63, 82
remettre	remitir	A
remonter	situarse	95
remplir	cumplir, rellenar	23, 50, 65
remuer	moverse	88
rencontrer	encontrarse con	57
rendez-vous	cita (la)	10, 50
rendez-vous (avoir ~)	quedar	10, 14, 57, 65, 100
rendre	volver, devolver, rendir	9, 31, 36, 47, 49, A
rendre (se ~)	acudir	57
rendre compte (se ~)	darse cuenta	87
rendre fou	volver loco	36
rendre un service	hacer un favor	75
renseignement	información (la)	82
rentrer	volver, regresar, caber	9, 31, 36, 49, 57
répandre	esparcir, difundir	77, A
réparation	arreglo (el)	26
réparer	arreglar, reparar	26, 94
repas	comida (la)	34
répéter	repetir	26, 96, P, A
répondre	contestar, responder	44, 57
réponse	respuesta	90
reposer (se ~)	descansar	65
reprendre des forces	reponer fuerzas	100
requête	petición	66
réseau	red (la)	59
réseau routier español	red de carreteras españolas	38
réservation	reserva	59, 74
réserve	reserva, coto (el)	22, 46, 59, 74
réservé	reservado	22, 44
réserver	reservar	56, 78
résister	resistir	64
respecter	respetar	38, 79
respirer	respirar	29
responsabilité	responsabilidad	66
ressemblance	parecido	73
ressembler	parecerse	73
ressentir	sentir	48, 98, 100
restaurant	restaurante	44, 49
rester	quedar, permanecer	10, 14, 57, 65, 83, 100
rester calme	tranquilizar	31
résulter	resultar	88
retard	retraso	18, 21
retirer	retirar, sacar	52, 61, 82
retouche	arreglo (el)	26
retoucher	arreglar	26
retour	vuelta (la), regreso	9, 29, 40, 49
retour (de ~)	de vuelta, de regreso	49
retourner	volver, devolver, regresar	9, 31, 36, 47, 49
retourner (se ~)	darse la vuelta	29

retrouver	encontrar, encontrarse con	12, 57, 96
réunion	reunión	63
réunir	juntar	A
réussir	sentar bien, lograr	43, 81
réussir à	conseguir	81, 96
réveiller	despertar	39, A
revenir	volver, regresar	9, 31, 36, 49
réviser	repasar	100
révision	repaso (el)	7, 21
revue	revista	99
rhinite	rinitis	P
ribambelle	sarta (la)	52
riche	rico	12, 14, 72, 86
rideau	cortina (la)	85
rien	nada	5
rien d'autre / de plus	nada más	44
rire	reír, reírse	98
rite	rito	P
rivière	río (el)	97
riz	arroz	49
roi	rey	62, 67
Rois Mages	Reyes Magos	67
roman	novela (la)	16, 90, 96
rompre	romper	20, 72
rond	ruedo	99
rondelle	rodaja	52
roquer (jeu d'échecs)	enrocar	79
rosé	rosado	74
rôtir	asar	62
rouge	rojo/ja	5, 35, 75
rouge (vin)	tinto	74
rouleau	rollo (el)	39
rouler	circular, rodar	38, 42
route	carretera, ruta	58, 80
ruban	cinta (la)	33
rue	calle	5, 7
ruine	ruina	P
rural	rural (inv.)	78
Russie	Rusia	97
rythme	ritmo	80

S

sa	su	28, 63, 81
sable	arena (la)	65,
sac	bolsa (la)	33
sac à dos	mochila (la)	33
saint	santo	69
saint patron (du ~)	patronal	69
saisir	agarrar	6, 33
saison	temporada	60, 68, 78, 99
salade	ensalada	68

sale tour	faena (la)	72
salir	ensuciar, manchar	6, 90
salle	sala	84
salle de bain	baño (el)	59
salon de coiffure	peluquería (la)	71
saluer	saludar	57, 86
salut	saludo	67
samedi	sábado	10, 14
sang	sangre (la)	90
sangria	sangría	74
sans	sin	57, 71, 81
sans compter…	quitando…	73
santé	salud	89, 98
satellite	satélite	23
sauce	salsa	8
sauter	saltar	38
sauvage	salvaje, agreste	93
saveur	sabor (el)	35, 86
savoir	saber	5, 7, 21, P
savourer	paladear	86
scanner	escáner	94
scie	sierra	52
se complaire	complacerse	83
se jeter	echarse	99
se, lui, leur, vous	se	12, 45, 48, 49
second	segundo/da	2, 50, 93
seconde (unité de temps)	segundo (el)	11, 21
secouriste	socorrista	37
secours	socorro	43
secret	secreto	100
section	sección (la)	32, 61
sécurité	seguridad	38, 83
sécurité sociale	seguridad social	29
séduire	seducir	74
semaine	semana	10
sembler	parecer	10, 14, 16, 26, 71
s'en aller	irse	4, 27
s'en faire	preocuparse	31
sens	sentido	20
sentier	senda (la)	57, 90
sentiment	sentimiento	95
sentir (bon ou mauvais)	oler (bien o mal)	48
sentir (se ~)	sentirse	53, 85
séparer	separar	80, 97
série	serie	82
sérieux	serio	46
serrer	apretar, pegar	29, 38
serrer la main (se ~)	darse la mano	29
serveur	servidor	94
serveur	camarero	41
service	servicio, favor	21, 31, 49, 75

quinientos setenta y seis • 576

serviette de bain	toalla	62
serviette de table	servilleta	62, 68
servilité	servilismo (el)	90
servir	servir	13, 98
ses	sus	28, 63, 81
seul (le)	único (el)	37, 53, 56, 90
seulement	sólo	26, 69
si	tanto, tan, si	11, 12, 14
si ça se trouve	igual	68, 85, 96
siècle	siglo	21, 86, 92
siège	asiento (el)	43, 45, 83
sien, sienne, etc.	suyo/a/os/as	57, 63
sieste	siesta	28
siffloter	silbotear	65
signal (le)	señal (la)	72
signaler	advertir	48, 98
signalisation	señalización	72
signature	firma	40
signe	signo	2
signe (le)	señal (la)	72
signer	firmar	25
signifier	significar	55
sillage	estela (la)	58
simple	sencillo/lla, simple	72, 80, 86
singulier	singular (inv.)	97
sinon	si no	18
site (web)	sitio (web)	94
situation	situación	43, 66
situer	situar	97
situer (se ~)	situarse	95
ski	esquí	65
slip	calzoncillo	87
sociétaire	afiliado, socio	89
société	firma, sociedad	40, 86, 94
sœur	hermana	63
soi	sí	40
soir (du ~)	noche (de la ~)	21
soit… soit	ya sea… o ya sea, bien… bien, ya… ya	70, 80
soleil	sol	65
solive	solera	86
solstice	solsticio	69
somme (en ~)	en suma	99
sommeil	sueño	55
sommet de la tête	coronilla (la)	87
somnambule	sonámbulo	48
son	su	20, 28, 63, 81
sonner	llamar	4, 7, 28, 35, 49, 100, P
sonner (téléphone)	sonar	31
sophistiqué	sofisticado	86
sorte	tipo	43, 69, 87
sortie	salida (la)	43

sortir	salir, sacar	6, 12, 21, 35, 61, 82
souffrance	sufrimiento (el)	95
souhaiter	desear	50, 82
soulier	zapato (el)	32, 35, 44
souligner	destacar, subrayar	88
soupçon	sospecha (la)	57
soupçonner	sospechar	57
souriant	sonriente (inv.)	9
sourire	sonreír	98
souris	ratón (el)	94
sous	bajo, debajo de	75, 90
soutien-gorge	sujetador	87
souvenir	recuerdo	53
souvenir (se ~)	recordar, acordarse	53, 63, 83
spatiale	espacial	83
spécialiste	especialista	53
spécialité	especialidad	1
spécifique	específico/ca	69
spectateur	espectador	39
spirituel	espiritual (inv.)	80
spontané	espontáneo	95
sport	deporte	89, 93
sportif	deportista (inv.)	86
station	estación	6, 83
stationner	aparcar	44
steward	auxiliar de vuelo	83
stres	estrés	60
strip-poker	juego de prendas	87
style	estilo	2, 75
stylo bille	bolígrafo	50
subordonné	subordinado	40
substituer	sustituir	A
succès	éxito	99
successivement	sucesivamente	87
sud	sur	97
sud-américain	sudamericano	40
Suède	Suecia	88
suffisant	suficiente (inv.)	66
Suisse	Suiza	93
suivre	seguir	41, 70, 84, A
sujet	asunto (el), tema	11, 49, 81
super	estupendo	4, 59, 88, 73
superficie	superficie	93, 97
supermarché	supermercado	52, 61
supplément	suplemento	21
supplier	suplicar	55
supporter	soportar, aguantar, suponer	27, 28, 52, 66
sûr	seguro	40, 81
sûrement	seguramente	85
surgeler	congelar	61
surgelés	congelados	61

quinientos setenta y ocho • 578

surgir	surgir	95
surprendre	sorprender	90
surpris	sorprendido	41, 100
surtout	sobre todo	86
survenir	ocurrir	55, 71
suspendre	suspender	A
syllabe	sílaba	2, 98, P
sympathique	simpático	56
système	sistema	83

T

ta	tu	2, 28, 63, 81
table	mesa	14
table de nuit	mesilla	69
tableau	cuadro	82
tableau de bord	salpicadero	45
tâche	tarea	75
tacher	manchar	6, 90
taille	talla	76
tailleur	sastre	100
tant	tanto, tan	11, 14
"tapa"	tapa	1, 14
tapage	jaleo	39
tard	tarde	50, 71
tarder	tardar	24, 61
tartine	rebanada	52
taureau	toro	99, P
taxi	taxi	18, 19, 21, P
te	te	2, 49
technicien	técnico	49, 94
technologie	tecnología	83
télé	tele	31
télécarte	tarjeta telefónica	61
téléguidé	teledirigido	83
téléphone	teléfono	2, 7
téléphoner	telefonear	4
télévision	televisión	31, 99
tellement	tanto, tan	11, 14
temps	tiempo	10, 49, 88
ténacité	tenacidad	99
tenez	tenga	82
tenir	mantener	66, 99
tenir	aguantar, ocupar	27, 97
tenir dans	caber	57
tennis	tenis	89
tension	tensión	60
tenter	probar	32, 74, 85, 94
terme	término (el)	67
terminal	terminal	33
terminer	acabar	13, 42
test	test	99

tête	cabeza	6, 49, 52
thé	té	13, P
théâtre	teatro	8, 14, P
thème	asunto (el), tema	11, 49, 81
thermomètre	termómetro	97
Tibet	Tíbet	27
tien, tienne, etc.	tuyo/a/os/as	42, 63
tiens	ten	82
tilde	tilde	2, 58
timbre	sello	14, P
tir	tiro (el)	39, 94
tirage (au sort)	sorteo	85
tiroir	cajón	68, 79
toboggan	tobogán	63
toi	tú	2, 7
tolérant	tolerante	90
tomate	tomate (el)	61, P
tomber	caer	55, 71, 90
tomber amoureux	enamorarse	81
ton	tu	2, 28, 63, 81
tôt	temprano	65
toucher	tocar	29, 50, 85
toujours	siempre	10, 87
tour	vuelta (la), vez (la), torre, turno	9, 29, 36, 49, 50, 71, 79, 87, 93
tour (être au ~ de)	tocar	29, 50, 85
tourisme	turismo	59, 78
touristique	turístico/ca	68
tourner	volver, dar vueltas	9, 31, 36, 49, 96
tournis (avoir le ~)	estar mareado	76
Toussaint	Todos los Santos	69
tout	todo	10, 14
tout autour	alrededor	52, 78, P
tout de suite	ahora mismo, en seguida, enseguida	1, 13, 31, 59, 62
toute	cualquier	99
trace	huella	65
tradition	solera, tradición	86
traditionnel	tradicional (inv.)	86
traduire	traducir	1, 74
trafic	tráfico (el)	38
train	tren	11
trajet	trayecto	80
tranche	raja, rodaja, rebanada, loncha	52
tranquille	tranquilo	25
tranquillisant	tranquilizante	31
tranquilliser	tranquilizar	31
tranquillité	tranquilidad	100
transat	tumbona (la)	65
transporteur	transportador	33
travail	trabajo	8, 15, 28, 49, 82

quinientos ochenta • 580

travailler	trabajar	10, 15, 42
travers	través	95, 100
traverser	atravesar	48, 83
très	muy, francamente	3, 14, 40, 53
très bien	estupendamente, óptimamente	47
très bon	buenísimo	8
très mauvais	malísimo	8, 47
très rare, rarissime	rarísimo	14, 93, 94
très riche, richissime	riquísimo	14
trésor	tesoro	82
tristesse	tristeza	95
troisième âge	tercera edad (la)	22
tromper (se ~)	confundirse, equivocarse	54, 72
trop	demasiado	33
trophée	trofeo	97
trottoir	acera (la)	54
trou	agujero	6, 95
trouver	encontrarse con, dar con, hallar, encontrar	12, 57, 96
trouver le temps	sacar tiempo	82
tsar	zar	97
tu	tú	2, 7
tuer	matar	89, 94
turbulence	turbulencia	83
type	tipo, tío	43, 69, 73, 81, 87
typiquement	típicamente	86

U

un	uno, un	1, 7, 8, 14, 21
une autre fois	otra vez	49
unir	ayuntar	37
universalement	universalmente	95
université	universidad	46
urgence	emergencia, urgencia	31
urgences (service des ~)	urgencias	29, 31
uriner	mear	37
Uruguay	Uruguay	34

V

vague	ola	49, 65
vainqueur	vencedor	86
valencien (de Valence)	valenciano	72
valeur	valor (el)	35
valise	maleta	18, 42, 57
valoir	valer	88
variante	variante	95
varié	variado	86
véhicule	vehículo	P
veille	víspera	67
vélo	bici (la)	57, 58
velours	pana (la)	75
vendeur	vendedor	90

vendre	vender	34, 94
vendredi	viernes	14
vénéneux	venenoso	13
venir	venir, aparecer	8, 71
venir à l'esprit ou à l'idée	ocurrirse	71
venir de	acabar de	72, 94
vent	viento	62
ventre	vientre	29
venue	venida	9
ver	gusano	46
ver de terre	lombriz (la)	46
véritable	verdadero/ra	99, 100
vérité	verdad	9, 98
verre	vaso	34, 68, 80
verre à pied	copa (la)	16
vers	hacia	80
versant	ladera (la)	90
verser *(voir expressions)*	echar	34, 79
version	versión	99
vert	verde (inv.)	32, 35
veste	chaqueta	38, 75
vestibule	vestíbulo	48
vêtement(s)	ropa (la), prenda de vestir (la)	55, 87
veuve	viuda	P
viande	carne	61
viande hachée	carne picada	61
viande rôtie	carne asada	62
vide	vacío	43, 90
vidéo	vídeo	47
vidéocassette	cinta de vídeo	33
vie	vida	11
vieille (ancienne)	antigua	58
vietnamien	vietnamita	92
vieux	viejo	6
vif	listo, vivo	18, 74
vigne	viña	P
village	pueblo	69, 86, 92
villageois	aldeano	81
ville	ciudad	38, 89
vin	vino	16, 68
vin "de crianza"	crianza	74
virus	virus	94
visage	cara (la)	11, 41
visite	visita	82
vite	deprisa	6
vitesse	velocidad	9
vitre	ventanilla (la)	28, 50
vivement	ojalá	62, 91
vivre	vivir	49
voici, voilà	aquí está, éste es, he aquí, tenga, ten	84
voie rapide	autovía	38

voir	ver	9, 14, 49
voisin	vecino	59
voiture	coche (el)	26, 42
voix	voz	31, 95, 100
volant	volante	45
volcanique	volcánico/ca	93
voler	robar	45
voler	volar	83
voleur	ladrón	57
volley-ball	balonvolea	89
volontaire	voluntario/ria	49
voltiger	revolotear	65
votre grâce	vuestra merced	5
votre, vos	vuestro/a/os/as	63
vouloir	querer	3, 7, 14, 51, 66
vous	usted/es, vosotros/as, os	5, 7, 49
vous (pronom complément)	le	13
voyage	viaje	P
voyageur à pied	caminante (inv.)	57
voyant	llamativo	75, 88
vrai	verdad, cierto, verdadero/ra	9, 36, 62, 98, 99, 100
vraiment	francamente, verdaderamente	40, 53
vu	visto	14
vue	vista	100

W

walkyrie	walkiria	P
web	web	94
week-end	fin de semana	10, 87
whisky	whisky	P

X

x	equis	23
xérès	jerez	74
xylophone	xilófono	P

Y

yaourt	yogur	61
yeux	ojos	75

Z

zéro	cero	54
zone	zona	38, 44, 78, 83
zone de stationnement payant	zona azul	38

Lexique des expressions

¡Abajo…!	À bas…!	79
A casa de	chez	27
¡Adelante!	Allez-y !, En avant !	28, 50, 56
Ahí está	Voilà !	100
¡Ahí va!	Zut !	54
Ahí viene	Voilà !	33
A la vuelta de	au retour de, au bout de	88
¡Ale!	Allez !	67
¿Algo más?	Autre chose ?	50
A lo mejor	peut-être, si ça se trouve	41, 85
Amargarle la vida a alguien	empoisonner la vie de quelqu'un	51
Amargarse la vida	se gâcher, s'empoisonner la vie	51
A menudo	souvent	80, 88
¡Amor mío!	Mon amour !	36
¡Anda!	Oh, la, la !	18
Andar a vueltas con…	se débattre avec…	94
¡Ánimo!	Courage !	20
A pesar de	malgré	38
A pesar de que	bien que	90
¿A que…?	Pas vrai que… ?, Je parie que…	36
Aquí tiene	voici	1, 52, 84
¡Atención!	Attention !	38
A través de	au travers de, à travers	95, 100
A última hora	au dernier moment	18
A vueltas con…	"en se débattant avec…"	94
¡Ay!	Aïe !	5
¡Buen provecho!	Bon appétit !	1, 13
¡Buen viaje!	Bon voyage !, Bonne route !	100
Buenas	bonjour	32
Buenas noches	bonne nuit	10
Buenas tardes	bonne après-midi	10
Buenos días	bonjour	1
Cada vez peor	de pire en pire	47
Caerse de espaldas	tomber à la renverse	55
Caerse de sueño	tomber de sommeil	55
¡Caramba!	Nom d'une pipe !	30
Celebrar el cumpleaños	fêter l'anniversaire	23
¡Chica!	Ma vieille !, Bah !, Écoute !	62
¡Claro!	Évidemment !, Bien sûr !	3, 25
¡Claro que sí!	Et comment !, C'est évident !	3
Comer como una fiera / un león	manger comme un lion	60
Comer una barbaridad	manger énormément	52
¿Cómo estás?	Comment vas-tu ?	16
Como lo oyes	Puisque je te le dis !	73
¿Cómo te va / te ha ido?	Comment ça va / ça a été ?	47
comportarse como un caballero	agir comme un homme du monde	32
Con destino a	à destination de	95
Con pelos y señales	avec force détails, en long, en large et en travers	75
Confíe en sí mismo	ayez confiance en vous	34
Continuará	à suivre	57

Spanish	French	Page
Cortarse el pelo	se faire couper les cheveux	71
¿Cuánto…?	combien… ?	22
¡Cuánto tiempo!	Ça fait longtemps !	16
¿Cuántos años tienes?	Quel âge as-tu ?	22
Cuénteme	dites-moi, racontez-moi	53
¡Cuernos!	Fichtre !	45
¡Cuidado!	Attention !	5, 38
Cumplir años	"prendre", avoir des années	23
Dar gusto	faire plaisir	9
Dar la espalda	tourner le dos	43
Dar (darse) una vuelta	faire un tour	29
Dar un telefonazo	passer un coup de fil	54
Darse cuenta	se rendre compte	55
De acuerdo	d'accord	10
De cine	génial	39
De película	du tonnerre	39
De segunda mano	d'occasion	26
De tal palo, tal astilla	Tel père, tel fils !	27
Dejar plantado	laisser en plan, plaquer	90
Déjate de…	laisse tomber…, arrête de…	79
¡Deprisa!	Vite !, Pressons !	6, 38
¡Diga! / ¡dígame!	Allô !	31
¡Dios de mi vida!	Mon Dieu !	36
¡Dios mío!	Mon Dieu !	36
Echar de comer a…	donner à manger à…	34
Echar una carta al correo	mettre une lettre à la poste	50
Echarse al ruedo	descendre dans l'arène	99
¿Eh?	hein ?	34
"Emilio"	e-mail	59
En absoluto	pas du tout	40, 68
En condiciones	en bon état, comme il faut	68
En todas partes cuecen habas	on est tous logés a la même enseigne	87
En vez de	à la place de	87
Encantado de conocerle	Enchanté / Ravi de faire votre connaissance !	36
¡Enhorabuena!	Félicitations !	23, 49, 99
¡Es la repera!	C'est fou !, C'est incroyable !	73
Es verdad	c'est vrai	9
Ése es	voilà	100
Eso es	c'est ça, c'est bien ça	33
Eso es lo que cuenta	C'est ça qui compte !	29
Está bien	C'est entendu !, D'accord !	13
¿Está claro?	Est-ce clair ?	3
¡Estamos apañados!	Nous voilà bien !	17
Estar a la altura	être à la hauteur	100
Estar de vuelta / de regreso	être de retour	49
Estar en condiciones de	être en mesure de	100
Estar harto	en avoir assez / plein le dos	87
Estar hasta la coronilla	en avoir par-dessus la tête	87
Estar hasta las narices	en avoir ras-le-bol / marre	87
¡Estupendo!	Excellent !, Formidable !, Super !	4, 54
¡Felices fiestas!	Bonnes / Joyeuses fêtes !	23
¡Felicidades!	Meilleurs vœux !	23
¡Feliz cumpleaños!	Bon anniversaire !	23
¡Feliz Navidad!	Joyeux Noël !	23

¡Feliz viaje!	Bon voyage !	23
Gastar una broma	faire une farce	71
Gracias	merci	1
¡Habla!	Parle !	39
Hace un frío que pela	Il fait un froid de canard.	67
Hasta la vista	à bientôt, au revoir	99, 100
Hasta luego	à plus tard, à tout à l'heure	81
Hasta mañana	à demain	10
Hasta pronto	à bientôt	100
¡Hombre!	Tiens !	1
Hoy en día	de nous jours	94
Idas y venidas	allées et venues	65
Ir a dar una vuelta	aller faire un tour	49
Ir al médico	allez chez le médecin	29
Ir de copas	aller prendre un verre	16
Ir de escaparates	faire du lèche-vitrines	76
Ir de tapas	faire la tournée des bars	1
Ir de vinos	aller prendre un verre	16
¡Jo!	Oh !	73
La vida y milagros	les faits et gestes	58
Llegar con retraso	arriver en retard	18
Llegar la vez	être le tour	71
Llevar equis tiempo	prendre "x" temps	55
Llevar retraso	avoir du retard	18
Llevarse una bronca	recevoir un savon, une engueulade	55
Lo siento muchísimo	Je suis vraiment desolé(e) !	48
Lo siento	Je regrette !, Je suis desolé(e) !, Pardon !	48
Mala pata	Pas de chance !	11
Malísimamente	très, très mal	47
Mantenerse en sus trece	ne pas en démordre	66
Más vale tarde que nunca	Mieux vaut tard que jamais !	23
Matar dos pájaros de un tiro	Faire d'une pierre deux coups.	94
Me da igual	Je m'en fiche.	79
Me da que…	J'ai l'impression que…	64
¡Menudo… !	Quel(le) … !, Sacré(e) … !, Fichu(e) … !	39, 72
¡Menudo jaleo!	Sacré tapage !, Quel chahut !	39
¡Menudo lío!	Quelle histoire !, Fichue pagaille !	39
¡Menudo rollo!	Quelle barbe !	39
¡Menudo tostón!	Quel ennui !	39
¡Mi amor!	Mon amour !	36
¡Mira esto!	Regarde ça !	33
¡Mira qué fácil!	Regarde comme c'est facile !	74
¡Mira qué listos!	Vous n'êtes pas gênés !	94
¡Mire!	Écoutez !	13
Muchas gracias	merci beaucoup	23
¡Mujer!	Tiens !, Allons donc !	16
¡Muy buenas!	Bonjour !	32
Nada	du tout, nullement	39
Nada de nada	rien du tout, absolument pas	39
Nada más	rien d'autre, ce sera tout	50
Ni me hables	Ne m'en parle même pas !	39
Ni te cuento	Je ne t'en parle même pas !	39
No cabe duda	il n'y a pas (ça ne fait pas) de doute	57
No cabe la menor duda	il n'y a pas l'ombre d'un doute / le moindre doute	57

Espagnol	Français	Page
No dejar escapar la oportunidad	ne pas laisser passer l'occasion	99
¡No es para tanto!	Il ne faut pas exagérer !	52, 73
¡No es posible!	Ce n'est pas possible !	47
¡No fastidies!	Arrête !, Ça va !, Allons donc !	73
¡No hables!	Ne parle pas !, Ne dis rien !	39
¡No hay pero que valga!	Il n'y a pas de mais qui tienne !	40
¡No hay tu tía!	Rien à faire !	96
No importa	ça n'a pas d'importance, peu importe, ça ne fait rien	52, 71
No me cabe en la cabeza	Ça me dépasse !	96
¡No me digas!	Ça par exemple !, Pas possible !, Sans blague !	20, 72, 72
¡No me hables!	Ne m'en parle pas !	39
No parar quieto	ne pas tenir en place	67
No pasa nada	ça ne fait rien, ce n'est rien, ce n'est pas grave	52
No se preocupe	Ne vous en faites pas !	31
Nunca se sabe	on ne sait jamais	20
¡Oiga!	Écoutez !, Eh !	46, 48, 78, 91
¡Ojalá!	Vivement… !, Pourvu que… !	62
¡Oye!	Écoute !, Eh !	46, 71
¿Para qué?	Pour quoi faire ?	20
¡Párate quieto!	Reste tranquille !	67
Pasárselo en grande	s'en donner à cœur joie	88
Pase por una vez	une fois n'est pas coutume	89
Perdón	pardon	5
Perdone	excusez-moi	5
Poner buena / mala cara	faire bonne / mauvaise figure	11
Poner cara de…	faire une tête de…	11, 64
Poner cara de entierro	faire une tête d'enterrement	64
Poner enfermo (malo)	rendre malade	43
Ponerse enfermo (malo)	tomber malade	43
Por favor	s'il vous (te) plaît	1
Por más / mucho que	avoir beau	96
¿Por qué?	Pourquoi ?	12, 16
Pues…	Eh bien !	41
¡Qué…!	Comme… ! Qu'est-ce que… !	19
¡Qué barbaridad!	Quelle horreur !, Mon Dieu !, C'est incroyable !	52
¡Qué cara dura!	Quel toupet !, Quel culot !	41
¡Qué cosa más rara !	Comme c'est curieux !, C'est vraiment curieux !, C'est très bizarre !	94
¿Qué edad tienes?	Quel âge as-tu ?	22
¿Qué es de ti?	Que deviens-tu ?	51
¡Qué extraño!	Que c'est étrange !	29
¿Qué hora es?	Quelle heure est-il ?	17
¡Qué mala pata!	Quelle poisse !	11
¡Qué más da!	Ça ne fait rien !, Peu importe !, Qu'est-ce que ça peut faire !	41
¡Qué me dices?	Que me dis-tu là ?, Qu'est-ce que tu me racontes ?	51
¿Qué ocurre?	Qu'y a-t-il ?, Que se passe-t-il ?	55
¿Qué pasa?	Que se passe-t-il ?, Et alors ?	20, 30

¡Qué raro!	C'est bizarre !	17
¿Qué tal?	Ça va ?	3
¡Que te den morcilla!	Va te faire pendre !	39
¿Qué te ocurre?	Qu'est-ce qui t'arrive ?	55
¿Qué te parece?	Qu'en penses-tu ?, Qu'en dis-tu ?	10,16,71
¿Qué te pasa?	Qu'est-ce que tu as ?, Que t'arrive-t-il ?	20, 43
¡Qué tostón!	Quel navet !	39
¿Qué va a ser de mí?	Que va-t-il advenir de moi ?, Que vais-je devenir ?	51
Quien ríe el último ríe mejor	Rira bien qui rira le dernier.	98
Quitarse la ropa	ôter ses vêtements	55
¡Rápido!	Vite !	45, 67
Saber nadar y guardar la ropa	Ménager la chèvre et le chou.	55
Saltarse un semáforo	brûler un feu rouge	38
Sea lo que sea	quoi qu'il en soit	95
Ser un caballero	être un homme comme il faut	32
Ser un cara dura	être culotté, avoir du toupet	41
Ser un encanto	être adorable	36
¡Si no lo veo, no lo creo!	Je n'en crois pas mes yeux !	79
Sin duda alguna	sans aucun doute	57
Sin ninguna duda	sans aucun doute	57
Sin noticias, buenas noticias	Pas de nouvelles, bonnes nouvelles	50
Sin respetar ni rey ni roque	sans foi ni loi	79
Son equis euros	ça fait "x" euros	1
¡Tampoco es para tanto!	Il ne faut pas exagérer non plus !	54
Ten cuidado	Fais attention	85
¡Ten!	Tiens !, Voici !, Voilà !	84
Tener buena cara	avoir bonne mine	11
Tener cara	avoir du culot, être gonflé	41
Tener dinero suelto	avoir de la monnaie	6
Tener en cuenta	tenir compte de	52
Tener mala pata	avoir la poisse	11
¿Te parece?	Es-tu d'accord ?, Ça te va ?	71
¿Te parece mal?	Tu n'es pas d'accord ?	10
¿Tienes hora?	As-tu l'heure ?	17
¡Toma!	Tiens !, Prends ça !	33
Trabajar como una mula	travailler comme une bête	60
Traído por los pelos	tiré par les cheveux	71
Tranquilo	Reste(z) calme !, Du calme !	45
¡Vale!	Ça va !, D'accord !	10
¡Vamos!	Allons !, Allons-y !	18, 48, 67
Vamos a ver si hay suerte	voyons si ça marche	94
¡Vaya!	Zut !, Mince !	6
¡Ven!	Viens !	39
¿Verdad?	N'est-ce pas ?	9
¿Verdad que...?	N'est-il pas vrai que… ?, Pas vrai que… ?	36
Volver la cabeza	tourner la tête	49
Volverse loco	devenir fou	49
¿Y ahora?	Et maintenant ?	17
¡Y dale!	Et vas-y !	44
¡Y dale que dale!	Et vas-y encore !, Toujours la même chanson !	44
Ya verás	Tu verras bien !	41

L'Espagnol

chez Assimil, c'est également :

Perfectionnement Espagnol
L'Espagnol des affaires
L'Espagnol de poche
Kit de conversation Espagnol
L'Espagnol d'Argentine de poche
L'Espagnol de Cuba de poche
Kit de conversation Espagnol de Cuba
L'Espagnol du Mexique de poche
Kit de conversation Espagnol du Mexique
L'Espagnol de République dominicaine de poche
L'Espagnol sans interdits
Plus Espagnol que ça...
J'apprends l'espagnol en chantant (3-6 ans)
J'apprends l'espagnol en chantant (dès 7 ans)

N° édition 3014 : Collection Sans Peine L'ESPAGNOL

Achevé d'imprimer par Corlet, Imprimeur, S.A. - 14110 Condé-sur-Noireau
N° d'Imprimeur : 137670 - Dépôt légal : avril 2011 - *Imprimé en France*